Birgit Althans I Nika Daryan I Gabriele Sorgo I Jörg Zirfas (Hrsg.)
Flucht und Heimat

D1729859

Birgit Althans | Nika Daryan |
Gabriele Sorgo | Jörg Zirfas (Hrsg.)

Flucht und Heimat

Sondierungen der
pädagogischen Anthropologie

Dieses Buch ist erhältlich als:
ISBN 978-3-7799-3680-0 Print
ISBN 978-3-7799-4680-9 E-Book (PDF)

1. Auflage 2019

© 2019 Beltz Juventa
in der Verlagsgruppe Beltz · Weinheim Basel
Werderstraße 10, 69469 Weinheim
Alle Rechte vorbehalten

Herstellung: Ulrike Poppel
Satz: Helmut Rohde, Euskirchen
Druck und Bindung: Beltz Grafische Betriebe, Bad Langensalza
Printed in Germany

Weitere Informationen zu unseren Autor_innen und Titeln finden Sie unter: www.beltz.de

Inhalt

Zwischen Flucht und Heimat

Einleitende Bemerkungen zu einer Anthropologie der Bewegung

Birgit Althans, Nika Daryan, Gabriele Sorgo, Jörg Zirfas

Dieser Band möchte das Begriffspaar „Flucht" und „Heimat" aus der Perspektive der pädagogischen Anthropologie thematisieren und auch in Zeiten sehr erhitzter politischer und gesellschaftlicher Debatten daran erinnern, dass sowohl „Flucht" als auch „Heimat" von jeher zu den anthropologischen Konstanten – von Ruhe, Geborgenheit und Sesshaftwerden auf der einen und von Bewegung, Offenheit und Nomadentum auf der anderen Seite – zählten und zählen.[1] Die (globalen) Fluchtbewegungen und damit verbundene Prozesse von De- und Reterritorialisierung, Migration und Emigration und der damit verknüpften Prozesse und Praktiken von „Ent"- und „Be-Heimatung" begleiteten, forcierten und prägten die menschliche Evolutionsgeschichte, ebenso wie Homers „Odyssee" oder Goethes „Wilhelm Meisters Lehr- und Wanderjahre" die Geschichte menschlicher Bildungsprozesse forcieren oder prägen.[2]

---

1   So erzeugte 2015 die sogenannte „Flüchtlingswelle" sowohl eine bis dato unerwartete gesellschaftliche „Willkommenskultur" in der BRD, wie auch – spätestens nach dem institutionellen Versagen der Behörden Ende 2015 bzw. Anfang 2016 bei den sogenannten Kölner „Sylvester-Attacken", dem Attentat auf dem Berliner Weihnachtsmarkt und diverser weiterer körperlicher Angriffe auf unbeteiligte Personen im öffentlichen Raum – die sogenannte „Flüchtlingskrise", die von der Angst vor unkontrolliertem Zuzug von potentiellen „Gefährdern" innerhalb der offenen Grenzen der EU beherrscht wird. Diese prägt seitdem das politische Klima in der BRD und EU nachhaltig und erzeugte u. a. einen Zuwachs national und nationalistisch agierender Parteien, die in einigen europäischen Regierungen mittlerweile an der Regierung beteiligt sind. Im gleichen Zeitraum erlangte der bis dahin im 21. Jahrhundert eigentlich marginalisierte Begriff „Heimat" eine neue Konjunktur und führte u. a. im März 2018 bei der Einsetzung der neuen Regierung der BRD zur Erweiterung des Aufgabengebiets des Innenministeriums um ein „Heimatministerium".

2   Zwei Beispiele: „Wegzugehen, das ist und war für viele Menschen der wichtigste Fluchtpunkt in ihrer Lebensgestaltung […], [d]as ganze Programm der Emanzipation scheint sich auf das Weggehen zu reduzieren" (Anders 2018, S. 17). So beschreibt der Kulturwissenschaftler und Initiator des „Büros für Landschaftskommunikation im Oderbruch" Kenneth Anders Bildungsprozesse. Judith Butler liest Hegels *Phänomenologie des Geistes* zunächst

Zudem dominierten die ausführlichen Schilderungen von Vertreibungen aus vormals gelobten Ländern, daran anschließende Fluchtbewegungen ganzer Kollektive und die darauffolgenden Ankünfte in neuen Heimaten die Narrative der Schriftreligionen, insbesondere die der christlichen und jüdischen Religion. Hierzu müsste die lange und komplizierte Geschichte der Exodusse, der Asyle und Diasporen – auch pädagogisch – aufgearbeitet werden. Landnahme und Verteidigung aus politischen und religiösen Gründen, die damit verbundenen Flucht- und Migrationsbewegungen (Flucht- und Gewaltmigration), aber auch Flucht und Migration aufgrund von Naturkatastrophen (Umwelt-Migration) sind zentraler Bestandteil der europäischen und außereuropäischen Geschichte.

Diese Einführung in den Band und die zentralen Begrifflichkeiten „Flucht" und „Heimat" beginnt deshalb mit einer migrationstheoretischen Perspektive, um aus dieser Rahmung heraus die Begriffe „Flucht" und „Heimat" bzw. „Ent"- und „Beheimatung" in ihrer aktuellen Diskursivierung angemessen anzugehen.

Globale Migrationsbewegungen

Die globale Migrationsforschung (Schwenken 2018) macht darauf aufmerksam, dass es sich bei der Erforschung von Migrationsbewegungen, Migrationsgründen und den politischen, auch bildungspolitischen Strategien im Umgang mit Migration bisher stets um ein überaus komplexes, im internationalen Vergleich sehr unterschiedlich gehandhabtes[3], grundsätzlich aber eher randständiges Forschungsgebiet handelt, das stets durch seine nationalen und politischen Rahmungen bestimmt war, oft „in Form von Auftragsforschung" stattfand und

---

einmal als „a *Bildungsroman*, an optimistic narrative of adventure and edification, a pilgrimage of the spirit" (Butler 1999, S. 17).

3 So ist etwa für die afrikanische Migrationsforschung Migration aus historischer Perspektive „eher der Normalzustand denn Sesshaftigkeit" (Schwenk 2018, S. 20). Fragen von Mobilität und Translokalität sind im afrikanischen Kontext in viele Forschungsfelder eingelassen, so etwa die biopolitische Verquickung von Fragen des „Governing Morality: Gender, Sexuality & Migration" z. B. bei der Migration von Afrikaner*innen nach Europa. Einen Schwerpunkt der indischen Migrationsforschung beschäftigt sich mit „Diasporabeziehungen", den Bezügen zwischen oft hochqualifizierter Emigration zu ihrem Herkunftsland in kultureller, familiärer und ökonomischer Hinsicht; das Asien Research Center fokussiert Veränderungen von aktuellen Fluchtbewegungen im Zusammenhang mit der „Asien Migration", die den Zusammenhang Globalisierung, *global cities* und (Im-)Mobilitätspraktiken in den Blick nimmt; die chinesische Migrationsforschung untersucht die chinesische Diaspora, die Binnenmigration und das neue migrations- und Investitionsziel Afrika. In Mittel- und lateinamerikanischen Ländern wie Mexiko beschäftigt man sich mit den Besonderheiten der Grenzregionen und lotet die Entwicklungspotentiale von Regionen mit starker Emigration aus (ebd., S. 20 ff.).

häufig von politischen Stiftungen oder seitens der nationalen Politik initiiert wurde:

> „Angefordert wurden Studien, die mit spezifischen Kategorien (Türkinnen, Muslime, Migrationshintergrund, Integration usw.) hantierten und konkrete Problemlösungen erwarteten. Ihre Kategorien sind einem Alltagsverständnis entlehnt, werden durch permanente Wiederholung immer weniger hinterfragt und auf diese Weise zum Inventar einer Wissenschaft, wodurch sie sich wiederum normalisieren. Durch die Problemlösungsorientierung sahen sich wiederum die Wissenschaftler_innen aufgefordert, auf einer konkreten Ebene anzusetzen, wobei aber die oft tief verankerten und nur schwierig zu verankernden Umstände von Migrationen (z. B. internationale Arbeitsteilung, rassistische und antiziganistische Kontinuitäten, der ‚monolinguale Habitus (Gogolin 2008) des Schulsystems‘ außer Acht blieben" (Schwenken 2018, S. 13).

Schwenken weist auch darauf hin, dass gerade die deutsche Migrationsforschung, die zeitgleich mit der Gastarbeitseinwanderung mit Fragen der Ausländer- und Exilforschung einsetzte, zu einem Großteil aus Forschungen im Rahmen der Sozialen Arbeit, der Soziologie, der Sprachwissenschaft und der Pädagogik betrieben wurde. Diese setzen sich mit den sozialen Implikationen der Zuwanderung und der Gleichzeitigkeit von Segregation und Integration – insbesondere auch im Schulsystem – auseinander. Fokussiert wurden dabei stets die Problemlagen bestimmter Gruppen mit Migrationshintergrund (migrierte Frauen, Familien, Jugendliche, differenziert nach dem Zusammenspiel von Migration und Geschlecht) und ihre institutionelle Bearbeitung innerhalb der Pädagogik: „Erst später, in den 1990er Jahren, wird die ‚Sozialarbeiterisierung‘ bestimmter Felder im Zusammenhang mit Migration (z. B. bei der Arbeit mit unbegleiteten Minderjährigen, der Rolle von Beratungsstellen und Begegnungszentren) kritisch thematisiert" (ebd., S. 31). Aus diesen diskursiven Problematisierungen hat sich in den letzten Jahren eine kritische Migrationspädagogik entwickelt, die „Migration als Perspektive" betrachtet und damit soziale Phänomene und Kontexte beschreibt,

> „für die die Überschreitung politischer und symbolischer Grenzen natio-ethno-kultureller Zugehörigkeit durch Menschen, Artefakte und Praxisformen konstitutiv oder zumindest kennzeichnend ist: Übersetzung oder Vermischung als Folge von Wanderungen, Entstehung von Zwischenwelten und hybriden Identitäten, Phänomene der Zuschreibung von Fremdheit, Strukturen und Prozesse des Rassismus oder auch der Erschaffung neuer Formen von Ethnizität und vieles andere mehr – all dies gehört zur migrationsgesellschaftlichen Realität, ist adressiert und sollte in den Blick genommen werden, wenn wir von Migration sprechen" (Mecheril 2014, S. 111).

Wie komplex dieses Sprechen von Migration und Flucht ist und wie sehr Deutschland sich aktuell durch die eigene migrationsgesellschaftliche Realität geprägt zeigt, wird zum Zeitpunkt des Abschlusses dieser Publikation im Juni 2018 sichtbar, als Deutschland sich einerseits einer innerdeutschen wie europäischen Regierungskrise befindet, in der es um die Bedingungen der Abweisung von Flüchtlingen an nationalen und europäischen Außengrenzen geht und andererseits das Ausscheiden des amtierenden Weltmeisters Deutschland in der Vorrunde der Fußball-Weltmeisterschaft hingenommen werden muss. Dieses wurde u. a. „migrationsgesellschaftlich", mit der Debatte um den nicht gelösten Umgang des Deutschen Fußballbunds (DFB) mit den „transmigrantischen"[4] Nationalmannschaftsspielern Mezut Özil und Ilka Gündoğan und ihrer „Mehrfach-Loyalität" diskutiert, die vom türkischen Ministerpräsidenten für ein werbewirksames Foto in seinem Wahlkampf in Anspruch genommen wurden (Gertz 2018, S. 3).

Soweit ein kurzer Einblick in die globale und nationale Migrationsforschung. Dieser Band widmet sich jedoch nur explizit einem Teilaspekt von Migration, der Flucht, und den damit verbundenen Prozeduren der Ent- und Beheimatung und dem Gegenbegriff der Flucht, der Heimat. Im Folgenden soll ebenso summarisch auf diese beiden zentralen Begriffe eingegangen werden.

Flucht

Dass Flüchtlinge auch Migranten sind, wird von den *Refugee Studies* eindeutig bejaht – die den Zusammenhang von Migration und Flucht auch als *migration-asylum-nexus* bezeichnen. Die Refugee Studies benennen jedoch gleichzeitig die Gründe, die die Situation der Flüchtlinge zu einer besonderen macht:

> „Flüchtlinge sind per Definition und vom Ursachenverständnis der Vertreibung her immer auch MigrantInnen. Doch sie unterscheiden sich dadurch, dass sie aufgrund ihres Verlusts von und auf der Suche nach grundlegenden Rechten und Schutz migrieren. [...] Gerade die Wiederherstellung von Grundrechten ist zentral für die Unterscheidung von Flüchtlingen und MigrantInnen. [...] Wie diese Unterscheidung getroffen wird, ist in Politik und Wissenschaft höchst umstritten und doch unum-

---

4 „Transmigrants are immigrants whose daily lives depend on multiple and constant interconnections across international borders and whose public identities are configured in relationship to more than one nation-state. [...] The new circuits of capital provide the context in which migrants and the descendants of migrants, often fully integrated in the countries of settlement [...] maintain or construct new transnational interconnections that differ in their intensity and significance from the home ties maintained by past migrations" (Glick-Schiller/Basch/Szanton-Blanc 1997, S. 121, 125).

gänglich, um in einer Welt der Nationalstaaten Migration und Migrationspolitik jenseits ökonomischer Interessen verstehen und untersuchen zu können" (Kleist 2015, S. 153).

Flüchtlinge sind somit zunächst einmal abhängig von den Definitionen und Bestimmungen, den „Labeling-Prozessen" (Zetter 1991) der Staaten, die sie auf ihrer Flucht durchqueren oder in denen sie für eine kurze oder längere Zeit bleiben. Sie bekommen eine „bürokratische Identität", mit der Ansprüche auf rechtlichen Schutz oder auf die Erfüllung alltäglicher Bedürfnisse wie Essen oder Wohnung verbunden sind – die jedoch auch wiederum bürokratisch definiert werden. Mit den – nach politischer Großwetterlage wechselnden – Etikettierungen als Flüchtling, Migrant, Asylsuchender, Vertriebener, Schutzberechtigter, Ausländer etc. gehen auch Ab- und Ausgrenzungen im Symbolischen einher, die qua Rechtssystem etwa zwischen vermeintlich „echten" (politisch verfolgten) und „falschen" Flüchtlingen (Wirtschaftsflüchtlingen) unterscheiden. Diese Unterscheidungen ziehen nicht nur reale Prozesse wie Beurteilungen und Abschiebungen nach sich, sondern wirken auch von außen massiv auf die innere, oft traumatische Erfahrung des „Flüchtling-Seins" ein, worauf Hannah Arendt schon in ihrem Essay „Wir Flüchtlinge" von 1943 hingewiesen hatte:

> „Als Flüchtling hatte bislang gegolten, wer aufgrund seiner Taten oder seiner politischen Anschauungen gezwungen war, Zuflucht zu suchen. [...] Mit uns (also den vom nationalsozialistischen System verfolgten Juden, die Verf.) hat sich die Bedeutung des Begriffs ‚Flüchtling' gewandelt. ‚Flüchtlinge' sind heutzutage jene unter uns, die das Pech hatten, mittellos in einem neuen Land anzukommen und auf die Hilfe von Flüchtlingskomitees angewiesen zu sein. Wir haben unser Zuhause und damit die Vertrautheit unseres Alltags verloren. Wir haben unseren Beruf verloren und damit das Vertrauen eingebüßt, in dieser Welt irgendwie von Nutzen zu sein. Wir haben unsere Sprache verloren und mit ihr die Natürlichkeit unserer Reaktionen, die Einfachheit unserer Gebärden und den ungezwungenen Ausdruck unserer Gefühle. [...] Wenn wir gerettet werden, fühlen wir uns gedemütigt und wenn man uns hilft, fühlen wir uns erniedrigt" (Arendt 2016, S. 9, 10, 21).

Die Erfahrung der Flucht, des oft jahrelang anhaltenden Flüchtling-Seins, betrifft mittlerweile immer mehr Menschen, wird zu einer genuin menschlichen Erfahrung. Die vom Flüchtlingsreport des UNHCR und von der UNO-Flüchtlingshilfe jährlich bereitgestellten Zahlen gehen davon aus, dass Ende 2016 weltweit 65,6 Millionen Menschen auf der Flucht waren. Der UNHCR unterscheidet dabei nicht zwischen anerkannten Asylsuchenden, Flüchtlingen und subsidiär Schutzberechtigten. 2015 waren es noch 65,3 Millionen Geflüchtete, vor zehn Jahren dagegen lediglich 37,5 Millionen. Dabei gelten Syrien (5,5 Millionen), Afghanistan (2,5 Millionen), Südsudan (1,4 Millionen) Somalia (1,1 Millionen), der Sudan (650.000) und die Demokratische Republik Kongo

(537.000) als die sechs größten Herkunftsländer von Flüchtlingen. Die sechs größten Aufnahmeländer stellen die Türkei (2,9 Millionen), Pakistan (1,4 Millionen), Libanon (1 Millionen), Uganda (940.800) und Äthiopien dar. Dies bedeutet, so der UNHCR-Bericht, dass 84% der Flüchtlinge in Entwicklungsländern leben – und keineswegs in der EU, wie die erhitzte politische Debatte suggeriert. „Pro Kopf hat der Libanon mit einem Flüchtling auf sechs Einwohner_innen in 2016 vor Jordanien (1:11) und der Türkei (1:28) die höchsten Aufnahmezahlen" (UNHCR 2017, S. 3). Helen Schwenkens Analyse der Flüchtlingszahlen zufolge verliefen 2010 gut vier Fünftel der Fluchtbewegungen innerhalb des Globalen Südens und ein Fünftel von Süd nach Nord (Schwenken 2018, S. 55).

Aus Perspektive der Anthropologie betrachtet ist der fliehende Mensch bzw. Flucht kein rein anthropologisches Phänomen. Auch Tiere zeigen verschiedene Formen von Fluchtverhalten, die meist instinktiv, also angeboren sind. Es gibt bei den Säugetieren die Gattung der Fluchttiere, etwa Hasen, oder Huftiere wie Pferde oder Rehe, die nach ihrer Geburt sofort imstande sind, bei Gefahr zu flüchten. Dies können menschliche Säuglinge bei Geburt nicht, sie sind auf Schutz und Pflege anderer angewiesen und durch ihre mangelnde Instinktausstattung besonders lernfähig. Aber auch die menschliche Körperlichkeit, resp. der evolutionär entstandene aufrechte Gang, ermöglichen ein Fluchtverhalten; und dieses ist anthropologisch, also organisch und kulturell zugleich begründet. So ist das Gehen eine menschliche Tätigkeit, „die eine Welt von Herkünften und Zielen einrichtet. Und diese Welt ist angefüllt mit Hindernissen, die man umgeht oder über die man stolpert. Alles, was dazwischen liegt, wird solange übergangen, bis man am Ziel angekommen ist. Alles, was dazwischen liegt, ist bloßes Hindernis, solange man nicht angekommen ist" (Berger/Ratschiller/ Wank 1996, S. 1).

Der Beginn menschlicher Fluchtbewegungen, in Abgrenzung zu anderen anthropologischen Bewegungen, lässt sich nur schwer bestimmen, da die ersten 195.000 Jahre des Zivilisationsprozesses kaum verfügbar sind. Die aktuelle Betrachtung von Fluchtursachen zeigt, dass Menschen zunehmend vor sich selbst – der eigenen Gattung Mensch – fliehen; genauer vor den Folgen menschlicher Handlungen, die religiös, ökonomisch, militärisch, politisch oder sozial bedingt sind. Kurz und holzschnittartig: Menschen fliehen in erster Linie vor Menschen. Im Verhältnis zu diesen Flucht verursachenden Faktoren werden Fluchtbewegungen zunehmend weniger von einer Naturgewalt, sondern von gegenwärtigen, technologisch bedingten Klimaveränderungen verursacht; in diesem scheint sich ein zivilisatorischer Umbruch bezüglich globaler Flucht/ Migration anzukündigen, der auch Naturkatastrophen als menschlich verursacht betrachtet (vgl. Goebel et al. 2018). Menschen fliehen vor den gewaltförmigen Institutionen menschlicher Gesellschaften, die sich als hegemonial konstituieren. Die technologische Zivilisation, die sich im Laufe des 19. Jahrhunderts instituiert, konstituiert eine Krisenhaftigkeit menschlicher Existenz und potenziert die Flüchtigkeit menschlicher Lebensformen (vgl. Berger/Ratschiller/ Wank 1996) unter anderem getrieben von Ideen wie Freiheit, Demokratie oder Selbstbestimmung.

Fluchtphänomene lassen sich auch als historisch-kulturell bedingte erziehungswissenschaftliche Forschungsgegenstände begreifen, die gegenwärtig zunehmend infrage gestellt werden. Diese Infragestellung zeigt sich beispielsweise in Form einer gesteigerten Reflexivität bezüglich sprachlicher Kategorien wie der Bezeichnung „Flüchtling" (vgl. Niedrig 2015), die als Exklusionspraxis und Anrufungsmechanismus beispielsweise ein Asyldispositiv (vgl. Niedrig/ Seukwa 2010) erzeugen und damit zur Reproduktion sozialer Ungleichheit beitragen. Denn wenn ein Staatsoberhaupt nach einem Putsch in ein anderes Land flieht, wird dies sozial, politisch, juristisch oder medial nicht als Fluchtbewegung kategorisiert.

Eine etymologische Betrachtung ist für ein kritisch-reflexives Verständnis bezüglich des Gebrauchs von Begriffen erkenntnisreich. Im Deutschen ist das Substantiv „Flucht" und das Verb „fliehen" seit dem 8. Jahrhundert besonders in religiösen und militärischen Schriften belegt. Im Zuge des 18. Jahrhunderts findet sich dieser Begriff zunehmend in poetischen und literarischen Abhandlungen wieder.[5] „Flucht" lässt sich in zahlreiche sprachliche Zusammenhänge einfügen: Die Flucht kann gesucht werden, sie ist eine Lösung, sie wird ergriffen, sie kann gelingen oder auch vereitelt werden; Flucht ist auch ein Seins-Zustand, beispielsweise wenn Menschen in die Flucht geschlagen werden. Meist ist sie Folge einer Schwäche und weniger Resultat einer potenten Aktivität. Flüchtlinge erscheinen machtlos und ohnmächtig. Zuflucht suchen nur Hilfsbedürftige. Fliehen impliziert eine Negativ-Konnotation, selten wird es mit der „Flüchtigkeit-von-etwas" in Verbindung gebracht; es hat aber auch die Bedeutung des Fliegens, wie u. a. die Aufarbeitung der jüdischen Literatur-, Migrations- und Diasporageschichte durch Vilem Flusser (1992) und Nikolas Berg (2008) gezeigt hat. Dennoch ist Flucht nur im Modus des ‚Leichtseins' möglich: Flucht bedeutet, hinter sich lassen, was einen Menschen bindet.

Flüchten impliziert, dass die verlassene Heimat, der Ort, von dem aus man geflüchtet ist, nicht mehr in der eigenen (vermittelten) Unmittelbarkeit liegt und dieser eine Erinnerung, eine Vorstellung oder lediglich technisch oder technologisch präsent/gegenwärtig ist. Die Bezugspunkte der Flucht oder des Geflüchteten liegen somit im vergangenen Imaginären. Dieser Umstand ist dem Phänomen der Flucht immanent und konstitutiv für ein Verhältnis zur Flucht, unabhängig von seiner subjektiven, kollektiven, wissenschaftlichen oder päda-

---

5   Das Wortauskunftssystem zur deutschen Sprache in Geschichte und Gegenwart. https://www.dwds.de/wb/Flucht (Abfrage: 06.04.2018).

gogischen Rahmung. Dem kann sich im Zuge einer doppelten Historisierung imaginärer Konstitutionsmuster in einer Gesellschaft, die sich in den verschiedenen Narrationen von Fluchterfahrungen zeigen, angenähert werden. Gerade weil sich die gegenwärtige öffentlich-politische Flüchtlingsdiskussion in Bezug auf Glaubensfragen, religiöse Zugehörigkeit, der Fragen nach dem Zusammengehören von Glaubensformen und nationalstaatlicher Identitätsbildung (vgl. Frindte/Dietrich 2018) und dem Zusammengehören religiös bedingter Kulturtechniken sowie den damit einhergehenden alltäglichen Praktiken formiert, ist ein erneuter pädagogisch-anthropologischer Blick auf signifikante Momente der historisch-kulturellen Konstitutionsgeschichte religiöser Ordnungsmuster gegenwärtiger Weltverhältnisse erhellend.

Zugänge zum Imaginären der Flucht im Okzident sind zum einen die Quellen der griechischen Antike und zum anderen die theologischen Schriften. So ist beispielsweise einer der fundamentalsten Fluchtgründe der Menschheit wie die Sintflut unabhängig von der Frage zu betrachten, ob es sich um ein historisches Ereignis handelt, da dieses nicht zeitlich datierbar ist. Dennoch konstituieren sich die verschiedenen Ordnungen des Symbolischen in Relation zu dieser übernatürlich, übermenschlich oder göttlich erzeugten Naturkatastrophe. Jedoch wird dieser imaginäre Kern je nach historisch-kulturellem Moment in den Verweisungsrelationen des jeweils eigenen Weltverhältnisses instituiert und damit zu einem narrativen Element für die Konstitution der eigenen sumerischen, assyrischen, biblisch-hebräischen oder römisch-katholischen Ordnung des Symbolischen instrumentalisiert und als „Ausweis eines pessimistischen Weltverhältnisses verstanden" (Gertz 2007, S. 513), wodurch sich die verschiedenen Herrschaftssysteme einen äußerst wirksamen Legitimationsmechanismus einrichten konnten.

In der griechischen Antike war das Flüchtling-Werden ein ritueller Akt, der als *Hikesie* bezeichnet wurde. Der Hilfesuchende sucht Zuflucht an einem realen Ort innerhalb der herrschenden symbolischen Ordnung, die er auch durch einen rituellen Akt verlässt. D. h. die Möglichkeit an einen geschützten Ort zu fliehen oder anzukommen war durch die göttliche Macht auf Erden möglich.

„Er [der Flüchtling, die Verf.] verläßt den Bereich, in dem der Zugriff anderer Menschen möglich ist, und übergibt sich dem Zugriff virtueller Mächte: der Macht der Götter. Die Hikesie ist, ebenso wie das Exil, eine Überschreitung von Grenzen – wirklicher und symbolischer Grenzen. Hikesie bedeutet somit nicht das Aufheben der Rechtsordnung, sondern nur den Übergang von einem Zuständigkeitsbereich (oder Rechtsbereich) – dem der Sterblichen – in einen anderen, den der Götter. Sie bedeutet nicht Straflosigkeit, sondern Übertragung der Zuständigkeit für eine Bestrafung von den Menschen auf die Götter" (Chaniotis 2007, S. 235).

Vor dem Hintergrund dieser symbolisierenden und symbolisierten Praxis findet sich ein bedeutsames überliefertes Zeugnis bezüglich des Begriffs der Flucht innerhalb der griechischen Tragödien, etwa in den Tragödien des Aischylos. Weitere anthropologisch bedeutsame Zeugnisse sind die hebräisch verfassten alttestamentarischen Texte. Hier finden sich zahlreiche sprachliche Formen für das Bedeutungsspektrum der Flucht in Verweisungsrelationen, die sowohl Aktivität sowie Passivität implizieren, indem sie die Finalitätsrelation der Fluchtpraxis zum Ausdruck bringen und die Pluralität menschlicher Fluchtphänomene beschreiben. Fluchtbewegungen werden ausgelöst durch kriegerische, religiöse und familiäre Ereignisse, durch Nahrungsknappheit und Naturkatastrophen (vgl. Michel 2015). Inwieweit eine Flucht selbstverschuldet geschah und ob es sich um vom jüdisch-hebräischen Gott gewollte und ungewollte Fluchtereignisse handelt, war für die symbolische Einordnung und Legitimation einer Fluchtform bedeutsam. Im Gegensatz zur Komplexität alttestamentlicher Fluchtbeschreibungen findet sich in den neutestamentlichen Texten keine eigenständige Fluchtnarration, jedoch wird dem Schutz von Flüchtlingen eine besondere Bedeutung zugewiesen (ebd.).

„Ethisch gesehen greift das Neue Testament auf die rechtlichen und prophetischen Fremdenbestimmungen des Alten Testaments zurück. In der matthäischen Weltgerichtsrede entscheidet sich alles an der Hilfe für Hungrige, Durstige, Fremde, Nackte, Kranke, Gefangene (Mt 25,35–36). Deutlicher als in diesen matthäischen Worten kann man Flüchtlingsexistenzen kaum zeichnen. Wie man nach dem Alten Testament in den Flüchtlingen dem Gott des Exodus begegnet, so im Neuen Testament in den bedürftigen Fremden Jesus Christus. Wer die Not der Flüchtenden ignoriert, gar ausnützt, für den ist das ewige Feuer bereitet (Mt 25,41)" (ebd.).

Es sind die eroberten Sachsen-Stämme, denen Karl der Große Zuflucht und Asyl gewährt, zugleich gehen damit eine Reihe von Verboten und Geboten einher, die bei Überschreitung mit dem Verlust des Lebens bestraft werden. Dies war möglich, da zur Zeit der Expansion europäischer Großreiche die Flüchtlings- oder Asylbestimmungen im Rahmen christlich-religiöser Ordnungen hergestellt wurden. Zugleich konstituiert sich diese christliche Ordnung als schützend für diejenigen, die als Schutzsuchende Zuflucht in der Kirche suchten oder die sich der neuen weltlichen Ordnung ergeben und im selben Zug die zentralisierte Herrschaft eines einzelnen Menschen, etwa eines Königs anerkennen und legitimieren. Die Ausdifferenzierung zuvor antiker, dann theologischer Asylrituale geht in der Moderne mit der Säkularisierung und dem Rückgang der territorialen Herrschaft des Göttlichen einher; Kirchenasyl ist so nicht mehr generell rechtskräftig; nationalstaatliche Grenzen konstituieren sich durch andere territoriale Rechtsansprüche, jedoch immer noch nach immateriellen, symbolischen Vorgaben. Denn kein Nationalstaat legitimiert sich ausschließlich über ethnische oder genetische Differenzen, besonders nicht diejenigen, die sich in den letzten Jahrhunderten konstituiert haben. Die Dynamik der Staatenbildungen, wie sie im ersten Jahrtausend zunimmt und im zweiten Jahrtausend beschleunigt voranschreitet, geht mit der Zunahme an territorialen Grenzziehungen und damit auch einer Pluralisierung von Flucht- und Asylkategorien einher. Besonders die verschiedenen gewaltförmigen Prozesse im Laufe des 20. Jahrhunderts instituierten eine juristische Dynamik und Relativität, die sich im Zuge der zweiten Hälfte des 20. Jahrhunderts in Europa, besonders nach dem Bosnien-Herzegowina-Konflikt zu einer rechtlichen Verflechtung von juristischen, menschenrechtlichen, politischen, ökonomischen und rationalen Bestimmungen ausgeformt hat, die immer komplexer und insofern dem kulturellen Imaginären und seinen kollektiven Narrationen unzugänglicher wird. In Anschluss an Hannah Arendt und Immanuel Kant und an Grundkategorien aufklärerischen Denkens lässt sich eben diese staatenrechtliche Komplexität, die nicht kausal und rational gerechtfertigt werden kann, als moderner Ursprung des Fluchtbegriffes bestimmen; dabei verfolgen die Vereinten Nationen, aber auch die Europäische Union eine prinzipiell formulierte transkulturelle Perspektivität, die sich in einem nationalstaatlichen Denken nicht verwirklichen kann (vgl. Brumlik 2018).

Gegenwärtig lassen sich verschiedene Fluchtformen beobachten. Weltflucht war und ist eine religiöse oder spirituelle Praxis und ist im 20. Jahrhundert zu einer psychologischen Praxis avanciert. Landflucht ist ein zentrales Problem heutiger urban-zentrierter Gesellschaften und Stadtflucht eine Folge eben jener Gesellschaften. Menschen fliehen vor der Familie, vor dem Ehepartner, den Kindern, der Arbeit, der Verantwortung oder der Realität; es sind nicht nur Umstände wie Krieg, sondern auch symbolische Ordnungsmuster der Vergesellschaftung, die Menschen in die Flucht treiben; zunehmend werden viele dabei auch getrieben von einem Ankommen, einer Beheimatung in Hyperrealitäten. Die Elite wiederum flieht häufig die heimatliche ‚Enge' zugunsten einer kapitalistischen und globalen ‚Weite': Hier hat das Territorium als Heimat zugunsten des ‚Nichtterritorialen', des Ubiquitären ausgedient. Es stellt sich nicht nur pädagogisch die Frage, ob es einen kausalen Zusammenhang zwischen der habituellen Möglichkeit der Ortsveränderung und der Bedeutung der Ortsgebundenheit gibt. Diese stellt sich sowohl für den Einzelnen als auch für ein historisch-kulturell bedingtes Kollektiv: Inwieweit geht die Ermöglichung der Ortsveränderung mit der Bedeutungslosigkeit der Ortsgebundenheit einher – im Sinne einer Potenz bezüglich der Dynamik zwischen Ent- und Beheimatung?

Im Zuge solcher Prozesse der wachsenden räumlichen Unverbundenheit bzw. „Entwurzelung" global gerahmter Arbeits- und Lebensformen wächst im 21. Jahrhundert in Europa und generell im Westen das – von rechtspopulistischen Politikern diskursiv befeuerte – Gefühl der „Überfremdung", „Ent-Heimatung", das auch in den USA die Politik bestimmende Gefühl des „Fremd-seins im eigenen Land" (Hochschild 2017), das im Kontext der sogenannten „Flüchtlingskrise" entstand. Statistisch lässt es sich gerade nicht als durch die Ankunft der Flüchtlinge bedingt belegen. Es wird aber seitens der politischen Akteure als herrschende Atmosphäre oder politisches Klima im Land wie eine Tatsache behandelt, die Wahlen und damit Politik beeinflussen kann, wie Arlie Russell Hochschild während ihrer langjährigen Feldstudie im Süden der USA belegen konnte, während derer sie sogenannte „Menschen am rechten Rand", Anhänger der Konservativen, der Republikanischen Partei und der Tea-Party-Bewegung begleitete und mehrfach interviewte. Sie entdeckte bei deren Reaktion auf den Präsidentschaftskandidaten Trump ein rationales Daten und Fakten verdrängendes „emotionales Eigeninteresse, das sich in „einer berauschenden Befreiung von der Erfahrung, fremd im eigenen Land zu sein" ausdrückte (Hochschild 2017, S. 306), das – insbesondere in den Südstaaten der USA, so die These – aus einer von Hochschild rekonstruierten „Tiefengeschichte" resultiert. Diese Geschichte hat zu tun mit einer zunehmend verarmenden, vorrangig weißen, christlich und heterosexuell orientierten Bevölkerungsschicht, die sich in einer „Warteschlange" bei staatlichen Dienstleistungen von sich vordrängenden Minderheiten benachteiligt und zudem in ihrer traditionellen Lebensweise und ihren Wertvorstellungen von den Sprachregulierungen der *Political Correctness* verachtet sieht (ebd., S. 187 ff.). Fremd fühlen sich diese Menschen jedoch auch, so zeigt Hochschilds Analyse, aufgrund des – durch brutale Eingriffe der Chemie- und Petroindustrie verursachten – Verlusts vertrauter Lebensräume und damit verbundener Lebensweisen.

Heimat

Die Ankunft der Fremden und Geflüchteten lässt – sowohl in traditionellen Einwanderungsländern wie den USA, aber auch zunehmend in Europa, speziell auch in Deutschland – die eigene Fremdheit im eigenen Land gewahr werden; das Ausmaß der durch Prozesse wie der dynamisierten Digitalisierung und Globalisierung bedingten Be- und Entfremdung der vertrauten Arbeits- und Lebenswelt, die wachsenden Unterschiede zwischen urbanem Lifestyle und dem Leben in der Provinz auf dem Dorf, bergen zunehmende Fremdheitserfahrungen. Der Filmwissenschaftler und Filmemacher Edgar Reitz, im letzten Drittel des 20. Jahrhunderts in der damaligen BRD berühmt geworden durch seine kritische Auseinandersetzung mit dem Heimatbegriff in seiner TV-Trilogie „Heimat", stellt in seinem letzten Film, dem der „Heimat-Trilogie" folgenden „Die andere Heimat – Geschichte einer Sehnsucht" (2013), der sich mit der Auswanderung Hunsrücker Bauern nach Brasilien im 19. Jahrhundert beschäftigt, fest, dass diese Empfindung einer radikalen Veränderung der Heimat, von den heimatlichen Landschaften und Stimmen der Kindheit stets als Verlust empfunden wird. Der Verlust der Heimat der Kindheit sei fast unvermeidlich:

> „Wir verlieren Heimat nicht nur durch Vertreibung oder Not, wir verlieren sie durch unsere persönliche Entfaltung […]. Der Bildungsweg führt uns fort von der Heimat, das Geschäft führt uns fort von ihr, selbst wenn wir am Ort der Kindheit bleiben, Beruf, Politik, Wissenschaften und Partnerwahl führen uns fort vom Ort der Heimat. […] Zu allen Zeiten sind Menschen in Scharen aufgebrochen, sind einer inneren Stimme gefolgt, die ihnen das Glück in der Ferne versprach. Immer gab es die Utopie, die Fähigkeit, sich Alternativen auszumalen, Projekte zu machen und die Phantasie in Realität umzuwandeln" (Reitz 2013, S. 230).

Auch der global agierende Architekt Rem Kohlhaas, einst mit *Delirious New York* (1978) einer der Apologeten des Großstadtlebens, beobachtet aus Perspektive einer radikalen Architektur- und Raumtheorie gravierende Veränderungen von vertrauten, solche Utopien stützenden Landschaften. Kohlhaas wird seine Perspektive 2019 im New Yorker Guggenheim Museum mit der Ausstellung „Countryside: Future of the World" vorführen, indem er die Beziehungen zwischen Globalisierung und ländlichen Regionen problematisiert: „Seit zehn, 15 Jahren ändert sich das Land schneller und radikaler als die Städte. Die epochale Bedeutung dieser Transformation wird nicht erkannt" (Kohlhaas 2018, S. 15). Inzwischen lässt er sich zu der Aussage hinreißen: „Mir wurde klar, dass wir das Land vergewaltigen, um unser Leben in der Stadt erträglich zu machen" (ebd.). Die Journalisten Niklas Maak, Claudius Seidl und Carolin Wedemann beobachteten, von Kohlhaas Thesen beeinflusst, in ihrem Vergleich der Entwicklungen von Großstädten und ländlichen Regionen eine zunehmende Verlagerung des traditionellen Dorflebens, mit gastronomischer Versorgung durch regional-saisonale Produkten in verkehrsberuhigten Wohnlagen in bestimmte Innenstadtbezirke von Metropolen. Gleichzeitig würden

> „die größten Gebäude der Gegenwart gar nicht mehr in den Metropolen gebaut, sondern auf dem Land. Es sind keine Flughäfen und Wolkenkratzer – sondern bis zu einem Kilometer lange Ställe für Massentierhaltung, es sind Fulfilment-Centres', die Auslieferung von Amazon und anderen Online-Retailern. Es sind Rechenzentren und Serverfarmen, in denen die Datenmengen aus den Städten gespeichert werden: Bauten, die so viel Energie verbrauchen wie eine Kleinstadt. Das schmutzige Geheimnis des Internets, das Gehirn der Großstadt denkt außerhalb: Die Großrechner und Speicher, die enorme Hitze entwickeln und enorme Strommengen verbrauchen, werden mitten in die Landschaft gebaut. Deutlich sichtbar wird, dass die Voraussetzungen für das Leben, das wir in der Stadt führen, auf dem Land geschaffen wird: Der Strom, die Daten, das Essen, alles wird auf dem Land aufbewahrt oder hergestellt. […] [D]as Tier betritt die Stadt nur noch als unkenntliches Stück Filet. Die Dieselgeneratoren, die das Rechenzentrum zur Not mit Strom ver-

sorgen, dieseln fern der Wohnviertel auf dem Land. Das Handeln des Städters, der im sägerauhen Cafe sitzt und dies und das googelt und liked, wird in den Server-farmen auf dem Land vorausberechnet und manipuliert" (Maak/Seidl/Wedemann 2017, S. 82 f.).

Das Land, vertraute Landschaften, die vertraute Umgebung, damit verbundene vertraute Lebensweisen werden durch solche – in ihrer Materialität massiven – Eingriffe somit zunehmend verfremdet, die nächste Umgebung wird als fremd und befremdend empfunden. Die Etymologie des Begriffs „Heimat" zeigt: Im Deutschen ist „daheim" ein anderes Wort für „zu Hause". Und „heimelig" ein anderes Wort für „behaglich". Das Heimelige weist jedoch einige Untiefen auf: Der Duden weist unter dem Wort „Heim" die idg. Wurzel *kei-* „liegen" auf, die urspr. bedeutete „Ort, wo man sich niederläßt"; diese Wurzel umfasst eine Wortgruppe, zu der auch „Heirat", oder „geheuer" = urspr.: „zur Hausgemein-schaft gehörig, vertraut", gehören. Sigmund Freud hatte aber schon 1919 im Text über „Das Unheimliche" darauf hingewiesen, das zum Gefühl des Heime-ligen, des Vertrauten, auch sein Gegensatz das „Unheimliche" gehört, „denn das Unheimliche ist wirklich nichts Neues oder Fremdes, sondern etwas dem Seelenleben von alters her Vertrautes, das ihm nur durch den Prozess der Ver-drängung entfremdet worden ist" (Freud 1970, S. 264).

Folgt man den Überlegungen Freuds, so zeigt sich, dass das eigentliche Un-heimliche und Fremde nicht außen, sondern innen herrscht. Indem das Fremde allerdings integraler Bestandteil des eigenen Selbst wird, verliert es seinen ext-raterritorialen Charakter, seine genuin pathologischen Züge, seine rassistischen Konnotationen sowie seinen ethnischen Hintergrund. Denn das Fremde ist ja im Kern – so Freud – mein eigenes Unbewusstes. So wird das Unheimliche, Schreckliche, Angst- und Grauenerregende zum Bestandteil des eigenen Selbst (vgl. Zirfas 2016). Freud schreibt:

> „Wenn die psychoanalytische Theorie in der Behauptung recht hat, dass jeder Af-fekt einer Gefühlsregung, gleichgültig welcher Art, durch die Verdrängung in Angst verwandelt wird, so muß es unter den Fällen des Ängstlichen eine Gruppe geben, in der sich zeigen lässt, dass dieses Ängstliche etwas wiederkehrendes Verdrängtes ist. Diese Art des Ängstlichen wäre eben das Unheimliche, und dabei muß es gleichgültig sein, ob es ursprünglich selbst ängstlich war oder von einem anderen Affekt getragen" (Freud 1970, S. 263 f.).

Das Unheimliche hat einen Furcht erregenden, überragenden Charakter, die den Wahrnehmenden Gefahr laufen lässt, die Wahrnehmung zu verlernen und zu verlieren – nicht mehr wahrnehmen zu können. Die Identität wird fragwür-dig, weil die (Eigen-)Wahrnehmung angesichts des fremden Unheimlichen implodiert. Das Unheimliche ist aber auch der Ort der Desorientierung als

Verirren in einem Raum, in dem man (immer schon) gefangen ist, einem unheimlichen Raum, in dem die Identität aus den Fugen gerät. „Das Unheimliche wäre eigentlich immer etwas, worin man sich sozusagen nicht auskennt. Je besser ein Mensch in der Umwelt orientiert ist, desto weniger leicht wird er von den Dingen oder Vorfällen in ihr den Eindruck der Unheimlichkeit empfangen" (ebd., S. 244 f.).

Auf der anderen, der kulturellen und historischen Seite spiegeln Diskurse und Erzählungen der europäischen Gesellschaften seit dem späten 18. Jahrhundert die wachsende Problematisierung von Zugehörigkeit. War die Heimat ursprünglich nicht mehr als „das land oder auch nur der landstrich, in dem man geboren ist oder bleibenden aufenthalt hat" (Grimm/Grimm 1991, Bd. 10, Sp. 865), so entwickelte sich Heimat im 19. Jahrhundert zu einem Begriff, der sowohl ein Zugehörigkeitsgefühl zu einem begrenzten Territorium zum Ausdruck brachte als auch regionale Bräuche, Rituale und Alltagspraktiken zu einem identitätsstiftenden Konzept verknüpfte (Blickle 2002, S. 66). „Heimat" beschrieb nun Landschaften und Regionen, deren emotionale Aufladung einen Gegenpol zur industriellen Modernisierung und der damit einhergehenden Rationalisierung herstellte. So gesehen kann die Bezugnahme auf Heimat seit dem ausgehenden 19. Jahrhundert als identitätspolitisches Statement interpretiert werden, das der steigenden geographischen und sozialen Mobilität eine Utopie konfliktfreier Stabilität entgegensetzte. Besonders in Deutschland wurde die Heimat mit persönlicher Identität gleichgesetzt, die schon durch den Plural – zweite Heimat oder Heimaten – bedroht erschien (ebd.). Da die Entbettungsprozesse in der Moderne die Distanzierung zum Althergebrachten nach sich zogen und die Selbstreflexivität erhöhten, sollte der Heimatbegriff zunehmend reflexionslose Zugehörigkeit versprechen und die Sehnsucht nach Erlösung von der anstrengenden Identitätsarbeit repräsentieren. Das Heimatliche war in den Epochen vor der wirtschaftsbedingten Beschleunigung von Gütern und Arbeitsprozessen imaginär so sehr mit dem ‚Selbst' verschmolzen, dass es mit Anbruch des Industriezeitalters erst allmählich als bedrohte Kategorie ins Bewusstsein trat, sobald man den selbstverständlichen Gebrauch der Regionalsprache, die klimatischen Abläufe oder den Geschmack der gewöhnten Speisen entbehren musste (ebd., S. 55). Doch dieses vormoderne Selbst hatte seine Stärke im hohen Maße aus der Identifikation mit Natur, Landschaft und sozialer Gemeinschaft bezogen. Der Heimatbegriff des 19. und 20. Jahrhunderts stellt so gesehen ein Symptom für das Schwinden solcher von Geburt an vorgezeichneten und meist ein Leben lang dauernden Identifikationen dar.

Nach den kriegsbedingten Entwurzelungsprozessen von Millionen Menschen in Europa konstruierten Filme der Nachkriegszeit bis in die 1970er Jahre meist Heimaten als idyllische Sehnsuchtsorte ohne die Spuren agrarindustrieller Eingriffe in die Landschaft oder das Dorfleben. Heimat konnte in touristischen Events mit Trachten und Schlagern sowie in Filmen als Container für diffuse kollektive Sehnsüchte nach vermeintlich naturhafter Zugehörigkeit verehrt und zugleich für die Vermarktung von Massenwaren eingesetzt werden. Bis heute funktioniert Heimat auch als Marke, die neutrale Produkte mit Gefühlen aufladen kann.

Außerdem blieb die Heimat in patriarchalen Gefühlswelten mit dem Mütterlichen oder mit Imaginationen des gewährenden und versorgenden Weiblichen verbunden. Die je vorgestellte heimatliche Kultur bot sich als Natur, d. h. als unreflektiert Gegebenes an, mit der zu verschmelzen man anstrebte (ebd., S. 73). Analog dazu inszenierten Texte und Filme die Heimkehr häufig als ersehnte erotische Vereinigung eines männlich vorgestellten Individuums mit dem feminisierten Objekt der Sehnsucht (ebd., S. 62). Allerdings bieten Erotisierungen der Heimat meist nur dionysische Momente der kollektiven Verschmelzung von kurzer Dauer. Der Konsum von populärer Volksmusik oder „Wiesngaudi" konstruiert keine stabilen Zugehörigkeiten.

Doch die Fluchtbewegungen nach den Kriegen im ehemaligen Jugoslawien und sodann die Migrationsbewegungen aus globalen Krisengebieten nach der Jahrtausendwende führen gegenwärtig zu einer Veränderung der Klischees. „Heimat" ist aufgrund der globalen Flucht- und Migrationsbewegungen eindeutig zu einem Schlüsselbegriff des 21. Jahrhunderts geworden (Klose 2013, S. 19), doch die Unschärfe des Begriffs (ebd., S. 9) verstärkt das Bemühen um eine verlässliche Definition. Zu Recht wird Heimat als „Populärmythos" (Hüppauf 2007) bezeichnet, der sich vortrefflich für Lebensmittelwerbung und für Wahlplakate eignet, weil er weder räumlich, noch sozial und am wenigsten wohl emotional einzugrenzen ist. Allerdings geraten zunehmend auch die Schattenseiten in den Blick: Für viele Migrant*innen ist Heimat nicht nur mit positiven Kindheitserfahrungen und mit Geborgenheit, sondern auch mit Gewalttätigkeiten und Lebensgefahr verbunden. Wenn man die negativen Erfahrungen nicht verdrängt, dann fallen Kitsch und Folklore von der Heimat ab. Doch was bleibt?

Insofern gilt es Beheimatungsprozesse und menschliche Praktiken der Heimatkonstruktion zu fokussieren. Vor dem Hintergrund globaler Migrationsbewegungen ist das Konzept „Heimat" immer weniger von romantischer Nostalgie geprägt, sondern rückt in die Nähe zur Vulnerabilität, zum Trauma und zur Resilienz. Heimat kann durch eine Katastrophe zerstört sein oder sie ist selbst die Katastrophe. Wer die Heimat verlassen musste, der oder die lebt dennoch weiter, zuerst als Heimatlose*r, dann als Heimatsuchend*e, dann als Mensch mit neuer Heimat. Aus pädagogisch-anthropologischer Sicht liegt der Fokus darauf, wie Menschen als sozial bedürftige Wesen sich Zugehörigkeit zu Territorien und Gemeinschaften herstellen und wie sie die nötigen Skripts lernen, um ihren Platz im sozialen Gefüge als sicher erleben zu können.

Anthropologische Forschungen belegen, dass geographische Stabilität keine Voraussetzung für Heimatgefühle sein muss. Allerdings bedarf es stabiler frühkindlicher Beziehungen, auf denen dann die sicheren Bindungen zu sozialen Räumen aufbauen können, die oft, aber nicht immer auch mit Bindungen an klar begrenzte Territorien einhergehen. Die häufige Verknüpfung von Kindheit und Heimat ist darauf zurückzuführen, dass jene Rituale, Gewohnheiten und Redeweisen, die Menschen als heimisch empfinden, meist in der Kindheit angeeignet wurden. Erwachsenwerden bedeutet jedoch in den spätmodernen Gesellschaften, das Vertraute zu verlassen und etwas Neues zu wagen. Heimat bezeichnet sodann nicht mehr die erhoffte Fülle einer abgeschlossenen Identität, sondern das bewusste sich Einrichten in vergänglichen kulturellen Prozessen, mit denen man sich stets aufs Neue identifizieren muss. Menschen sind offene Wesen, die sich an Orte binden können. Diese Orte sind jedoch weder von Geburt an festgelegt, noch müssen es reale Gebiete sein. Oft fühlen Menschen sich in einer Kultur beheimatet oder gar in Phantasiewelten.

Moderne reflexive und mobile Individuen bleiben von Geburt an immer seltener in ihren ursprünglichen Heimaten – sei es aus eigener Initiative, sei es, weil die Lebenswelten sich so rasch ändern. Daher haben zahlreiche Künstler*innen und Philosoph*innen der Moderne betont, dass die Erfahrung der Heimatlosigkeit eine allgemein menschliche wäre, die dazu ansporne, Heimat als Leerstelle zu ertragen und zugleich Beheimatung als lebenslangen Prozess der Weltaneignung zu betrachten.

Literatur

Anders, Kenneth (2018): Sich bewegen, indem man am Ort bleibt. In: Landesinstitut für Schule und Medien Berlin-Brandenburg (LISUM) (Hrsg.): 3Kulturschulen. Ludwigsfelde-Struveshof, S. 40–45.

Arendt, Hannah (2016): Wir Flüchtlinge. Leipzig: Reclam.

Berg, Niclas (2008): Luftmenschen. Zur Geschichte einer Metapher. Göttingen: Vandenhoeck & Ruprecht.

Berger, Wilhelm/Ratschiller, Klaus/Wank, Hubert (1996): Kontrollierte Bewegung. In: Dies. (Hrsg.): Flucht und Kontrolle. Beiträge zu einer politischen Philosophie der Bewegung. Reihe Historische Anthropologie, Bd. 28. Berlin: Dietrich Reimer, S. 1–6.

Bilstein, Johannes (2018): Vom Inneren der Seele bis an das Ende der Welt. Raum als pädagogische Kategorie. In: Glaser, Edith/Koller, Hans-Christoph/Thole, Werner/Krummer, Salome (Hrsg.): Räume für Bildung – Räume der Bildung. Beiträge zum 25. Kongress der Deutschen Gesellschaft für Erziehungswissenschaft. Schriften der Deutschen Gesellschaft für Erziehungswissenschaft. Opladen/Berlin/Toronto: Barbara Budrich, S. 24–39.

Blickle, Peter (2002): Heimat. A Critical Theory of the German Idea of Homeland. Rochester NY/Woodbridge: Camden House.

Brumlik, Micha (2018): Der Flüchtling – Durchkreuzer politischer Normalität. In: Bröse, Johanna/Faas, Stefan/Stauber, Barbara (Hrsg.): Flucht. Herausforderungen für Soziale Arbeit. Wiesbaden: Springer VS, S. 95–108.

Butler, Judith (1999): Subjects of Desire. Hegelian Reflections in Twentieth Century France. NewYork. Columbia University Press.

Chaniotis, A. (2007): Die Entwicklung der griechischen Asylie: Ritualdynamik und die Grenzen des Rechtsvergleichs. In: Burckhardt, Leonhard/Seybold, Klaus/von Ungern-Sternberg, Jürgen (Hrsg.): Gesetzgebung in antiken Gesellschaften. Israel, Griechenland, Rom. Berlin: de Gruyter, S. 233–246.

Frindte, Wolfgang/Dietrich, Nico (Hrsg.) (2018): Muslime, Flüchtlinge und Pegida. Sozialpsychologische und kommunikationswissenschaftliche Studien in Zeiten globaler Bedrohungen. Wiesbaden: Springer VS.

Flusser, Vilem (1992): Bodenlos. Eine philosophische Autobiographie. Bensheim/Düsseldorf: Bollmann.

Freud, Sigmund (1970): Das Unheimliche (1919). In: Studienausgabe Band IV. Frankfurt/M.: Fischer, S. 241–274.

Gerz, Holger (2018): Alles muss raus. Die Welt fragt sich, was in den deutschen Fußball gefahren ist. Die Antwort: So einiges. Über Hybris, Rassismus und eine Mannschaft, die ihre Leichtigkeit verloren hat. In: Süddeutsche Zeitung, Nr. 147, Freitag, 29. Juni 2018, S. 3.

Gertz, Jan Christian (2007): Noah und die Propheten. Rezeption und Reformulierung eines altorientalischen Mythos. In: Deutsche Vierteljahrsschrift für Literaturwissenschaft und Geistesgeschichte 81: 4, S. 503–522. https://doi.org/10.1007/BF03375763.

Glick-Schiller, Nina/Basch, Linda/Blanc-Szanton, Cristina (1997): From Immigrants to Transmigrants: Theorizing Transnational Migration. In: Transnationale Migration. Soziale Welt. Sonderband. Baden Baden: Nomos, S. 121–140.

Goebel, Simon/Fischer, Thomas/Kießling, Friedrich/Treiber, Angela (Hrsg.) (2018): Flucht-Migration und gesellschaftliche Transformationsprozesse. Transdisziplinäre Perspektiven. Wiesbaden: Springer VS.

Gogolin, Ingrid (2008): Der monolinguale Habitus der multilingualen Schule. Münster: Waxmann.

Grimm, Jacob u. Wilhelm (1991): Deutsches Wörterbuch. Bd. 10. München: dtv.

Hochschild, Arlie Russell (2017): Fremd im eigenen Land. Eine Reise ins Herz der amerikanischen Rechten. Frankfurt/M./New York: Campus.

Hüppauf, Bernd (2007): Heimat – die Wiederkehr eines verpönten Wortes. Ein Populärmythos im Zeitalter der Globalisierung. In: Gebhard, Gunther/Geisler, Oliver/Schröter, Steffen (Hrsg.): Heimat: Konturen und Konjunkturen eines umstrittenen Konzepts. Bielefeld: transcript, S. 109–140.

Kleist, J. Olaf (2015): Über Flucht forschen. Herausforderungen der Flüchtlingsforschung. In: Peripherie – Zeitschrift für Politik und Ökonomie der Dritten Welt 53, 138/139, S. 150–169.

Klose, Joachim (Hrsg.) (2013): Heimatschichten. In: Ders. (Hrsg.): Heimatschichten. Anthropologische Grundlegung eines Weltverhältnisses. Wiesbaden: Springer VS, S. 19–46.

Kohlhaas, Rem (2018): Fast die ganze Welt hat sich der Diktatur der Marktwirtschaft unterworfen. In: Süddeutsche Zeitung Magazin. Nr. 20, 18. Mai 2018, S. 10–16.

Maak, Michel/Seidl, Claudius/Wiedemann, Carolin (2017): Raus aufs Land. In: Frankfurter Allgemeine Quarterly. Herbst 2017. Ausgabe 04, S. 78–90.

Mecheril, Paul (2014): Was ist das X im Postmigrantischen? In: sub\urban. zeitschrift für kritische stadtforschung 2,3, S. 107–112.

Michel, Andreas (2015): Flucht. In: Das wissenschaftliche Bibellexikon im Internet. http://www.bibelwissenschaft.de/stichwort/200066/.

Niedrig, Heike/Seukwa, Louis Henri (2010). Die Ordnung des Diskurses in der Flüchtlingskonstruktion: Eine postkoloniale Re-Lektüre. Diskurs Kindheits- und Jugendforschung, 5(2), S. 181–193. In: http://nbn-resolving.de/urn:nbn:de:0168-ssoar-354632.

Niedrig, Heike (2015): Ausländer und Flüchtlinge. Eine postkoloniale Diskursanalyse. In: Dirim, Inci/Gogolin, Ingrid/Knorr, Dagmar/Krüger-Potratz, Marianne/Lengyel, Drorit/Reich, Hans H./Weiße, Wolfram (Hrsg.): Impulse für die Migrationsgesellschaft: Bildung, Politik und Religion. Münster/New York: Waxmann, S. 27–36.

Plessner, Helmuth (1975): Die Stufen des Organischen: Einleitung in die philosophische Anthropologie. Berlin/New York: de Gruyter.

Reitz, Edgar (2013): Die andere Heimat. 1843–1844. Chronik einer Sehnsucht. München: Schirmer & Mosel.

Schwenken, Helen (2018): Globale Migration zur Einführung. Hamburg: Junius.

UNHCR 2017: UNHCR United Nations High Commissionar for Refugees (2017): global Trends: Forced Displacements in 2016. Geneve UNHCR.

Wulf, Christoph (2014): Transkulturalität. In: Ders./Zirfas, Jörg (Hrsg.): Handbuch Pädagogische Anthropologie. Wiesbaden: Springer VS, S. 77–90.

Zetter, Roger (1991): Labelling Refugees: Forming and Transforming a Bureaucratic Identity. In: Journal of Refugee Studies 1, 1. S. 39–62.

Zirfas, Jörg (2016): Das Fremde in uns. Sigmund Freuds Bestimmung des Unheimlichen. In: Der Blaue Reiter 39: Der Andere, der Fremde. Journal für Philosophie. Hannover: Verlag für Philosophie, S. 6–11.

Kapitel I
Heimat und Beheimatung

Heimat als „Dritter Faktor" der Erziehung?

Eine subjekt- und kulturtheoretische Analyse

Ulf Sauerbrey

1. Hinführung zur Fragestellung

Menschen wachsen weltweit unweigerlich an Orten, in Regionen, in Heimaten auf. Manche verlassen ihre Heimat aus freiem Willen, andere werden durch Kriege, wirtschaftliche Notlagen, politische Verfolgung, Naturkatastrophen und viele weitere Ereignisse, Situationen und Bedingungen zur Flucht aus ihren Heimatländern und -regionen gezwungen. Sie suchen nach einem neuen Lebensort, während die alte Heimat, so wie sie war, in ihrer Erinnerung bestehen bleibt. In den wenigen Nationen weltweit, die gegenwärtig Flüchtlinge aufnehmen und ihnen damit nicht nur die Möglichkeit des Schutzes, sondern potentiell auch eine neue Heimat bieten, leben wiederum Menschen, die ihre eigene Heimat möglicherweise durch Geflüchtete bedroht oder bereichert sehen. Zwischen diesen beiden Perspektiven finden sich wiederum zahlreiche Positionen. Sie alle haben jedoch eines gemeinsam: Sie beziehen sich jeweils in spezifischer Weise auf Heimat, über die im Alltag, aber auch in wissenschaftlichen Debatten vielfach gesprochen wird, meist jedoch ohne zu klären, was sie eigentlich grundlegend kennzeichnet.

Zur Klärung der Frage nach den Eigenheiten von Heimat scheinen auf den ersten Blick die Philosophie und die Literaturwissenschaft, aber auch die Sozialgeografie oder die Soziologie geeignete wissenschaftliche Disziplinen zu sein. Auf den zweiten Blick konstituiert sich Heimat in ihren spezifischen Formen jedoch immer zwischen Kultur und lernendem menschlichem Subjekt. Aus diesem Grund wird im vorliegenden Beitrag von einer erziehungstheoretisch-anthropologischen Perspektive ausgehend versucht, die subjektive Entstehung von Heimat durch kulturelles Lernen nachzuzeichnen. Dies geschieht in Anlehnung an die Theorien von Wolfgang Sünkel (2011), Michael Tomasello (2006) und Alexei Nikolajewitsch Leontjew (1977). Im Verlauf der Untersuchung wird Heimat schließlich in der analytischen Trias von *Kenntnissen*, *Fertigkeiten* und *Einstellungen* kategorial gedeutet. Die zentrale These des Beitrags ist, dass sich Heimat als kulturelles Erbe, das im Vermittlungs- und Aneignungsgeschehen in die Verfasstheit des menschlichen Subjekts „eindringt", beschreiben und systematisieren lässt. Das Vorhaben widmet sich somit vorrangig der Begriffsanalyse, auf deren Basis es wiederum erst möglich wird, das, was Heimat ist, aber auch wie Heimat im individuellen und gesellschaftlichen Leben in einer globalisierten Moderne wirkt, empirisch zu erfassen.

In einem ersten Zugang sollen einige Begriffsverständnisse von Heimat thematisch werden (Kap. 2). Anschließend wird Heimat mittels einer deskriptiv angelegten, anthropologisch fundierten Erziehungstheorie untersucht und als in menschlichen Kulturen eingelagerter, komplexer Aneignungsgegenstand rekonstruiert (Kap. 3). Um die auf diese Weise hervorgebrachten Einsichten zu veranschaulichen, wird im Anschluss eine Form des Umgangs mit Heimat anhand der Autobiografie der vor dem Nationalsozialismus geflüchteten Ruth Klüger beschrieben (Kap. 4). Den Abschluss des Beitrags bilden grundlegende Forschungsausblicke (Kap. 5).

2.　Heimat als allgemeiner Begriff – und seine Schwierigkeiten

Die von Jean Améry[1] im Jahr 1967 im Titel eines Essays aufgeworfene Frage „Wieviel Heimat braucht der Mensch?" (Améry 2002), kann nur beantwortet werden, wenn vorab geklärt wird, was Heimat eigentlich ist. Spontan lässt sich über Heimat sagen: ein Gefühl! Wenn sie aber allein ein Gefühl wäre, so müsste sie wohl am ehesten als ein sekundäres beschrieben werden, denn sie ist mit Sicherheit nicht wie Ekel, Angst oder Freude eine primär angeborene Emotion, sondern vielmehr eine im individuellen menschlichen Lebenslauf entstandene. Wahrscheinlich ist der enge Blickwinkel auf Gefühle jedoch irreführend. Es erscheint durchaus plausibel, dass Heimat gerade kein Gefühl ist, sondern vielmehr etwas, das Gefühle auslöst, bei dessen kultureller oder mentaler Erscheinung also bestimmte Empfindungen im Menschen auftreten. Peter Blickle (2002) beschreibt Heimat daher nicht als Empfindung, sondern als „idealistische traditionelle Ordnung" (ebd., S. 32), d. h. als etwas Tradiertes bzw. kulturell Überliefertes. Elizabeth Boa (2012) hingegen bestimmt Heimat in einem spezifischeren Sinn als gefühlte Beziehung von Menschen, die sich auf äußere Bedingungen bezieht: „a felt relationship enduring over time between human beings and places that can extend metaphorically to connote identification with family or nation, cultural tradition, local dialect or native tongue" (ebd., S. 34). Familie, Nation, Tradition, sprachliche Besonderheiten oder die Muttersprache selbst bilden demnach mögliche ‚heimische‘ Beziehungsmöglichkeiten zwischen fühlenden Menschen und Orten, die jene Merkmale aufweisen.

1　Jean Améry (1912–1978) war Schriftsteller, Flüchtling und Widerstandskämpfer gegen den Nationalsozialismus.

Die Vielfalt an äußeren Merkmalen, worauf sich Heimatgefühle von Menschen beziehen können, ist jedoch nicht konstitutiv für Heimat. Dies alles sind besondere und immer variable Merkmale von Heimat. Sie müssen nicht allesamt vorkommen, um etwas als ‚heimisch' zu empfinden. In diesem Sinn kann Heimat, wie Friederike Eigler und Jens Kugele es ausdrücken, als „Schnittmenge zwischen Erinnerung und Raum" – „intersection of memory and space" – verstanden werden (Eigler/Kugler 2012). Wir alle erinnern uns als Menschen an Orte bzw. Räume, die unser Aufwachsen prägten und die spezifische kulturelle Objekte enthalten. Dort stammen wir her, dort haben wir eine Zeit unseres Lebens verbracht, an diese oder jene Orte und Räume (wie es dort aussieht, wie es riecht, welche Gegenstände und Geräusche dort vorzufinden sind, welche Sprache und welcher Dialekt dort gesprochen wird) erinnern wir uns. Dass Heimat also etwas mit Erinnerungen an Orte und Räume zu tun hat, ist nachvollziehbar. Aber ist dies nun bereits konstitutiv für den Begriff Heimat? Sind die Mitglieder von Nomadenfamilien oder Kinder, die mit ihren Eltern im Wanderzirkus reisen, dann etwa heimatlos? Dies muss keineswegs der Fall sein. Aus einer weiteren Perspektive kann Heimat auch grundlegend mit dem Phänomen menschlicher Gemeinschaft und Gemeinschaftsstiftung verbunden sein, wie Andrea Bastians Begriffsanalyse in der deutschen Sprache zeigt (vgl. Bastian 1995, S. 34 f.).

Dieser knappe Blick auf den Forschungsstand über den Begriff zeigt uns, dass ‚Heimat' derzeit mindestens so viele Bestimmungsmerkmale aufweist wie die Perspektiven, von denen aus die Versuche zu ihrer Begriffsbestimmung unternommen worden sind. Die komplexen Bestimmungsmöglichkeiten bergen Hürden bei der Suche nach einem grundlegenden Begriff und an dieser Stelle können die skizzierten Ansätze zu einer einheitlichen Begriffsbestimmung nicht weiterverfolgt werden. Stattdessen soll ein gemeinsames Merkmal aller oben genannten Sachverhalte herausgehoben und in seiner Bedeutung für die Anthropologie und Pädagogik verdeutlicht werden: die kulturelle und soziale Basis des Konstrukts Heimat, das von menschlichen Subjekten von Beginn ihres Lebens an im Rahmen von Enkulturationsgeschehen in verschiedenen Formen angeeignet wird. Aus einer solchen *Subjekt-* und *Kulturperspektive* bildet das Phänomen Heimat ebenso wie das mit ihr verbundene Gefühl kein von Geburt an bestehendes Gebilde, sondern etwas, das ein Mensch durch seine Auseinandersetzung mit einer Kultur, in der er aufwächst, selbst hervorbringt. Heimat, Heimatverbundenheit, aber auch Heimatkritik sind – so die erste Prämisse – durch „kulturelles Lernen" (Tomasello 2006, S. 77) angeeignete menschliche Zustände. Und an dieser Stelle bekommen die Pädagogische Anthropologie und die Allgemeine Erziehungswissenschaft zur Klärung des Phänomens eine grundlegende Bedeutung. Der Vollzug der Entstehung, Aneignung und Hervorbringung eines solchen Zustands ist – wie nahezu jedes pädagogische Geschehen – zweifelsohne komplex, weil er bei jedem Subjekt individuell und kulturell variabel verläuft; verschiedene Menschen empfinden ihre jeweilige Heimat schließlich durchaus unterschiedlich. Darüber hinaus kann ein Mensch einen Zustand durch Lernen selbstverständlich auch ändern. Gemeinsam ist jedoch allen Menschen: Wenn sie bestimmte Situationen, Szenen, Erinnerungen, Orte, Räume, Personengruppen und anderes als heimisch empfinden (ganz gleich ob sie diese Empfindung mögen oder nicht, ob sie sie naiv zulassen oder kritisch reflektieren), so haben sie sich dieses Empfinden und die Aspekte, auf die sich ihr Empfinden bezieht, angeeignet. Was sich nach Heimat anfühlt, wurde in der Auseinandersetzung mit Kultur, also in der Enkulturation,[2] der Sozialisation, der Erziehung, möglicherweise sogar in Form des Unterrichts (Stichwort: ‚Heimatkunde')[3] erlernt.

3. Zur Aneignung von Heimat durch kulturelles Lernen

Wenn wir auf Aneignung bzw. Lernen – beide Begriffe werden hier in einem weiten Sinn und dabei synonym verwendet – blicken, so haben wir es nach Klaus Prange zunächst einmal mit einer „anthropologische[n] Konstante" bzw. mit einer „Betriebsprämisse" des Menschen zu tun (Prange 2005/2012, S. 88). Denn: Lernen kann man nicht ausschalten, es geschieht – ob wir es wollen oder nicht. Dies bedeutet aber auch, dass Kulturen in der Verfasstheit von Menschen immer Spuren, Manifestationen und Eindrücke hinterlassen, die durch die Art und Weise der lernenden Auseinandersetzung mit der Umwelt, in der ein Mensch aufwächst, bestimmt werden. Das Lernen eines Subjekts ist nach Klaus Prange somit jeder Erziehung vorgegeben.

Mit Wolfgang Sünkel lassen sich jedoch weitere anthropologische Voraussetzungen pädagogischen Geschehens finden, allen voran die „Kulturalität" und die „Sozialität" (Sünkel 2011, S. 19 f.): Die „Kulturalität […] des Menschen" (Sünkel 2011, S. 19) wird unter anderem durch Sprache, Symbole, Zeichen, Codes, Verhaltensweisen, also alle Kulturtechniken, deutlich. Diese finden sich in Form von Wissen, Fertigkeiten und Einstellungen historisch als jeweils bestimmte ‚kulturelle Gedächtnisse' (vgl. Assmann 1999) und werden im Rahmen sozialer Interaktion und in der Auseinandersetzung mit kulturellen Artefakten

---

2   Im Falle eines bereits stattgefundenen Aufwachsens in einer Kultur und des Übertritts in eine neue Kultur (wie er etwa bei Geflüchteten stattfindet) muss eher von einer „Akkulturation" gesprochen werden (vgl. Papenkort 2012). Auch durch solche kulturellen Transitionen kann Heimat (neu) entstehen (vgl. Peißker-Meyer 2002).

3   Für kritische Rückmeldungen hierzu auf der DGfE-Jahrestagung der Kommission Pädagogische Anthropologie im Oktober 2016 danke ich Cornelie Dietrich.

über die Mortalität einzelner Subjekte hinweg tradiert.[4] Eine solch besondere Form sozialer Interaktion in Bezug auf Kultur ist der menschlichen Gattung eigen. In ihr zeigt sich zum einen, dass „[d]er Mensch [...] ein Wesen [ist], das nur in Gesellschaft lebt und leben kann" – Sünkel spricht diesbezüglich von einem „phylogenetische[n] Erbe" (ebd., S. 19). Vor dem Hintergrund dieser anthropologischen Merkmale ist menschliches Lernen in der Auseinandersetzung mit anderen Subjekten und mit der Objektwelt der verfügbaren Artefakte zum anderen aber nicht nur soziales, sondern immer auch kulturelles Lernen. Dieses Lernen wird „durch eine einzige besondere Form sozialer Kognition ermöglicht, nämlich durch die Fähigkeit einzelner Organismen, ihre Artgenossen als *ihnen ähnliche* Wesen zu verstehen, die ein intentionales und geistiges Leben haben wie sie selbst. Dieses Verständnis ermöglicht es ihnen, sich in die geistige Welt einer anderen Person hineinzuversetzen, so daß sie nicht nur *vom* anderen, sondern auch *durch* den anderen lernen können" (Tomasello 2006, S. 15).

Im Anschluss an Sünkels allgemeine Theorie der Erziehung kann dieses Lernen eines menschlichen Subjekts in sozialer Interaktion, die wiederum eingebettet ist in eine kulturelle Umwelt, als ein *Aneignungsgeschehen* beschrieben werden, in dem das aneignende Subjekt seine Lerntätigkeit auf ein kulturelles Objekt – den so genannten „Dritten Faktor" (Sünkel 2011, S. 41) – richtet.[5] Bei dieser Aneignungstätigkeit wird das lernende Subjekt jedoch von einem anderen Subjekt, das vermittelnd tätig ist, beeinflusst. In einem an Sünkels sowie Michael Winklers pädagogische Theorien angelegten Modell (vgl. Sünkel 2011; vgl. Winkler 2006, S. 134) wird im Folgenden eine einfache, d. h., auf zwei Subjekte reduzierte Erziehungssituation, ähnlich des klassischen didaktischen Dreiecks, verwendet. Diese Reduktion soll keineswegs die Komplexität menschlicher Interaktion in Gruppen oder ganzen Kulturkreisen ausblenden, sondern dient durch den Blick auf die so genannte „Fundamentalstruktur" (Sünkel 2011, S. 88) des Erziehungsverhältnisses allein der Veranschaulichung. Ein Subjekt, traditionell wurde es meist als „Zögling" bezeichnet, *lernt* bzw. *eignet sich etwas an*. Dieses ,etwas', das an der oberen Spitze des imaginierten Dreiecks positioniert ist, nennt Sünkel „[n]ichtgenetische Tätigkeitsdispositionen", d. h.

---

4 Hinzu kommt, dass Erziehung anthropologisch auch „als Lösung des Todes- und des Geburtsproblems" (Winkler 2006, S. 71) fungiert. Dadurch, dass Menschen geboren werden und sterben, ergibt sich das ,Problem' der Weitergabe von Wissen, Können und Einstellungen, die Neugeborene sich eben im Laufe ihres Lebens erst von den älteren Generationen aneignen müssen, um handelnd in die Welt eintreten zu können. Dieses Handeln geschieht darüber hinaus immer in sozialen Gruppen, da Menschen wie Wölfe, Pferde oder Ameisen prinzipiell keine Einzelgänger, sondern soziale Wesen sind (vgl. Sünkel 2011, S. 20; Harris 1989).

5 Klaus Prange spricht äquivalent vom „Thema" der Erziehung (Prange 2005/2012, S. 55).

anthropogene, kulturelle Gegenstände, die immer „aus Kenntnissen, Fertigkeiten und Motiven (Willenseinstellungen)" (ebd., S. 47) bestehen. Dieses Verständnis von subjektiver Aneignung in einer Kultur, auf das Sünkel sich nur recht implizit bezieht, geht wahrscheinlich „auf die sogenannte kulturhistorische Schule der sowjetischen Psychologie zurück, die vor allem mit dem Namen Leontjew verbunden ist. Die grundlegende Auffassung dieses Ansatzes besteht darin, die Entwicklung des Menschen als tätige Auseinandersetzung mit seiner Umwelt und als Aneignung der *gegenständlichen und symbolischen Kultur* zu verstehen" (Deinet 1988, S. 88, Herv. U.S.; vgl. Leontjew 1977).

Die Aneignungstheorie Leontjews „fasst Lernen als Aneignung der Vergegenständlichungen anderer Menschen auf" (Wieland 2006, S. 65). Es sei jedoch „nur eine künstliche Konstruktion", sich vorzustellen, dass ein Mensch „der ihn umgebenden Welt ganz allein gegenüberstünde [...]. Unter normalen Bedingungen werden die Beziehungen des Menschen zu seiner gegenständlichen Umwelt *stets* durch sein Verhältnis zu anderen Menschen, zur Gesellschaft vermittelt" (Leontjew 1977, S. 284). Dementsprechend findet sich in Sünkels allgemeiner Erziehungstheorie neben der Aneignung auch die Vermittlung als eine weitere Tätigkeit, die das Geschehen mitbedingt. Damit wird Erziehung nicht bloß als Vermittlungshandeln, sondern als bisubjektiver Vollzug bestimmt, der überhaupt nur stattfindet, wenn neben dem Zögling auch ein Erzieher beteiligt ist, der die kulturellen Vergegenständlichungen vermittelt bzw. zeigt. In der Fundamentalstruktur[6] des Erziehungsverhältnisses nach Sünkel wirkt somit die Vermittlung eines Subjekts auf die Aneignung des anderen Subjekts ein. Dem knappen Rahmen des vorliegenden Beitrags entsprechend liegt der Schwerpunkt der folgenden Überlegungen vorrangig auf der Aneignung der kulturellen Objektivationen durch das lernende Subjekt. Auch wenn seine Aneignung im theoretischen Schema auf die kulturellen Objektivationen gerichtet ist (vgl. ebd.), so ist sie immer als *rezeptiv* zu denken (vgl. Prange 2005/2012, S. 94).

Setzen wir uns nun diese Subjekt- und Kulturtheorie als hermeneutische Brille auf, so wird auch Heimat in Form von gegenständlicher und symbolischer Kultur erkennbar. Heimat entstünde in diesem Sinne als Tradierung eines „kulturellen Erbes" (vgl. Wulf 2001) durch Vermittlung und Aneignung. Doch

---

6 ,Fundamental' und zugleich einfach ist die Situation, da sie die Komplexität aus Gründen der Darstellung auf eine Grundstruktur reduziert, die sich praktisch jedoch immer komplex erweitern kann. Praktisch wirken in einer kulturellen Umwelt in der Regel zahlreiche Vermittlungstätigkeiten auf die Aneignungstätigkeit eines Menschen ein und ebenso kann eine Vermittlungstätigkeit auch die Aneignungstätigkeiten mehrerer Menschen beeinflussen und umgekehrt können mehrere Vermittlungstätigkeiten auf eine Aneignungstätigkeit einwirken. Die Fundamentalstruktur der Erziehung bleibt jedoch bestehen, sie erweitert sich nur – je nach Situation – mit Blick auf die Tätigkeiten sowie deren Anzahl, Formen etc.

was genau kennzeichnet dieses gegenständliche und symbolische Erbe, das subjektiv zu Heimat wird, wenn es doch offensichtlich von unterschiedlichen Menschen ganz unterschiedlich angeeignet wird? Welche Gegenstände und Symbole enthalten überhaupt so etwas wie Heimat? Auf welche Ausschnitte einer Kultur richtet sich also die menschliche Aneignungstätigkeit, wenn so etwas wie Heimat angeeignet wird?

Eine besondere Vorsicht ist bei diesen Fragen angebracht, da die kulturhistorische Schule, aber auch die Enkulturationstheorien in der Pädagogischen Anthropologie und der Allgemeinen Erziehungswissenschaft hier etwas unscharf sind. Diese Unschärfe muss an dieser Stelle zunächst korrigiert werden: Erziehung ist immer ein kultur- und subjektbedingtes Geschehen (Loch 1968, S. 173). „Gesellschaft und Kultur" bieten zwar „Voraussetzungen pädagogischer Praxis", sind aber auch „als Gegenstand in dieser" (Winkler 2006, S. 183) beschreibbar. Als ein kulturbedingtes Geschehen kann Erziehung dabei objektiv alle denkbaren „Bestände einer überlieferten Kultur" (ebd.) aufweisen. Solche Kulturbestände sind nach Werner Loch beispielsweise in anthropogenen „Instrumenten" erkennbar, „von den elementarsten Werkzeugen [...] bis hin zu den kompliziertesten Gebilden der Sprache" (ebd., S. 174). Kultur ist dementsprechend immer gekennzeichnet durch „Traditionen und Lebensformen" (Harris 1989, S. 20) der in ihr lebenden Menschen.

> „Die Bereiche, an denen Kultur unmittelbar sichtbar wird, sind vor allem die Sprache – inklusive der damit verbundenen Interaktionsformen – und die durch Arbeit hervorgebrachten Artefakte. Letztere sind die vom Menschen kunstvoll und künstlich-technisch gemachten Objekte (Dinge, Gegenstände, Bauwerke, Kunstprodukte), hinter denen zunächst Notwendigkeiten stecken (z. B. die, daß man in einem geschützten Raum wohnen muß), hinter denen aber auch Wünsche, ästhetische und künstlerische Ideen stehen. Letztere gewinnen in einer immer stärker vom Menschen umgestalteten Welt an Bedeutung. Sie bestimmen nämlich als Form-, Färb- und Materialobjekte zunehmend unsere Wahrnehmung" (Callo 2002, S. 63).

Dies ist die kulturelle Objektdimension, in der auch Heimat zu finden ist. Aus einem kulturtheoretischen Blickwinkel kann der Objektbereich von Heimat erfasst werden. Aber: Das Sprechen von ‚Gegenständen', die so etwas wie Heimat enthalten und die Heimatgefühle oder Heimatkritik auslösen können, darf unseren Blick *nicht allein* auf eine materielle Kultur (vgl. Hahn 2014) bzw. auf materielle Objekte (vgl. Ecker 2012) lenken. Aneignungsobjekte sind nicht einfach gleichzusetzen mit den von Werner Loch umschriebenen kulturellen Instrumenten oder Dingen! Menschen eignen sich nicht ein dingliches kulturelles Artefakt an sich an, sondern sie erlernen etwas *im Hinblick auf dieses.* Der Umgang eines Kindes mit einer Gabel beispielsweise erfordert nicht die Aneignung der Gabel, sondern Kenntnisse über ihre Verwendung, Fertigkeiten ihres Gebrauchs und (bestenfalls) die Einstellung, sie zum Essen und nicht anderweitig zu benutzen. Das bloße Überreichen der Gabel nützt dem Kind ohne Kenntnisse, Fertigkeiten oder Einstellungen ihr gegenüber zunächst wenig. Sie werden erst durch ein Zeigen bzw. Vermitteln ‚aneigenbar'. Die Elemente einer Kultur sind aber grundlegend immateriell (vgl. Papenkort 2012), auch wenn ihre Materialisierbarkeit möglich ist (z. B. in Form eines Buches).

Dies bedeutet nun für die kultur- und subjekttheoretische Beschreibung von Heimat, dass nicht heimische Dinge oder Gegenstände selbst angeeignet werden, sondern das, was sie *in einer bestimmten Kultur für ein Subjekt heimisch macht*, also dasjenige, für die sie Bedeutungsträger sind. Diese Bedeutung ist jedoch nicht rein kulturell zu verstehen. Zwar haben einige materielle Dinge aus einer Kultur, wie z. B. Nationalflaggen oder Wappen, objektiv meist irgendetwas mit Heimat zu tun. Aber die Inanspruchnahme eines kulturellen Objekts aus Sicht des Subjekts ist immer variabel. Wenn mir subjektiv danach ist, kann ich die kulturelle Funktion der Nationalflagge auch missbrauchen und mit ihr nach dem Essen den Mund abwischen. *Heimat hat daher* neben einer kulturellen Dimension immer auch *eine individuelle Dimension*.

Grundlegend für Heimat sind somit die auf sie bezogenen Kenntnisse, Fertigkeiten und Einstellungen. *Kenntnisse* über das, was Menschen als heimisch empfinden können, werden in Form von Ritualen, Gewohnheiten und Sprache bereits in der frühen Kindheit angeeignet: besonders Sprache, also Kenntnisse über die Bedeutungen von Lautäußerungen, aber auch Objekte, also das durch eine Sprache Bedeutete, können zu Gegenständen werden, die zur Heimatverbundenheit, aber auch zur Heimatkritik beitragen. Die *Fertigkeiten* des Praktizierens von Tischsprüchen oder Gebeten vor dem Essen in der Familie, können ebenso als heimisch empfunden werden wie gemeinsame Feste, Rituale oder das Schauen der Fußball-Weltmeisterschaft. Und schließlich werden neben Kenntnissen und Fertigkeiten auch *Einstellungen* angeeignet – gegenüber Personen oder Personengruppen, aber auch gegenüber ‚heimischen' oder ‚fremden' Kenntnissen und Fertigkeiten (z. B. hinsichtlich kulturell unterschiedlicher Bräuche und Gewohnheiten).

Es muss dabei allerdings grundlegend festgestellt werden, dass Kenntnisse, Fertigkeiten und Einstellungen praktisch kaum in gleichem Maße angeeignet werden! Manche Menschen verfügen über eine sehr begrüßende Einstellung gegenüber dem, was kulturell als ihre Heimat gilt, können aber über eine Abgrenzung zu dem Anderen und als fremd Empfundenen kaum beschreiben, was ihre Heimat eigentlich kennzeichnet – sie wissen zwar, dass sie in Deutschland geboren sind, verfügen jedoch kaum über historische Kenntnisse und empfinden vor diesem Hintergrund ihr ‚Deutschsein' möglicherweise als natürlich und nicht als historisch-kulturellen Zufall des Geborenseins an einem bestimmten Ort auf der Welt zu einer bestimmten Zeit.

Andere Menschen hingegen verfügen möglicherweise über zahlreiche Kenntnisse hinsichtlich der Kultur, in der sie aufgewachsen sind, d. h., sie wissen viel über ihre Heimat, haben jedoch eine kritisch-distanzierte oder sogar eine ablehnende Einstellung ihr gegenüber; sie lehnen die Bräuche und Sitten ihrer Heimat zugunsten einer anderen Kultur ab, die sie als fortschrittlicher oder menschenfreundlicher einschätzen.

Denkbar wäre aber auch, dass zwei Menschen über sehr ähnliche Kenntnisse und Fertigkeiten bzgl. der Kultur, in der sie aufgewachsen sind, verfügen, diese aber gänzlich unterschiedlich beurteilen – der eine befürwortend, der andere ablehnend. In diesen konträren Fällen unterscheiden sich weniger die Kenntnisse der beiden Menschen über Heimat und die Fertigkeiten und Praktiken, die ihrer Heimat kulturell zugeschrieben werden und über die sie subjektiv verfügen, sondern primär die subjektiven Einstellungen ihrer Heimat gegenüber.

Dies sind nur einige wenige Beispiele möglicher Zustände des kulturellen Konstrukts einer subjektiven Heimat. Die individuelle Subjektivität von Menschen und die komplexe Trias aus möglichen Kenntnissen, Fertigkeiten und Einstellungen scheinen zu bedingen, dass die Variabilität dessen, was wie von Menschen als heimisch empfunden wird, nahezu unendlich ist. Mit Sünkel (2011) lässt sich der Grund hierfür in der Akzentuierung dieser Trias in der individuellen Verfasstheit eines menschlichen Subjekts finden: „Von der Art und dem besonderen Charakter der jeweils disponierten Tätigkeit hängt ab, ob und wie die Disposition *akzentuiert* ist. Bei manchen Dispositionen überwiegen die Motive alles andere, bei anderen die Kenntnisse bei wieder anderen die Fertigkeiten" (ebd., S. 48).

Zusammenfassend lässt sich somit festhalten, dass Heimat eine objektiv-kulturelle und zugleich eine subjektiv-aneignungsbedingte Dimension aufweist. *Subjektiv* ist, wie Christoph Wulf (2001) es in seiner *Anthropologie der Erziehung* festhält, „das menschliche Vermögen, Bilder von außen nach innen zu nehmen, also Außenwelt in Innenwelt zu verwandeln" (ebd., S. 124) für die Entstehung von Heimat im Menschen grundlegend. Denn: Jede Verwandlung geht einher mit der Schaffung, Erhaltung und Veränderung von Bedeutungen bzgl. dessen, was ein Mensch sich aneignet (vgl. ebd.). *Objektiv* sind aber auch die kulturell vorgefundenen Tätigkeitsdispositionen selbst bedeutsam für die Aneignung von Heimat.

Im Folgenden soll diese grundlegende Kategorisierung zur Beschreibung von Heimat noch einmal am Beispiel einer Autobiografie, die sich sehr intensiv mit Heimat auseinandersetzt, veranschaulicht werden.

4. Ambivalente Heimat in der Autobiografie Ruth Klügers: Eine exemplarische Veranschaulichung

Ruth Klüger, 1931 in Wien geboren, wuchs in einer jüdischen Familie in Wien auf. Ihre Autobiografie gibt tiefe Einblicke in ein „ambivalentes Verhältnis zu Wien" (Eigler 2012, S. 44). Klüger selbst schreibt bzgl. ihrer Kindheit über die Heimatstadt: „Dieses Wien, aus dem mir die Flucht nicht geglückt ist, war ein Gefängnis, mein erstes, in dem wenig von Flucht, das heißt vom Auswandern die Rede war. Ich sah uns sozusagen immer auf dem Sprung und im Begriff abzureisen, mit gepackten Koffern eher als für die nächsten Jahre gemütlich eingerichtet" (Klüger 1992, S. 19). Wien war ihr im Rückblick Heimat und zugleich Nicht-Heimat. Denn: „Klügers glückliche Kindheitserinnerungen brachen jäh ab, als Adolf Hitler 1938 auf dem Wiener Heldenplatz den ‚Anschluss' Österreichs ans Deutsche Reich verkündete, eigentlich [sogar] schon vorher, denn die Stadt war überlagert von Antisemitismus" (Zimmermann 2012, o.S.). Mit elf Jahren wurde Ruth Klüger von den Nationalsozialisten zunächst ins Konzentrationslager nach Theresienstadt gebracht, später in ein Außenlager von Auschwitz-Birkenau, dann nach Christianstadt und schließlich in ein Außenlager von Groß-Rosen, von wo aus ihr vor Kriegsende die Flucht gelang. Sie ist heute bekannt als Literaturwissenschaftlerin, Schriftstellerin und Zeitzeugin.

1992 veröffentlichte sie bei Wallstein die Autobiografie ihrer Kindheits- und Jugendjahre unter dem Titel „weiter leben" (Klüger 1992). Der zum Teil parataktische Satzbau ihrer Beschreibungen wirkt beim Lesen direkt, unverblümt und anklagend: „Ich kenne die Stadt meiner ersten elf Jahre schlecht", schreibt Klüger (1992, S. 18). Die Umstände hierfür lagen darin, dass sie den Judenstern tragen musste und mit diesem, so Klüger, „hat man keine Ausflüge gemacht" – „Juden und Hunde waren allerorten unerwünscht" (ebd.). Neben ihren Kenntnissen über die Stadt, in der sie geboren wurde, fehlten ihr den autobiografischen Beschreibungen nach zu urteilen, auch Fertigkeiten und mit diesen verbundene Erlebnisse. Klüger hierzu:

> „Was alle älteren Kinder in der Verwandtschaft und Bekanntschaft gelernt und getan hatten, als sie in meinem Alter waren, konnte ich nicht lernen und tun, so im Dianabad schwimmen, mit Freundinnen ins Urania-Kino gehen oder Schlittschuh laufen. Schwimmen hab ich nach dem Krieg in der Donau gelernt, bevor sie verseucht war; aber nicht bei Wien, auch Fahrrad fahren anderswo, und Schlittschuhlaufen nie. [...] Sprechen und lesen kann ich von Wien her, sonst wenig" (ebd.).

Ihre „ersten Lesekenntnisse" habe sie immerhin „[a]n judenfeindlichen Schildern [...] geübt" (ebd., S. 19). An diesen drastischen Ausführungen lässt sich zeigen, dass sich Ruth Klüger – ihrer Autobiografie gemäß – die am Ort des

Aufwachsens in ihrer Kindheit kulturell objektivierten Kenntnisse, Fertigkeiten und Einstellungen aufgrund der Machtübernahme der Nationalsozialisten subjektiv nicht vollständig aneignen konnte. Vieles, das andere Kinder in ihrem Alter wussten oder konnten, blieb ihr durch den Umgang der Nationalsozialisten mit Jüdinnen und Juden verwehrt. Friederike Eigler (2012) hält dementsprechend fest, dass die „Erfahrungen Klügers" verknüpft seien „mit dem Verlust von Heimat, Sprache und Identität" (ebd., S. 45) und auch Ruth Klüger selbst kennzeichnet sich in ihrer Autobiografie als heimat- und ruhelos. Für sie fand sich kein Äquivalent in Form einer anderen Heimat. 2012 ließ sie sich in der taz sogar mit dem Satz „Menschen brauchen keine Heimat" zitieren (vgl. Zimmermann 2012).

5. Forschungsausblicke

Wenngleich die grundlagentheoretische ebenso wie die empirische Forschung über Heimat in der Erziehungswissenschaft noch am Beginn stehen, so kann diese bereits jetzt als ein objektiv-kultureller und zugleich subjektiv-angeeigneter Zusammenhang verstanden werden, der sich in drei Kategorien plausibel gliedern lässt – in Kenntnisse (über das, was Heimat kulturspezifisch ist), in Fertigkeiten und Praktiken (des mit Heimat verbundenen Tätigseins) und in Einstellungen (Motive der Heimat gegenüber). Es wurde deutlich, dass ein subjekt- und kulturtheoretischer Blickwinkel auf die Aneignung eines Menschen es grundlegend ermöglicht, Heimat als Teil eines spezifisch verinnerlichten kulturellen Erbes von Menschen zu beschreiben. Diese bis an diese Stelle vorgenommene Beschreibung und Analyse sagt allerdings nichts darüber aus, ob Heimat prinzipiell gut oder schlecht ist oder ob Menschen überhaupt so etwas wie Heimat benötigen. Es scheint zudem nicht nur so viele Varianten bzw. „Versionen von Heimat" (Boa 2012, S. 34) zu geben wie es Menschen gibt, sondern es gibt auch zahlreiche Kulturen, Regionen und Orte, auf die sich subjektives Heimatempfinden inhaltlich beziehen kann.

Die möglichen Formen von Heimatverbundenheit unterscheiden sich dabei in Abhängigkeit von Kenntnissen, Fertigkeiten und Einstellungen zum Teil sehr stark. Und dies kann – wie bei Ruth Klüger – sogar dazu führen, dass die kulturellen Elemente in ein und derselben Person zu einem massiven Widerstreit führen. Möglicherweise zeigt sich in Klügers Autobiographie sogar die intensivste Form der reflexiven Auseinandersetzung mit Heimat.

Folgende grundlegende Forschungsausblicke ergeben sich aus der vorliegenden Untersuchung: Ein möglicher Ansatzpunkt für die gesellschaftlich relevante Frage nach dem Umgang mit übersteigerter Heimatverbundenheit, wie sie sich in Form von Nationalismus und Xenophobie historisch in vielen Gestalten und gegenwärtig besonders gegenüber Geflüchteten zeigt, könnte besonders bei den Einstellungen von Menschen gegenüber ihren als heimisch empfundenen Kenntnissen und Fertigkeiten, aber möglicherweise auch in ihrem bloß selektiven Wissen über die eigene Heimat liegen. Über den Beitrag hinaus sollten künftig auch die hier weitgehend ausgeblendeten Tätigkeiten vermittelnder Subjekte untersucht werden, die durch verschiedene Formen unbewusster und bewusster Zeigeakte dazu beitragen, dass und wie Heimat durch ein anderes Subjekt angeeignet wird.

Die erziehungstheoretische Erforschung von Heimat birgt jedoch auch Hürden. Besonders die starke Affektivität von Heimatempfinden lässt sich durch die hier gewählten triadischen Kategorien der nichtgenetischen Kenntnisse, Fertigkeiten und Einstellungen nicht vollständig einfangen. Gerade als subjektives Gefühl entzieht sich Heimat einem ausschließlich kultur- und subjekttheoretischen Zugriff. Da Heimatgefühle als kulturelle Überformungen von Freude, Angst und anderen primären Emotionen mit eben diesen genetisch disponierten Phänomenen einhergehen können, muss der hier gewählte Blickwinkel der weiterführenden Forschung über die Entstehung von Heimat im Subjekt notwendig um weitere anthropologische Perspektiven erweitert werden.

Literatur

Améry, Jean (2002): Werke. Band 2. Stuttgart: Klett-Cotta.

Assmann, Aleida (1999): Erinnerungsräume. Formen und Wandlungen des kulturellen Gedächtnisses. München: C.H. Beck.

Bastian, Andrea (1995): Der Heimatbegriff. Eine begriffsgeschichtliche Untersuchung in verschiedenen Funktionsbereichen der deutschen Sprache. Tübingen: Niemeyer.

Blickle, Peter (2002): Heimat. A Critical Theory of the German Idea of Homeland. Rochester/New York: Camden House.

Boa, Elizabeth (2012): Some Versions of Heimat. Goethe and Hölderlin around 1800. Frenssen and Mann around 1900. In: Eigler, Friederike/Kugele, Jens (Hrsg.): Heimat. At the intersection of memory and space. Berlin/Boston: de Gruyter, S. 34–52.

Callo, Christian (2002): Modelle des Erziehungsbegriffs. Einführung in pädagogisches Denken. München/Wien: Oldenbourg.

Deinet, Ulrich (2012): Lebenswelten als Bildungswelten. In: Stange, Waldemar/Krüger, Rolf/Henschel, Angelika/Schmitt, Christof (Hrsg.): Erziehungs- und Bildungspartnerschaften. Grundlagen und Strukturen von Elternarbeit. Wiesbaden: Springer VS, S. 82–91.

Ecker, Gisela (2012): Prozesse der „Beheimatung". Alltags- und Memorialobjekte. In: Eigler, Friederike/Kugele, Jens (Hrsg.): Heimat. At the intersection of memory and space. Berlin/Boston: de Gruyter, S. 208–225.

Eigler, Friederike (2012): „Wieviel Heimat braucht der Mensch?" – Jean Améry – Martin Walser – Ruth Klüger. In: theologie. Geschichte. Beiheft 5, S. 44–59.

Eigler, Friederike/Kugele, Jens (Hrsg.) (2012): Heimat. At the intersection of memory and space. Berlin/Boston: de Gruyter.

Hahn, Hans Peter (2014): Materielle Kultur. Eine Einführung. Berlin: Dietrich Reimer.

Harris, Marvin (1989): Kulturanthropologie. Ein Lehrbuch. Frankfurt/M./New York: Campus.

Leontjew, Alexei Nikolajewitsch (1977): Probleme der Entwicklung des Psychischen. Frankfurt/M.: Athenäum-Fischer.

Loch, Werner (1968): Enkulturation als anthropologischer Grundbegriff der Pädagogik. In: Bildung und Erziehung 21, S. 161–178.

Papenkort, Ulrich (2012): Akkulturation als anthropologischer Grundbegriff der Pädagogik. In: Bildung und Erziehung 65, 1, S. 91–105.

Peißker-Meyer, Cosima (2002): Heimat auf Zeit. Europäische Frauen in der arabischen Welt. Bielefeld: transcript, S. 17–19.

Prange, Klaus (2005/2012): Die Zeigestruktur der Erziehung. Grundriss der Operativen Pädagogik. 2. Aufl. Paderborn: Schöningh.

Sünkel, Wolfgang (2011): Erziehungsbegriff und Erziehungsverhältnis. Allgemeine Theorie der Erziehung. Band 1. Weinheim/München: Juventa.

Tomasello, Michael (2006): Die kulturelle Entwicklung des menschlichen Denkens. Zur Evolution der Kognition. Frankfurt/M.: Suhrkamp.

Wieland, Norbert (2010): Die soziale Seite des Lernens. Positionsbestimmung von Schulsozialarbeit. Wiesbaden: VS.

Winkler, Michael (2006): Kritik der Pädagogik. Der Sinn der Erziehung. Stuttgart: Kohlhammer.

Wulf, Christoph (2001): Einführung in die Anthropologie der Erziehung. Weinheim/Basel: Beltz.

Zimmermann, Felix (2012): Schriftstellerin Ruth Klüger „Menschen brauchen keine Heimat". In: taz vom 2.11.2012.

„…and the home is part of our every experience."

Erziehungs- und bildungstheoretische Perspektiven auf die Entwicklung sozialer und kultureller Zugehörigkeit

Dominik Krinninger

1. Einleitung

Dieser Beitrag thematisiert in erziehungs- und bildungstheoretischer Perspektive, wie Familien ihren Kindern die soziale und kulturelle Umwelt, in der sie leben, zur Heimat machen. Dabei stehen auch Probleme im Fokus, auf die Familien stoßen, wenn diese Beheimatung in einen kulturell-gesellschaftlichen Kontext eingebettet ist, zu dem die Erfahrungsaufschichtungen der Familie in einer ausgeprägten Differenzkonstellation stehen. Solche Konstellationen können sich insbesondere durch Flucht-Migration ergeben. Die folgende Erörterung greift insbesondere die Verhältnisse zwischen praktischen Mustern des alltäglichen Zusammenlebens in der Familie einerseits und der sozialen Umgebung andererseits auf. Der Zusammenhang von Heimat und Flucht wird so nicht hinsichtlich der Ursachen von Flucht oder der Erfahrungen, die unmittelbar im Zuge der Flucht gemacht werden, beleuchtet. Stattdessen stehen die soziale und kulturelle Umgebung und deren (erzwungener) Wechsel als Teil der familialen Konfiguration im Mittelpunkt, aus der heraus sich die erzieherische Sorge der Eltern für ihre Kinder wesentlich speist. Dafür ist zunächst eine bildungs- und erziehungstheoretische Argumentation vonnöten, an die sich abschließend eine Betrachtung des Aspekts der Flucht-Migration anschließen wird.

Bevor die entsprechenden Argumentationen entfaltet werden, soll jedoch zunächst eine normative Markierung erfolgen: Zwar spielt in pädagogisch-systematischer Hinsicht die kulturelle Einbettung von Erziehung und damit auch deren Lokalisierung eine wichtige Rolle. Ebenso lässt sich die Entwicklung einer soziokulturell situierten Zugehörigkeit als Dimension von Bildung beschreiben. Wenn in dieser Hinsicht Praktiken und Prozesse der Beheimatung in den normativen Horizont von Fragen der Gestaltung eines gelingenden Lebens gestellt werden, geht damit jedoch ausdrücklich nicht einher, dass Heimat per se etwas Gutes und sie zu verlassen per se etwas Schlechtes ist. Es geht vielmehr darum, Beheimatung als eine mögliche Form von Bildung darzustellen und die Familie als eine zentrale Akteurskonstellation, die diese Bildung ermöglicht, herauszuarbeiten. Nicht nur vollzieht sich Bildung selbstredend auch in anderen kulturellen Kontexten als dem der Heimat; Heimat selbst kann auch als Hindernis eines guten Lebens erfahren werden. Illustrieren lässt sich dies mit einem Aphorismus, der Thomas Bernhard zugeschrieben wird: Heimat ist da, wo man sich aufhängt.[1] Dies könnte das Motto vieler Figuren bei Bernhard sein, die sich – nicht selten von einem Auslandsaufenthalt in die Heimat zurückgekehrt – an den Waldrand, ins Gebirge, in Schluchten zurückziehen oder gleich in den Wahnsinn oder den Suizid getrieben werden. Darin drückt sich das Erfahrungsmuster aus, dass das Dazugehören auch bedrohlich sein kann und dass das menschliche Nebeneinander in kultureller Enge jederzeit in Feindseligkeit umschlagen kann. Dass Heimat nicht nur als Geborgenheit, sondern auch als Unbehagen erlebt werden kann, soll hier zum einen die Notwendigkeit einer normativen Offenheit beim Blick auf Phänomene der Situierung und der Verlagerung des Lebens veranschaulichen. Zum zweiten geht damit ein erster Hinweis darauf einher, dass Heimat auch eine Dimension des Nicht-Verfügbaren oder auch der Negativität hat – wie sich mit Günther Buck (1989) sagen ließe –, dass sie uns widerfährt, so dass wir sie manchmal auch abstreifen wollen, was uns aber kaum möglich ist.

Im Folgenden wird in drei Perspektiven die Frage erörtert, wie sich kulturelle Zugehörigkeit in der Teilhabe an sozial und lokal situierten Lebensformen entwickelt. Die erste dieser Perspektiven greift den gerade angesprochenen Gedanken auf und geht ihm in phänomenologischer Hinsicht nach. Zentral ist in diesem Zusammenhang der Aspekt der Offenheit des Subjekts gegenüber der umgebenden Welt. Die zweite Perspektive ist praxistheoretisch orientiert. Dabei wird Praxis nicht nur als Dimension einer Bindung des Subjekts an die in seiner Situierung bestehenden sozialen Praktiken verstanden, sondern auch als Ressource individuellen Handelns. Die dritte Perspektive holt anerkennungstheoretische Aspekte ein. Hier stehen die unterschiedlichen sozialen Logiken von persönlicher Fürsorge und gesellschaftlicher Anerkennung im Fokus, die beide in der Familie statthaben. Aus ihrer Verschränkung geht hervor, dass auch das familiale Binnenmilieu auf kulturelle Passungen zu seiner sozialen Umgebung angewiesen ist. Im letzten Abschnitt des Beitrags laufen diese Perspektiven mit Blick auf die eingangs angesprochenen, durch Flucht-Migration

---

1 Tatsächlich belegen lässt sich diese Zuschreibung nicht; es scheint eher so zu sein, dass der Aphorismus nur zu gut zu Bernhards Figuren und Romanwelten passt. Nachweisen lässt sich der Satz beim Augsburger Schriftsteller Franz Dobler (1994).

induzierten Differenzkonstellationen zwischen dem familialen Erfahrungsraum einerseits und der gesellschaftlich kulturellen Umgebung andererseits zusammen; nicht zuletzt, um ein drängendes Forschungsdesiderat zu markieren.

2. Phänomenologische Perspektiven

Alle drei theoretischen Perspektiven lassen sich von einem zentralen Zitat John Deweys aus seinem Werk *Kunst als Erfahrung* (Dewey 1988) anregen. Eine besondere Qualität der ästhetischen Erfahrung besteht für Dewey (wie für eine Reihe andere Autoren) in ihrer Selbstreflexivität im Sinne des Aufmerksamwerdens auf den Prozess der Erfahrung. Dewey entwickelt diese Qualität aus einer allgemeinen Theorie der Erfahrung, für die wesentlich ist, dass Erfahrungen *mit etwas* gemacht werden. Sie sind immer an die Welt gebunden und gehen zugleich aus einer aktiven Leistung des Subjekts hervor. Dieses Subjekt bzw. das Selbst, das die Erfahrung macht, ist indes nicht als innerlicher Person-Kern gedacht, sondern als eine soziale und kulturelle Dimension der Person:

> „The world we have experienced becomes an integral part of the self that acts and is acted upon in further experience. In their physical occurrence, things and events experienced pass and are gone. But something of their meaning and value is retained as an integral part of the self. Through habits formed in intercourse with the world, we also in-habit the world. It becomes a home and the home is part of our every experience" (Dewey 1987, S. 108).

Dieses Zitat wird hier zunächst in phänomenologischer Perspektive aufgegriffen. Diese gilt der Konstitution von Erfahrung durch ein leib- und weltgebundenes Bewusstsein. Dewey verweist mit der Figur des Eingewöhnt-Seins in die Welt nicht nur das in vielen seiner Arbeiten (Dewey 1980, 1983, 1987) zentrale Modell der Bildung von aktiven Dispositionen (*habits*) aus Erfahrungen (*experiences*), die den Individuen dann als übertragbare Handlungsressourcen zur Verfügung stehen. Er entwirft auch ein spezifisches Verhältnis zwischen dem Selbst und seiner Welt, das enger ist als Figuren der Wechselwirkung, wie sie die klassische deutsche Bildungstheorie entwirft. Dewey stellt die Transsubstantiation des Selbst heraus, das mit seinen Erfahrungen die Welt in sich aufnimmt und – wenn man so will – zur Welt wird. Den *habits* als sozialer Substanz des Selbst wohnt dabei eine eigene Intentionalität inne; „they are will" unterstreicht Dewey an anderer Stelle (Dewey 1983, S. 25). Diese Intentionalität fungiert auch dann, wenn sie vom Selbst nicht auf bewusste und reflektierte Weise aktualisiert wird.

Dies ist in (mindestens) zweierlei Hinsicht wichtig: Zum einen werden auch spontane, natürliche Impulse und instinktive Handlungen wie sie etwa in der frühesten und frühen Kindheit eine wichtige Rolle spielen, für Dewey zu einem sozialen und damit situierten Verhalten, insofern sie erst durch die Erfahrung ihrer sozialen Sinnhaftigkeit jene Konsolidierung erhalten, die sie als *habits* für die Individuen in unterschiedlichen Situationen handhabbar macht. Zum zweiten ergeben sich für Dewey auch für erwachsene Menschen präreflexive Subjektanteile. In erstaunlicher Verwandtschaft zu phänomenologischen Auffassungen beschreibt Dewey einen Chiasmus zwischen Welt und Subjekt, in dem sich nicht ein souveräner Akteur konstituiert, sondern situierte Formationen subjektiv angeeigneter sozialer Dispositionen Handlungsfähigkeit begründen und individuelle Erfahrungen ermöglichen. Zwar lassen sich unterschiedliche Akzentsetzungen beschreiben: Deweys bildungstheoretisches Denken kreist um die grundsätzlich soziale Verfasstheit der Person, während phänomenologische Ansätze, etwa bei Merleau-Ponty oder bei Meyer-Drawe, den Aspekt der Leiblichkeit des Menschen stärker ins Zentrum stellen. Grundsätzlich jedoch zeigen sich bemerkenswerte Übereinstimmungen. Diese phänomenologische Spur pragmatistischen Denkens arbeitet systematisch unter anderem der amerikanische Philosoph Victor Kestenbaum heraus. Er sieht die Weltgebundenheit des Menschen als einen gemeinsamen Kerngedanken bei Dewey und Merleau-Ponty: „Dewey recognized that man is a being-in-the-world by virtue of its habits; man fundamentally is an habitual-being-in-the-world." (Kestenbaum 1977, S. 19). Die sozial gestiftete Intentionalität der *habits* können sich die Subjekte zu eigen machen und bewusst gebrauchen und sie können sie auf eine (relativ) flexible Weise in neue Kontexte übertragen, aber sie besteht auch bevor und jenseits einer solchen Verfügung. Trotz der damit verbundenen Relativierung von Vorstellungen, die Bildung maßgeblich als aktive Selbstbildung des Subjekts entwerfen, bleibt personale Entwicklung bei Dewey ein pädagogisches Geschehen. Auch die soziale und kulturelle Stiftung von Handlungsfähigkeit und Erfahrungsmöglichkeiten stehen der Gestaltung und Moderation zwischen den Generationen offen und die Subjekte selbst verfügen für Dewey über Spielräume der Selbstaufmerksamkeit und des flexiblen Gebrauchs ihrer Dispositionen.

Mit Bezug auf die Frage, wie die Welt zur Heimat wird, ließe sich also formulieren, dass unser Wollen daher kommt, wo wir herkommen, und dass es uns damit auch an die dort bestehenden sozialen und kulturellen Bedeutungsgefüge verweist. Heimat als Welt in uns ist insofern ein *Agens*, mit dem wir uns in einem je besonderen Verhältnis (von routinierter Entsprechung bis zum Widerstreit) befinden können, das wir aber nicht verlieren können, etwa indem wir uns lokal aus der Heimat entfernen. Diese schon in der Einleitung angesprochene partielle Unverfügbarkeit eines kulturell situierten Selbst ist ein Aspekt, dem mit einer weiteren Ausdifferenzierung der Verwandtschaften zwischen Phänomenologie und Pragmatismus nachgegangen werden könnte.[2]

3. Praxistheoretische Perspektiven

Um diesen noch recht allgemeinen Gedanken der sozialen und kulturellen Situierung pädagogisch weiter zu entwickeln, ist es hilfreich, zwischen institutionalisierten und nicht-institutionalisierten Sphären zu unterscheiden. Pädagogische Institutionen sollen so in gesellschaftliche Bestände einführen, dass eine Überschreitung der individuellen Herkunft möglich ist. Zwar tragen Bildungssysteme bekanntermaßen nicht nur zu einer gerechten Verteilung gesellschaftlicher Möglichkeiten bei, sondern erzeugen selbst Ungleichheiten, indem sie ihre Adressaten ungleich behandeln und so bestehende Benachteiligungen reproduzieren oder verstärken. Nichtsdestoweniger besteht hier ein Unterscheidungskriterium hinsichtlich der Hervorbringung von Zugehörigkeit, insofern Institutionen grundsätzlich als rechtliche Strukturen fungieren und sich auf ihre Adressaten „ohne Ansehen der Person" beziehen, während andere Assoziationsformen wie die Familie in der Besonderheit der Personen und ihrer intimen Beziehungen begründet sind.[3] Nun sind selbstredend auch private Vergemeinschaftungen wie die Familie keine außergesellschaftlichen Konstellationen. Gleichwohl fungieren sie auf der Basis persönlicher Beziehungen. Dies ist zum einen ein anerkennungstheoretisch wichtiger Aspekt, der im nächsten Abschnitt noch einmal aufgegriffen werden wird. Zum zweiten ist das bedeutsam, weil sich die Gestaltung intergenerationaler Beziehungen und die Ausformung intergenerationaler Praktiken in der Familie im alltäglichen Zusammenleben der beteiligten Personen und nicht primär entlang methodisch-professioneller Strategien vollzieht. Der „Umgang mit der Welt" (Dewey 1988, S. 123; orig.: „intercourse with the world", Dewey 1987, S. 108) lässt sich für diese Kontexte mithin als ein Modus verstehen, für den der praktische Sinn von Praktiken richtunggebend ist. Erziehungs- und bildungstheoretisch relevant ist

---

2   Neben der von Kestenbaum vorgelegten Dewey-Relektüre hat James Edie (Edie 1987) William James als Protophänomenologen interpretiert und auch Arndt-Michael Nohl hat in Kontextveröffentlichungen seiner Pädagogik der Dinge Parallelen etwa zwischen Käte Meyer-Drawes Phänomenologierezeption und Charles Sander Peirce nachgezeichnet (Nohl 2012).

3   Auch eine Bevorzugung oder Diskriminierung von Personen in Institutionen aufgrund bestimmter Merkmale (Geschlecht, Herkunft, Hautfarbe, Sprache etc.) hebt diesen Unterschied nicht auf. Zwar wird dadurch das Prinzip der Gerechtigkeit verletzt, trotzdem gilt auch eine solche Behandlung nicht der Person als Individuum, sondern als Träger spezifischer, sozial markierter Eigenschaften.

in diesem Zusammenhang die Breite von Deweys Konzept der *habits*, die ein Kontinuum von selbstläufigen Routinen bis zu flexibel und bewusst einsetzbaren Fähigkeiten umfassen. Die damit eingeräumte Möglichkeit der eigensinnigen und reflexiven Handhabung von durch Teilhabe vermittelten Praktiken steht in enger Verwandtschaft zu aktuellen praxistheoretischen Überlegungen, wie sie etwa Sabine Bollig und Helga Kelle (2014) im Anschluss an Schatzki (1996) und Reckwitz (2003) vorlegen. Bollig/Kelle greifen die Hinweise dieser Arbeiten auf die Momente der Verstreuung von Praktiken über heterogene Handlungskontexte und mögliche krisenhafte Dimensionen von Praktiken auf. Sie argumentieren für eine Sichtweise, die sich auf die durch Praktiken erzeugte *agency* richtet, und heben die mögliche Entwicklung teleologisch offener Dispositionen in der kindlichen Teilhabe an sozialen Praktiken hervor. „Gefragt wird nicht mehr, wie Praktiken durch Akteure hergestellt, gesteuert oder initiiert werden. Vielmehr rückt die Frage in den Vordergrund, wie bestimmte Partizipanden von Praktiken in deren Vollzug zu Akteuren werden" (Bollig/Kelle 2014, S. 271 f.). Diese neue praxistheoretische Perspektive auf die Einbettung individueller Handlungsfähigkeit in soziale Praktiken weist signifikante Nähen zu Konzepten zum Lernen im Modus des Performativen auf, wie sie sich etwa bei Wulf (2001, 2014) finden. Die Teilhabe an familialen Praktiken kann in diesem Sinn Erfahrungen stiften, von denen aus mehr möglich ist als nur die Beteiligung an eben diesen Praktiken. Der spezifische Ausschnitt der Welt in uns, so könnte ein Zwischenfazit an dieser Stelle lauten, ist offen für die Welt, der wir noch nicht begegnet sind.

An diesem Punkt wird Deweys demokratieorientierte Fasson pragmatistischen Denkens relevant, wie er sie vor allem in *The Public and its Problems* (Dewey 1984) entfaltet. Dafür extrahiert er aus einer gesellschaftlichen bzw. historischen Betrachtung grundlegende Momente eines Idealtypus, die er dann als Maßstab seiner eigenen Konzeption von Demokratie zugrunde legt. Diese normative Argumentationsfigur bildet den Hintergrund der Sicht Deweys auf das Heim der Familie, dessen Qualität sich für ihn in einer Öffnung zur gesellschaftlichen Umgebung, und zwar ganz konkret in den sozialen Nahraum der Nachbarschaft erweist. So formuliert er affirmativ: „Democracy must begin at home, and its home is the neighborly community" (ebd., S. 368). Auch an anderer Stelle, in *School and Society* (1976) entwirft Dewey ein pädagogisches Ideal des familalen Zuhauses, das darin besteht, dass es Kindern einen sicheren Eintritt in komplexere gesellschaftliche Kontexte ermöglicht: „the larger world out of doors would open to [the child]" (ebd., S. 24). Die mit der Erweiterung der Lebenszusammenhänge über das Heim der Familie hinaus sich steigernde Erfahrung des Neuen erscheint so als Ressource des Dazu-Lernens. Das Problem der Anerkennung der Anderen *als* Andere stellt sich für Dewey so nicht. Allerdings ist auch dieses Problem angelegt in der für diesen Beitrag zentralen bildungstheoretischen Figur der Beheimatung in der Welt durch die Weltwerdung des Subjekts. Für das Selbst in der Substanz angeeigneter *habits* wird die Frage nach der Anschlussfähigkeit persönlicher Handlungsdispositionen zu einer Frage der Anerkennung der Person. Bevor dieser Aspekt im Schlussteil mit Blick auf differenzgeprägte Konstellationen und Erfahrungsmuster im Kontext der Flucht-Migration vertieft wird, werden im folgenden Abschnitt zunächst die mehrfach angerissenen anerkennungstheoretischen Aspekte erörtert.

4. Anerkennungstheoretische Perspektiven

Wenn Beheimatung zuhause beginnt und sich in der Familie eine – wie Dieter Claessens (1979) seine familiensoziologische Untersuchung betitelt – „soziokulturelle Geburt" vollzieht, so ist damit auch eine besondere Dialektik der Anerkennung verknüpft. Diese liegt darin begründet, dass die Familie zugleich eine Lebensgemeinschaft weniger Personen und die Basis der Aneignung der gesellschaftlich-kulturellen Umgebung ist. Daraus erwachsen unterschiedliche Funktionen, die der Familie eine Art Doppelcharakter verleihen: Sie ist Gemeinschaft und Institution und verschränkt so zwei unterschiedliche soziale Ordnungen. Im vorangegangenen Abschnitt wurde bereits die Unterscheidung getroffen zwischen Gemeinschaften, die auf der Besonderheit der Individuen und ihrer Beziehungen zueinander aufbauen, und Institutionen, die nach einem allgemeinen rechtlichen Maßstab fungieren. Für die Familie als eine pädagogische Gemeinschaft, die ihren Kindern ein Leben in Gesellschaft ermöglichen will, sind beide Logiken relevant. Die Liebe zwischen Eltern und Kindern besteht in der Regel – zumindest in ihrem derzeitigen historisch-kulturellen Gewand – so gut wie vorbehaltlos. Zugleich agieren Eltern als Anwälte gesellschaftlicher Erwartungen an ihre Kinder. Diese unterschiedlichen Valenzen der in Familien vermittelten Anerkennung lassen sich mit zwei prominenten theoretischen Konzepten erhellen (Krinninger 2017).

Axel Honneth entfaltet seine prominente Konzeption um die bei Hegel und Mead entlehnte Kernfigur, nach der sich Subjekte in intersubjektiven Beziehungen der wechselseitigen Anerkennung entwickeln. Mit der Liebe, dem Recht und der gesellschaftlichen Anerkennung beschreibt Honneth drei Sphären dieses Geschehens. Im Bereich der gesellschaftlichen Anerkennung erfahren Individuen eine Wertschätzung, die „der einzelne für seine Form der Selbstverwirklichung dadurch verdient, dass er mit ihr zur Umsetzung der abstrakt definierten Ziele der Gesellschaft in einem bestimmten Maß beiträgt" (Honneth 1992, S. 204). Damit wird ein „allgemeine[r] Werthorizont" (ebd., S. 205) als Maßstab für individuelle Eigenschaften und Leistungen relevant. Dieser Werthorizont spielt auch in den familialen Generationenverhältnissen eine strukturierende Rolle. Er ist der Hintergrund der Sorge der Eltern um einen erfolgreichen Bildungsweg ihrer Kinder. In dieser Hinsicht lässt sich für die jüngere Vergangenheit und Gegenwart eine gesellschaftliche Verantwortungszuschreibung feststellen, nach der der Bildungserfolg und die mit ihm verbundenen gesellschaftlichen Möglichkeiten im Zuge der wohlfahrtsstaatlichen Transformation zum ‚aktivierenden Sozialstaat' primär als *outcome* individueller Lebensführung markiert wird (Oelkers 2009). Diese Diskursverschiebungen haben signifikante Effekte auf Orientierungen von Elternschaft (Bude 2011; Jergus et al. 2017). Eltern gestalten das Zusammenleben mit ihren Kindern auch in Ausrichtung auf deren schulische Erfolge. Intergenerationale Anerkennung in Familien ist so an die Adaption sozialer bzw. kultureller Normen gekoppelt. Mit Honneth ließe sich also sagen, dass Eltern einem kulturellen Wertehorizont bei ihren Kindern Geltung verschaffen.

Aber die Familie ist nicht nur ein Schauplatz des Kampfes um Anerkennung. Paul Ricoeur hebt in seiner Auseinandersetzung mit den Funktionen und Feldern der Anerkennung (die explizit auch als Auseinandersetzung mit Honneths Konzeption angelegt ist) hervor, dass intersubjektive Verhältnisse nicht nur durch die Verbindlichkeit sozialer Ansprüche strukturiert sind. Daneben bieten sie auch Figurationen der Fürsorge Raum, die nicht primär als Agenturen gesellschaftlicher Erwartungen fungieren, sondern auf das Wohl derjenigen gerichtet sind, denen die Fürsorge gewidmet ist. Im Falle der Familie sind dies vor allem die Kinder. Die anfangs umfassende und lange während Übernahme von Verantwortung für die vitalen Bedürfnisse des Kindes, die emotionale Zuwendung, das Vertrauen und die Intimität in der Familie werden in der Regel bedingungslos gewährt. Zwar besteht die Erwartung, dass fürsorgliche Zuwendung angenommen wird und sich im persönlichen Miteinander Nähe oder auch Dankbarkeit (Zirfas 2017) einstellen. Die persönlichen Beziehungen überschreitende, gesellschaftliche Belange spielen in dieser Dimension indes keine maßgebliche Rolle. Familiale Fürsorge lässt sich mit Ricoeur insofern in Analogie zum Akt des Schenkens erfassen. Für Ricoeur sind „Geschenke, soviel sie gekostet haben, [...] keine Waren im Sinn von Dingen, die man für Geld erwerben und veräußern kann. Denn ‚außerhalb dieser Funktion als Unterpfand und Substitut in der Beziehung der wechselseitigen Anerkennung' hätten sie ‚keinerlei Wert'" (Ricoeur 2006, S. 295). Ricoeur weiß um die Besonderheit dieses Modus, den er in Beziehungen der Liebe (er nennt hier auch Freundschaft und Partnerschaft) verortet. Gerade deswegen hebt er ihn als mögliche „Lichtung" (ebd., S. 305) im dauernden Kampf um Anerkennung hervor. Die Familie lässt sich auf einer derartigen Lichtung verorten. Sie ist als Lebensform riskant und sie verlangt ein hohes Maß an Selbstentäußerung, sie ist ein Ort der empfundenen und gezeigten Dankbarkeit ebenso wie ein Ort des Zeremoniellen. Diese Aspekte zeichnen sie als eine Gemeinschaft aus, in der intergenerationale Gegenseitigkeit offen ist für Verhältnisse der – noch einmal Ricoeur – „Ungenauigkeit" (ebd., S. 303). Mit Ricoeur ließe sich also darauf hinweisen, dass die Familie auch eine Insel der Suspendierung gesellschaftlicher Erwartungsmechanismen sein kann.

Für die mit den Konzepten von Honneth und Ricoeur mögliche Differenzierung zweier sozialer Logiken in der Familie ist zu betonen, dass es sich um eine analytische Unterscheidung handelt. Im konkreten Zusammenleben von Eltern und Kindern greifen beide Muster stets ineinander. Auch geht nicht etwa eine reine fürsorgliche Liebe einer familialen Vermittlung gesellschaftlicher Ansprüche voraus. Nicht nur im Familienalltag, auch darüber hinaus haben sich eine ganze Reihe von Formaten entwickelt, in denen sich gesellschaftliche Anerkennung und fürsorgliche Liebe verschränken; beispielhaft sei hier auf die kinderärztlichen Vorsorgeuntersuchungen und die oft als Familienfeier inszenierte Einschulung verwiesen. Wie diese Logiken sich im Einzelnen verbinden, soll an dieser Stelle nicht ausgeführt werden. Stattdessen dienen die hier skizzierten anerkennungstheoretischen Perspektiven zum einen der Annäherung an erziehungs- und bildungstheoretische Dimensionen der Beheimatung. In dieser Hinsicht wäre festzuhalten, dass der Ausschnitt der Welt, in dem wir ‚zur Welt kommen‘, nicht nur durch eine mögliche Anschlussfähigkeit an seine kulturell-gesellschaftliche Umgebung gekennzeichnet ist (wie im vorangegangenen Abschnitt argumentiert). Er ist auch selbst immer schon durch die Normen seiner Umgebung mit strukturiert. Eltern und Kinder können die darauf beruhenden gesellschaftlichen Erwartungen auch im Binnenraum der Familie nicht aufheben. Aber sie verfügen in ihrem Miteinander über eine andere soziale Ebene, die sie in die Lage versetzt, die aus der gesellschaftlichen Umgebung aufgenommenen Erwartungen reflexiv zu bearbeiten. Zum anderen führen die hier entfalteten anerkennungstheoretischen Überlegungen zur Konturierung einer Problemstellung, die Familien im Kontext von Flucht-Migration in einem besonderen Maß betrifft. Wenn die familiale Binnenkultur in einem ausgeprägten Differenzverhältnis zur gesellschaftlich-kulturellen Umgebung steht, ist die Familie vor Herausforderungen gestellt. Insbesondere gilt dies für ihre Funktion einer von persönlicher Fürsorge geschützten Einführung in die Geltung gesellschaftlicher Normative.

5. Pädagogische Perspektiven auf Familien in Dynamiken der Flucht-Migration[4]

Bevor in diesem abschließenden Teil ein Aspekt der spezifischen Komplexität thematisiert wird, in der sich Familien nach einem – erzwungenen – Wechsel ihres Lebensumfeldes finden, sollen zunächst die bis hier entfalteten Überlegungen noch einmal gebündelt werden. Erstens: Insofern zur Personwerdung auch gehört, mit der Welt zu verwachsen, sind Körperlichkeit, Materialität sowie kulturelle und soziale Situiertheit als Dimensionen des Heimisch-Werdens in der Welt mit zu berücksichtigen. Zugehörigkeit wurzelt im Präreflexiven. Das macht die Selbstverständlichkeit dessen aus, was als Heimat angesehen wird, aber auch, und das soll hier hervorgehoben werden, ihre Negativität. Sie ist ein partiell unverfügbarer Teil unseres Selbst.

Zweitens: In der Sicht auf die Teilhabe an situierten sozialen Praktiken als Medium der Entwicklung von *habits* liegt eine Herausforderung für erziehungstheoretisches Denken. Praktiken sind in diesem Sinn nicht nur als gesellschaftliche Transmission zu erfassen, sondern auch in ihren Spielräumen für eine eigensinnige Handlungsfähigkeit der familialen Akteure. In der Sozialwissenschaft und Kindheitsforschung geführte Debatten um *Agency* und Praktiken (Kelle/Bollig; Grundmann) bieten hier wichtige Anregungen für die Modellierung von Erziehung in unterschiedlichen sozialen Feldern.

Drittens: Anerkennungstheoretisch informierte Analysen können dazu beitragen, die intrikaten sozialen Binnenverhältnisse der Familie sichtbar zu machen. Sie können insbesondere dabei helfen zu zeigen, dass gesellschaftlich-institutionelle Anforderungen nicht direkt und ohne weiteres in die Familie übertragbar sind und so der stark normativen Adressierung, der Familien aus

---

4 Die hier vorrangig verwendete Schreibweise „Flucht-Migration" nimmt darauf Bezug, dass sich zwischen einem Muster rationaler Entscheidungen für Migration (wie sie etwa nach dem Push-Pull-Modell erklärt wurden und werden) und der unmittelbaren Flucht vor Gefahren für Leib und Leben eine sehr große Bandbreite unterschiedlicher Konstellationen findet. Während grundsätzlich Konsens darüber besteht, dass sich der Begriff „Flucht" auf Migrationsprozesse bezieht, für die ein Moment des Zwangs prägend ist, sind die Bezeichnungen für die Personen, die primär von solchen Prozessen betroffen sind, Gegenstand kontroverser politischer und wissenschaftlicher Debatten (Eppenstein/Ghaderi 2017). Die Entscheidung für eine Begrifflichkeit, die einen großen semantischen Raum aufspannt, ist in diesem Kontext dadurch begründet, dass für die Überlegungen dieses Beitrags nicht zwischen den Ursachen, Motiven und Entscheidungsmustern für Flucht-Migration differenziert werden soll; im Mittelpunkt stehen analytische Interessen, die sich gegenüber dem gesellschaftlichen Umgang mit ‚Flüchtlingen', ‚Fluchtmigrant*innen', ‚Vertriebenen', ‚displaced persons' ‚Zwangsmigration' etc. auf die Binnenperspektive von Familien in Dynamiken der Flucht-Migration beziehen. Für die Offenheit des Begriffs wird seine relative Abstraktheit in Kauf genommen – wohlwissend, dass sie als Moment der sprachlichen Distanzierung missverstanden werden könnte.

institutioneller und bildungspolitischer Perspektive ausgesetzt sind, mit systematischen Argumenten entgegentreten.

Diese Aspekte verdichten sich für Familien in Dynamiken der Flucht-Migration. Insbesondere Kinder werden im Diskurs dabei maßgeblich unter dem Aspekt möglicher Traumatisierungen angesprochen. Die existentielle Bedeutung der erschütternden Erfahrungen ist indes nicht nur psychologisch bzw. psychoanalytisch zu erklären, sondern eben auch in phänomenologischer Perspektive als das Entrissenwerden eines Teils unseres Selbst, den wir selbst nicht restituieren können. Die in der Verbindung der praxistheoretischen und der anerkennungstheoretischen Perspektiven herausgehobene Problematik, dass familiale Praktiken als Teil der familialen Erziehung in der Folge von Flucht-Migration in einem ausgeprägten Differenzverhältnis zur gesellschaftlichen ‚Außenwelt' stehen können, verweist auf ein Komplement zu den in psychologischer Betrachtungsweise entwickelten therapeutischen Ansätzen. Wenn Familien im Kontext von Flucht-Migration für ihre Erziehung nur mit Brechungen auf den in familialen Praktiken fungierenden *habits* aufbauen können, geht es nicht nur um eine Bearbeitung von biografischen, psychischen oder sozialen Verletzungen, sondern auch um den Umgang mit diesem sozialen Substanzverlust der familialen *habits*.

Für die Auseinandersetzung mit dieser Frage ist empirisches Wissen über die Bearbeitung von Flucht-Migration im Familienalltag von hoher Relevanz. Bedauerlicher Weise besteht hier ein deutliches Desiderat. Es gibt kaum Forschung, die die praktische Bearbeitung der sozialen und kulturellen Komplexität von Migration durch Familien und ihre Kinder zum Gegenstand macht. Dominant sind, das gilt sowohl für die Forschung zu den jüngeren Fluchtbewegungen als auch für das größere Feld der Migrationsforschung, Perspektiven auf die individuelle Bearbeitung von Migrationserfahrungen (oft in der Dimension des Biografischen), auf die Zusammenhänge zwischen familialer Herkunft und institutionellem Bildungserfolg (orientiert an Fragen der ‚Integration') oder auf gesellschaftliche Arrangements der Aufnahme (bezogen auf Fragen des ‚Ankommens'). Wie sich allerdings die praktische Bearbeitung von Erfahrungen der Flucht-Migration im familialen Alltag vollzieht und wie die Kinder daran beteiligt sind, dazu gibt es wenig empirisches Wissen. Insbesondere für die breit etablierte erziehungswissenschaftliche Migrationsforschung überrascht dies. Zwar weist etwa Bernhard Nauck darauf hin, dass sich Migration „typischerweise nicht als individuelle Entscheidung von (arbeitsuchenden) Monaden, sondern als kollektive Unternehmung von Familienverbänden" (Nauck 2004, S. 102) vollzieht. Trotzdem sind – wie Krüger-Potratz (2013, S. 13) feststellt – Untersuchungen zur Prozessierung von Migration in den Praktiken des familialen Zusammenlebens immer noch rar.

Wie kann die Familie ihren Kindern die Türen zu einer Welt öffnen, wenn die zuhandenen Schlüssel nicht so ganz passen? Ausgehend von den hier skizzierten erziehungs- und bildungstheoretischen Überlegungen lassen sich für die Kooperation einer pädagogisch-anthropologisch orientierten Familienforschung mit der Migrationsforschung systematisch präzisierte Fragestellungen formulieren. Mit Blick auf die Familienerziehung und ihre Verankerung im praktischen Wissen der Familie wäre zu fragen: Wie wirken sich signifikante kulturelle Differenzen zwischen den im familialen Binnenraum fungierenden *habits* und der gesellschaftlich-kulturellen Umgebung auf die praktische Dimension der Familienerziehung aus? Und wie verändern sie die Funktion der Familie als sozialer Übergangsraum in die gesellschaftlich-kulturelle Umgebung? In Anbetracht der essentiellen Bedeutung gesellschaftlicher Anerkennung, die in ihrer Bedeutung als immaterielle Ressource familialer Pädagogik nicht geringer einzuschätzen ist als etwa die der Familie zur Verfügung stehende gemeinsame Zeit, müsste empirisch den Zusammenhängen zwischen vorenthaltener oder eingeschränkter Anerkennung einerseits und familialen Bildungsstrategien und -praktiken andererseits nachgegangen werden. Aus Perspektive der Kinder wäre schließlich zu fragen, welche Erfahrungen sie in den strukturell angelegten Differenzkonstellationen machen und inwiefern sie mit der Verschiebung zwischen Heimat und Zuhause anders umgehen als ihre Eltern. Wie tragen sie zur Konstituierung pluraler Zugehörigkeiten der Familien bei?

Diese Fragen lassen sich – wie in diesem Betrag – erziehungs- und bildungstheoretisch begründen. Sie lassen sich jedoch nur auf empirische Weise gehaltvoll beantworten. Darin besteht eine dringende Aufgabe einer pädagogischen Familienforschung, die sich der gesellschaftlichen Normalität von Flucht-Migration nicht verschließen will.

Literatur

Bollig, Sabine/Kelle, Helga (2014): Kinder als Akteure oder als Partizipanden von Praktiken? Zu den Herausforderungen für eine akteurszentrierte Kindheitssoziologie durch Praxistheorien. In: Zeitschrift für Soziologie der Erziehung und Sozialisation, 34 (2014) 3, S. 263–279.

Buck, Günther (1989): Lernen und Erfahrung. Epagogik: zum Begriff der didaktischen Induktion. 3. Aufl. Hrsg. und mit einem Vorwort versehen v. Ernst Vollrath. Darmstadt: WBG.

Bude, Heinz (2011): Bildungspanik. Was unsere Gesellschaft spaltet. München: Hanser.

Claessens, Dieter (1979): Familie und Wertesystem. Eine Studie zur ‚zweiten, soziokulturellen Geburt' des Menschen und der Belastbarkeit der ‚Kernfamilie'. 4. durchgesehene Aufl. Berlin: Duncker und Humblot.

Dewey, John (1899/1976): The School and Society. The Middle Works, 1899–1924. Vol. 1. Ed. by Jo Ann Boydston. Carbondale u. a.: Southern Illinois University Press.

Dewey, John (1916/1980): Democracy and Education. The Middle Works, 1899–1924. Vol. 9. Ed. by Jo Ann Boydston. Carbondale u. a.: Southern Illinois University Press.

Dewey, John (1922/1983): Human Nature and Conduct. The Middle Works, 1899–1924. Vol. 14. Ed. by Jo Ann Boydston. Carbondale u. a.: Southern Illinois University Press.

Dewey, John (1925/1984): The Public and its Problems. The Later Works, 1925–1953, Vol. 2. Ed. by Jo Ann Boydston. Carbondale u. a.: Southern Illinois University Press.

Dewey, John (1934/1987): Art as Experience. The Later Works, 1925–1953, Vol. 10. Ed. by Jo Ann Boydston. Carbondale u. a.: Southern Illinois University Press.

Dewey, John (1988): Kunst als Erfahrung. Frankfurt/M.: Suhrkamp.

Dobler, Franz (1994): Bierherz. Flüssige Prosa. Berlin: Edition Nautilus.

Edie, James M. (1987): William James and Phenomenology. Bloomington: Indiana University Press.

Eppenstein, Thomas/Ghaderi, Cinur (Hrsg.) (2017): Flüchtlinge. Multiperspektivische Zugänge. Wiesbaden: Springer VS.

Honneth, Axel (1992): Kampf um Anerkennung. Zur moralischen Grammatik sozialer Konflikte. Frankfurt/M.: Suhrkamp.

Jergus, Kerstin/Krüger, Jens Oliver/Roch, Anna (Hrsg.) (2017): Elternschaft zwischen Projekt und Projektion. Aktuelle Perspektiven der Elternforschung. Wiesbaden: Springer VS.

Kestenbaum, Victor (1977): Habit and Meaning. The Phenomenological Sense of John Dewey. Bloomington: Indiana University Press.

Krinninger, Dominik (2017): Familiale Anerkennung diesseits und jenseits des Äquivalenzprinzips. In: Bilstein, Johannes/Zirfas, Jörg (Hrsg.): Das Geben und das Nehmen Pädagogisch-anthropologische Zugänge zur Sozialökonomie. Weinheim/Basel: Beltz Juventa, S. 68–81.

Krüger-Potratz, Marianne (2013): Vier Perspektiven der Beobachtung im Themenfeld Migration – Familie – Bildung. In: Geisen, Thomas/Studer, Tobias/Yildiz, Erol (Hrsg.): Migration, Familie und soziale Lage. Beiträge zu Bildung, Gender und Care. Wiesbaden: Springer VS, S. 13–22.

Nauck, Bernhard (2004): Familienbeziehungen und Sozialintegration von Migranten. In: Bade, Klaus J./Bommes, Michael (Hrsg.): Migration – Integration – Bildung. Grundfragen und Problembereiche. IMIS-BEITRÄGE, 23/2004, S. 83–104 [https://www.imis.uni-osnabrueck.de/fileadmin/4_Publikationen/PDFs/imis23.pdf].

Nohl, Arndt-Michael (2012): Be-Dingte Bildung. Pragmatistische und empirische Überlegungen zur Bildung mit materiellen Artefakten. In: Miethe, Ingrid/Müller, Hans-Rüdiger (Hrsg.): Qualitative Bildungsforschung und Bildungstheorie. Opladen u. a.: Barbara Budrich, S. 227–246.

Oelkers, Nina (2009): Die Umverteilung von Verantwortung zwischen Staat und Eltern. Konturen einer post-wohlfahrtsstaatlichen Transformation eines sozialpädagogischen Feldes. In: Kessl, Fabian/Otto, Hans-Uwe (Hrsg.): Soziale Arbeit ohne Wohlfahrtsstaat. Zeitdiagnosen, Problematisierungen und Perspektiven. Weinheim/Basel: Juventa, S. 71–86.

Reckwitz, Andreas (2003): Grundelemente einer Theorie sozialer Praktiken. Eine sozialtheoretische Perspektive. In: Zeitschrift für Soziologie, Jahrgang 33 (4), S. 282–301.

Ricoeur, Paul (2006): Wege der Anerkennung. Erkennen, Wiedererkennen, Anerkanntsein. Frankfurt/M.: Suhrkamp.

Schatzki, Theodore R. (1996): Social Practices. A Wittgensteinian Approach to Human Activity and the Social. Cambridge: Cambridge University Press.

Wulf, Christoph (2001): Mimesis und performatives Handeln. Gunter Gebauers und Christoph Wulfs Konzeption mimetischen Handelns in der sozialen Welt. In: Wulf, Christoph/ Göhlich, Michael/Zirfas, Jörg (Hrsg.): Grundlagen des Performativen. Eine Einführung in die Zusammenhänge von Sprache, Macht und Handeln. Weinheim/München: Juventa, S. 253–272.

Wulf, Christoph (2014): Mimetisches Lernen. In: Göhlich, Michael/Wulf, Christoph/Zirfas, Jörg (Hrsg.): Pädagogische Theorien des Lernens. 2. Aufl. Weinheim/Basel: Beltz Juventa, S. 91–101.

Zirfas, Jörg (2017): Dankbarkeit. Ein pädagogisch-anthropologischer Versuch. In: Bilstein, Johannes/Zirfas, Jörg (Hrsg.): Das Geben und das Nehmen Pädagogisch-anthropologische Zugänge zur Sozialökonomie. Weinheim/Basel: Beltz Juventa, S. 261–280.

Home is to be understood

An empirical case study of contemporary arts practice

Mie Buhl und Siv Werner Hansen

"I came to the conclusion that you wouldn't feel at home if you are not understood. In order to feel [at] home, you need to be understood…
You know, home is just an idea… It's a feeling."
Amr Hatem

In this paper, we discuss an art institutional project titled "Art in Exile", which brought together refugees and local citizens to the *Museum of Contemporary Art* (MoCA) in Roskilde, Denmark, during the spring of 2016. Touching on topics such as 'belonging' and '(loss of) home', we analyse Art in Exile as a community arts project, which resulted in an exhibition and opening event of the same name and was a project under the MoCA's overall theme *On The Move*.

According to MoCA, the original purpose of Art in Exile was to engage with recent advances in art institutional practices with inspiration from social and community-based art movements in order to engage more directly with both audiences and contemporary societal issues (Hansen 2016). Art in Exile took the form of a co-creation project involving different groups of participants, including a number of artists who were asylum seekers in Denmark and a group of local volunteers. The project was the first of its kind at MoCA, and thus, with Art in Exile, a new set of practices were set in motion, affecting the roles and experiences of museum staff, artists and audiences.

We address the institutional challenges that ensued from working for positive change, in this specific case, expressed as pursuing multicultural exchange between local citizens and artists from refugee backgrounds through a co-creation project. Furthermore, we look into the visual cultures of Art in Exile and critically engage with the question of whether co-creation is a beneficial method for creating mutual understanding between different groups of people when dealing with contemporary issues in arts practice, such as the refugee crisis.

The results from an empirical study of Art in Exile formed the basis of our discussion (Hansen 2016), together with our present analysis of the opening of the exhibition, where six participating artists presented their work. More specifically, we examine the work of one artist, Amr Hatem, from Syria, who contributed with a happening at the opening of Art in Exile, which involved the audience exploring feelings relating to the concept of home – perhaps especially emphasising the loss of home. In that sense, Hatem's work became representative of the themes of the project and exhibition as well as an articulation of the challenges of exploring the new role of an art museum as a democratic platform for co-creational work. Our discussion draws on an analysis of this particular work of art ('Untitled') and a retrospective interview with the artist based on photos from the exhibition event.

By rephrasing the artist's statement: "Home is to be understood", we suggest that advances in art institutional practices towards co-creation and community-based practices may show potential for new directions in art experiences and societal engagement. At the same time, these advances present an enormous challenge for the different groups of people involved, as exemplified through the becoming of Art in Exile. It can even be said that the statement "home is to be understood" may apply to all the people involved, since they too are on new grounds where their specialized knowledge as curator, as audience or as artist is displaced from its usual context.

Art institutions interfering in the political context

The issue of the so-called 'refugee crisis' in the public debate emerged in Denmark during the fall of 2015 and intensified throughout 2016, leading to an ongoing and complex discussion in the media. As in other European countries, radical nationalist movements have influenced the political agenda to a large extent, and the laws and regulations, which applied to foreigners (particularly asylum seekers) in Denmark, such as residency permits, border control and possession of belongings, were continuously tightened.

However, a nationwide humanitarian and non-political network of citizens – *Venligboerne* (The friendly neighbours) – came together in opposition with the single purpose of helping refugees (and others in need) in whichever way they could. As they were loosely organised, many local groups have appeared over the last couple of years, including from outside Denmark. As support for Venligboerne grew, the network's practice inspired similar initiatives, including some, which had an explicit political message. From a somewhat activist point of view and as part of a more positive discourse towards the issue, a range of Danish artists and artistic institutions sought to address the refugee crisis: *The Dividing Line*: Film and Performance about Border Control and Border Crossing at the Centre for Art and Migration Politics (CAMP); *Uropa*: An Asylum Ballet at the Royal Danish Theatre; Nikolaj Bendix Skyum Larsen's *End of*

Dreams and the performance Asyl 34 – just to mention a few examples. It was within this historical, political context that Art in Exile was initiated. By taking up a contemporary societal issue and framing it as a community arts project, MoCA hoped to encourage people to take an active role in the situation on a more concrete level. Instead of portraying an abstract situation from a distance, for instance, by showing images of refugee camps or migrants' sea crossings, MoCA wanted people to meet face-to-face – across cultures, expertise and backgrounds – to exchange experiences, using the museum institution and its facilities as their meeting point.

At the same time, MoCA was interested in pursuing new ways of mediating its content and had found inspiration in recent advances in art institutional practices. These practices view the museum not as a platform for exhibiting objects, but as a democratic learning space for cultural encounters, introducing concepts such as empowerment, active citizenship, democracy, co-creation and dialogue as key points of their practice (Bishop 2006).

Social arts practices in museums

With the democratisation, digitalisation and commercialisation of the arts in the second half of the twentieth century, contemporary museums became increasingly coherent with the various functionalities they possessed, which subsequently led to heightened attention towards audiences and their relationship with the museum (Pruulmann-Vengerfeldt et al. 2014).

For these and other reasons, many sources in recent museology and art institutional practices argue that the role of the art museum, including its methods and practices, during the past two decades has again been undergoing a significant transformation (Hooper-Green-Hill 2007; Simon 2010; Kaitavuori et al. 2013; Lundgaard/Jensen 2013). New ideas about culture, learning and society challenge museums to rethink their purposes, to account for their performance and to redesign their pedagogies in ways that embrace sensible ways of learning: "Museums are sites of spectacles and display, environments that can be rich and surprising. They can be overwhelming and difficult to manage, but equally can arouse curiosity or inspire new ideas" (Hooper-Greenhill 2007, p. 4).

Such developments are in constant flux, and the transitions are never clear-cut. Museums have been in a process of transformation ever since the beginning of the art institutions in ancient times and will continue this process of becoming without producing fixed or complete phases (Vergo 1989). However, researchers and practitioners working within the field of museology, art and education seem to agree on a general tendency in current Western exhibiting practice: that there is a dramatic paradigm shift in the way museums work and how they are regarded by professionals as well as their audiences.

Terms such as post-representational, educational turn and co-creation have become commonplace within art museums and their practices. These ideas are linked to a development – both inside and outside established art institutions – towards a more social and participatory engagement with audiences. Such projects, commonly referred to as community-, dialogue- or conversation-based, were said to be part of a proclaimed "social turn" in art practice (Bishop 2006). Moving from an authoritarian role towards the social, art institutions transformed not only themselves but also concurrently sought to shape and rethink the idea of the audience as active partners in knowledge production, calling for new participatory strategies and practices spanning various disciplines and cultures. Having changed the perspective from an object-based tradition to more performative and interventional strategies, contemporary art today is more often concerned with creatively facilitating intimate exchanges and dialogue (Kester 2013; Sternfeld 2013) – such as Art in Exile.

The Museum of Contemporary Art and its practices

MoCA's new set of practices was reflective of its aim to involve members of the community in the creation of a democratic platform comprising the Art in Exile project. Artists and local citizens were invited to participate equally with the museum staff in developing the project. The idea was to give them as much influence as possible by letting them co-define the different aspects of Art in Exile, such as what the project should comprise, who it should involve and how it should be presented or carried out in the end, e. g. by hosting a public event.

Hansen's (2016) study showed that the museum's original idea was to facilitate a project that increased dialogue and gave insights into artistic and cultural diversity between the different groups of people involved. The social aspect of the project was emphasised as an important matter, and the cultural encounter and equal collaboration between the participants were a key point. Before launching the project, the museum had listed three main purposes for Art in Exile in a written project description:

- First, it wanted to create a solid, self-organising group of volunteers who would develop a creative platform for and with a group of exiled artists at the museum. Consequently, the museum encountered ideas about new participatory strategies (Simon 2010).
- Second, it aimed to give the artists an opportunity to use their artistic expertise and to share their art practice with the Danish public, which enabled them to incorporate ideas about performative and interventional strategies in order to facilitate dialogue and cultural exchange (Kester 2013; Sternfeld 2013).

- Third, MoCA wanted to develop a rewarding and equal form of collaboration between the group of volunteers, the museum staff and the six artists.

These generated ideas about new democratic power structures and supported an arts practice whereby social knowledge production is of greater value than the material objects of art (Kester 2013; Sternfeld 2013).

The creation of this cross-cultural democratic platform signified a change in the museum's art mediation practices, so that the hierarchical power structure was to be unravelled within the institution. At the same time, the focus of attention in Art in Exile was performative of actual occurrences rather than of the specific artworks displayed. While starting off as both a sympathetic and ambitious new co-creational art project, Hansen's study described that things turned out rather differently.

How Art in Exile unfolded

The Art in Exile project had its first public meeting on February 3, 2016, counting sixteen volunteers, one project coordinator and the museum director. From the start, no specific end date or concrete time frame for the project had been stated; however, it was intended to unfold within the year 2016.

Hansen (2016) reported from her field study that no artists involved at beginning of Art in Exile. This could be explained by MoCA's aim to facilitate a co-creational process between the museum and local volunteers as part of exploring new ways of including its audiences. One of the tasks assigned to the volunteers was to find and choose artists who would exhibit at the museum in the context of the project. However, this part of the process was never really in the hands of the volunteers. Under unclear circumstances and without much communication from the museum staff, the museum was, in the end, responsible for selecting the six artists, without involving the participating group of volunteers. The sudden reneging on promised co-creation did not go by without frustration and resistance from the group of participating volunteers. They felt sidelined from important decision-making and became angry with the museum for promising more than it could deliver. In response to an emerging conflict, the museum staff later expressed anxiety over the project falling apart. Both the project coordinator and the director had found it crucial to move forward in the process at that time in the interest of the success of Art in Exile. The first attempt towards new museum practices met its first challenge at a crucial juncture, wherein MoCA had the opportunity to democratise a cornerstone of its domain: the curating process. However, since the project had no time frame from the beginning, there was no tool by which to navigate, and the time aspect as well as doubt about the volunteers being able to solve the task became obstacles to conducting the project as a co-creational process.

In the meantime, six artists from three different countries (Syria, Malaysia and Afghanistan) had been invited to participate in the exhibition. Though there was some communication among the three participating groups, mainly separated between the museum and the volunteers and the museum and the artists, they met altogether only once before the opening day.

The struggles of properly working together on Art in Exile were arguably related to the role of the volunteers being very loosely defined. As the project evolved, it became clear that these volunteers were not truly part of the decision-making, so the intention of facilitating an equal, democratic, dialogical, participatory co-creation project turned out to be what one of the volunteers characterised as "a caricature". At the same time, the artists who were supposed to co-create the project on the same level as the staff and volunteers were barely present. The museum had clearly created expectations that became impossible for them to put into practice under the given circumstances. The staff made the important decisions after all and thus reproduced the traditional structures of power, which they had initially been so eager to suspend. What was intended to be a collaboration between three groups of participants – the group of artists, the volunteers and the museum staff – was reduced to a process between only two. Despite the stated intentions of co-creation, which had been thoroughly described prior to the project's start, and which were ultimately connected to a humanitarian sentiment, Art in Exile failed in a fundamental aspect of the process.

Hansen's examples show some of the difficulties regarding the unfolding of a community arts project in which different stakeholders set out to create a cultural, democratic platform together. Sticking points such as different expectations and goals, which were not aligned from the beginning, may have complicated the process. In this specific case, the result was that volunteers felt a lack of ownership in the process; artists were not really part of the process; and museum staff was unable to see their idea through. The interactions and cross-cultural collaborations that were supposed to constitute a core aspect of Art in Exile did not succeed in the way envisioned. Despite the museum's intention to create a democratic platform and to move forward from old structures, the roles of the people involved in Art in Exile took forms that were highly reflective of the old structures. Thus, the results from Hansen's field study revealed a struggle within the institution to surrender control and to dare for a radical institutional change to happen. In an attempt to move forward in the development of Art in Exile, the museum staff ended up working against the original vision by weighing content over process. Art in Exile was perhaps thought of as a cultural encounter, but it did not accomplish the endpoint of performing or 'doing museum' in the sense that was initially laid out.

Realising that the community art project was in danger of being without 'the community', and in order to at least live up to some form of collaboration between the three groups, MoCA decided to throw an event on the opening day of the exhibition. This event would mark the end of the process, which had lasted nearly five months. The idea was that the volunteers and artists would have another chance to work together and to create something of a more concrete character. On 4 June 2016, the exhibition and opening event – also named Art in Exile – was executed.

The happening: "Untitled" by Amr Hatem

The group of artists of Art in Exile had no knowledge of the intended new practice of community art at MoCA. According to Hansen's field study (2016), they later explained that they never realised the original purpose of the project, as it was never presented in the project description or came to any knowledge about co-creation and social arts practice while they were preparing their art works. They therefore never perceived Art in Exile as a co-creation project. However, the artists exhibited their work and participated in the opening day with great enthusiasm.

One of the presented works was a happening conducted by the artist Amr Hatem. His concept for the happening may be perceived as an act of performative interactive art formed by a social arts practice, but from our perspective, it still resembled a traditional exhibition practice due to the framework of the museum institution and its set-up, which did not open up for much intervention to actually happen:

"Untitled"
The artist is walking around the room carrying a small basket, holding it carefully with both hands. He is going from one person to the next, collecting their house keys one by one. A soft murmur from the crowd accompanies the ceremonial happening. As the keys are being hesitantly drawn from bags and pockets and put in the basket, the weight of the iron knot increases until he holds all the participating audience's keys in the basket. The artist then invites everybody to join him outside the building, where two circular formations of chairs are positioned one inside the other. People are asked to sit on the chairs in silence, facing the stranger sitting in front of them. They sit there for a while, looking into each other's eyes without talking. Finally, the artist invites the participants to get up again and to come and collect their keys from the basket, which he is still holding. However, when they go to him to retrieve their keys, he hands each person someone else's set of keys. The crowd almost organically starts moving towards an open space in the yard, each person holding up their given keys high in the air so as to show them to their rightful owner. The swapping of keys and interactions occur in a buzzing ambience.

The happening described above was divided into three parts. To sum up the line of events, the artist first collected the house keys of the individuals present at the exhibition opening. Second, people were seated in two circles of chairs, one inside the other, positioning people facing each other. Third, the participating members of the audience were asked to reclaim their keys, but instead of their own set of keys, they were given someone else's, causing confusion within the group of the people involved, who now had to come together and cooperate, swapping with others until everybody had retrieved the right set of keys.

Hatem's work in a contemporary context

Hatem's work resembled artworks by other artists, first and foremost perhaps Marina Abramović's performance "The Artist Is Present" (2010), as well as viral video content, such as Amnesty International's "Look Beyond Borders – 4 Minutes' Experiment", showing Western citizens looking into the eyes of refugees, which came out in May 2016 and has been viewed more than 730,000 times. In that sense, Hatem's happening became an extension of existing visual events, telling stories of connections between people, belonging, loss of home (-land) and shared experiences across cultural and ethnic backgrounds. He thus contributed to a worldwide network of utterances about meeting 'the other'.

The photo documentation from Hatem's happening revealed a positive atmosphere between the artist and the participating audience in spite of the artist's very concrete deprivation of the audience's access to their homes, symbolized by the house keys that everyone had to give up. Likewise, the set-up of the confrontation between strangers, facilitated by the two circles of chairs that left people symbolically homeless, looking eye-to-eye from equal positions, was well received by the participating audience. The faces of people show interest and willingness to participate, though some hesitation can also be traced in their expressions and body postures. Afterwards, when the happening entered the phase, which left people with the wrong set of keys, they were in a sense re-given a home – but a home whose address was unknown to them. Here, the visual content shows sign of confusion, hesitation, awkwardness, uncertainty and discomfort. Nonetheless, the happening continued without protest, and at all times, the audience seemed to accept the premises of the events, relying on the artist's actions despite occasional feelings of unease. In this last part of the happening, people had walked from the chair area to a more open space in order to be able to swap with each other, propelling interaction on both verbal and non-verbal levels. The documentation shows several people holding the set of keys that they wanted to swap high into the air so as to signal to the rightful owner where to find them.

The idea of the different events of the happening, Hatem explained, was to evoke feelings, to experience and to discuss together what it feels like to lose one's home – even for a brief moment. He emphasised that the happening as a whole, including an installation he did inside the exhibition (Out of Stock 2016), was about staging home as a feeling rather than a physical place or through the objects that we possess. Using the house keys symbolically to resemble the loss of one's home thus became a simple yet effective way of demonstrating his statement to an audience culturally and experientially different from himself. The participants' will to engage in the happening – and seeing it through despite the uncertainty that it entailed – led us to consider the happening as a successful event, which fulfilled the artist's ambition regarding the issue of losing one's home.

However, the artist expressed disappointment in the event and later explained that he did not think that the audience actually understood his intentions: "because I didn't feel that people got it or could see it... and I had a strong feeling that people didn't really care, which was a little bit sad" (Hatem). His appraisal of the audience's lack of understanding of his work was an interesting point from our perspective, since the audience did commit to the happening and also reacted with signs of discomfort.

Thus, in the end, we as participants had a different experience of the events and its outcome from that of the artist. At no time did the participating members of the audience show feelings of panic or grief, and the ambience remained positive and friendly throughout the duration of the happening. This may be explained by the coding of the social situation and the fact that a typical Danish art museum audience does not share the artist's refugee background and therefore struggles to relate intensely with his experiences in the given situation. Perhaps the setting within a classical white cube framework – with the museum institution both directly (via the physical surroundings) and indirectly (on a power structural level) present – influenced the very foundation of the art experience and in a sense slurred the real risk of participating. In other words, the happening remained curated in the classical sense and, thus, never managed to break out of the traditional structures. The audience was included and to some degree challenged on their participatory experiences, but they were never on new grounds. Therefore, their actions did not perhaps reflect the concern and graveness that the artist was after. This is not surprising as it speaks to all art works and is the premise of art experiences. Artists have no control over how their works are perceived. The very idea of an art experience is to suggest a world perception of a theme in an artificial set-up in order to expose it. However, the history of art shows that even this set-up can be rather effective and that art shows great capability in disturbing our world perception, either within the 'white cube' or as interventions in the surroundings.

Hatem used interventional and inclusive artistic methods to address one of the greatest contemporary societal challenges. Though he had eventually hoped to be able to mediate some of his own experiences regarding belonging and the feeling of home – and the opposite – he was not in a position to escape the institutional safe space, which MoCA, an established art museum, provided. This could be the reason behind the audience's dimmed reactions as well as his perception of them. However, artists can never control how their works are perceived, and this concrete example may be a showcase of how political, educational and artistic discourses intertwine – meaning that the political discourse seeks to convince, the educational discourse seeks to cultivate, and the artistic discourse seeks to move. In that sense, this example may reveal a challenge of contemporary art that is not unique to this particular piece.

The Art in Exile project as community art?

Upon proving that the "Art in Exile" project never managed to escape traditional structures, where does this leave the currents of contemporary museum practices regarding matters of the post-representational museum, the educational turn and co-creation?

Hatem's happening exemplified participatory strategies that relied on the audience's will to engage and interact with each other. In this sense, his contribution to the exhibition comprised the ideas of the post-representational and dialogue-based art practices (Bishop 2006; Kester 2013; Sternfeld 2013), which were also the foundational ideas of the Art in Exile project. The concept of the happening even had an educational aspect to it, taking the audience through an experience of losing a personal material belonging, which symbolically referred to one's home, and thereby sought to prove a point – that 'home' is not a place or a physical matter as much as it is a feeling: home is to be understood.

However, the artist did not (in his own opinion) succeed in this educational endeavour. In response, we suggest that the grounds for emotional exchange and vivid audience experiences in this case were kept too tightly within a traditional art institutional frame, affecting the reactions of the participants in ways that did not allow them to learn intensely enough to reflect on the artist's ambitions. Hatem's attempt to invite a museum audience into a dialogue about being an asylum seeker and a refugee gave a small taste of what it could be like, but it never led to a fully immersed experience of what it would be like. His happening drew on participatory and interventional strategies but was not co-creation in its conceptual process. In order to make that happen, he and the volunteers would have had to develop the idea through dialogic and collaborative processes, as originally envisioned by the museum (though never communicated properly to the artists).

From this specific case, it is fair to ask whether it would even have been possible to produce a fully co-created work of art. Inviting the public to take part in the artistic as well as the curatorial process means that the expertise of these two fields would have to play a different role. One might ask: can everybody create art? And what would then be the role of the artist? Likewise, it is fair to ask whether artists necessarily have to be collaborators.

Institutional developments in the direction of art practices of collaboration, community art and social knowledge production are obvious responses to the endeavour of taking an activist role in societal challenges. The Art in Exile project shows how difficult the practice can be, especially when this means that artists and museum staff let go of control and invite the public to join their specialised practice as equal contributors. Institutional discourses of how decisions are made and by whom, how expertise is defined and what quality is are not easily transformed. Furthermore, 'the public' is a diverse and somewhat diffuse mix of people, for instance, with societal engagements in a particular cause like *Venligboerne*, people who are art lovers, people with career ambitions, people looking for new places to socialise, etc. Altogether, they represent different expectations in the outcome of participating in a project like Art in Exile. It would be almost impossible not to be disappointed in this highly complex constellation of interests, combined with the need for success; this is precisely what the project represented, as it was aimed at transforming a traditional institutional practice, becoming a visible actor in the local community and exposing a highly political and humanistic topic while facilitating a cultural encounter. The actors in this constellation took a chance to replace their defined roles with new ones, which took considerable courage. They also experienced all kinds of difficulties from it: they did not manage to balance expectations; they did not manage to define a mutual goal; and they did not manage to create a common platform for understanding each other's differences. In other words, they had all left their comfort zones – their homes – and suffered from not being understood.

Seen from the outside, Art in Exile showed no evidence of the endeavour of being a community art practice project. Rather, it showed a mainstream exhibition addressing a highly relevant topic, which was launched as a manifestation in which artists, the museum, and the public met in order to explore it. Though Art in Exile did not succeed as a co-creation community arts project, it did teach an important lesson. Transforming structures of power is a difficult challenge that requires the right circumstances and well-prepared participants in order to succeed. The co-creation method cannot be simply applied, but rather, positions must be continually negotiated between actors in a non-hierarchical structure. Within this structure, curation is decentralised, which is to say that one must lead by example, and not by power. A community will only be as coherent and as cogent as the community feeling that animates it. Furthermore, a community feeling cannot be 'said onto' someone, but must, rather, grow 'organically' from bottom-up. Projects such as Art in Exile need to be facilitated carefully and with great respect for the divergent positions of all the people involved emphasising the importance of the process towards the outcome.

References

Abramovic, Marina (2010): The Artist Is Present. Art performance. New York Museum of Modern Art. In: https://www.moma.org/learn/moma_learning/marina-abramovic-marina-abramovic-the-artist-is-present-2010 retrieved April 2017.

Amnesty International (n.d.): Look Beyond Borders – 4 Minutes' Experiment. In: https://www.youtube.com/watch?v=f7XhrXUoD6U retrieved April 2017.

Bishop, Claire (2006): The social turn: Collaboration and its discontents. Artforum, 44(6), p. 178.

Hansen, Siv Werner (2016): Art in Exile –– a Visual Ethnographic Study of the Development of a Democratic Platform at the Museum of Contemporary Art. Master's thesis. Aalborg University.

Hooper-Greenhill, Eilean (2007): Museums and Education: Purpose, Pedagogy, Performance. London/New York: Routledge.

Kaitavuori, Kaija/Sternfeld, Nora/Kokkonen, Laura (2013): It's all Mediating: Outlining and Incorporating the Roles of Curating and Education in the Exhibition Context. Newcastle: Cambridge Scholars Publishing.

Kester, Grant H. (2013). Conversation Pieces: Community and Communication in Modern Art. Berkeley: University of California Press.

Lundgaard, Brændholt, Ida/Jensen, Jacob Thorek (Eds.) (2013): Museums: Social Learning Spaces and Knowledge Producing Processes. Copenhagen: Kulturstyrelsen.

Museum of Contemporary Art (2016): Art in Exile. Homepage: http://samtidskunst.dk/udstillinger/art-exile retrieved July 2016.

Pruulmann-Vengerfeldt, Pille/Tatsi, Taavi/Aljas, Agnes (2014): Researching audience participation in museums. A multimethod and multisite interventionist approach. In: Patriarche, Geoffroy (Ed.): Audience Research Methodologies: Between Innovation and Consolidation. New York: Routledge, S. 87–106.

Sternfeld, Nora (2013): That certain savoir/pouvoir: Gallery education as a field of possibility. In: Kaitavuori, Kaija/Sternfeld, Nora/Kokkonen, Laura (Eds.): It's All Mediating: Outlining and Incorporating the Roles of Curating and Education in the Exhibition Context. Cambridge: Cambridge Scholars Publishers, pp. 1–7.

Simon, Nina (2010): The Participatory Museum. Santa Cruz, California: Museum 2.0.

Venligboerne [friendly neighbours]. Hompage http://www.venligboerne.org/ retrieved July 17.

Vergo, Peter (Ed.) (1989): The New Museology. London: Reaction Books.

„Tirol lieben heißt Tirol beschützen."

Zu Inszenierungsweisen und Funktionen von Ländlichkeit und Heimat in sozialen Medien

Michael Brandmayr

1. Einleitung

Nach Wahlen, in beinahe jedem Land Europas auf beinahe jeder Ebene, verlaufen mediale Wahlanalysen nach demselben Muster: Es wird ein unüberwindbarer Gegensatz zwischen Stadt und Land beschworen und dieser mit dem unterschiedlichen Wahlverhalten der Bewohner*innen begründet. Im Oktober 2017, bei den Nationalratswahlen in Österreich, klang dies so: Man sprach von einer „wachsenden Kluft" (Wiener Zeitung, 16.10.2017), von einem „Land ohne Städte" (derstandard.at, 21.10.2017) oder „zwei politischen Welten" (die Presse, 16.10.2017). Rhetorisch wird der Gegensatz also stark aufgespannt, doch gibt es diesen wirklich in der behaupteten Weise? Empirisch belegen lässt er sich zumindest im Falle Österreichs nicht: Egal, wonach eine Kategorisierung vorgenommen wird, die Unterschiede innerhalb der Kategorien der „Städte" und „ländlichen Gemeinden" sind größer als zwischen den Kategorien. Aber warum gibt es diese Klassifikation zwischen Ländlichem und Städtischem im Diskurs und warum ist sie ein so gängiges Erklärungsmuster für politische Entwicklungen, wenn sie sich empirisch gar nicht aufrechterhalten lässt?

Ich werde in diesem Beitrag argumentieren, dass dem Begriff des ländlichen Raumes eine ganz spezielle Funktion in politischen Diskursen zukommt, die eng mit den in diesem Band diskutierten Begriffen von Heimat und Flucht zusammenhängt. In politischen Analysen ist der Begriff des ländlichen Raums oft nur eine Chiffre; über die visuelle Darstellung des Landes – in verschiedenen Varianten als Naturraum, als dörfliche Idylle oder abgelegene Peripherie – werden damit Assoziationen und Emotionen generiert, die immer auch auf den Begriff der Heimat verweisen. Unter Rückgriff auf ein aktuelles Forschungsprojekt an der Universität Innsbruck und unter kurzer Darstellung theoretisch-methodologischer Überlegungen dieses Beitrags (2.), werde ich im Hauptteil (3.) zwei Verwendungsweisen und Funktionen der Diskurskategorie des ländlichen Raumes erläutern, die ich anhand von Daten aus dem sozialen Netzwerk Facebook ermittelt habe. Beide zeigen sich in einer Dichotomisierung zwischen

Ländlichkeit und Urbanität, die mit starker subjektiv-emotionaler, wie auch gesellschaftspolitischer Bezugnahme einhergeht, nämlich im positiven wie im negativen Sinn. Beobachten lässt sich eine Abwertung des ländlichen Raumes wie auch dessen überhöhte Romantisierung; eine strategische Inszenierung des Ländlichen und eine Darstellung als Bedrohung für die Demokratie. Im letzten Abschnitt dieses Kapitels möchte ich darstellen, was die aktuelle Positionierung des Heimatbegriffs in sozialen Medien für die Gruppe der Geflüchteten bedeutet. Abschließend (4.) möchte ich diskutieren, was dies aus pädagogisch-anthropologischer Perspektive bedeutet, in der aktuell Fragen von Emotionen und medialer Subjektivierung bereits breit diskutiert werden.

2. Theoretische und methodische Überlegungen

Das Material, aus dem die Thesen entwickelt wurden, die im Hauptteil exemplarisch dargestellt werden (gesamt mehrere hundert Postings, dazu tausende Kommentare sowie weiteres Material, das im Untersuchungszeitraum sechs Wochen vor den österreichischen Nationalratswahlen 2017 gesammelt wurde), stammt aus dem Forschungsprojekt „Postfaktische Diskurse in sozialen Medien", das aktuell an der Fakultät für Bildungswissenschaften der Universität Innsbruck durchgeführt wird. Im Projekt wird untersucht, was ein veränderter Begriff des Politischen für Subjektivierungspraktiken in sozialen Medien und für die Vermittlung von Ideologie bedeutet. Ausgangspunkt war dabei die Beobachtung, dass in sozialen Medien beobachtbare Phänomene wie „Shit-Storms" oder „Hate Speeches" es nötig machen, sich der Frage der Emotion und Emotionalisierung aus diskurstheoretischer Perspektive zu nähern. Auch für die hier verfolgte Frage nach Ländlichkeit, Heimat und Flucht ist dies zentral. Die Frage lautet dann: Warum können diese Begriffe und mit ihnen verbundene Bilder und Aussagen in sozialen Netzwerken so leicht ganz bestimmte Emotionen hervorrufen?

Um dies zu beantworten, wird ein methodologischer Zugang versucht, der auf Ideen von Jacques Lacan zurückgreift und diese mit diskurstheoretischen Überlegungen (besonders von Laclau/Mouffe, Link und Althusser) trianguliert (vgl. Žižek 1989; Angermüller 2008). Dabei ist ein Ausgangspunkt der Subjektbegriff Lacans. Für ihn sind Subjekte qua ihrer Konstitution mangelbehaftet; aus diesem Mangel entsteht das Begehren, das sich im Register des Imaginären auf verschiedene Objekte beziehen kann, beginnend mit dem Spiegelstadium. Das Begehren verweist auf das Objekt klein a, es steht für die Offenheit der Möglichkeiten, die das Begehren einnehmen kann, wie auch dafür, dass dieses Begehren niemals erfüllt werden kann. Es bleibt auf der Ebene des Imaginären als Phantasma, als psychische Repräsentation des Objekts, das mit dem realen Objekt und dessen Genuss nichts zu tun haben muss (vgl. Lacan 2006, S. 35 f.).

Das Subjekt wählt das Objekt klein a jedoch nicht autonom aufgrund seiner Imagination: In der Theorie Lacans ist es in der Mitte des „boromäischen Knotens" zwischen den drei Registern des Realen, Imaginären und Symbolischen verortet. Das impliziert, dass sich die Position des Objekts klein a nicht losgelöst von der symbolischen Ebene der Gesellschaft konstituiert, und die Wahl des Objekts bzw. dessen subjektive Bedeutung unter Berücksichtigung der symbolischen Ordnung der Gesellschaft und der Anerkennung Anderer erfolgt. Ein Phantasma ist also ein *„Bild, das in der signifikanten Struktur in Funktion tritt"* (Lacan 1991, S. 230), was auf die Position des Bildes bzw. des Objektes und auf dessen Position im Diskurs verweist. Phantasiebilder sind subjektiv also nicht nur positiv, sondern auch negativ besetzt und dienen nicht nur der positiven Identifizierung, sondern auch der Abgrenzung vom Andern. Lacan leitet die Entstehung der Angst aus dem Objekt klein a ab: Angst und Begehren sind für Lacan zwei Facetten des Objekts klein a, d. h. Angst korreliert ebenso mit der Struktur des Begehrens (vgl. Lacan 2006, S. 38 f.). Dies ist besonders für die Überlegungen zur negativen Identifizierung wichtig: Faktisch kommt diese Abgrenzung vom Andern über Phantasiebilder dem Abwehrmechanismus einer Projektion nahe, d. h., dass eigene Schwächen auf die Gruppe der Andern übertragen werden. Dahinter steht die Angst, dass der Mechanismus der Selbsttäuschung nicht mehr aufrechterhalten werden kann und man mit eigenen, abgetrennten Teilen des Selbst konfrontiert wird.

Lacan und Laclau/Mouffe (Laclau 2013) stimmen darin überein, dass sich die Bedeutung von Signifikanten bzw. des Objekts klein a wesentlich aus der Differenz- und Äquivalenzbeziehung zu anderen Elementen, die selbst leer sind, bestimmt. Hierbei wird eine kollektiv wirkmächtige Ebene des Symbolischen angenommen, die auch Bereiche des Imaginären, Bildlichen umfasst (vgl. Link 1982). Der produktive Mehrwert der Verbindung besteht nun darin, dass sich aus dem konstitutiven Mangel des Subjekts eine tiefe emotionale Beziehung zu bestimmten Gegenständen ableiten lässt, durch welche es den Mangel zu überwinden wähnt. Bestimmte Gegenstände des Diskurses, die aufgrund ihrer zentralen Position des Diskurses (Laclau nennt diese „privilegierte Signifikanten") in der Lage sind, Anrufungen und Subjektpositionen zu generieren, konvergieren mit dem Begriff des Objektes klein a bei Lacan. Auch für die Frage, wie Ideologie in sozialen Netzwerken vermittelt wird, bietet dies einen großen Mehrwert. Althussers Prozess der ideologischen Anrufung ist demnach als ein emotionaler und als (ein über das Begehren vermittelter) identifikatorischer zu denken, was auch bedingt, dass sich dieser Prozess im sprachlichen Handeln der Subjekte widerspiegelt. Für die methodische Frage des Umgangs mit sprachlichen Daten von Facebook bedeutet das: Die Emotionalität einer Äußerung muss als Information über die subjektive Stellung, wie auch als objektive Funktion des Gegenstandes, über den gesprochen wird (wie etwa Heimat) interpretiert werden. Eine Äußerung hat also immer zugleich eine subjektive wie eine objektive Interpretationsebene. Auf der subjektiven Ebene indiziert die Emotionalität die Existenz einer Identifizierung mit dem Gegenstand bzw. dessen positive oder negative Wertung. Objektivieren lässt sich die Stellung des Gegenstands als gesellschaftliches Identifikationsobjekt, das eine solche ermöglicht.

3. Die Funktion des Ländlichen

3.1. Die negative Identifizierung

Abbildung 1: Ausschnitt aus dem DF 1 „Rettet die Provinz"

Adamshoffnung, Mecklenburg-Vorpommern © Hannes Jung für DIE ZEIT

Die Menschen in der Provinz abzuhängen ist demokratiegefährdend.
Wer diesen Prozess beschleunigt, für den wird es brandgefährlich:

Als erstes soll die negative Identifizierung dargestellt werden, die sich in politischen Diskursen in einer Ablehnung des Ländlichen ausdrückt. Sie zeigte sich häufiger im Anschluss an politische Ereignisse des Jahres 2016, etwa dem Brexit und der Wahl Donald Trumps, und sie bezieht sich oftmals auf die Figur der „Abgehängten vom Land" oder, im amerikanischen Kontext, auf die weißen Arbeiter der deindustrialisierten ländlichen Regionen. In diesem Zusammenhang hatte ein Leitartikel des Chefredakteurs der New York Times, Dean Baquet, im Anschluss an die Wahl Trumps starken Einfluss auf den Diskurs, woraufhin diese Figur weithin Verbreitung gefunden hat. Generell lässt sich feststellen, dass seit dem Jahr 2016 ein intensiver Diskurs über das Land (selten mit Landbewohner*innen) stattfindet, in dem sich der Topos der Rückständigen, Abhängigen und Abgehängten nachweisen lässt. Zwei dafür typische Äußerungen sollen diesen Topos und ihm immanente Deutungen veranschaulichen, beide stammen aus der Wochenzeitung „Die Zeit".

Das erste Beispiel ist ein Artikel aus dem September 2016, d. h. der nach dem Brexit, aber noch vor der Wahl Donald Trumps veröffentlicht wurde, er trägt die Überschrift „Rettet die Provinz". Der Artikel beschreibt zunächst in erzählerischer Weise den Alltag in ländlichen Gebieten in Deutschland, Österreich, Großbritannien und Frankreich, versucht aber, die Veränderungen im Alltagsleben in diesen Regionen in eine breitere wirtschaftliche und soziale Entwicklung der Gesellschaft einzubinden. Das Narrativ der Geschichte ist, dass sich am Alltag verschiedene Entwicklungen ablesen lassen würden, und sich so eine Distanz zwischen der alltäglichen Lebenswelt zwischen Stadt und Land zeigt, natürlich zu Ungunsten des Landes. Das ist der Topos der „Abgehängten vom Land", der in vielen ähnlichen Beschreibungen ähnlich lautet. Auf wenigen Zeilen wird ein diskursiver Zusammenhang formuliert zwischen dem Abzug qualifizierter Arbeitsplätze am Land, dem Verschwinden der Frauen (die diesen Arbeitsplätzen hinterher ziehen), dem zunehmenden Rechtsruck, der entsteht, weil sich der *Front National* und andere um das Land „kümmern", und dem Hinweis, dass diese Entwicklung aber für die Demokratie, also damit für uns alle „brandgefährlich" ist. In dem Artikel heißt es:

> „Die Menschen in der Provinz abzuhängen ist demokratiegefährdend. Wer diesen Prozess beschleunigt, für den wird es brandgefährlich [...]. Nur eine Partei kümmert sich. Weiß genau, welcher Betrieb schließen musste und welcher regionale Käse verschwunden ist: der Front National. Bei den Regionalwahlen 2015 siegten die Rechtspopulisten nördlich, östlich und südlich von Paris sowie am Mittelmeer. Der Front National gibt den französischen Landbewohnern das Gefühl, nicht allein zu sein und eine Stimme in Paris zu haben. Vielleicht bald auch eine Präsidentin. Wer die Provinz politisch für sich gewinnt, bestimmt mit, wie rechts Europa wird. Das beweist Österreich. Großbritannien. Frankreich" (DF 1, S. 7).

In der Interpretation der Journalist*innen und Expert*innen, die zu Wort kommen, ist der ländliche Raum Objekt der gesellschaftlichen Umwälzung, also ihr Opfer. Die Menschen, deren Biografie der Artikel porträtiert (etwa ein ehemals drogenkranker und inhaftierter NEED-Jugendlicher aus England) werden allesamt als bemühte, aber tragische und zum Scheitern verurteilte ‚Produkte' ihrer Verhältnisse präsentiert. Gegen die wirtschaftliche Entwicklung und die zunehmende Macht der Städte sind sie leider chancenlos, besonders, wenn sich die verantwortlichen Politiker*innen in der Stadt von ihnen abwenden. Ohnehin wird im politischen Kontext den ländlichen Bewohner*innen der Status als rationale politische Subjekte aberkannt. Man traut ihnen keine kritisch-reflexive Auseinandersetzung mit politischen Inhalten und eine dementsprechende Wahlentscheidung zu. Wie im letzten Satz sehr deutlich wird, sehen die Autor*innen keine andere Zukunftsoption, als dass der Front National die Wahlen in den ländlichen Regionen gewinnt, denn er „kümmert" sich um den ländlichen Raum. Kümmern ist ‚bloßes' Handeln, jenseits der politischen Debatten und Reflexionen. Dadurch wird nicht nur impliziert, dass die Bewohner*innen nicht in der Lage sind, selbst ihr Schicksal in die Hand zu nehmen; es bedeutet auch, dass sie die ‚wahren' Intentionen der ihnen Helfenden gar nicht erkennen können, denn Einsicht in politische Prozesse haben die Landbewohner nun einmal nicht. Der Zusammenhang zwischen der schlechten wirtschaftlichen Entwicklung am Land und dem Erstarken rechtspopulistischer Parteien wird nicht nur als Naturgesetz dargestellt, sondern dient zugleich als Beleg für die Rückständigkeit und Demokratieunfähigkeit der Landbewohner*innen.

Dieser Topos lässt sich noch deutlicher im zweiten Beispiel nachweisen; dieses trägt den Titel „Der Jäger und der Yogi" und ist eine Reportage aus Amerika ein Jahr nach der Wahl Donald Trumps (vgl. DF 2). Für diesen Artikel hat der Journalist zwei Männer, den in New York wohnenden Connor Yates und den Finanzberater Todd Alexander aus Pennsylvania über längere Zeit begleitet; er beschreibt ihre politischen Ansichten, ihre Hobbys und Tagesabläufe, um anhand dieser beiden Menschen zu verstehen, wie weit „sich die Menschen dieses Landes voneinander entfernt" haben. Alexander wird in der Reportage als Archetyp des ländlichen, rückständigen Amerikas porträtiert. Er wohnt auf einer Farm, „die schon seinem Ururgroßvater gehörte" (DF 2, S. 2), hat vier Kinder und vor seinem Haus die amerikanische Flagge gehisst, ist Jäger und natürlich Anhänger Trumps, wie 84% seiner Gemeinde. Über diese heißt es: „Sie nennen sich selbst Hillbillys, Hinterwäldler. Das Wort ‚Demokrat' benutzen sie als Schimpfwort" (ebd.). Yates ist schwuler Yogalehrer, wohnt im kosmopolitischen, multilingualen New York, er isst „japanische Suppen und vietnamesische Nudeln, er trinkt französischen Wein und skandinavisch gerösteten Espresso" (DF 2, S. 4), und er ist Trumpgegner. Der Artikel verweist darauf, dass viele Kommentatoren schon vor einem Bürgerkrieg warnen und endet mit dem Versuch eines Dialogs der beiden Männer, der nach kurzer Zeit abgebrochen wird, weil Alexander aufsteht und geht.

In beiden Beispielen zeigt sich eine Darstellung des ländlichen Raums als kleine und einfache Welt („die Provinz"), die aber durch sprachliche und bildliche Elemente eine Attribuierung als geistig, strukturell und ökonomisch abgehängt und zurückgeblieben erfährt. Die Rückständigkeit macht den ländlichen Raum empfänglich für die einfachen Botschaften des Populismus und dessen Bewohner*innen werden daher zu einer Bedrohung für die eigene liberale und kosmopolitische Gesellschaft. Bezugnehmend auf Lacan, erspart dies der Gruppe der Stadtbewohner*innen die Konfrontation, inwieweit sie selbst Schuld tragen an den Problemen, deren Ursachen sie den Landbewohner*innen zuschreiben.

3.2. Die positive Identifizierung

Die zweite schon genannte Funktionsweise des Begriffs des Ländlichen im politischen Diskurs besteht in der positiven Identifizierung und einer damit verbundenen Mobilisierung von Emotionen. Hier ist mein Beispiel dieses Bild von der Facebookseite „Tirol den Tirolern"; die Seite hat etwa 18.000 Likes.

Abbildung 2: Bild der Facebookseite „Tirol den Tirolern"

Die Facebookseite ist ein gutes Beispiel dafür, dass Heimat sehr häufig als ländliche Idylle inszeniert wird. Beliebte Motive sind verschneite Berghänge, sonnige Wiesen oder dörfliche Landschaften, wohingegen sich keine urbanen Motive finden: Auch Darstellungen Innsbrucks, der Landeshauptstadt Tirols, gibt es auf der Seite stets aus der Vogelperspektive umringt vom Bergpanorama. Auf dieser Seite wird eine Äquivalenz der Begriffe „Ländlichkeit" und „Heimat" unter einer zusätzlichen Attribuierung von Begriffen wie „ruhig" und „idyllisch", aber auch von „natürlich" und „ursprünglich" hergestellt; wobei vieles dafür spricht, dass diese Äquivalenz im kollektiven Unbewussten bereits besteht und durch Seiten, die die Schönheit des Landes betonen wollen, eher reproduziert wird. In demselben Akt der ikonografischen Inszenierung von Heimat geschieht also nicht nur eine Äquivalenzsetzung von Heimat und ländlichem Raum, sondern auch von Heimat und Natürlichkeit – der ländliche Raum steht für Unschuld, Reinheit und natürliche Schönheit.

Diskursiv wird aus dieser Verknüpfung von Ländlichkeit, Heimat und Natürlichkeit die Annahme einer natürlichen Bestimmung des Landes für seine Bewohner*innen abgeleitet, und diese ist nun entscheidend: Durch sie konstituiert sich die Diskurskategorie Heimat als Objekt klein a in der Funktion der positiven Identifizierung. Als nun angebotenes Identifikationsobjekt, als leerer Signifikant, um den herum kollektive Identitäten konstituiert werden können, wird das Phantasma der Heimat für politische Akteur*innen strategisch nutzbar: Denn weil das Objekt klein a qua seiner Genesis immer schon auf ein verlorenes Objekt verweist, kann eine potentielle Bedrohung der Heimat durch alles Nicht-Natürliche glaubhaft vermittelt werden. Die Äußerung politischer Akteur*innen, die eine Bedrohung der Heimat durch Fremde formulieren, appelliert an das Register des Imaginären, das einen erneuten Verlust des Identifikationsobjekts unbedingt vermeiden möchte.

Diese These lässt sich auch anhand eines Plakats aus dem Wahlkampf in Tirol im Februar 2018 illustrieren. Der Spruch „Tirol lieben heißt Tirol beschützen" ist nichts anderes als die Explikation der gefühlten Bedrohung der Heimat; er beschreibt jedoch mit keinem Wort, wovor die Heimat beschützt werden soll. Es benötigt nicht einmal eine ikonische Darstellung von Heimat, sondern das Wort allein genügt. Dass das Wahlplakat aus der Sicht der Partei „funktioniert", also kein Bedrohungsszenario genannt werden muss und die Folge keine Verwunderung, sondern Wählerstimmen sind, interpretiere ich als Beleg für die skizzierte Äquivalenzkette und für die subjektive Positionierung von Heimat als begehrtem, aber bedrohtem Objekt klein a.

Abbildung 3: Wahlplakat der „Liste Fritz"

Interessant ist, dass es sich bei den Produzent*innen des Plakats um keine politisch rechts stehende Partei handelt; vielmehr vertritt diese einen „sanften Linkspopulismus", d.h. die Partei äußert sich nie explizit abwertend gegen Geflüchtete oder Migrant*innen. Doch was bedeutet es, wenn die Heimat als bedroht angenommen und die Herkunft der vermuteten Bedrohung offen gelassen wird? Gibt dieses Offenlassen bestimmten Assoziationen mehr Raum als anderen und wenn ja, warum? Abschließend möchte ich das Verhältnis von Heimat und Flucht dahingehend analysieren.

3.3. Ländlichkeit, Heimat und Flucht

Das Verhältnis von Heimat und Flucht lässt sich einfach auf den Punkt bringen: Geflüchtete Menschen sind „der Heimat Fremde", was zweierlei bedeutet. Einerseits, und das dürfte nicht überraschen, ergibt sich aus der skizzierten Funktion von Ländlichkeit als bedrohtes Objekt, dass geflüchtete Menschen als diejenigen assoziiert werden, von denen die Bedrohung ausgeht. In dem von uns untersuchten Datenkorpus wurden bei nahezu allen Ereignissen oder politischen Maßnahmen von User*innen Flüchtlinge als Teil eines Bedrohungsszenarios identifiziert, selbst wenn der Gegenstand der konkreten Berichterstattung mit dem Thema Flucht absolut nichts zu tun hatte. Ebenso wurde deutlich, dass aus der Äquivalenzsetzung der Heimat mit ihren Bewohner*innen sich „das Volk" als schutzloses Objekt der Bedrohung erkannte – wiederum völlig unabhängig von den faktischen Gegebenheiten.

Auch hierfür gibt es ein anschauliches Beispiel. Zufälligerweise wurde während des Wahlkampfes in Österreich rund um das Parlament eine Mauer errichtet, um den Schutz der Abgeordneten im Fall eines Terroranschlages zu erhöhen. Der Vorsitzende der FPÖ, Heinz Christian Strache, äußerte sich in einem Posting daraufhin gegen den Islamistischen Terror und die Steuergeldverschwendung, die mit dieser Maßnahme einherging. Ein User kommentierte darunter jedoch folgendes:

Abbildung 4: Posting auf der Facebookpage von Heinz-Christian Strache

In diesem Kommentar erkennt man einerseits, dass aus dem „Islamistischen Terror" diejenigen wurden, die man „unkontrolliert ins Land gelassen hat"; wie auch der Mechanismus einer Dichotomisierung zwischen „Eliten" und dem „Volk", dem „Wir" und den „Anderen" deutlich wird, der auch aus aktuellen Forschungsarbeiten zum Rechtspopulismus bekannt ist (vgl. Wodak 2015; Massumi 2010); denn während die Elite sich „hinter einer sicheren Mauer versteckt", bleibt die Frage, wer „uns Bürger" (also: uns als legitime Bewohner*innen unserer Heimat) gegen die Flüchtlinge schützt.

Der andere Topos desjenigen, der „der Heimat fremd ist", impliziert eine Abwertung geflüchteter Menschen, indem er ihnen Treulosigkeit gegenüber

„ihrer" Heimat unterstellt. Exemplarisch dafür ist folgendes Posting, das unter einem animierten Bild der Seite „Tirol den Tirolern" zu finden war. Im Bild erschien der Spruch „Vaterlandsliebe ist die erste Tugend des zivilisierten Menschen". Darunter postete jemand:

Abbildung 5: Posting von der Facebookseite „Tirol den Tirolern"

 Heinz Stichauner Deswegen hauen ja so viele ab vor lauter Vaterlandsliebe!

Gefällt mir · Antworten · 35 W 2

Der Topos des „treulosen Flüchtlings" unterstellt, geflüchtete Menschen würden ihre Heimat „im Stich lassen" (wie in einem anderen Beitrag vermerkt wird), um sich in egoistischer Weise einfach ein schöneres Leben zu machen. Sie könnten auch versuchen, die Situation in ihrem Heimatland zu verbessern, aber dazu fehlt ihnen die „Vaterlandsliebe", die in der Konstruktion dieses Gegensatzes zugleich der eigenen Gruppe zugeschrieben wird. Hier entsteht eine Äquivalenzkette, die Flucht als unpatriotisch deutet, und die in der Konstitution eines patriotischen „Wir" eine neue Klassifikation eingeführt, die zu einem Ausschluss der geflüchteten Menschen führen muss.

4. Anthropologische und pädagogische Aspekte

Deutungen von Heimat und Flucht, die sich junge Menschen aus Erfahrungen in sozialen Medien konstruieren, sind äußerst wirkungsvoll, und gehen auch über ihre ursprünglichen Geltungsbereiche hinaus. Bilder von Heimat und Flucht leiten zu sehr viel umfassenderen Interpretationen gesellschaftlicher und politischer Zustände und Handlungsoptionen an, als den Menschen oftmals bewusst ist – die Betonung liegt dabei auf dem Wort „bewusst". Dieser Beitrag sollte veranschaulichen, dass Deutungen, die mit Bildern von Heimat und Flucht impliziert sind, zu einer Vielzahl weiterer Assoziationen und Interpretationen führen. Aus einem harmlosen Landschaftsbild kann ein Gefühl von Wut entstehen, weil assoziiert wird, dass unsere Heimat von Flüchtlingen „überrannt" wird und es die schöne Landschaft bald nicht mehr geben wird. Denkt man diese Überlegungen konsequent zu Ende, muss sich eine anthropologische Reflexion pädagogischer Handlungsmöglichkeiten unterschiedlichen Bildern und Emotionen sowie unterschiedlichen Medien widmen und weniger dem konkreten Bild der Heimat, denn dieses ist nur eines von vielen Bildern, das über emotionalisierende Potentiale verfügt.

Aus einer anthropologischen Perspektive hat dieser Beitrag die Potentiale von Bildern, Emotionen zu evozieren, verkürzt dargestellt, da er auf deren strategische Einsätze in sozialen Medien fokussiert und dabei ihre manipulative Dimension akzentuiert hat. Eine andere Perspektive in der Anthropologie der Bilder und der menschlichen Imagination betont demgegenüber die Potentiale, die aus der Bildhaftigkeit des Menschen entstehen, und die Notwendigkeit von Bildern für Bildungsprozesse. Schuhmacher-Chilla (2014, S. 436) bringt diese Perspektive auf den Punkt:

> „Anthropologisch ist der Umgang mit den vielseitigen inneren Bildern eine Folge der Exzentrizität und Bildungsfähigkeit (Bildsamkeit) des Menschen. Auf Grund der zentrierten Position ist der Mensch zwar an sein Leben gebunden, das er vollziehen muss. [...] Doch dank des Vermögens von Phantasie und Imagination kann sinnlich Erfahrenes umgewandelt und Welt und Selbst exzentrisch in Bildern entworfen werden."

Will man pädagogische Perspektiven auf die Frage der Emotionalisierung in sozialen Medien diskutieren, gilt es also, die Bildhaftigkeit des Menschen in ihrer Ambivalenz zu sehen; bei Bilstein (2011, S. 17) findet sich treffend die Bezeichnung der Menschheit als eine „bildgesegnet und bildverflucht konstituierte Gattung". Aus dieser Perspektive argumentiert er, dass es seit Sokrates die Aufgabe des Pädagogen ist, in den kindlichen Umgang mit Bildern regulierend und steuernd einzugreifen: „Und so ist auch denn gerade den Pädagogen die Frage nach der Echtheit der Bilder nahezu von Anfang an ein wichtiges Problem gewesen. Schon den Kindern muss man vermitteln, dass sich die Bilder oft höchst eigenwillig gegenüber der Wirklichkeit verhalten, schon die Kleinen muss man warnen vor der naiven Verwechslung von Abbild und Realität" (ebd., S. 18).

Dieser Beitrag verdeutlicht diese aufklärerische Rolle für den Bereich der politischen Bildung, doch durch die zunehmende Bedeutung sozialer Medien für Kinder und Jugendliche gilt dies ganz grundsätzlich mehr denn je. Zudem weist aktuell Wulf (2018) darauf hin, dass im gesamten Feld der Neuen Medien (und damit letztlich in der Gesellschaft) ein neues Verhältnis zwischen dem Individuum und seinen Emotionen entsteht. Wulf (ebd., S. 120) begründet dies mit der Möglichkeit der „anonyme[n] Inszenierung von Emotionen" in Medien wie Facebook, sowie in einer quantitativ höheren und qualitativ intensiveren Teilnahmemöglichkeit an individuell Erlebtem, die aber fließend in eine Kultur der überhöhten Inszenierung von Erfahrungen und Emotionen übergeht.

Für Pädagog*innen wird es daher zusehends wichtiger, auch über die Strukturen sozialer Medien wie Facebook Bescheid zu wissen, d. h. zu verstehen, wie Algorithmen funktionieren, nach welchen Prinzipien sie einen bestimmten *Content* filtern oder anzeigen, und wie sie damit die Erfahrungsräume junger Menschen beeinflussen (vgl. Brandmayr et. al 2018). Denn die Bilder, die junge Menschen in diesen Erfahrungsräumen wahrnehmen, tragen in einem nicht zu vernachlässigendem Ausmaß zu ihren subjektiven Konstruktionen von Heimat bei. Und letztlich ergreifen diese Veränderungen nicht nur User*innen von sozialen Medien, sondern auch die Gesellschaft insgesamt.

Literatur

Angermüller, Johannes (2008): Gesellschafts- als Diskursanalyse? Der Poststrukturalismus und die Methodenfrage. In: Rehberg, Karl-Siegbert/DGS (Hrsg.): Die Natur der Gesellschaft: Verhandlungen des 33. Kongresses der Deutschen Gesellschaft für Soziologie in Kassel 2006. Frankfurt/M.: Campus, S. 4138–4151.

Althusser, Louis (2010): Ideologie und ideologische Staatsapparate. Hamburg: VSA.

Bilstein, Johannes (2011): Homo Pictor: Zur Anthropologie der Imagination. In: Schuhmacher-Chilla, Doris/Ismail, Nadia/Kania, Elke (Hrsg.): Image und Imagination. Athena: Oberhausen, S. 13–29.

Brandmayr, Michael/Mitterhofer, Hermann/Vogler, Tanja/Fritsche, Martin/Madlung, Fabian (2018): Das Politische in sozialen Medien: Herausforderungen für eine politische Bildung. In: SWS-Rundschau 2/2018 (im Druck).

Laclau, Ernesto (2013): Emanzipation und Differenz. Wien/Berlin: Turia + Kant.

Lacan, Jacques (1991): Die Ausrichtung der Kur und die Prinzipien ihrer Macht. In: Ders.: Schriften I. Berlin/Weinheim: Quadriga, S. 171–236.

Lacan, Jacques (2006): Das Symbolische, das Imaginäre und das Reale. In: Ders.: Namen-des-Vaters. Wien: Turia + Kant, S. 11–62.

Link, Jürgen (1982): Kollektivsymbolik und Mediendiskurs. Zur aktuellen Frage, wie subjektive Aufrüstung funktioniert. In: kultuRRevolution (1), S. 6–20.

Massumi, Brian (2010): Ontomacht. Kunst, Affekt und das Ereignis des Politischen. Berlin: Merve.

Schuhmacher-Chilla, Doris (2014): Imaginärer Raum. In: Wulf, Christoph/Zirfas, Jörg (Hrsg.): Handbuch Pädagogische Anthropologie. Wiesbaden: Springer VS, S. 433–441.

Weber, Florian (2007). Emotionalisierung, Zivilität und Rationalität. Schritte zu einer politischen Theorie der Emotionen. In: Österreichische Zeitschrift für Politikwissenschaft, Nr. 1, S. 7–22.

Wodak, Ruth (2015): The Politics of Fear. London: Sage Publications.

Wulf, Christoph (2018): Emotion und Imagination. In: Huber, Matthias/Krause, Sabine (Hrsg.): Bildung und Emotion. Wiesbaden: Springer, S. 113–131.

Žižek, Slavoj (1989): The Sublime Object of Ideology. London: Verso.

Quellen- und Abbildungsverzeichnis

Diskursfragmente

DF 1: Gasser, Florian/Hamann, Götz/Pausackl, Christina/Rohrbeck, Felix/Schulz, Bettina: Rettet die Provinz! In: Die Zeit 37/2016 (auch online unter www.zeit.de/2016/37/landflucht-europa-provinz-vernachlaessigung).

DF 2: Berbner, Bastian/Coen Amrai (2017): „Der Jäger und der Yogi". In: Die Zeit 51/2017, (auch online unter www.zeit.de/2017/51/ein-jahr-donald-trump-waehler-stadt-provinz-erfahrung/).

Abbildungen

Abbildung 1: Aus DF 1, S. 7.

Abbildung 2: Bild der Facebookseite „Tirol den Tirolern". Online unter: https://www.facebook.com/Tirol.Kollektiv/photos/a.757845437696260.1073741831.256104657870343/817745078372962/?type=3&theater.

Abbildung 3: Wahlplakat der „Liste Fritz". Online unter: https://listefritz.at/aktuell/item/2211-tirol-lieben-heisst-tirol-beschuetzen.

Abbildung 4: Kommentar zu einem Posting der Facebookpage von Heinz-Christan Strache. Online unter: https://www.facebook.com/HCStrache/posts/10155286634353591.

Abbildung 5: Kommentar zu einem Posting der Facebookseite „Tirol den Tirolern". Online unter: https://www.facebook.com/Tirol.Kollektiv/photos/a.346481748832633.1073741828.256104657870343/915884825225653/?type=3&theater.

Der Gartenzwerg

Pädagogisch-anthropologische Betrachtungen zum Spießertum

Jörg Zirfas

„Man muss über die Logik hinausgehen, um zu erleben,
wieviel Großes im Kleinen Platz haben kann."
Gaston Bachelard, *Poetik des Raumes*

1. Ein pädagogisch-anthropologischer Zugang

Lange Zeit galt der Gartenzwerg als das Symbol der deutschen Heimat. Und sowohl der Zwerg wie die Heimat wurden mit Enge und Engstirnigkeit, Ordnung und Zwanghaftigkeit, Kleinlichkeit und Kleinbürgerlichkeit, kurz: mit Spießigkeit in Verbindung gebracht. Nun sei von vorneherein eingeräumt, dass die Identifizierung von Gartenzwerg und Spießertum mittlerweile problematisch geworden ist. Und dass nicht nur, weil sich die Gartenzwerge, sondern auch, weil sich die Spießer geändert haben. Der traditionelle Gartenzwerg, wie wir noch in den 50er und 60er Jahren mit Schaufel und Laterne in vielen deutschen Vorgärten wiederfanden, ist mittlerweile vom Aussterben bedroht. Die Gartenzwerg-Heimat hat heute eine buntere Symbolik, die spielerisch und ironisch und auch künstlerisch-avantgardistisch daherkommt. Vom Kitschobjekt zum Antikitschgegenstand und vom Widerstand gegen die Erhabenheit über die selbstreferentielle Ironisierung dessen, was einmal als kitschige Heimat galt, lassen sich die Entwicklungen ziehen. Und diese Entwicklungen finden wir nicht nur bei den wissenschaftlich vergessenen und verdrängten Gartenzwergen, sondern auch in illuminierten Plastik-Garten-Natursteinen, postmodernen Experimentgärten, in rosaroten Flamingos, in illuminierten Bach- und Quellsteinen und nicht zuletzt in Pilzen und Schneewittchenfiguren wider. Heute kommt der Zwerg als Gift- und Lustzwerg daher oder er hat ein Messer im Rücken und signalisiert damit vor allem, dass er nicht tot zu kriegen ist. Er wartet sozusagen auf seine Rehabilitierung (vgl. Hasse 1993, S. 11). Dazu soll hier ein Beitrag geleistet werden.[1]

Ausgehend von einem Gegenstand – dem Gartenzwerg – sollen Bezüge zu einem Psycho- und Soziogramm des Spießers herausgearbeitet werden. Doch wie macht man das und warum ist das pädagogisch von Belang? Inwiefern ist, so könnte man fragen, jede Nanologie (Zwergenforschung) auch eine pädagogische Anthropologie? Zunächst zur Methode: Eine pädagogische Anthropologie der Gartenzwerge kann – ohne Anspruch auf Vollständigkeit – methodisch verschieden vorgehen (vgl. Rittelmeyer/Parmentier 2001, S. 104 ff.): Sie kann sich phänomenologisch(-mimetischer) Verfahren bedienen und die Erfahrungen im Umgang mit dem Zwerg rekonstruieren um ihn auf sein „Wesen" hin zu befragen; sie kann ideen- und sozialgeschichtlich seine unterschiedlichen Semantiken, Verwendungsweisen und Funktionalitäten analysieren; sie kann den Zwerg prinzipiell als Zeichen verstehen und ihn in einer „dichten Beschreibung" (Geertz) als Indiz, Exempel, Modell und Metapher für etwas Anders – Kulturelles, Soziales, Pädagogisches etc. – herausarbeiten; sie kann psychoanalytisch verfahren und den manifesten Zwerg auf seine latenten Bedeutungen hin befragen[2]; sie kann strukturalistisch vorgehen und die Grammatik des Zwerges – etwa in der Logik binärer Oppositionen (von groß/klein, Natur/Kultur etc.) – entziffern; sie kann international vergleichend vorgehen und etwa den englischen *Garden Gnome*, den französischen *Nain de Jardin*, den dänischen *Havenisse*, den niederländischen *Tuinkabouter* und den polnischen *Krasnal ogrodowy* miteinander vergleichen; und schließlich kann sie auch eine Dekonstruktion des Gartenzwerges verfolgen, indem sie dem mit ihm verbun-

---

1   Der Gartenzwerg ist traditionell ein klassisches Kitschprodukt mit Merkmalen wie minderwertigem Gefühlsausdruck, Kleinbürgerlichkeit, Massenkultur, Verlogenheit, Stereotypisierung, falscher Geborgenheit und Dümmlichkeit. Dem trat in der Postmoderne eine (dialektische) Gärtnerbewegung entgegen, die den Kitsch des Gartenzwerges *als* Kitsch in der Hoffnung verstand, dass der kitschig gemeinte Kitsch Exklusivität, Reflexivität und Intellektualität verkörpern kann. Die moderne Ästhetik inszeniert den Gnom nunmehr in einem (Garten-)Ensemble aus kulturellen, sozialen und technischen Rahmenverweisen, die aus Anspielungen, Ironisierungen, Virtualitäten und Subversionen bestehen. Man kann den Gartenzwerg aber auch als Symbol für eine ästhetisch unreflektierte Begeisterung für Neues oder als Symbol für den Widerstand gegen die Globalität des guten Geschmacks halten (vgl. zum Kitsch: Bilstein 1990). – Vgl. auch Liessmann (2010, S. 60): „Im Kitsch holen wir uns das zurück, was die Moderne uns verwehrt hat: den Reiz, das Gefühl, das Bunte und das kleine Glück, vor allem aber die Empfindungswelten der Kindheit. Kitsch ist Ausdruck der Sehnsucht nach den verlorenen Paradiesen der Erinnerung [...]." Ich werde am Ende des Aufsatzes mit Ernst Bloch auf diese These zurückkommen.

2   Psychoanalytisch lässt sich der Gartenzwerg als „kleines Über-Ich" des großen Gärtner-Ichs oder auch als „großes Es" des kleinen Gärtner-Ichs verstehen. Zu konsultieren wäre hier wohl C.G. Jung, der den Zwergen den Archetyp-Status zuerkannt hat (vgl. Jung 2010, S. 113).

denen epistemologischen Spiele von unterschiedlichen Differenzierungen und Grenzziehungen in unterschiedlichen interpretativen Zugängen nachgeht: Der Zwerg wird durch Verschiebung und Neubestimmung in einen Raum kontexueller Polysemantiken und Polyvalenzen gestellt, die über den Zwerg hinaus auch noch den Garten, die Heimat und ihre Besitzer umfasst.

Und nun zur pädagogisch-anthropologischen Bedeutung: Im dekonstruktiven Nachzeichnen des Gartenzwerges sollen an dieser Stelle nun nicht nur seine kulturellen, sozialen und anthropologischen Facetten, sondern auch seine pädagogischen Implikationen herausgearbeitet werden. Dazu wird neben dem Begriff der Heimat und des Gartens auch der Begriff des Spießers herangezogen. Der Gartenzwerg symbolisiert nämlich im Blickwinkel der Historisch-Pädagogischen Anthropologie eine sehr markante Position: Geht man von der anthropologischen These aus, dass der Zivilisationsprozess vor allem ein Prozess der Trennung „der" Natur von „der" Vernunft ist und dass diese Trennung mit einer Unterwerfung der äußeren und inneren Natur einhergeht – eine These, die von Norbert Elias, Max Horkheimer und Theodor W. Adorno oder auch Rudolf zur Lippe ausgearbeitet wurde – so scheint der Gartenzwerg im Vorgarten das zu symbolisieren, „worin noch niemand war" (Bloch 1982, S. 1628): die Harmonie von Mensch und Natur oder schlicht die große Versöhnung. Genauer formuliert: Der traditionelle Gartenzwerg gehörte dann in den Kontext der „Naturidealisierungen", die den Schein der Versöhnung mit der Natur atmosphärisch vermitteln können (Hasse 1993, S. 21). Verweist der traditionelle Gartenzwerg in der Vorgartenidylle auf den ungebrochenen Schein einer heimatlichen Utopie, so signalisiert der moderne Gartenzwerg die gebrochene Idealität einer realistischeren Heimat. Legt der moderne Gartenzwerg eine neue Bildungstheorie nahe, eine Bildungstheorie des Ludischen, Ironischen und Sarkastischen, die den traditionellen Theorien der Bildung als Rückweg aus der Entfremdung und den Theorien einer Bildung als Rückweg ins Eigene nunmehr eine Bildung als Persiflage entgegenhält? Nicht mehr Humanität und Autonomie, noch Ruhe und Behaglichkeit erscheinen hier als normative Zielpunkte der Bildung, sondern das Oszillieren und Spielen zwischen dem Eigenen und dem Fremden, dem Eigentlichen und dem Uneigentlichen, der Heimat und dem Unheimlichen.

2. Der Zwerg

Der sog. „beseelte" Gartenzwerg (engl. *dwarf,* fr. *nain,* sp. *enano*) ist eine Figur aus Terrakotta, Ton oder Keramik etc. mit einer Größe von bis zu 68 cm; „unbeseelte" Zwerge werden seit 1960 aus Kunststoff, Glas, Holz, Beton etc. gefertigt. Gartenzwerge gelten als „wahre" Zwerge, wenn sie ein ihrer Art entsprechendes „würdiges" Auftreten haben, d. h. wenn ihre äußere Erscheinung gekennzeichnet ist durch eine rote Mütze, einen weißen Bart, eine angemessene Haltung und einen freundlichen Gesichtsausdruck; Gartenzwerge sind von Natur aus männlich. In § 29 Bundesbaugesetz wird dementsprechend von der Qualität des „schlichten Gartenzwerges" gesprochen.

Man differenziert unter funktionalen Gesichtspunkten die Gartenzwerge in den gewöhnlichen Zwerg (*nanus hortorum vulgaris*), den Lustgartenzwerg (*nanus viridarii*) und den Obstgartenzwerg (*nanus pomarii*); Abarten stellen der Giftzwerg (*nanus venenus*) und der unartige Zwerg (*nanus perversus*) dar. Unter performativen Hinsichten lassen sich fünf Grundtypen des Gartenzwerges beschreiben: den Arbeiterzwerg (z. B. mit Schaufel, Spitzhacke, Schubkarren; *nanus laborans*), die Musensöhne (z. B. mit Flöte, Trompete, Harmonika; *nanus artifex*), die Technikzwerge (z. B. mit Radioapparaten, Bewegungsmeldern; *nanus technicus*), die Politiker (z. B. N. Blüm, H. Kohl, N. Waigel; *nanus politicus*) sowie die Müßiggänger (z. B. mit Pfeife, in liegender oder schlafender Positur; *nanus relexans*; vgl. insg. Friedemann 1994; Paeschke 1994; Kurzer 1995; Bengen 2001; Zirfas 2007).

Nach aktuellen Umfragen von Souvenirkäufern wird als typisch deutsches Produkt zuerst die Kuckucksuhr genannt, gefolgt von einem Gartenzwerg aus gebranntem Ton. Zur Zeit sind in Deutschland ca. 25 Millionen Gartenzwerge vor allem in Klein- und Hausgärten aufgestellt; weltweit sprechen Schätzungen der Nanologen (Zwergenforscher) von ca. 40 Millionen Zwergen. Mit einem jährlichen Wachstum von 3–4 Millionen ist die Zwergenpopulationsrate global einzigartig; der „Nachwuchs" dient dabei überwiegend der Kompensation der alten und defekten Zwergenbevölkerung.

Die ursprüngliche Abstammung des Gartenzwergs ist nicht restlos geklärt (Paeschke 1994, S. 17 ff.; Bengen 2001, S. 9 ff.). Nach neuesten, noch unbestätigten Erkenntnissen stammen die ersten Gartenzwerge aus Polen, sie wurden dort als Garten-Gnome bezeichnet. Gesichert ist, dass die ersten deutschen Gartenzwerge in thüringischen Gräfenroda im Jahre 1872 entweder von Phillip Griebel oder von August Heissner aus Terrakotta herstellt wurden. Griebel bzw. Heissner kamen wohl beim Anblick von Trollen- und Zwergenfiguren in einem Schlosspark auf die Idee, diese im Kleinformat herzustellen. In den Terrakotta-Manufakturen in Thüringen wurden als Vorläufer der Gartenzwerge meist Tierköpfe angefertigt, um z. B. Jagdschlösser zu dekorieren. Als dann der Gartenzwerg auf der Leipziger Messe 1898 reißenden Absatz fand, war sein globaler Siegeszug nicht mehr aufzuhalten. Heute wird der Zwerg aus Ton nicht mehr in deutscher Wertarbeit, sondern in Tschechien oder China produziert.

Bevor die Zwerge als Gartenzwerge im Garten ihre Bestimmung fanden, galten sie seit Jahrhunderten in Mythologien, Märchen und Sagen zusammen mit Kobolden, Geistern und Elfen als bedeutsame Gestalten. Die alten Ägypter kannten ebenso Zwerge wie die Griechen und die Römer.[3] Als Erd- (Gnome), Wasser- (Nymphen, Undinen), Luft- (Sylphen, Sylphiden), Feuerwesen (Salamander) sind Zwerge mit geheimen Wissen und großen handwerklichen Fähigkeiten begabt. Das Wort „Zwerg" gibt es in allen germanischen Sprachen und in vielfältigen Variationen (z. B. Erdmännchen, Erdwichtel, Bergmännchen, Almgeister, Sandmännchen, Mainzelmännchen etc.). Zwerge existierten vor den Menschen, tragen oft rote oder grüne (Nebel- oder Tarn-)Kappen und wohnen ggf. in wundervollen Zwergenpalästen. Sie sind, bei freundlicher Behandlung, gutmütig und hilfsbereit, bei Spott und schlechter Behandlung böse und gefährlich. Sie sind schlau, gewitzt, fleißig, umtriebig, und gelten als unbesiegbar. Zu sehen sind sie nur nachts und am Tag nur um die Mittagszeit; sie essen, außer Fisch, kein Fleisch und trinken gerne Milch. Während diese Fabelwesen sich jedoch von der Welt der Menschen fern hielten, sind die modernen Gartenzwerge als sehr menschenfreundlich einzuschätzen und dienen ihren Besitzern als Kommunikationspartner in allen Lebenslagen.

Im Aussehen erinnern die Gartenzwerge an die kleinen thüringischen Bergmänner.[4] Wegen der geringen Höhe der Stollen wurden im 19. Jahrhundert im Bergbau Kleinwüchsige eingesetzt, die mit Mützen als Kopfschutz, festem Schuhwerk sowie mit Grubenlampen, die heute noch von ca. 15% aller Gartenzwerge getragen werden, ausgestattet waren. Auch religiöse Traditionslinien lassen sich im Gartenzwerg ausmachen. So wird der Zwerg mit dem Hl. Nikolaus (3–4. Jhr. n. Chr.) in Verbindung gebracht, da das Bischofsrot in der roten Zipfelmütze des (klassischen) Zwergs wiederkehrt, und an die phrygische Mütze (kegelförmige Zipfelmütze mit meist nach vorn gebogener Spitze) erinnert; daneben verweist der lange weiße Bart auf die Weisheit des Bischofs. Nicht zu verwechseln ist dagegen der Gartenzwerg mit dem deutschen Michel, der seit 1750 als Sinnbild eines bieder-dümmlichen Deutschen gilt und der – im Unterschied zum Zwerg – Träger einer schlappen, zerknittern Mütze ist.

3. Das Recht

Nicht erst seit den Skandalzwergen der neunziger Jahre, die, statt einer geregelten Tätigkeit des Grabens, Hämmerns und Sägens nachzugehen, eher in

---

3   Auch zwischen *Priapos* (gr.) bzw. *Priapus* (lat.), dem Gott der Fruchtbarkeit, und den heutigen Gartenzwergen lassen sich ikonische Beziehungen herstellen. Das Symbol dieses Gottes war Phallos und in Italien wurde dieser Gott zum Gott der Gärten; man stellte dort Statuen auf, die etwa kleinen missgestalteten Dieben mit riesigen Phalloi glichen.

4   In der ältesten Zwergendarstellung von 1420 wird ein Zwerg beim Bergbau dargestellt (Paeschke 1994, S. 29).

Lack, Leder und viel blanker Haut daher kommen, spaltet der Gartenzwerg die Gesellschaft in ihre Hasser und ihre Liebhaber. Die „Nanophilen" (gr. philein = lieben) kämpfen – seit 1983 organisiert im „Internationalen Verein zum Schutz des Gartenzwerges" (IVZSG mit Sitz in Basel) – für die Rechte eines jeden „wahren" Zwerges; insbesondere kümmern diese sich um den Schutz vor Gewalt (Zerstörung, Geiselnahme, Misshandlung etc.), vor übler Nachrede (Verunglimpfungen aller Art) und vor Missbrauch in der Werbung (insbesondere bei indizierten Waren und Dienstleistungen). Die anderen, die „Nanomisen" (gr. misein = hassen), werfen dem Zwerg Kleinbürgerlichkeit, Spießigkeit und Kitschigkeit vor. Ende der 1990er Jahre entstand die Aktion: „Rettet die Gartenzwerge" (Frankreich: „Front de Liberation des Nains de Jardins"; Italien: „MALAG"), deren Anhänger die „Ausbeutung" der Zwerge durch die Kleingärtner anprangerten und die Gnome aus Vorgärten „befreiten", um sie oftmals in Wäldern, ihrem „natürlichen Lebensraum", aussetzten. Einige dieser gekidnappten Zwerge wurden auch verschickt, um sie an berühmten Orten zu fotografieren und die Fotos an den ursprünglichen Besitzer zu schicken. Die „Rettet die Gartenzwerge"-Aktivisten bewegen sich mit ihren Aktionen strafrechtlich im Grenzbereich zwischen Diebstahl und (straffreier) Sachentziehung.

Die unterschiedlichen ästhetischen und moralischen Vorstellungen in Einklang zu bringen, obliegt dem Recht (vgl. § 183a des Strafgesetzbuches: „Erregung öffentlichen Ärgernisses"; § 28 des Bundesbaugesetzes zur „Qualität eines schlichten Gartenzwerges"[5]). Gartenzwerge mit eindeutig obszöner Gestik werden seitens der Justiz nicht als harmlose Scherzartikel, sondern als Ehrverletzungen betrachtet, die als Folge eine sofortige, gerichtlich angeordnete Entfernung der „unartigen Zwerge" nach sich zieht. So muss, wer z. B. sein Haus mit einem exhibitionistischen Gartenzwerg schmücken möchte, zuvor seine Nachbarn um deren Einverständnis bitten. Andernfalls kann er per Gerichtsurteil gezwungen werden, den nackten Gnom direkt wieder zu entfernen.

Schließlich sei daran erinnert, dass in Weimar am 31.7.1919 noch vor der Verfassung der neuen Republik ein Kleingartengesetz verabschiedet wurde. Das sollte ebenso zu denken geben wie die Tatsache, dass die Diskussionen um Sinn und Unsinn der Kleingärtnerregeln bis heute anhalten. Das „Weite" regelt heute das Bundeskleingartengesetz von 1983, kurz BKleinG genannt, das „Nähere" die Rahmengartenordnungen der jeweiligen Landesverbände der Deutschen Gartenfreunde (gegründet 1921 als „Reichsverband")[6] und das „Nächste" die Verordnungen der Vereine selbst – und sie regeln in der Regeln das kon-

---

5 Zwerge dürfen auch nicht zu markant auf Grundstücken erscheinen, denn sie dürfen keine „Hauptanlagen" darstellen.

6 Die europäischen Kleingärtner haben 1926 in Luxemburg ihre Organisation als „Office International du Coin de Terre et des Jardins Familiaux" gegründet.

fliktfreie Zwischenmenschliche. Kleingärten dienen demnach nicht dem erwerbsmäßigen Nutzen, sondern der Erholung; daher sind die Gärten auch nur ca. 400qm groß und es müssen zudem zumindest auf einem Drittel Nutzpflanzen zu finden sein: Denn zu viele Sport- und Spielflächen, zu viel Freizeit und Spaß, könnte die Nachbarn stören.

4. Der Kleingarten

Der gewöhnliche Ort des Gartenzwerges ist – seit 1864 mit der Gründung des Schrebervereins für Kleingärtner – der Vor- und Kleingarten. Wann die ersten Gärten entstanden sind, ist der Forschung bislang nicht bekannt. Dagegen lässt der Begriff in unterschiedlichen Sprachen die These zu, dass wir es beim Garten mit etwas Eingezäuntem und Bewachtem zu tun haben. Gartenzäune verweisen – wie im lat. *hortus*, das auf den gehorteten Schatz hinweist – auf etwas Besonderes und (bescheiden) Luxuriöses (Pöppelmann 2012, S. 11). Die Entwicklung der (Nutz- und Lust-)Gärten von der Antike bis in die Neuzeit beginnt vor über 5000 Jahren in Ägypten und Mesopotamien mit den Gärten für die Götter, die Könige und – in Griechenland – auch für die Philosophen, führt über die mittelalterlichen Klöster- und Bauerngärten[7] und die frühneuzeitlichen Privatgärten des Adels und dann auch des Bürgertums zur aufklärerischen Kleingartenkultur der Armen- und Arbeitergärten und endet in der Moderne mit interkulturellen Gärten, Therapiegärten und *Guerilla Gardening*.

Gärten haben aber spätestens seit der Aufklärung auch eine (sozial-)pädagogische Funktion: Die Arbeit im und am Garten sollte nicht nur die Natur, sondern vor allem die Menschen wieder in Ordnung bringen. 1760 diskutiert man im „Gentelman's Magazine" zum ersten Mal öffentlich die Frage, ob man durch die Verteilung von Gartenland an Arme Verbrechen und Unmoral reduzieren und zugleich den Zuzug in die Industriestädte reduzieren könnte (Pöppelmann 2012, S. 51 f.). Diese Idee der Armengärten machte auch in Deutschland Schule und so hatten 1826 bereits 19 Städte Armengärten (mit ca. 440qm), die sich dann schnell zur Arbeitergärten entwickelten, da es einerseits – ob der gestiegenen Bodenpreise – unprofitabel war, an die Armen Land zu verschenken und da andererseits die Armen die – wenn auch nur geringe – Pacht nicht aufbringen konnten. Die auch in Deutschland immer prägnanter werdende Industrialisierung mit ihren katastrophalen Folgeerscheinungen (14 Stunden Tage, Kinderarbeit, Mangelernährung, fehlende Hygiene, unwürdige Wohnverhältnisse) führten auch hierzulande dazu, Maßnahmen gegen soziale

---

7 Im späten Mittelalter tauchten die ersten Kleingärten auf. Das waren private Nutzgärten, die nicht direkt am Haus lagen (Pöppelmann 2012, S. 33).

Verwahrlosung und Kriminalität und für gesunde Lebensführung und politische Moralität zu ergreifen: Dazu diente die „Schrebergartenbewegung". Der Schrebergarten war aber zunächst ein Spielplatz, der nach dem schon verstorbenen Moritz Schreber, Leiter der orthopädischen Heilanstalt in Leipzig, benannt worden war.[8] Erst Karl Gsell, der die Aufgabe hatte, die Kinder beim Spielen zu betreuen und anzuleiten, kam auf die Idee, dass seine Schützlinge durch einen kleinen Garten auch einiges lernen können.[9] Die Kinderbeete wurden zu Familienbeeten und der Schreberplatz zum modernen Kleingarten.

Und in diesem Sinne kann man die Geschichte der modernen Pädagogik auch vom Garten her schreiben: Hielten sich im 19. Jahrhundert die sozialpädagogischen Programmatiken der paternalistischen Fürsorge und der überwachenden Kontrolle hier die Waage, wobei man mit den Gärten etwa Erholung und Kräftigung, Ablenkung vom Wirtshaus, Erweckung der Sparsamkeit und der Freude am Ackerbau und am Eigentum sowie die Stärkung des Familiensinns verband, so wandelten sie sich zu Beginn des 20. Jahrhunderts zu Orten der Natürlichkeit und Geselligkeit, in denen Vegetarier, Nichtraucher, Antialkoholiker, Nudisten und Freigeister von einer neuen Gesellschaft in Gartenstädten träumten. Während der Weltkriege wurde der Garten quasi zur Heimatfront umfunktioniert (Slogan: „Put your garden on war service today!"), da dort die kriegswichtige Lebensmittelversorgung mit gewährleistet werden konnte; in Amerika wurde 1940 die sog. „Victory Garden Campain" gestartet und in ca. 20. Millionen „Siegesgärten" etwa die Hälfte des gesamten Frischgemüses der USA produziert.

Im Nachkriegsdeutschland verfolgten Kleingärten bis in die 80er Jahre hinein dann das pädagogische Programm eines Eudämonismus im Winkel: Der Kleingärtner galt in dieser Zeit als das Symbol des Spießers schlechthin, der seine ganze Energie in die Akkuratesse seines Rasens und das Einhalten der Vereinssatzung investierte. Tradition- und Heimatpflege, die Liebe zur Ordnung und Sauberkeit, aber auch die Freude an Natur und Geselligkeit bildeten hierbei das natürliche Komplement zur musischen Bildung. In der aktuellen Situation hat der eigene Garten mehr mit Selbstverwirklichung, ökologischer und gesundheitsbewusster Programmatik, aber auch mit einem trendigen, familienbezogenen Hobby zu tun. Dass das (kommunitäre) Land- und Gartenle-

---

8 Moritz Schreber (1808–1861) argumentiert auf der Basis einer pflanzlichen Anthropologie des Schlechten für eine strenge pädagogische Zucht: „Das Kind ist nicht von Natur aus gut. Es trägt schlechte Keime in sich, die es abzutöten gilt. Nur durch gezielte Umformung und Auslese wird aus einem Kind ein edles Geschöpf. Das Schlechte muss ausgemerzt werden, das Gute gen Himmel streben wie eine kerzengerade Zuchttulpe" (Flaßpöhler 2016, S. 35 f.).

9 Schulgärten gab es schon seit dem 17. Jahrhundert, in dem die Realien verstärkt Einzug in das Unterrichtsgeschehen fanden. Die pietistische und die aufklärerische Pädagogik haben diese Institution dann – unterschiedlich akzentuiert – aufgegriffen und fortgeführt.

ben das bessere Leben sei, glauben noch die wenigsten, aber sie glauben an das „andere Leben im Garten" – etwa an das *Lazy Gardening*.[10]

Zusammenfassend lässt sich formulieren, dass Gärten sich als eine Art (pädagogisches) „Allheilmittel" gegen die Zivilisationskrankheiten aller Art verstehen lassen, ob man diese nun materiell, kulturell, sozial oder moralisch definiert (ebd., S. 62). Und der Kleingarten ist – auch heute noch – von seiner Anlage her, ein „regelrechtes Utopia der Eindeutigkeit. Eine parzellierte Welt der Klarheit, Übersichtlichkeit, Beherrschbarkeit. Ein Labsal in unserer zunehmend unübersichtlichen Zeit" (Flaßpöhler 2016, S. 37). Hier herrschen Grenzziehungen, Ordnungen, Strukturen und – nicht zuletzt – die Mühen der Gartenarbeit und der Beheimatung.

5. Die Heimat

Folgt man dem Wörterbuch der Brüder Grimm, so ist „heimat, das land oder auch nur der landstrich, in dem man geboren ist oder bleibenden aufenthalt hat" (Grimm/Grimm 2006, Bd. 10, Sp. 864). Heimat lässt sich aber nicht nur territorial, sondern auch temporal bestimmen. So wird Heimat häufig nicht im Hier und Jetzt, sondern im Damals beschworen; es ist aber auch die Heimat, die in der Zukunft liegt, die utopische Heimat, die er noch hergestellt werden muss – wie im Kommunismus, die die menschliche Gesellschaft als Heimat versteht – oder in die eingegangen werden muss – wie in das Paradies des Christentums.

Heimat kann verschiedene Funktionen haben: Sie kann als Gegenwelt und Kompensation zur Gegenwart verstanden werden, in die man das hinein projiziert, was man vermisst: „Nähe, Vertrautheit, Geborgenheit, Stille" (Glaser 1989, S. 330); sie kann als Befriedigungs- und Freiheitsraum konzipiert werden, der eine Schutz- und Sicherheitsfunktion gegenüber den Bedrohungen der Welt darstellt; sie kann als ethischer Raum gelten, der das Gute repräsentiert und somit die eigenen, auch gewalttätigen Wertungen und Handlungen als prinzipiell gerechtfertigt legitimiert; sie kann politisch aufgeladen werden, etwa durch eine Blut-und-Boden-Mythologie mit ihren irrationalen und restaurativen Tendenzen – Heimat als Volksgemeinschaft und völkisches Vaterland oder als konservativer Raum des Traditionellen und Bewahrenswerten; sie kann trivialisiert und verklärt werden, indem das natürliche und bäuerliche Leben gegenüber dem dekadenten Leben in der Stadt gefeiert wird; Heimat wird zur Idylle, in der alle Widrige und Fremde fern ist – etwa als Unterhaltungsangebot und Besänftigungsnatur; sie kann aber auch zur Anti-Heimat werden, in der es nicht

---

10 Die Pächter, die seit 2005 in Deutschland einen Kleingarten übernommen haben, sind zu 2/3 jünger als 55 Jahre; Gärten sind vor allem Familiengärten (Pöppelmann 2012, S. 110).

um Identifizierung und Sicherheit, sondern um eine bäuerliche und proletarische Population geht, die „von Alkoholismus, von Geschlechtskrankheiten und von den Debilitäten des Inzests" geprägt ist (Glaser 1989, S. 336): Heimat ist hier der Ort des Elends, der Grausamkeit – oder nach Thomas Bernhard (1967, S. 220) – ein Ort der Ver- und Zerstörung, dem man „naturgemäß" nicht entkommen kann, egal, wo man hingeht.

Unter Heimat kann man aber auch zunächst und zumeist die unmittelbare natürliche Umgebung, oder auch die „veredelte Natur" bzw. Heimat als „Aufgabe" (Bausinger 2007, S. 6 f.) oder als Beheimatung verstehen. Darin liegt die Idee, dass man zu Orten, die man mitgestaltet, eine besondere Beziehung eingeht, sich mit diesen Orten in einer besonderen Art und Weise identifiziert, in ihnen „verwurzelt" ist. Hierin steckt auch eine leibliche Beziehung. Man stellt sozusagen ein topologisches Urvertrauen zu (s)einem Ort körperlich her. Daher lassen sich angestammte, ursprüngliche von provisorischen und erworbenen Heimaten unterscheiden. Insofern ist auch der Garten ein topologischer Prototyp der Heimat und sogleich ein vielgestaltiger und fundamentaler Ort des Menschseins. Menschen sind eine „Orte schaffende und Orte liebende Spezies" (Bonnett 2015, S. 11), die ihre Identität eng mit den Orten verweben, indem sie sie mit Erinnerungen, Geschichten und Beziehungen und Fürsorge aufladen. Grundlegende Beziehungen – zu sich, zu Andern und zur Welt – werden nicht freischwebend, sondern in einer Beziehung zum Ort erworben und von diesem bestimmt (ebd., S. 281). Es ist kein Zufall, dass der erste Ort, an den Rousseaus Emile kommt, ein Garten ist. Ein Ort, in dem er erfährt, was Arbeit und Eigentum sind. Und in dem er daran erinnert wird, wie sehr Menschen von Grenzen abhängig sind, wie sehr sie Grenzen brauchen.[11]

Dass Heimat eng mit Räumen und Landschaften verbunden ist, scheint auf der Hand zu liegen. Das ist eine realistische Perspektive auf Heimat. Diese hat es aber ebenso mit symbolischen und imaginären Perspektiven zu tun. Die Imagination stellt eine Beziehung zwischen Menschen und ihren Räumen und Orten her und Gegenstände symbolisieren diese Beziehung. Dabei spielt die Emotionalisierung eine bedeutende Rolle, die wiederum mit Sinnstiftung und Identifikation verknüpft ist. Anders formuliert: Auch im 21. Jahrhundert erleben Menschen ihre Räume immer noch als Heimat und gestalten diese so, dass in ihnen ihre besondere Beziehungsqualität zu diesen Räumen zum Ausdruck kommt. Heimat ist eine Fiktion, die vor realen Hintergründen mit symboli-

---

11 Selbst die viel und häufig genannten und metaphorisch beschworenen Zwischenräume sind Räume zwischen Grenzen – die Menschen dazu veranlassen, über Zugehörigkeiten und Bindungen und Ordnung und Sicherheit nachzudenken. Wer immer eine Grenze zieht – etwa durch Gartenzäune – zieht nicht nur dem Anderen, sondern auch sich selbst Grenzen: „Jede Grenze ist gleichzeitig ein Akt der Verneinung, eine Anerkennung der Rechte des anderen" (Bonnett 2015, S. 97).

schen Zeichen aufgeladen wird und somit einen hohen Grad an emotionaler Identifikation garantiert.[12]

Insofern bilden Gärten besondere Orte in der Welt – die zugleich nicht von dieser Welt zu sein scheinen. Und versteht man den Garten als Versuch, Natur so zu ästhetisieren, dass die als ursprünglich gedachte Natur in der Gestaltung durchscheint, so bezieht der Gartenzwerg seine Position im ästhetischen Grenzbereich von Natur und Kultur. Insofern erscheint er als liminales Wesen (Turner 1989) zwischen ursprünglicher mythologischer Natur und industriell-technischer Kultur. Und zugleich signalisiert er mit dem Garten die Universalität im Partikularen. Denn der Garten ist immer *pars pro toto*, eine Miniatur des Totalen. „Der Garten ist seit dem ältesten Altertum eine selige und universalisierende Heterotopie" (Foucault 1990, S. 43). Und so kann ein jeder (Vor-)Garten auch noch an das „Elysium", das antike griechische Paradies der Unsterblichen, erinnern.

In einem Katalog der Firma Heissner von 1937 (zit. n. Bengen 2001, S. 7) heißt es:

> „Gartenzwerge bringen Leben in den Garten, sie wollen Freude bereiten den Erwachsenen und Kindern. In glücklicher Umgebung an der Stätte ihrer Ruhe und Erholung lassen sie längst vergessene Jugendträume und Erzählungen wieder lebendig werden. Ein Stück Romantik ist es, das der Besitzer mit ihnen im Garten festhält; es sind Schmuckstücke, wie sie passender in das Farbenspiel der Natur nicht gedacht werden können."

Der traditionelle Gartenzwerg ist das Gedächtnis des heimatlichen Elysiums. Er ist der Hüter eines beschränkten idyllischen Vollglücks: *Et in arcadia nanus.* Und diese Beschränkung scheint seine große Nähe zum Spießer auszumachen: „Nur der Spießer ist wunschlos glücklich: Er muss keinen Schritt vor die Tür tun, weil er sich mit Lebensmitteln für das Wochenende eingedeckt hat und sich deshalb unaufgeregt der Sonntagsruhe hingeben kann" (Steinbach 2009, S. 184).

---

12 Hat der moderne Garten nicht auch eine Schicht von unvollendet gebliebenen Visionen und damit Aspekte der Vergänglichkeit, des Provisorischen und der Impermanenz? „Eine Utopie wird nicht nur durch die Vision von einem vollkommenen Ort aufrechterhalten, sondern auch durch die konkrete Erfahrung, dass man an einem schlechten Ort lebt" (Bonnett 2015, S. 178).

6. Der Spießer

Der Zwerg galt lange als ein Freund des Schrebergartenbesitzers und „kleinen Mannes". Doch im Grunde ist er adligen Ursprungs. Während schon der Adel im Barock seine Parkanlagen mit steinernen Statuen und Karikaturen von Zwergenplastiken sowie seine Höfe mit verschrobenen Gnomen schmückte, freute sich vor allem der moderne Kleinbürger der Nachkriegszeit an adretten Zwergen in gepflegten Vorgärten. Gartenzwerge garantieren dabei Distinktionsgewinne (Bourdieu 1982); sie symbolisieren – vor allem in ihrer klassischen Variante – Sauberkeit, Ordentlichkeit, Bescheidenheit, Gemütlichkeit, Gepflegtheit und Standortgebundenheit (Deutschtum) und legen so Zeugnis vom Geschmack ihres Besitzers ab. Insofern ist der Zwerg ein inszeniertes Demonstrativobjekt, das nicht nur auf sich selbst, sondern wesentlich auf seinen Besitzer verweist. Und immerhin gibt es zurzeit ca. 5.5 Millionen Kleingartennutzer. Diese sind, nach neueren empirischen Studien zwar – wie erwartet – etwas konservativer als die Durchschnittsbevölkerung und halten Werte wie Recht, Ordnung und Familie hoch; sie sind aber im Schnitt auch politisch interessierter und aktiver und gehen auch – vielleicht unerwartet – häufiger zu kulturellen Veranstaltungen (Pöppelmann 2012, S. 122).

Von seinen Gegnern wird der Gartengnom und sein Besitzer mit Spießigkeit als Form geistiger Unbeweglichkeit, Abneigung gegen Veränderungen und ausgeprägter Konformität mit gesellschaftlichen Normen in Verbindung gebracht[13] – wobei auch die Kritik am Spießertum einer gewissen Spießigkeit nicht entbehrt. Der Begriff „Spießigkeit" selbst geht wiederum zurück auf die im Mittelalter mit einem Spieß bewaffneten städtischen Fußtruppen, die sich aus einfachen Stadtbürgern zusammensetzten. Während die Bezeichnung früher als Verteidigung der Heimatstadt durchaus positiv konnotiert war, wandelt er sich im 19. Jahrhundert zu einer Figur, die sich gegenüber Kultur und Bildung wenig aufgeschlossen zeigt.

Bevor man den Zwerg umstandslos mit Spießigkeit assoziiert, soll zunächst daran erinnert werden, dass er sich aber als Widerstandssymbol in Diktaturen eignet. Gartenzwerge wurden sowohl in der nationalsozialistischen Ära als auch in der DDR von Walter Ulbricht in den Jahren 1948–1952 verboten. So wurden Kleingärtner von der NS-Diktatur als suspekt eingestuft, weil sie sich im Ernst-

---

13 Hannah Arendt (1996, S. 722 f.) schreibt zur Genealogie des Spießers: „Der Philister, der sich ins Privatleben zurückgezogen hatte, einzig besorgt um Sekurität und Karriere, war das letzte und bereits entartete Produkt der Bourgeoisie und ihres Glaubens an das absolute Primat der sozialen und ökonomischen Interessen vor den Ansprüchen des öffentlichen und staatlichen Lebens. Der Spießer ist der Bourgeois in seiner Isolierung, in seiner Verlassenheit von der eigenen Klasse. Als solcher, als ein atomisiertes Individuum, entstand der in Massen erst durch den Zusammenbruch der Bourgeoisie als Klasse."

fall eher ihrem Kohl als der nationalen Sache widmen würden und insofern eher dem epikureischen Sicheinigeln in den Garten als der Weltherrschaft des tausendjährigen Reichs nahe standen. Und da der Gnom weder als friedliebender Zwerg mit dem Bild einer kriegerischen Herrenrasse konform ging, noch als bürgerliches Relikt dem Ideal einer allseitig gebildeten sozialistischen Persönlichkeit entsprach, kam er gleichzeitig in den (Ver-)Ruf, a-kämpferischer Antifaschist und bourgeoiser Anti-Kommunist zu sein. Intuitiv haben die Diktaturen die vom Gartenzwerg ausgehenden Gefahren erahnt: Einerseits bedroht der Gnom im Bestehen auf eine heimelige Privatheit die totalitären Systeme, die diese nicht zulassen können, weil sie selbst in der Aufhebung der Trennung zwischen Privatheit und Öffentlichkeit bestehen. Anderseits bedroht der Zwerg die Diktaturen durch Simulation. Denn der (klassische) Gartenzwerg demonstriert nur die Möglichkeit des Arbeitens. Er ist vielmehr der Muße verpflichtet, indem er Aktivität und Passivität zugleich repräsentiert. Der Gartenzwerg symbolisiert eine gelassene Distanz zum gelebten Leben, ein Abstandnehmen von den Sorgen des Alltags; ihm geht es um Gelassenheit, Schönheit und ein zufriedenes Leben – und damit um Werte, die totalitäre Systeme nicht auf sich beruhen lassen können.

Und in einem nächsten Schritt lässt sich, wie im Falle der Differenzierung des traditionellen vom modernen Gartenzwerg, auch eine Differenzierung des traditionellen vom modernen Spießer vornehmen (vgl. Bovenschen 2000, S. 109 ff.).[14] Der traditionelle Spießer war die zentrale Figur der „richtigen Mitte", des *Juste Milieu* und gehört insofern zu einer Mediokrität, von der Nietzsche (1972, Bd. II, S. 420) sagt, dass sie ebenso weit von „sterbenden Fechtern" wie von „vergnügten Säuen" entfernt sei. Und an anderer Stelle (1972, Bd. III, S. 709) heißt es, dass mit dieser schwer zu ermittelnden Mitte der Gesellschaft die „Verzögerer *par excellence*, die Langsam-Aufnehmenden, die Schwer-Loslassenden, die Relativ-Dauerhaften" gemeint sind, die sich gleichzeitig „gegen die Herrschaft des Pöbels und der Exzentrischen" zur Wehr setzen. „Und noch einmal gewinnt die alte Tugend, und überhaupt die ganze *verlebte* alte Welt des Ideals eine begabte Fürsprecherschaft [...]" (ebd.).[15]

---

14 Zu den Tugenden des „aufgeklärten" Spießers, der eher dem klassischen als dem modernen Spießer zugeordnet werden kann (vgl. Steinbach 2009, S. 34, 64, 208, 213, 256): „Toleranz, Edelmut, Zuverlässigkeit, Pünktlichkeit, Verantwortungsbewusstsein, literarischen Geschmack, Wohlerzogenheit, Reinlichkeit, Heimatliebe und Kompromissbereitschaft", Vertrauen zum Buch, „solider Realitätssinn", „gesunder Menschenverstand" und die Liebe zum Unvollkommenen.

15 In dieser Perspektive argumentiert auch Peter Sloterdijk (2015, S. 79): „Was man seit der Romantik als die Spießbürger verspottet, sind aus kulturtheoretischer Sicht die namenlosen Helden der Kontinuität."

Nun gewinnt in den Zeiten, in denen der exzentrische „Fechter" entweder in Kriegsdenkmälern oder in Form terroristischer Messerattacken zu finden ist, und in denen die pöbelhaften „Säue" fast alle hedonistischen Tabus gebrochen haben, auch der Spießer selbst ein neues Antlitz. Denn der moderne Spießer ist beileibe nicht untätig, sondern ein unruhiger Grenzwächter, der unablässig daran arbeitet, die Grenzen von innen (=gut) und außen (=verwerflich), von Zugehörigkeit und Nichtzugehörigkeit, aufrechtzuerhalten. In der multikulturellen Gesellschaft der Moderne kommt er daher in Verdacht, alles Fremde zurückzuweisen. Insofern ist er mittlerweile in allen sozialen und politischen Lagern zu finden, kann er doch als Garant des Lagerdenkens selbst gelten, indem er lebhaft bemüht ist, das Erreichte zu konservieren und als progressive Tradition zu perpetuieren. Der heutige Spießer ist vom Typ des spießigen Anti-Spießers, der seine Normen und Werte jede jegliche Irritation mit terroristischer Verve zu verteidigen sucht. Insofern gehört der moderne Spießer wohl auch zu einer kulturellen Elite, die ihre Privilegien und Vorurteile pflegt und als Kult verkauft (vgl. Rust 1999, S. 11 ff.).

Der moderne Spießer versteht sich, so Bovenschen (ebd., S. 110), als „Exzentriker alten Typs", der ungeachtet seiner wechselnden Optionen immer bei sich selbst bleibt. Und das kann er deshalb, weil er die Überzeugung dogmatisiert, „daß der prinzipielle Verrat von Überzeugungen selbst ein Überzeugungsakt" ist (ebd., S. 112). Der moderne Spießer lobt den kleinen Vorsprung. Er ist der Tugendterrorist, der als Igel immer schon am Ziel ist, und über den Hasen lästert, der noch immer an seiner Überzeugung festhält.

> „Ein Spießer ist, wer über Alternativen verfügt, aber den Weg der Anpassung wählt, wissend, dass vordergründige Stromlinienform sein herausragendes Persönlichkeitsmerkmal darstellt, ein Feigling vor den Trends und zeitgeistigen Grundbegriffen, Moden und Etiketten, einer, der (und eine, die) dem Nachgeplapper von Begriffen und Ideologien mehr Raum gibt als dem eigenen Gedanken" (Rust 1999, S. 23).

Kant hätte den Spießer wohl als „unaufgeklärt" etikettiert.

Und obwohl er den Vorsprung und der Fortschritt zu verteidigen glaubt, fehlt ihm eine wirkliche Lust auf Zukunft. Der Spießer liebt die Pose und den Exhibitionismus, das schnelle Urteil und die schnelle Lösung. Selbst kleinere Oppositionen sind mit dieser Haltung vereinbar, denn die Kritik an den traditionellen Konventionen ist oftmals nur der Anpassung an diejenigen geschuldet, mit denen man gemeinsam „Tabubrüche" begeht. Die kalkulierten Revolutionen sind solche um ihrer selbst willen; sie sind Formen der Entlastung von Anstrengungen des Denkens und Handelns und als Vereinfachungen und Bequemlichkeiten Formen der Verantwortungsverweigerung. „Es ist so bequem, sich stetig neu anzupassen" (frei nach Kant).[16] Der Spießer pflegt die Lust an der Innovation ohne Veränderung und den Preis ohne Anstrengung. Sein Ziel ist immer noch eine behagliche Bequemlichkeit, die sich im Standardpaket des kleinbürgerlichen Konsums niederschlägt – in der „Karriere" der prominenten Kosmetikerin aus Ludwigshafen, die sich auf Mallorca niederlässt und *ausgesorgt* hat (vgl. Rust 1999, S. 212).

7. Die Bildung

Was signalisieren nun die modernen Gartenzwerge pädagogisch? Verweisen Spiel, Ironie, Persiflage der Gartenzwerge auf eine neue Form von Heimat-Bildung? Provozieren die modernen Zwerge nicht eine Auseinandersetzung „zwischen dem Fremden und dem Eigenen, dem Gewohnten und Veränderten, dem Erwarteten und dem Eingetroffenen" (Freud 1982, S. 218), die Freud für die Komik in Anschlag brachte?

Freud liefert zudem noch eine interessante These für den nicht still zu stellenden anthropologischen Grundkonflikt des Komischen, den wir hier für den modernen Gartenzwerg fruchtbar machen können. Vor dem Hintergrund, das die Differenz des Komischen im Kontrast zwischen Klein und Groß statthat, wird sein Wesen in einer vorbewussten Anknüpfung an das Infantile verstanden. Die komische Lust ist eine Lust der Wiedergewinnung, das Glück des Komischen ein Kinderglück.

> „Denn die Euphorie, welche wir auf diesem Wege [der Lustgewinnung, J.Z.] zu erreichen streben, ist nichts anderes als die Stimmung einer Lebenszeit, in welcher wir unsere psychische Arbeit überhaupt mit geringem Aufwand zu bestreiten pflegten, die Stimmung unserer Kindheit, in der wir das Komische nicht kannten, des Witzes nicht fähig waren und den Humor nicht brauchten, um uns im Leben glücklich zu fühlen" (ebd., S. 219).

Das Komische erinnert uns insofern immer an das, was gut war und es verweist uns in seiner Lust an der Provokation auf dasjenige, was vielleicht noch aussteht und möglich ist.

---

16 Lässt sich daraus eine kompensatorische Entwicklungsthese ableiten? In dem Augenblick, in dem der Pluralismus zu- und die Übersichtlichkeit abnimmt, haben die Grenzziehungen des Spießertums und die Symboliken des Einfachen und Eindeutigen Konjunktur. Insofern reduzieren sie – systemtheoretisch gedacht – Komplexität, indem der Gartenwerg als Symbol einer behaglich-lustigen Gegenwelt aufgebaut wird.

Kehrt mithin in den modernen Zwergen das polymorph Perverse der Kindheit wieder – „in der noch niemand (sein Leben lang) war" (Bloch)? Greift man die Überlegungen von Freud auf, so erscheint die Lust am Unsinn der modernen Zwerge auch als Lust am unverkrampften Unsinn der Heimat. Und damit auch als Lust an einem kindlich-spielerischen Bildungsmodell, das mit den Gartenzwergen die Differenzen von Natur und Kultur und die Differenzen innerhalb der Kultur neu aushandelt. Der Gartenzwerg gehört damit in den Kontext der Natur- und Kulturproblematisierung, für die der Schein der Versöhnung nur noch auf die Ruinen der Utopie verweist. „Jedes Ding ist immer schon Müll, […] jede Naturbeherrschung deren Zerstörung, jeder Sinnentwurf ein Trümmerplatz […]" (Böhme 1989, S. 298). Denn in dieser Heimat begegnet man sich nicht mehr ausschließlich sich selbst, sondern auch dem Fremden, vor allem aber: dem eigenen Fremden. Insofern scheint sie nur noch in gebrochener-spielerischer Form thematisierbar. Daher lässt die moderne Welt der Zwerge auch Spuren einer Kinder-Welt erkennen. Zwar ist die konkrete Heimat des Kindes oftmals keineswegs eine heile Welt, aber sie repräsentiert wohl – spätestens seit der Romantik – ihren schönsten Vorschein (vgl. Türcke 2007, S. 38 f.).

Oder muss man auch die heutigen Spießer doch ernster nehmen? Giorgio Agamben formuliert das so: „Es spricht einiges dafür, dass die Gestalt, in der die Menschheit ihrer Vernichtung entgegen geht, die Gestalt des planetarischen Kleinbürgertums ist" (Agamben 2003, S. 61).

Literatur

Agamben, Giorgio (2003): Die kommende Gemeinschaft. Berlin: Merve.

Arendt, Hannah (1996): Elemente und Ursprünge totaler Herrschaft. Antisemitismus, Imperialismus, totale Herrschaft. 5. Aufl. München/Zürich: Piper.

Bausinger, Hermann (2007): Heimat? Heimat! Heimat als Aufgabe. In: Der Blaue Reiter 22: Heimat. Journal für Philosophie. Stuttgart, S. 6–10.

Bengen, Etta (2001): Die große Welt der Gartenzwerge. Suderburg-Hösseringen: anderweit.

Bernhard, Thomas (1967): Verstörung. Frankfurt/M.: Suhrkamp.

Bilstein, Johannes (1990): Kitsch in der Pädagogik. In: Neue Sammlung (1990), S. 419–435.

Bloch, Ernst (1982): Das Prinzip Hoffnung. 8. Aufl. Frankfurt/M.: Suhrkamp.

Böhme, Hartmut (1989): Die Ästhetik der Ruinen. In: Kamper, Dietmar/Wulf, Christoph (Hrsg.): Der Schein des Schönen. Göttingen: Steidl, S. 287–304.

Bonnett, Alastair (2015): Die seltsamsten Orte der Welt. München: C.H. Beck.

Bovenschen, Silvia (2000): Über-Empfindlichkeit. Spielformen der Idiosynkrasie. Frankfurt/M.: Suhrkamp.

Flaßpöhler, Svenja (2016): Der Schrebergarten – eine deutsche Utopie. In: Philosophie Magazin Nr. 06, Oktober/November 2016, S. 32–39.

Foucault, Michel (1990): Andere Räume. In: Barck, Karlheinz et al. (Hrsg.): Aisthesis. Wahrnehmung heute oder Perspektiven einer anderen Ästhetik. Leipzig: Reclam, S. 34–46.

Freud, Sigmund (1982): Der Witz und seine Beziehung zum Unbewussten. In: Studienausgabe Band IV: Psychologische Schriften. Frankfurt/M.: Fischer, S. 9–219.

Friedemann, Fritz (1994): Zipfel auf! Alles über Gartenzwerge. Schaffhausen: Meier.

Glaser, Horst Albert (1989): Heimat als Fremde. In: Kamper, Dietmar/Wulf, Christoph (Hrsg.): Der Schein des Schönen. Göttingen: Steidl, S. 329–345.

Grimm, Jacob/Grimm, Wilhelm (2006): Deutsches Wörterbuch. Der digitale Grimm. 5. Aufl. Frankfurt/M.: Zweitausendeins.

Hasse, Jürgen (1993): Heimat und Landschaft. Über Gartenzwerge, Center Parcs und andere Ästhetisierungen. Wien: Passagen.

Jung, Carl Gustav (2010): Archetypen. 16. Aufl. München: dtv.

Kurzer, Michael (1995): Das kleine Buch der Gartenzwerge. Würzburg: Stürtz.

Liessmann, Konrad (2010): Das Universum der Dinge. Zur Ästhetik des Alltäglichen. Wien: Zsolnay.

Nietzsche, Friedrich (1972): Werke. Hrsg. v. Karl Schlechta. Frankfurt/M./Berlin/Wien: Ullstein.

Paeschke, Carl-Ludwig (1994): Das Große Buch der Gartenzwerge. Frankfurt/M.: Eichborn.

Pöppelmann, Christa (2012): Hier wächst die Hoffnung. Von der Laubenkolonie zum Guerilla-Garten. Hildesheim: Gerstenberg.

Rittelmeyer, Christian/Parmentier, Michael (2001): Einführung in die pädagogische Hermeneutik. Darmstadt: WBG.

Rust, Holger (1999): Die Revolution des Spießertums. Wenn Dummheit epidemisch wird. Berlin: Quadriga.

Sloterdijk, Peter (2015): Die schrecklichen Kinder der Neuzeit. Über das anti-genealogische Experiment der Moderne. Berlin: Suhrkamp.

Steinbach, Magnus (2009): 111 Gründe, ein Spiesser zu sein. Ein unverschämtes Bekenntnis zu Vernunft, Moral und Behaglichkeit. Berlin: Schwarzkopf & Schwarzkopf.

Türcke, Christoph (2007): Heimat wird erst. In: Der Blaue Reiter 22: Heimat. Journal für Philosophie. Stuttgart, S. 35–39.

Zirfas, Jörg (2007): Der Gartenzwerg. In: Der Blaue Reiter 22: Heimat. Journal für Philosophie. Stuttgart, S. 77–78.

Beheimatung und Alteritätserfahrung durch Immaterielles Kulturelles Erbe

Christoph Wulf

Einführung

Viele Menschen fühlen sich in der gegenwärtigen gesellschaftlichen Situation verunsichert. Dafür gibt es viele Gründe, von denen viele mit der Globalisierung zusammenhängen. Zu den wichtigsten, die Strukturen der Welt und die Lebenswelten der Menschen beeinflussenden Veränderungen der letzten Jahrzehnte gehören neben dem Klimawandel und den damit verbundenen Problemen:

- die Globalisierung internationaler Finanz- und Kapitalmärkte, die von Kräften und Bewegungen bestimmt werden, die von den realen Wirtschaftsprozessen weitgehend unabhängig sind;
- die Globalisierung der Unternehmensstrategien und Märkte mit global ausgerichteten Strategien der Produktion, Distribution und Kostenminimierung durch Verlagerung;
- die Globalisierung von Forschung und Entwicklung mit der Entwicklung globaler Netzwerke, neuer Informations- und Kommunikationstechnologien sowie die Ausweitung der Neuen Ökonomie;
- die Globalisierung transnationaler politischer Strukturen mit der Abnahme des Einflusses der Nationen, der Entwicklung internationaler Organisationen und dem Bedeutungszuwachs von Nicht-Regierungsorganisationen;
- die Globalisierung von Konsummustern, Lebensstilen und kulturellen Stilen mit der Tendenz zu ihrer Vereinheitlichung;
- die Ausbreitung des Einflusses der neuen Medien und des Tourismus und die Globalisierung von Wahrnehmungsweisen, die Modellierung von Individualität und Gemeinschaft durch die Wirkungen der Globalisierung sowie die Entstehung einer *Eine-Welt-Mentalität*.

Diese Entwicklungen bewirken, dass viele den Menschen vertraute Lebensbedingungen zerstört werden. Dadurch entstehen Verunsicherungen und Ängste. Hinzu kommt die wachsende Komplexität der politischen, ökonomischen und sozialen Verhältnisse, die neue Anforderungen stellt. Viele Menschen fühlen sich durch diese Bedingungen überfordert und sogar bedroht. Sie fühlen sich in dieser Gesellschaft nicht mehr zuhause. Insbesondere die Migrationsbewegungen, die Menschen aus fremden Kulturen mit einem anderen Aussehen und mit anderen Sitten und Gebräuchen in die Nachbarschaft bringen, werden als das Vertraute beeinträchtigend empfunden. Diese Begegnung mit dem Fremden führt zur Verringerung des Interesses am Fremden und bewirkt eher Befremden und den Wunsch zur Rückkehr zu vergangenen Lebensformen.

Angesichts dieser Situation ist heute wieder des Öfteren von „Heimat" die Rede. Dieses Wort, das durch den Nationalismus und insbesondere durch den Nationalsozialismus diskreditiert wurde, bezeichnet einen Vorstellungs- und Empfindungszusammenhang, von dem die Menschen hoffen, dass in ihm die irritierenden Gefühle der Verunsicherung und Entwurzelung überwunden werden können. Dabei kommt es auch zu Romantisierungen. Hier wird Heimat zu einem irrealen Ort der Sehnsucht und der Wünsche, dessen Verlust beklagt wird und an dessen Wiederherstellung unerfüllbare Erwartungen geknüpft werden. Nostalgische Gefühle sind die Folge. Nicht selten findet ein politischer Missbrauch des Begriffs „Heimat" statt, im Rahmen dessen der Begriff gegen die Veränderung der Lebenswelten und für die Wiederherstellung vergangener Lebensbedingungen gegenüber Menschengruppen in ausschließender und diskriminierender Form verwendet wird. Angesichts dieser Gefahr des Missbrauchs des Begriffs stellt sich die Frage nach einem positiven Gehalt des Konzepts „Heimat". Als „Heimat" wird eine oft in der Kindheit wurzelnde Vertrautheit mit lokalen und regionalen Lebenswelten bezeichnet. Wie Menschen angesichts der wachsenden Mobilität in der Welt heimisch werden können, stellt eine wichtige gesellschaftliche und individuelle Frage dar. Mit dieser sind auch andere Länder wie z. B. China konfrontiert, wo in den nächsten Jahren Städte für 300 Millionen Menschen gebaut werden sollen, die auf dem Land keine ausreichende Existenz mehr haben. Hier überlegt man, wie vertrautes Kulturgut aus den Herkunftsregionen der Menschen dazu beitragen kann, sie dabei zu unterstützen, sich in den neuen Städten eine „Heimat" zu schaffen. Die entscheidende Frage lautet: Wie lässt sich unter den Bedingungen der globalisierten Welt „Heimat" erhalten und so transformieren, dass ein *offenes* Konzept von „Heimat" entsteht, das neuhinzukommende Menschen nicht ausschließt.

Eine Strategie, sich zu beheimaten, stellen die Praktiken des Immateriellen Kulturellen Erbes (IKE) dar, von denen im Weiteren die Rede sein soll. Wenn diese Praktiken in hohem Maße für die Identität eines Landes oder einer Region charakteristisch sind und Aufnahme in das von der UNESCO angelegte Weltverzeichnis immateriellen kulturellen Erbes finden, bieten sie vielen Menschen aus anderen Kulturen auch die Möglichkeit mit ihnen Alteritätserfahrungen zu machen. Diese Praktiken verbinden die Erzeugung der Identität der Menschen einer Region mit der Möglichkeit, deren Kultur den Menschen anderer Regionen zugänglich zu machen, so dass diese sich mit deren Besonderheit und Alterität vertraut machen können. Praktiken Immateriellen Kulturellen Erbes leisten also einerseits einen wichtigen Beitrag zur Erzeugung kultureller Identität; andererseits können sie dazu beitragen, dass Menschen aus anderen Teilen der Welt Zugang zu dieser Identität und der damit verbundenen Alterität gegenüber der eigenen Kultur erhalten.

Konvention und Praktiken

Was verstehen wir unter „Praktiken des Immateriellen Kulturellen Erbes"? Diese Praktiken sind ein zentraler Bestandteil des gemeinsamen kulturellen Erbes der Menschheit. Mit einer entsprechenden Konvention, die von der Generalkonferenz der UNESCO im Herbst 2003 verabschiedet wurde, setzte die UNESCO ihre Politik des Schutzes des kulturellen Erbes fort.[1] Während die Erhaltung des materiellen Kulturerbes seit 1972 unumstritten ist, fand das Immaterielle Kulturerbe erst längere Zeit später Beachtung. Während die Mehrzahl der asiatischen, afrikanischen und südamerikanischen Länder entschieden für den *Schutz des Immateriellen Kulturerbes* und damit für diese Konvention eintraten, zögerten bzw. weigerten sich die USA und einige westeuropäische Länder, sie zu ratifizieren. Deutschland trat der Konvention erst 2013 auf der Grundlage eines dann jedoch einstimmigen Bundestagsbeschlusses bei. Im Laufe der Jahre wurde immer deutlicher, dass das materielle und das immaterielle Kulturerbe eng miteinander verwoben sind, so dass in vielen Fällen das materielle Kulturerbe ohne die immateriellen Praktiken nicht hätte entstehen können.

Während es – sieht man von den beizeiten heftigen politischen Auseinandersetzungen ab – prinzipiell relativ einfach zu bestimmen ist, was als Teil des Weltkulturerbes gelten soll, ist die Frage, was zum Immateriellen Kulturellen Erbe gehört, häufig schwieriger zu beantworten. Im Artikel 1, Paragraph 1 der Konvention heisst es dazu:

> „The 'intangible cultural heritage' means the practices, representations, expressions, knowledge, skills – as well as the instruments, objects, artefacts and cultural spaces associated therewith – that communities, groups and, in some cases, individuals recognize as part of their cultural heritage. This intangible cultural heri-

---

1 Verabschiedet wurden: die Convention for the Protection of Cultural Heritage in the Event of Armed Conflict (1954); the Convention on the Means of Prohibiting the Illicit Export, Import and Transfer of Ownership of Cultural Property (1970); the Convention Concerning the Protection of the World Cultural and Natural Heritage (1972) and the Convention on the Protection of the Underwater Cultural Heritage (2001).

tage, transmitted from generation to generation, is constantly recreated by communities and groups in response to their environment, their interaction with nature and their history, and provides them with a sense of identity and continuity, thus promoting respect for cultural diversity and human creativity" (UNESCO 2003).

Die Praktiken des Immateriellen Kulturellen Erbes (ICH/IKE) umfassen folgende fünf Bereiche:

1. *mündliche Traditionen und Ausdrucksformen*: z. B. Appenzeller Witz und Satire (Verzeichnis der lebendigen Traditionen der Schweiz);
2. *darstellende Künste*: z. B. Chorgesangs- und Tanztradition im Baltikum (Repräsentative Liste des immateriellen Kulturerbes der Menschheit);
3. *gesellschaftliche Bräuche, Rituale, Feste*: z. B. Verein für gegenseitige Hilfeleistung bei Brandfällen „Nebenleistung" (Verzeichnis des immateriellen Kulturerbes in Österreich);
4. *Wissen und Praktiken im Umgang mit der Natur und dem Universum*: z. B. Wassergerichtshöfe in Spanien (Repräsentative Liste des immateriellen Kulturerbes der Menschheit);
5. *Fachwissen traditioneller Handwerkstechniken*: z. B. Indigo-Handblaudruck (Verzeichnis des immateriellen Kulturerbes in Österreich).

Hierbei handelt sich also um spezifisches Wissen und Können, das von Mensch zu Mensch und von Generation zu Generation weitergegeben wird. Gruppen und Gemeinschaften von Menschen prägen dieses Wissen und Können und entwickeln es kreativ weiter. Immaterielles Kulturelles Erbe ist aus diesem Grund lebendig, wirkt identitätsstiftend und stärkt den sozialen Zusammenhalt. Seit 2013 erstellt Deutschland im Rahmen der Umsetzung der UNESCO-Konvention von 2003 ein bundesweites Verzeichnis des Immateriellen Kulturerbes. Zurzeit enthält dieses Verzeichnis 72 Einträge: 68 immaterielle Kulturformen und vier gute Praxisbeispiele der Erhaltung immateriellen Kulturerbes. Um dieses Verzeichnis zu erstellen, sichtet das Expertenkomitee der Deutschen UNESCO-Kommission die Bewerbungen aus der Zivilgesellschaft und macht entsprechende Auswahlempfehlungen. Jedes Bundesland kann in jeder Bewerbungsrunde bis zu vier kulturelle Praktiken vorschlagen.

Die Diskussion über den Schutz Immateriellen Kulturellen Erbes verbindet sich in der UNESCO gegenwärtig mit der Diskussion über den Schutz kultureller Vielfalt. Ein Ausgangspunkt dieser Diskussion besteht darin, dass viele Länder die Auffassung vertreten, kulturelle Güter dürften nicht mit Waren gleichgesetzt werden, deren freie Zirkulation im Rahmen der WTO und der GATS Vereinbarungen garantiert ist. Wenn diese Freizügigkeit auch für Kulturgüter gelten würde, würden die Produkte der finanzstarken Länder bald die kulturellen Erzeugnisse ärmerer Länder verdrängen, die jedoch für deren kulturelle Identität von zentraler Bedeutung sind. Dann wäre auch keine gezielte Kulturförderung mehr erlaubt, und die großen Medienkonzerne würden mit ihren Unterhaltungsprodukten in kultureller Hinsicht anspruchsvolle Produkte verdrängen oder gar zum Verschwinden bringen.

Im Weiteren soll gezeigt werden, welches die zentralen Strukturmerkmale Immateriellen Kulturellen Erbes sind und warum diese Praktiken im Interesse der Erhaltung kultureller Vielfalt geschützt werden müssen. Angesichts der Vereinheitlichungstendenzen der Globalisierung stellt die Förderung kultureller Vielfalt eine wichtige Ausgleichsbewegung dar.

Anthropologische Strukturelemente

In anthropologischer Hinsicht sind es mehrere Strukturelemente, in Bezug auf die sich zeigen lässt, wie wichtig die *immateriellen Formen und Praktiken* einer Kultur für das Selbstverständnis und die Entwicklung kultureller Identität sowie für die „Beheimatung" der Menschen in einer Region sind. Ohne die immateriellen, den menschlichen Lebensalltag beeinflussenden Praktiken und Erzeugnisse ist kulturelle Bildung und eine Sensibilität für kulturelle Vielfalt kaum möglich. An den folgenden fünf Strukturmerkmalen soll dies verdeutlicht werden (vgl. Wulf 2001, 2009, 2010, 2013b, 2015): 1. Der menschliche Körper, 2. Der performative Charakter, 3. Mimesis und mimetisches Lernen, 4. Andersheit und Alterität, 5. Interkulturelles und transkulturelles Lernen.

1. Der menschliche Körper

Während sich die Monumente der Architektur leicht identifizieren und schützen lassen, sind die Formen des Immateriellen Kulturellen Erbes viel schwieriger zu identifizieren, zu vermitteln und zu erhalten. Während die architektonischen Werke des Weltkulturerbes aus haltbarem Material hergestellt worden sind, sind die Formen Immateriellen Kulturellen Erbes nicht dauerhaft, sondern unterliegen dem historischen und kulturellen Wandel. Während die architektonischen Werke materielle kulturelle Objekte darstellen, haben die Formen und Figurationen Immateriellen Kulturellen Erbes den *menschlichen Körper als Medium*. Will man den besonderen Charakter Immateriellen Kulturellen Erbes begreifen, muss man sich die zentrale Rolle des menschlichen Körpers als seines Trägers vergegenwärtigen (Wulf 2013a, 2013b).

Da der Körper *das* Medium des Immateriellen Kulturellen Erbes ist, ergeben sich daraus einige Folgen. Die auf dem Gebrauch des Körpers beruhenden immateriellen kulturellen Praktiken werden durch den Gang der Zeit und durch die Zeitlichkeit des menschlichen Lebens bestimmt. Während architektonische Monumente über lange Zeiträume erhalten bleiben, verändern sich die

Formen und Figurationen Immateriellen Kulturellen Erbes äußerst schnell. Deshalb hängen die sozialen Praktiken immateriellen Kulturguts von der *Dynamik von Raum und Zeit* ab und sind an gesellschaftlichen Wandel und kulturellen Austausch gebunden (Liebau/Miller-Kipp/Wulf 1999; Bilstein/Miller-Kipp/Wulf 1999). Verbunden mit der Dynamik individuellen und kollektiven Lebens haben sie einen *Prozesscharakter*. Auch aus diesem Grund sind sie stärker den Tendenzen der Homogenisierung ausgesetzt und schwerer gegen die vereinheitlichenden Prozesse der Globalisierung zu schützen (Wulf/Merkel 2002; Wulf 2016; Paragrana 2016).

2. Der performative Charakter

Wenn der menschliche Körper das Medium der Praktiken Immateriellen Kulturellen Erbes ist, dann hat dies für dessen Wahrnehmung und Verständnis Konsequenzen. Nach meiner Auffassung ist es vor allem der *performative Charakter des Körpers*, der Rituale und andere kulturelle Praktiken in kultureller und sozialer Hinsicht so wirkungsvoll macht. Da diese Praktiken mit dem Körper vollzogen werden, gilt es besonders die körperlichen Aspekte ihrer Inszenierungen und Aufführungen zu bedenken. Auf welchen Körperbildern und Körperkonzepten die Praktiken des Immateriellen Kulturellen Erbes beruhen, ist eine entscheidende Frage, die nur von Fall zu Fall beantwortet werden kann. Dabei gilt es, die unterschiedlichen historischen und kulturellen Dimensionen der Körpervorstellungen berücksichtigen, die in den mannigfaltigen sozialen Praktiken kulturellen Erbes zum Ausdruck kommen.

Doch nicht nur sind es unterschiedliche Körperbilder und -konzepte, die z. B. in einer Aufführung des *Royal Ballet of Cambodia* und einer Inszenierung des sizilianischen Puppentheaters zum Ausdruck kommen. Nicht weniger wichtig sind die verschiedenen Formen *praktischen Körperwissens*, die es erst möglich machen, mannigfaltige rituelle Arrangements und andere soziale Praktiken zu inszenieren und aufzuführen (Kraus et al. 2017). Ohne diese in komplexen Prozessen der Sozialisation und Erziehung erworbenen Formen praktischen sozialen Wissens können keine Rituale, Feste, künstlerische Praktiken oder Kunstfertigkeiten entstehen, modifiziert und weitergegeben werden. Auch Pierre Bourdieu hat immer wieder auf die Bedeutung solcher Formen verkörperten Wissens für die Gestaltung gesellschaftlicher kultureller Praktiken hingewiesen und in diesem Zusammenhang von Ritualen und Habitus gesprochen, die einerseits das Ergebnis sozialer Prozesse sind, andererseits aber diese auch formen und gestalten (Bourdieu 1972, 1997).

Rituale haben viele soziale Funktionen. Sie tragen dazu bei, den Übergang von einem sozialen Status zu einem anderen zu organisieren. Sie inszenieren und gestalten Übergange anlässlich sozial und existentiell wichtiger Ereignisse wie Hochzeit, Geburt und Tod. *Rituale umfassen Konventionen, Liturgien, Ze-*

remonien und Feste. Sie finden an verschiedenen Orten, zu unterschiedlichen Zeitpunkten im Laufe des Jahres statt. Wenn sie ein Zusammengehörigkeitsgefühl schaffen und das Soziale erzeugen, dann erfüllen sie ihre gesellschaftliche Funktion. Für die Konstituierung von Gemeinschaft und Kultur sind sie unerlässlich (Wulf et al. 2001, 2004, 2007, 2011; Wulf/Zirfas 2004).

Damit Rituale und andere soziale Praktiken erfolgreich aufgeführt werden können, bedarf es also eines individuellen, in den kollektiven Praktiken und im kollektiven Imaginären einer Kultur verankerten Körperwissens (Paragrana 2016). Dieses, mit dem Körper und Materialität verbundene Wissen sichert die Inszenierung und Aufführung der rituellen Handlungen und ihre performativen Wirkungen. Während der physische Charakter einer rituellen Aufführung die Ritualteilnehmer dazu anregen kann, unterschiedliche Interpretationen der Situation zu entwickeln, spielen diese Unterschiede bei der Aufführung und den Wirkungen von Ritualen nur eine sekundäre Rolle. Nicht die gemeinsame Interpretation, sondern die kollektive Inszenierung und Aufführung ist für die Wirkungen von Rituale und anderen sozialen Praktiken entscheidend.

Viele materielle „Aspekte" von Kultur und Geschichte werden in Ritualen und anderen kulturellen Praktiken, vor allem jedoch in ihrem performativen Charakter sichtbar. Dabei sind drei Aspekte wichtig. Der eine betont die Bedeutung des *performativen Charakters der Sprache* und ihrer Verwendung in rituellen Situationen. Indem John Austin herausgearbeitet hat „how to do things with words", hat er diesen „Sprechakt-"Aspekt der Sprache verdeutlicht (Austin 1985). Wenn jemand in einer Hochzeitszeremonie „ja" sagt, dann hat er sprachlich eine Handlung vollzogen, durch die er verheiratet ist und die sein Leben verändern wird. Der zweite Aspekt besteht darin, dass Rituale und andere soziale Praktiken *kulturelle Aufführungen sind, in denen sich Kulturen darstellen und ausdrücken.* Mit Hilfe von Ritualen und anderen kulturellen Praktiken erzeugen Gemeinschaften eine Kontinuität zwischen Traditionen und den Erfordernissen der Gegenwart. Der dritte Aspekt der Performativität charakterisiert *die ästhetische Seite der körperbezogenen Performance* von Ritualen und Aufführungen (Hüppauf/Wulf 2006; Wulf 2013b, 2014). Wenn deren Analyse auf ihre bloße Funktion reduziert wird, können sie nicht angemessen begriffen werden (Wulf et al. 2001; Fischer-Lichte/Wulf 2001, 2004; Wulf/Zirfas 2007).

Rituale bearbeiten *Differenzen und Alterität* und schaffen kulturelle Gemeinschaften. Durch ihren performativen Charakter erzeugen sie *kulturelle Identität.* Im Bereich des kulturellen Erbes gehören sie zu den wichtigsten sozialen Praktiken, mit denen Angehörige einer *Kommunität* kulturelle Kontinuität von einer Generation zur anderen herstellen. Rituelle Praktiken können Vergangenheit, Gegenwart und Zukunft in ein ausgewogenes Verhältnis bringen. Einerseits übermitteln sie traditionelle Werte und Praktiken, andererseits tragen sie dazu bei, diese an die aktuellen Bedürfnisse und Erfordernisse der

Gemeinschaft anzupassen. Rituale sind Fenster in eine Gemeinschaft, die es möglich machen, deren kulturelle Identität und deren Dynamiken zu begreifen. Wenn Rituale lediglich traditionelle Werte verkörpern und sich nicht auf die Belange gegenwärtiger Gesellschaft beziehen, werden sie zu rigiden Praktiken und Stereotypen und verlieren ihre Gemeinschaft bildende und soziale Identität erzeugende Kraft.

3. Mimesis und mimetisches Lernen

Die Praktiken Immateriellen Kulturellen Erbes werden zu einem wesentlichen Teil in mimetischen Prozessen gelernt (Wulf 2005). Dies geschieht vor allem dann, wenn Menschen an solchen Praktiken teilnehmen und das zu deren Inszenierung und Aufführung erforderliche Wissen mimetisch erlernen. Mimetische Prozesse sind Prozesse kreativer Nachahmung, die sich auf Modelle und Vorbilder beziehen. In diesen Arrangements erfolgt eine *Anähnlichung* an Vorbilder und Modelle. Diese Angleichung ist von Mensch zu Mensch verschieden, und hängt davon ab, wie sich Menschen zur Welt, zu anderen Menschen und zu sich selbst verhalten. In mimetischen Prozessen nehmen wir gleichsam einen „Abdruck" von der sozialen Welt und machen diese dadurch zu einem Teil von uns selbst. In solchen Prozessen wird das Immaterielle Kulturelle Erbe an die nachwachsende Generation weitergegeben und dabei von dieser nach ihrer Sichtweise verändert (Gebauer/Wulf 1992, 1998, 2003).

Die Bedeutung mimetischer Prozesse für die Weitergabe der Praktiken Immateriellen Kulturellen Erbes einschließlich pädagogischer Praktiken kann kaum überschätzt werden. Mimetische Prozesse sind sinnlich; sie sind an den Körper gebunden, beziehen sich auf das menschliche Verhalten und vollziehen sich häufig unbewusst. In ihnen inkorporieren Menschen Bilder und Schemata der Praktiken Immateriellen Kulturellen Erbes. Dadurch werden sie Teil ihrer inneren Bilder- und Vorstellungswelt (Wulf 2014). Mimetische Prozesse überführen die Welt des Immateriellen Kulturellen Erbes in die innere Welt der Menschen. Sie tragen dazu bei, diese innere Welt anzureichern und zu erweitern. In mimetischen Prozessen wird praktisches Wissen als ein wichtiger Bestandteil Immateriellen Kulturellen Erbes erworben. Dieses Wissen entwickelt sich vor allem im Zusammenhang mit den Inszenierungen und Aufführungen des Körpers und spielt eine besondere Rolle dabei, die Praktiken Immateriellen Kulturellen Erbes zu erhalten und zu modifizieren. Als praktisches Wissens ist dieses Wissen Ergebnis einer mimetischen Verarbeitung eines performativen Verhaltens, das selbst Ergebnis eines körperbasierten *Know-how* ist (Wulf 2006b).

Da praktisches Wissen, Mimesis und Performativität wechselseitig verschränkt sind, spielt auch die *Wiederholung* bei der Weitergabe Immateriellen Kulturellen Wissens eine große Rolle. Kulturelle Kompetenz entwickelt sich in den Fällen, in denen ein kulturelles Verhalten wiederholt und in der Wiederholung verändert wird. Ohne Wiederholung, ohne mimetischen Bezug zu Gegenwärtigem oder Vergangenem entsteht keine kulturelle Kompetenz (Resina/ Wulf 2018).

4. Andersheit und Alterität

Wenn sich in den Praktiken Immateriellen Kulturellen Erbes kulturelle Identität konstituiert und verdichtet, dann sind diese Praktiken auch dazu geeignet, dass Menschen in der Begegnung mit diesen Praktiken Erfahrungen von Andersartigkeit und Alterität machen. In einer Zeit, in der angesichts der Globalisierung die Bedeutung des Umgangs mit kultureller Vielfalt wächst, bedarf es der Förderung eines Interesses für den Anderen und seine Alterität. Um die Reduktion kultureller Diversität auf Gleiches zu vermeiden, ist eine Sensibilisierung für *kulturelle Heterogenität* erforderlich (Wulf 2006a; 2016). Nur dadurch, dass ein Interesse und ein Sinn für Alterität entwickelt wird, kann den Zwängen des uniformierenden Globalisierungsprozesses Widerstand entgegengebracht werden. Die Zeugnisse und die alltäglichen Praktiken Immateriellen Kulturellen Erbes spielen dabei eine wichtige Rolle.

Selbst, wenn es vielleicht einige Zeit lang so aussah, als ließen sich Andersheit und Alterität auflösen, so zeigen die Entwicklungen der letzten Jahre, dass dies nicht möglich ist. Der Versuch, durch die Ausweitung und Intensivierung von Prozessen des Verstehens des „Andersseins" des Anderen habhaft zu werden, hat nicht die erwarteten Ergebnisse erbracht. Stattdessen machen immer mehr Menschen die Erfahrung, dass inmitten der vertrauten Alltagswelt plötzlich Dinge, Situationen und Menschen fremd und unbekannt werden. Alltägliche Zusammenhänge erscheinen dann verändert und unsicher. Vertraute Normen des Lebens werden in Frage gestellt und verlieren ihre Gültigkeit. Die Geste des Sich-die-Welt-vertraut-Machens hat nicht die in sie gesetzten Erwartungen erfüllt. Mit der Zunahme des Wissens wächst das Nicht-Wissen. Je mehr wir wissen, desto größer wird die Komplexität der Welt, der sozialen Zusammenhänge und des eigenen Lebens (Morin 1994).

Drei Strategien der Reduktion von Alterität lassen sich identifizieren, die mit dem in der europäischen Kultur ausgeprägten *Egozentrismus, Logozentrismus* und *Ethnozentrismus* verbunden sind und die im Prozess der Globalisierung eine wichtige Rolle spielen (Waldenfels 1990).

Egozentrismus: Elias, Foucault und Beck haben schon früh die Prozesse beschrieben, die bei der Konstitution des modernen Subjekts und bei der Entstehung des Egozentrismus eine Rolle spielen (Elias 1976; Foucault 1977; Beck et al. 1995). Technologien des Selbst sind an der Entwicklung der Subjekte beteiligt. Viele dieser Strategien sind an die Vorstellung eines sich selbst genügenden Selbst gebunden, das sein eigenes Leben führen soll und seine eigene Biographie entwickeln muss. Oft führen diese Ansprüche zu ungewollten Nebenwirkungen, durch die die Erwartungen der Menschen auf autonomes Handeln enttäuscht werden. Einerseits gewinnt das moderne Subjekt aus seinem Egozentrismus Kräfte des Überlebens, der Durchsetzung und der Anpassung, andererseits führen diese dazu, Differenzen nicht wahrzunehmen und kulturelle Vielfalt zu reduzieren. Der Versuch des Subjekts, den Anderen auf seine Nützlichkeit, Funktionalität und Verfügbarkeit zu reduzieren, ist einerseits erfolgreich und schlägt andererseits immer wieder fehl. Diese Einsicht eröffnet neue Perspektiven für den Umgang mit Alterität als einem wichtigen Feld des Wissens und der Forschung.

Logozentrismus: Infolge des entwickelten Logozentrismus nehmen wir den Anderen mit den Kriterien europäischer Rationalität wahr. Wir akzeptieren in erster Linie, was sich nach den Gesetzen dieser eurozentristisch geprägten Vernunft verhält; Anderes wird ausgeschlossen. Wer auf Seiten dieser Vernunft steht, hat notwendigerweise Recht, selbst, wenn es sich um eine reduzierte Vernunft handelt. So beanspruchen Eltern darauf, Recht zu haben gegenüber ihren Kindern, zivilisierte Menschen gegenüber den „Primitiven", Gesunde gegenüber den Kranken. Wer Vernunft besitzt, ist denen überlegen, die weniger konsistente Formen vernünftigen Handelns entwickelt haben. Je mehr die Sprache oder Vernunft eines Menschen von der allgemeinen Norm abweicht, desto schwieriger ist es, sich diesem Menschen zu nähern und ihn zu verstehen. Nietzsche, Freud, Adorno und andere haben diese Selbstgenügsamkeit der Vernunft kritisiert und darauf hingewiesen, dass das menschliche Leben der Vernunft nur in begrenztem Maße zugänglich ist.

Ethnozentrismus: Im Verlauf der Geschichte hat der Ethnozentrismus viele Formen der Andersheit und Alterität zerstört. Todorov (1985), Greenberg (1995) und andere haben die Prozesse analysiert, die zur Zerstörung fremder, z. B. mittel- und südamerikanischer Kulturen geführt haben. Die Eroberung Mittel- und Südamerikas führte dazu, die dortigen Kulturen zu unterwerfen und auszurotten. An die Stelle der Werte, Vorstellungen und Glaubensformen der indigenen Völker wurden die Worte und Formen der europäischen Kultur gesetzt. Alles Fremde, Andersartige wurde vernichtet. Die Indios konnten die Skrupellosigkeit der Spanier nicht begreifen. Sie machten die Erfahrung, dass Freundlichkeit nicht das war, was sie zu sein vorgab; Versprechen wurden nicht gegeben, um sie zu halten, sondern um die Indios in die Irre zu führen und zu täuschen. Jede Handlung diente anderen Zwecken, als es zunächst schien. Die Interessen der Krone, der christlichen Mission und die behauptete Minderwertigkeit der Indios legitimierten das koloniale Verhalten. Ökonomische Motive kamen hinzu und führten zur Zerstörung dieser Formen der Weltsicht.

Egozentrismus, Logozentrismus und Ethnozentrismus sind miteinander verwoben; als Strategien der Vermeidung des Anderen verstärken sie einander. Ihr Ziel besteht darin, die Wahrnehmung der Alterität auszuschalten und an ihre Stelle Vertrautes zu setzen. Tragisch ist diese Situation in den Fällen, in denen sie zur Auslöschung lokaler und regionaler Kulturen führt.

Um Menschen für die Bedeutung des Immateriellen Kulturellen Erbes und der kulturellen Vielfalt zu sensibilisieren, bedürfen sie der Erfahrung der Alterität. Nur mit Hilfe dieser Erfahrung sind sie in der Lage mit Fremdheit und Differenz umzugehen und ein Interesse am Nicht-Identischen zu entwickeln. Dem entspricht auch die Tatsache, dass Menschen über keine in sich geschlossen einheitlichen Entitäten verfügen, sondern dass sie aus vielen z. T. widersprüchlichen Teilen bestehen. Rimbaud hat für diese Bedingung des Menschen den schönen Ausdruck gefunden: „Ich ist ein Anderer". Auch Freuds Erfahrung, dass das Ich nicht Herr in seinem eigenen Hause ist, weist in diese Richtung. Die Integration der aus dem Selbstbild ausgeschlossenen Teile der Subjekte ist eine Voraussetzung dafür, dass die Andersartigkeit der Anderen respektiert werden kann. Nur wenn Menschen ihre eigene Alterität wahrnehmen können, sind sie in der Lage, sensibel mit der Andersartigkeit anderer Menschen umzugehen und ein heterologisches Denken zu entwickeln.

5. Interkulturelles und Transkulturelles Lernen

Um Menschen für den Wert kultureller Vielfalt und für die Bedeutung des Schutzes und der Förderung Immateriellen Kulturellen Erbes zu gewinnen, bedarf es mehr als jemals zuvor der Berücksichtigung interkultureller und transkultureller Perspektiven (Wulf 2013a). Um diese zu entwickeln, kommt den Praktiken Immateriellen Kulturellen Erbes eine ebenso große Bedeutung zu wie den Objekten des materiellen kulturellen Welterbes. Beide sind Träger kultureller Identität und erlauben die Erfahrung von Alterität, die für viele Menschen von großer Bedeutung ist, die nicht mehr nur einer Kultur, sondern mehreren kulturellen Traditionen angehören. Die Auseinandersetzung mit kultureller Vielfalt zielt im Rahmen interkultureller Lernprozesse darauf ab, die Menschen dabei zu unterstützen, mit den kulturellen Unterschieden in ihrer eigenen Person, in ihrem Umfeld und in der Begegnung mit anderen Menschen zurechtzukommen. Da Identität nicht ohne Alterität gedacht werden kann, beinhaltet interkulturelles Lernen eine relationale Verbindung zwischen irreduziblen Subjekten und zahlreichen Formen kultureller Hybridität, die im Zusammenhang mit der Globalisierung immer stärkere Verbreitung finden (Wulf 1995, 1998, 2006; Wulf/Merkel 2002).

Wenn die Frage nach dem Verständnis anderer Menschen auf die Frage nach dem Selbstverständnis und die Frage nach dem Selbstverständnis wiederum auf das Verständnis anderer Menschen verweist, dann sind Prozesse interkulturellen Lernens Prozesse der Selbstbildung, in denen mit dem heterologischen Denken auch die Einsicht in die prinzipielle Unverstehbarkeit des Anderen gewonnen wird. Angesichts der Entzauberung der Welt und der Gefährdung kultureller Vielfalt infolge der Globalisierung entsteht die Gefahr, dass in der Zukunft die Menschen nur noch sich selbst begegnen und dieser Mangel an Fremdheit zur Reduktion der Welt- und Selbsterfahrung führt. Wenn der Verlust kultureller Vielfalt eine Bedrohung der *conditio humana* darstellt, so sind der Schutz und die Förderung kultureller Differenz eine unerlässliche Aufgabe der Erziehung. Bildung ist heute mehr denn je eine interkulturelle Aufgabe, in deren Rahmen der Umgang mit fremden Kulturen, mit der Alterität der eigenen Kultur und mit der Selbstfremdheit von zentraler Bedeutung ist.

Ausblick

Abschließend sollen noch einmal zentrale Charakteristika der sozialen und ästhetischen Praktiken des Immateriellen Kulturellen Erbes genannt werden (Wulf/Zirfas 2003, 2004a, 2004b):

1. Praktiken Immateriellen Kulturellen Erbes wirken vor allem aufgrund ihres performativen Charakters, d. h. aufgrund ihrer körperlichen Inszenierungen und Aufführungen.
2. Praktiken Immateriellen Kulturellen Erbes erzeugen Gemeinschaften und kulturelle Identitäten. Sie verbinden kulturelle Traditionen mit den Erfordernissen der Gegenwart; sie sind dynamisch und verändern sich im Verlauf historischen Wandels.
3. Praktiken Immateriellen Kulturellen Erbes erfüllen ihre Aufgabe nicht dadurch, dass sie überlieferte Modelle einfach kopieren. Die Inszenierung und Aufführung solcher Praktiken ist keine bloße Wiederholung, sondern ein kreativer sozialer Akt, in dem unter Bezug auf Vorbilder jedes Mal etwas neu gemacht wird. Häufig schließen sich dabei verschiedene soziale Gruppen in einer „*Performance*" zusammen und erzeugen eine soziale Ordnung, die kulturelle Kohärenz schafft und potentielle gesellschaftliche Gewalt eindämmt.
4. Praktiken Immateriellen Kulturellen Erbes benötigen zu ihrer Inszenierung und Aufführung eines inkorporierten Wissens, das in mimetischen Prozessen erworben wird und das ohne diese nicht gelernt werden kann.
5. In vielen Praktiken Immateriellen Kulturellen Erbes spielt die Bearbeitung von Differenz und Alterität eine wichtige Rolle. In diesen Prozessen wird ein transkulturelles hybrides Wissen erzeugt.

Hier wird noch einmal deutlich, wie wichtig es für die Entwicklung des Menschen und für ein erfülltes Leben ist, sich zu „beheimaten" bzw. sich wenigstens eine Welt zu schaffen, in der Vertrautheit mit anderen Menschen und eine relative Geborgenheit entstehen kann. Dass immaterielle kulturelle Praktiken dazu beitragen können, ist außer Zweifel. Diese Praktiken bieten zudem den Menschen verschiedener Kulturen die Möglichkeit, einander kennen zu lernen und sich besser zu verstehen. Diese Möglichkeiten sollen nicht über die prinzipielle Bedrohung menschlichen Lebens in der globalisierten Welt hinwegtäuschen. Die zahlreichen Kriege, die vielen Formen der Gewalt, die unsägliche Zahl der Atom- und Wasserstoffbomben, die kontinuierlich zunehmende Zerstörung der Natur und die vielen Rückschläge im Hinblick auf einen nachhaltigen Umgang mit ihr gefährden immer stärker die Zukunft der Menschheit als Gattung (Gil/Wulf 2015).

Literatur

Austin, John L. (1986): Zur Theorie der Sprechakte. Stuttgart: Reclam.

Beck, Ulrich/Vossenkuhl, Wilhelm/Ziegler, Ulf (1995): Eigenes Leben. Ausflüge in die unbekannte Gesellschaft, in der wir leben. München: C.H. Beck.

Bielstein, Johannes, Miller-Kipp, Gisela & Wulf, Christoph (Hrsg.) (1999): Transformationen der Zeit. Weinheim: DSV.

Bourdieu, Pierre (1996): Entwurf einer Theorie der Praxis. Frankfurt/M.: Suhrkamp.

Bourdieu, Pierre (1987): Sozialer Sinn. Kritik der theoretischen Vernunft. Frankfurt/M.: Suhrkamp.

Elias, Norbert (1976): Über den Prozess der Zivilisation. 2 Bände. Frankfurt/M.: Suhrkamp.

Fischer-Lichte, Erika/Wulf, Christoph (Hrsg.) (2001): Theorien des Performativen. Paragrana. Internationale Zeitschrift für Historische Anthropologie. 10, 1. Berlin: Akademie Verlag.

Fischer-Lichte, Erika/Christoph, Wulf, Christoph (Hrsg.) (2004): Praktiken des Performativen. Paragrana. 13,1. Berlin: Akademie Verlag.

Foucault, Michel (1977): Überwachen und Strafen. Die Geburt des Gefängnisses. 2. Aufl. Frankfurt/M.: Suhrkamp.

Gebauer, Gunter/Wulf, Christoph (1992): Mimesis. Kultur – Kunst – Gesellschaft. Reinbek: Rowohlt.

Gebauer, Gunter/Wulf, Christoph (1998): Spiel – Ritual – Geste. Mimetisches Handeln in der sozialen Welt. Reinbek: Rowohlt.

Gebauer, Gunter/Wulf, Christoph (2003): Mimetische Weltzugänge. Soziales Handeln, Rituale und Spiele, ästhetische Produktionen. Stuttgart: Kohlhammer.

Gil, Isabel Capeloa/Wulf, Christoph (Eds.) (2005): Hazardous Future. Disaster, Representation and the Assessment of Risk. Berlin: de Gruyter.

Hüppauf, Bernd/Wulf, Christoph (Hrsg.) (2006): Bild und Einbildungskraft. München: Wilhelm Fink (engl. Übers. Routledge 2009).

Kraus, Anja/Budde, Jürgen/Hietzge, Maud/Wulf, Christoph (Hrsg.) (2017): Handbuch Schweigendes Wissen. Erziehung, Bildung, Sozialisation und Lernen. Weinheim/Basel: Beltz Juventa.

Liebau, Eckhart/Miller-Kipp, Gisela/Wulf. Christoph (Hrsg.) (1999): Metamorphosen des Raums, Weinheim: DSV.

Morin, Edgar (1994): La complexité humaine. Paris: Flammarion.

Paragrana. Internationale Zeitschrift für Historische Anthropologie (2016): Schwerpunkt Körperwissen. Hrsg. v. Almut-Barbara Renger und Christoph Wulf. Band 25,1. Berlin: de Gruyter.

Resina, Joan Ramon/Wulf, Christoph (Hrsg.) (2018): Repetition, Recurrence, Returns (in Vorbereitung).

Todorov, Tzvetan (1985): Die Eroberung Amerikas. Das Problem des Anderen. Frankfurt/M.: Suhrkamp.

UNESCO (2003): Intangible Cultural Heritage. Paris: UNESCO.

Waldenfels, Bernhard (1990): Der Stachel des Fremden. Frankfurt/M.: Suhrkamp.

Wulf, Christoph (Ed.) (1995): Education in Europe. An Intercultural Task. Münster/New York: Waxmann.

Wulf, Christoph (Ed.) (1998): Education for the 21st Century. Commonalities and Diversities. Münster/New York: Waxmann.

Wulf, Christoph (2001): Anthropologie der Erziehung. Weinheim/Basel: Beltz.

Wulf, Christoph (2005): Zur Genese des Sozialen: Mimesis, Performativität, Ritual. Bielefeld: transcript.

Wulf, Christoph (2006a): Anthropologie kultureller Vielfalt. Interkulturelle Bildung in Zeiten der Globalisierung. Bielefeld: transcript.

Wulf, Christoph (2006b): Praxis. In: Kreinath, Jens/Snoek, Jan/Stausberg. Michael (Eds.): Theorizing Rituals. Issues, Topics, Approaches, Concepts,. Leiden/Boston: Brill, S. 395–411.

Wulf, Christoph (2009): Anthropologie. Geschichte, Kultur, Philosophie. 2. Aufl. Köln: Anconda.

Wulf, Christoph (Hrsg.) (2010): Der Mensch und seine Kultur. Hundert Beiträge zur Geschichte, Gegenwart und Zukunft des menschlichen Lebens. Köln: Anaconda.

Wulf, Christoph (2013a): Anthropology. A Continental Perspective. Chicago: Chicago University Press.

Wulf, Christoph (2013b): Das Rätsel des Humanen. Eine Einführung in die Historische Anthropologie. München: Wilhelm Fink.

Wulf, Christoph (2014): Bilder des Menschen. Imaginäre und performative Grundlagen der Kultur. Bielefeld: transcript.

Wulf, Christoph (2015): Pädagogische Anthropologie. In. Zeitschrift für Erziehungswissenschaft. 18,1, S. 5–25.

Wulf, Christoph (Ed.) (2016): Exploring Alterity in a Globalized World. London et al.: Routledge.

Wulf, Christoph/Althans, Birgit/Audehm, Kathrin/Bausch, Constanze/Göhlich, Michael/Sting, Stephan/Tervooren, Anja/Wagner-Willi, Monika/Zirfas, Jörg (2001): Das Soziale als Ritual. Zur performativen Bildung von Gemeinschaften. Opladen: Leske & Budrich.

Wulf, Christoph/Althans, Birgit/Audehm, Kathrin/Bausch, Constanze/Jörissen, Benjamin/Göhlich, Michael/Mattig, Ruprecht/Tervooren, Anja/Wagner-Willi, Monika/Zirfas, Jörg (2004): Bildung im Ritual. Schule, Familie, Jugend, Medien. Wiesbaden: VS.

Wulf, Christoph/Althans, Birgit/Blaschke, Gerald/Ferrin, Nino/Göhlich, Michael/Jörissen, Benjamin/Mattig, Ruprecht/Nentwig-Gesemann, Iris/Schinkel, Sebastian/Tervooren, Anja/Wagner-Willi, Monika/Zirfas, Jörg (2007): Lernkulturen im Umbruch. Rituelle Praktiken in Schule, Medien, Familie und Jugend. Wiesbaden: VS.

Wulf, Christoph/Althans, Birgit/Audehm, Kathrin/Blaschke, Gerald/Ferrin, Nino/Kellermann, Ingrid/Mattig, Ruprecht/Schinkel, Sebastian (2011): Die Geste in Erziehung, Bildung und Sozialisation. Ethnographische Feldstudien. Wiesbaden: VS.

Wulf, Christoph/Bittner, Martin/Clemens, Iris/Kellermann, Ingrid (2012): Unpacking recognition and esteem in school pedagogies. In: Ethnography and Education. 7,2. London: Taylor and Francis, S. 59–75.

Wulf, Christoph/Fischer-Lichte, Erika (Hrsg.) (2010): Gesten. Inszenierung, Aufführung, Praktiken. München: Wilhelm Fink.

Wulf, Christoph/Göhlich, Michael/Zirfas, Jörg (Hrsg.) (2001): Grundlagen des Performativen. Eine Einführung in die Zusammenhänge von Sprache, Macht und Handeln. Weinheim/München: Juventa.

Wulf, Christoph/Kamper, Dietmar (Hrsg.) (2002): Logik und Leidenschaft. Berlin: Reimer.

Wulf, Christoph/Merkel, Christine (Hrsg.) (2002): Globalisierung als Herausforderung der Erziehung. Theorien, Grundlagen, Fallstudien. Münster/New York: Waxmann.

Wulf, Christoph/Suzuki, Shoko/Zirfas, Jörg/Kellermann, Ingrid/Inoue. Yoshitaka/Ono, Fumio/Takenaka, Nanae (2011): Das Glück der Familie. Ethnographische Studien in Deutschland und Japan. Wiesbaden: Springer VS.

Wulf, Christoph/Zirfas, Jörg (Hrsg.) (2003): Rituelle Welten. Paragrana. Internationale Zeitschrift für Historische Anthropologie. 12, 1/2.

Wulf Christoph und Zirfas, Jörg (Hrsg.) (2004a): Die Kultur des Rituals. Inszenierungen, Praktiken, Symbole. München: Wilhelm Fink.

Wulf, Christoph/Zirfas, Jörg (Hrsg.) (2004b): Innovation und Ritual. Jugend, Geschlecht und Schule. Zeitschrift für Erziehungswissenschaft. 2. Beiheft.

Wulf, Christoph/Zirfas Jörg (Hrsg.) (2007): Pädagogik des Performativen. Weinheim/Basel: Beltz.

Kapitel II
(E-)Migration, Postkolonialiät und Transkulturalität

Identisch – Nicht-Identisch?

Ein kultureller Denkanstoß zur Heimat

Diana Lohwasser

Einleitung

Diskurse über Heimat und Flucht operieren im öffentlichen – und manchmal auch im wissenschaftlichen – Diskurs oftmals mit universalistischen Kulturvergleichen, die durch Identifizierung und Differenzierung von bestimmten kulturellen Eigenheiten zu einem besseren Verständnis und zu einer besseren Integrationspraxis der jeweils anderen Kultur führen sollen. Durch Relativierung von kulturellen Unterschieden soll die Kultur- bzw. Völkerverständigung ‚optimal' funktionieren, bspw. durch Integrationsfernsehen oder -broschüren, die die Differenzen aufzeigen und minimieren sollen. Die eigene/fremde Kultur (etwa von Asylsuchenden oder auch Bewohner von Tourismusregionen) wird dadurch nicht nur durch eine fremde/eigene Kultur assimiliert und konstruiert, sondern gleichzeitig auch negiert und missachtet. Sowohl von der eigenen wie auch der fremden Kultur wird eine kulturelle Identität konstruiert, die mit der Alltagspraxis der Menschen zum Teil nur wenig gemein hat und den Begriff von Heimat einerseits suspendiert, und andererseits idealisiert – und so zu Ab- und Ausgrenzungen führt.

Dieser Beitrag beschäftigt sich mit der Frage nach dem Identischen bzw. Nicht-Identischen von Kultur(en) im Kontext von Heimat und inwieweit eine Perspektivierung auf das Nicht-Identische im Sinne von François Jullien (2012) zu einem anderen Verständnis und einer anderen Praxis des Kulturverstehens führen kann. Dabei soll verschiedenen kulturellen Spuren nachgegangen und diese kritisch hinterfragt werden. Hierbei stellen sich die Fragen, ob und wie man tatsächlich von einer kulturellen Heimat bzw. kulturellen Identität sprechen kann? Und welche Möglichkeit gibt es, diese Konstruktion von kultureller Identität zu vermeiden? Welche Konsequenzen ergeben sich für die Pädagogik?

Folgt man den kulturellen Spuren des Begriffs Heimat, wird mit diesem eine kulturelle Identität impliziert, die durch Sozialisation und Erziehung eingeübt, eingeprägt und gelebt wird. Diese kulturelle Identität garantiert Zugehörigkeit und Sicherheit und ist identisch mit den eigenen Gewohnheiten. Allerdings sind damit auch Zuschreibungen verbunden, die die kulturelle Zugehörigkeit (eindeutig) identifizieren. Diese Identifizierung ist mit Stereotypen, Stigmatisierungen, Macht- und Statusrelationen verbunden. Es geht hier nicht um eine gemeinsame Heimat, die allen zusteht, sondern um eine definierte zuschreibende Zugehörigkeit zu einer konkreten Heimat, die sich unterschiedlich manifestiert. Vor allem dem westlichen bzw. dem europäischen Denken ist diese Tendenz des Identifizierens bzw. des Identisch-machens zu eigen. „[D]em europäischen Denken in seiner gesamten Geschichte" wohnt „die Tendenz" inne, „Identität nicht im Sinne gemeinsamer Zugehörigkeit zu ein und derselben Welt zu verstehen, sondern im Sinne eines selbstbezüglichen Verhältnisses, des Erscheinens des Seins und seiner Manifestation im Sein oder auch im Spiegel seiner selbst" (Mbembe 2014, S. 11 f.).

In diesem Zusammenhang können zwei Ordnungseinheiten ausgemacht werden: Zum einen wird kulturelle Identität (Heimat) bzw. die Zugehörigkeit zu dieser von jemanden festgelegt und zum anderen gibt es Merkmale, die jemandem eine kulturelle Identität zuordnen, d. h. jemand wird mit einer Kultur identifiziert, ‚identisch gemacht'. Als ausschlaggebende Zuordnungsaspekte stehen Merkmale, die den Menschen auf etwas reduzieren und diesen nicht als Ganzes betrachten, wie etwa Hautfarbe, Religion, Herkunft, Sprache u. v. a. m. Diese identifizierende Reduktion wird zum Maßstab für die kulturelle Identität. Allerdings wirkt diese Reduktion nicht nur auf die Identifizierung von Fremden sondern ebenso auf das Eigene. Das Eigene wird hier genauso von der Alltagspraxis der Menschen entkoppelt und damit zu einer Oberflächensimulation von Heimat, die Eindeutigkeit, Sicherheit und Harmonie versprechen soll. Heimat wird zu einem Konstrukt, das sich durch den Versuch der Identifikation selbst zu etwas Singulärem macht, das lediglich mit sich selbst identisch sein kann.

Daran anschließend stellt sich die Frage, wie jemand einer einzigen Kultur eindeutig zugeordnet werden kann, aber auch, ob hier nicht sogar konsequenterweise von einem Stillstehen von Kultur gesprochen werden muss. Identischmachen heißt die Lebendigkeit von Kultur(en) zu ‚töten', Kultur zu einem Relikt zu machen, das sich gegen die eigene Zukunft wendet.

„Nun der ausschlaggebende Punkt ist dieser: eine kulturelle Identität ist nicht möglich. Oder auch: man kann nicht festlegen, was das ‚Eigentliche' einer Kultur sein – ausmachen – und woran sich ihr wahres Wesen, ihre Essenz konstituieren könnte. Denn was ist dieses ‚Eigentliche' des Kulturellen? Es besteht wohl im

Wandel und in der Veränderung. Eine Kultur, die sich nicht mehr wandeln würde, wäre eine tote Kultur" (Jullien 2014, S. 26).

Hieraus lässt sich folgern, dass Kultur als dynamischer Prozess verstanden werden muss, der eine stetige Transformation durchläuft, und dadurch nie identisch mit sich selbst werden kann, weil sie ansonsten nicht mehr wachsen könnte. Somit wäre ein ‚Ende' von Heimat bzw. kulturellen Identität die Konsequenz. Heimat wächst an Veränderungen, an eigenen Herausforderungen und dem Fremden. Das Nicht-Identische nährt das scheinbar Identische einer Kultur, die ihre eigene Definition stetig wandelt. Das Identische verhindert und beschränkt Kultur und jedes Identisch-machen, könnte man sagen, ist ein Gewaltakt gegen eine freie kulturelle Artikulation und Wandlung. Diese Gewalt überträgt sich vor allem auf das Fremde, das das Eigene scheinbar bedroht. Allerdings bedroht sich das Eigene selbst, wenn es das Fremde aussperrt. Denn das Fremde erhält das Eigene und macht es lebensfähig. Das Eigene und das Fremde ‚nähren' sich gegenseitig und benötigen sich, um sich wandeln zu können. Und diese Wandlungsfähigkeit benötigt die Heimat bzw. die kulturelle Identität, um sich überhaupt konstituieren zu können. Der Gewaltakt des Identisch-machens enteignet Heimat von sich selbst.

Die Gewalt dieses Identisch-machens, das in einer Heimat oder kulturellen Identität münden soll, soll anhand zweier Beispiele kurz illustriert werden. Das erste bezieht sich auf das 2014 im Deutschen erschienene Buch *Die schwarze Vernunft* von Achille Mbembe, das zweite auf François Julliens *Affenbrücke* von 2012.

Die schwarze Vernunft beschreibt die Konstruktion einer Quasi-Ethnizität, die durch die ökonomischen Mechanismen und Zuschreibungen des Sklavenhandels entstanden ist: der sogenannte „Neger" und sein Herkunftsland Afrika. Die damit bezeichneten Menschen werden mit bestimmten Merkmalen und Eigenschaften ausgestattet und ihren wird gleichzeitig eine Heimat und kulturelle Identität gegeben. Beides ist konstruiert durch den Kolonialkapitalismus, in dem Menschen „identifiziert" wurden, um sie verkaufen und versklaven zu können. Mit der Bezeichnung „Neger" wurde der verkaufte Mensch seines Menschseins entledigt; damit erfolgte zugleich eine Rechtfertigung für dessen Versklavung. Es ging hier nicht mehr darum, dass eine bestimmte Menschengruppe noch nicht zivilisiert, zur richtigen Religion oder Kultur gehört und noch zum Menschen erzogen werden muss, wie es in den Jahrhunderten zuvor der Fall war, sondern es wurde vielmehr eine Quasi-Ethnizität erfunden, um ökonomische Interessen problemlos durchsetzen zu können. Der „Neger" war die erste große Erfindung des westlichen Kapitalismus, die dazu führte, das Menschen unterschiedlicher Herkunft, Sprache etc. entführt, versklavt und ermordet wurden, um daraus Profit zu schlagen. Der Mensch wurde objektiviert zur Ware, die kein Mensch mehr war, sondern verkaufbares und beliebig verwendbares Gut.

Kulturelle Identität hat hier ganz klar den Zweck der Kapitalakkumulierung, die den versklavten Menschen zu einem Objekt macht und gleichzeitig seiner kulturellen Artikulation entmächtigt. Diese Konstruktion einer Rasse, des „Negers", und auch die Konstruktion eines fiktiven Herkunftslandes „Afrika", wurde nicht mit dem Verbot der Sklaverei aufgehoben, sondern sie hat sich weiterentwickelt und bemächtigt sich weiterhin einer zuordnenden Funktion, die Menschen ihres Menschseins entzieht.

Der aus Kamerun stammende Politikwissenschaftler Achille Mbembe beschreibt diese Konstruktion des Negers als eine perfide Machtaneignung der europäischen Kolonialherren. Diese geschieht vor allem durch Sprache, die sich in die Psyche der Menschen einbrennt und diese manipuliert (vgl. Mbembe 2014, S. 28 ff). Zum einen wird hier eine Rasse konstruiert, die weder „natürlichen, physischen, anthropologischen oder genetischen Tatsachen" (ebd., S. 28) entspricht. Zudem wird der Neger zu einer Metapher des gefährlichen Dunklen, des vollkommen Andersartigen:

„Als jede Gestalt überschreitende und deshalb grundsätzlich nicht darstellbare Gestalt galt insbesondere der Neger als perfektes Beispiel dieses intensiv von der Leere bearbeiteten Andersseins, dessen Negativ am Ende alle Momente des Daseins durchdrungen hat – Tod des Lichts, Zerstörung und Untergang, namenlose Nacht der Welt" (ebd., S. 30).

Des Weiteren wird als Heimat des Negers ein Nicht-Ort konstruiert, der „scheinbar aus der Welt gefallene Ort namens Afrika, dessen Besonderheit darin besteht, dass es keine Gattungsbezeichnung und erst recht kein Eigenname ist, sondern Hinweis auf die Abwesenheit eines Werkes" (ebd., S. 32) und auch einer Geschichte. Der „Neger" und „Afrika" gelten weiterhin in der westlichen Welt als eindeutig identifizierbare Tatsachen. Dass es beide realiter nicht gibt, spielt meistens keine Rolle, da ansonsten – vorwiegend ökonomische – Interessen der ‚Nicht-Neger' nicht umgesetzt werden können. So werden Menschen, deren Haut einen dunkleren Teint als den typisch weißen aufweist, als „Neger" bezeichnet, auch wenn sie keinerlei Bezug zum Kontinent Afrika haben; sie werden ge(kenn)zeichnet und mit Vorurteilen versehen – wobei diese Definition als absolut willkürlich gelten muss. Diese diskursiven Praktiken führen zu einer expliziten Gewalt: Beispiele hierfür sind momentan die Morde an Afro-Amerikanern durch Polizisten in den USA oder auch die Ausbeutung von Bodenschätzen durch die Volksrepublik China in verschiedenen afrikanischen Staaten. Diese absurde Logik der Zuschreibung überträgt sich ebenso auf die mit „Neger" bezeichneten Menschen, die diese Stereotype unbewusst festigen; dies wird laut Mbembe etwa im „Panafrikanismus" deutlich sichtbar. Der

„Neger" wird so zu einer Figur, die das Verhalten der Menschen unbewusst steuert. Eine Heimat und eine kulturelle Identität werden hier konstruiert, um Menschen zu versklaven und sich ihrer vollkommen zu bemächtigen. Sklaverei ist in diesem Sinne nicht abgeschafft, sondern sie bedient sich subtilerer Mittel.

Ein weiteres Beispiel für das Identische bzw. das Identisch-machen ist der Tourismus. Dabei spielt es keine Rolle, wo der Tourismus konkret stattfindet. Die Pervertierung der Vorstellung einer kulturellen Identität kann jedoch variieren und wird wahrscheinlich bei einer „fremderen" Kultur offensichtlicher als bei einer etwas näher stehenden, wobei die Grenzen zwischen fremder und eigener Kultur sich sehr schnell verschieben können. So kann ein bayrischer Volkstanz genauso schnell zur Verwunderung führen wie ein samoischer Volkstanz. Das grundlegende am Identisch-machen ist hier, dass der Tourist bestimmte Vorstellungen von einem Land, einer Region usw. hat, die ihm zuvor von den Reisebroschüren meistens bestätigt oder von diesen auch erst konstruiert werden. Der Reisende erwartet, dass er im Urlaub traditionelle kulturelle Artikulationen erfährt. Allerdings werden diese kulturellen Ausdrucksformen von den Einheimischen, in den meisten Fällen, in einer Art Re-enactment aufgeführt. Jullien spricht hier von einem „Theater des ‚Indigenen' " (Jullien 2012, S. 34).

Diese Pseudoidentität hat allerdings zur Folge, dass die Einheimischen selbst diese Form der kulturellen Identität leben (müssen) und sich so selbst fremd werden. Es wird ein Begriff von Heimat konstruiert, der weit vom eigenen Alltag entfernt ist. Der Exotismus, den die Tourismusbranche postuliert, soll Touristen ein Gefühl von Klarheit, Sicherheit und Geborgenheit geben. Das Fremde wirkt hier nicht bedrohlich, sondern heimisch.

> „Die Welt der Diversität, ja, die wollen wir, sagt die Tourismuswirtschaft, aber antiseptisch, nicht bedrohlich oder empört (wie zum Beispiel der Islam für den Westen): Sie soll uns nicht in Frage stellen, sondern uns unterhalten, ein Ventil sein in diesem System der Zwänge und der Angstmacherei, damit wir idyllischerweise noch an die Utopie glauben können; ihr Potenzial der Andersartigkeit soll von Anfang an entschärft werden. Ein ‚Außen', aber ein entgegenkommendes, auf ewig abhängiges (bereits entfremdetes): Das ist der Wunsch des Exotismus" (ebd., S. 39).

Der Tourismus konstruiert eine Ur-Kultur, die in Tourismusregionen gelebt werden muss, um den dadurch erlangten bzw. konstruierten „Wohlstand" aufrecht zu erhalten. Würde dieses lukrative Heimatkonstrukt nicht weiter vor den und für die Touristen bestätigt werden, würde der Tourismus zurückgehen und die jeweilige Region oder das jeweilige Land dadurch Profit einbüßen. Die „Einheimischen" müssen sich für ihre Quasi-Heimat versklaven und zu etwas werden, das sie nicht sind, aber das sie darstellen müssen, um überleben zu können, da der Tourismus andere Formen des Lebens verdrängt, wie etwa die Landwirtschaft. In den meisten Fällen wirkt hier der Begriff von Heimat regressiv auf die Menschen, sie können sich nicht frei enttfalten, sondern werden unterdrückt von der Gewalt des Identisch-machens. Sie konzentrieren sich auf das, was sie nicht sind und werden dadurch zu dem, was sie – etwa für die Wirtschaft – sein sollen.

Die notwendige Transformation von Kultur wird durch den Tourismus oder durch den Begriff „Neger" suspendiert. Durch dieses Insistieren auf eine kulturelle Identität, die alles identisch machen möchte, wird das notwendige Nicht-Identische ausgeblendet. Das Nicht-Identische ist keine Negation des Identischen, sondern ein Prozess darstellt, der zunächst nicht greifbar wird, aber auf die Art und Weise der kulturellen Artikulation einwirkt. Durch dieses Wirken wird Kultur transformiert. Mit Jullien gesprochen: Es vollzieht sich eine stille Wandlung, die allerdings ausschlaggebend für eine lebendige Kultur ist. Kulturen können in diesem Sinne als Manifestation des stetigen Wandels betrachtet werden: „Kultur ist immer gleichzeitig dabei, sich zu homogenisieren und zu heterogenisieren, zu verschmelzen und sich abzugrenzen, sich zu ent- und wieder re-identifizieren, sich durchzusetzen (zu dominieren) und in die Opposition, in den Widerstand zu treten" (ebd., S. 16). Das Nicht-Identische ist nicht das Gegenteil des Identischen, sondern bezeichnet etwas, das sowohl das Identische als auch das Un-Identische umfasst. Das Nicht-Identische manifestiert sich im Dazwischen. Das Besondere an dieser Idee von Kulturen ist, dass sie nicht-identisch mit sich selbst sind, sie äußern sich in einem Dazwischen, das unbestimmt bleibt bzw. nicht kategorisiert werden kann. Dieses Dazwischen kann als Möglichkeit verstanden werden, den komplexen Prozess der Transformation von Kultur(en) zu beschreiben.

Das Dazwischen

Wie kann man nun diese Mechanismen des kulturell Identisch-machens vermeiden? Und wie können Kulturen außerhalb dieser Kategorien und Schablonen betrachtet und verstanden werden? In der Regel wird im westlichen Kontext auf Gemeinsamkeiten und Gegensätze von Kulturen eingegangen und diese Momente werden dann als Maßstäbe von Untersuchungen, vor allem fremder Kulturen, eingesetzt:

„Das Gemeinsame von Kulturen wird zumeist nach folgenden leichten Vorstellungen und umgekehrten Spielregeln betrachtet: entweder man versammelt oder man isoliert; entweder man verbindet oder man sortiert aus. Entweder man träumt von einer Synthese der Kulturen, indem man zusammenlegt, was sich ergänzt; oder man trennt im Gegensatz dazu und hebt in ihnen hervor, was sich in ihnen an Identischem findet, man hält nur ihren gemeinsamen Nenner fest" (Jullien 2009, S. 153).

Auf der einen Seite wird nach Universalismen und Gemeinsamkeiten gesucht, die alle Kulturen verbindet. Diese Suche führt zu einer Reduzierung auf Elemente von Kulturen, die sich eindeutig bestimmen und dadurch die Identität einer Kultur eindeutig bestimmbar werden lassen. Auf der anderen Seite gibt es den Relativismus, der zwar diese Eindeutigkeit bzw. Zuschreibung von Gemeinsamkeiten unterlässt, jedoch Kultur sehr weit begreift und damit die Möglichkeit einer Auseinandersetzung mit Kultur(en) unplausibel erscheinen lässt, weil die Unterschiede zu groß sind, um sie vergleichbar zu machen.

Der Kultur-Universalismus wie der Kultur-Relativismus zeigen Extreme der Auseinandersetzung mit Kultur(en) auf, die lediglich dazu führen, dass Missverständnisse erzeugt werden und Kultur(en) identifizierbar werden, entweder durch die Überbetonung von Gemeinsamkeiten oder von Unterschieden. Diese beiden Formen der Kultur(en)betrachtung zielen auf Differenz ab: Beim Universalismus ist es die Differenz zum Gemeinsamen, beim Relativismus ist es die Differenz zum Eigenen, weil alle Kulturen immer schon anders als die eigene Kultur sind. Der Vergleich, ob universell oder relativ, zielt auf die Differenz. „Die Differenz, die mit Unterscheidungen vorgeht, trennt eine Art von anderen Arten und stellt über Vergleiche fest, was ihre Besonderheit ausmacht. Sie setzt eine übergeordnete Gattung voraus, innerhalb welcher die Differenz sich zeigt, und bestimmt so die Identität" (Jullien 2017, S. 38). Jeder Kulturvergleich identifiziert Kultur(en) und reduziert auf bestimmte Differenzen, die andere Kultur wird als anders gekennzeichnet und assimiliert.

Eine weitere und anders gedachte Möglichkeit Kulturen zu untersuchen, liegt im Dazwischen, das nicht eindeutig zugeordnet werden kann, es „verweist immer auf etwas anderes als sich selbst", ontologisch betrachtet hat es keine Essenz und kann diese auch nicht besitzen (vgl. Jullien 2014, S. 50). „Das Dazwischen hat also keine Eigenschaft, besitzt keinen Status, und folglich schlüpft es unbemerkt durch. Doch zugleich ist das Dazwischen der Ort, an dem alles ‚passiert', alles ‚geschieht' und sich entfalten kann" (ebd., S. 51).

Dieses Konzept des Dazwischen, das an das chinesische Denken angelehnt ist, stellt die Transformation bzw. den Wandel in den Mittelpunkt. Das Dazwischen verweist auf eine fruchtbare Mehrdeutigkeit und nicht auf eine eindeutige Identität. Anders als das westliche bzw. griechische Denken stellt es nicht das Subjekt und dessen Handlung in den Fokus, sondern konzentriert sich auf die transindividuelle Transformation, die Kulturen in einem stetigen Wandel begreift. Durch dieses Verständnis von Kulturen sind diese weder orts- noch zeitgebunden, sie sind global nicht punktuell. Dabei ändert sich nicht nur die Perspektive auf Kulturen, sondern ebenso auf den Menschen, der in ihr lebt und sich mit ihr verändert. Der Mensch wird hier als eine sich stetig wandelnde

Lebensform begriffen, die im Gesamtzusammenhang eingeht und aus diesem heraus wirkt. Es kann hier von einer menschlichen Wirksamkeit durch natürliche Transformation gesprochen werden. Prozesse werden nicht erzwungen, sondern sie geschehen in einem geregelten Verlauf, sie sind keine Epiphänomene, sie entfalten, verdichten und verstärken sich und erhalten dadurch ihre Konsistenz.

Das Dazwischen denkt in Abständen, die nicht aufgelöst werden können, aber ebenso wenig begrenzen. Der Abstand verweist vielmehr über sich hinaus und identifiziert nicht, denn der Abstand sieht die Vielfalt, die sich in ihm manifestiert, weshalb das Zwischen der Abstände und die Abstände selbst stetig im Fluss bleiben, dynamische Formen darstellen und keine Identität annehmen können:

> „Demgegenüber erweist sich der Abstand als eine Denkfigur nicht der Identifikation, sondern der Exploration, die andere Möglichkeiten zutage fördert. Folglich hat der Abstand keine klassifikatorische Funktion, anders als bei der Klassifikation werden keine Typologien erstellt, vielmehr besteht das Ziel gerade darin, über diese hinauszugehen: Mit dem Abstand verbindet sich kein Zurechtrücken, sondern ein *Verrücken*" (Jullien 2017, S. 37).

Das Dazwischen zielt auf Transformation und nicht Assimilation, auf das Nicht-Identische und nicht das Identische.

Das Identische und Nicht-Identische von Kulturen begegnet jedem einzelnen Menschen stetig im Alltag, wir können Prozessen des Identisch-machens nur schwer entgehen, allerdings gibt es die Möglichkeit, sich differenziert mit Zuschreibungen und Konstruktionen von kultureller Identität auseinanderzusetzen. Wie wir die Welt und den Menschen letztlich betrachten, liegt in der eigenen Perspektivierung von Kultur(en).

Mögliche Konsequenzen eines Denkens des Dazwischen für die Pädagogik

Inwieweit lässt sich nun dieses Dazwischen auf die Pädagogik übertragen? Gehen wir vom Ausgangspunkt, von Heimat bzw. kultureller Identität aus, steht zunächst die Handlung des Identisch-machens im Vordergrund. Handlungen identifizieren, sie machen etwas zu etwas. Handlungen fragen nach dem „Was". Was ist das? Was muss ich tun? Pädagogische Handlungen gehen überwiegend von dem „Was" aus. Hierbei besteht die Gefahr der Verkürzung, weil davon ausgegangen wird, das etwas so ist, wie man annimmt. Beispielsweise scheitern manche Integrationsversuche schon an diesem Aspekt, weil durch das Integrieren, also durch den Versuch des ‚Einfügens' in die Heimat bzw. kulturelle

Identität, jemand oder etwas zu etwas Identischem gemacht wird. Es wird davon ausgegangen, dass jemand eine kulturelle Identität hat, die eindeutig ist und dadurch in eine andere kulturelle Identität integriert werden kann. Das Integrieren als eine Handlung des Identisch-machens scheitert daran, dass es Eindeutigkeit als Maßstab ansetzt und nicht Etwas, das nicht identisch ist und wandelbar sein kann.

Das Identisch-machen beruft sich auf Gemeinsamkeiten und Unterschiede, die das Verhalten und Handeln des Anderen voraussehbar werden lassen. Durch diese Identifikation von Gemeinsamkeiten und Unterschieden, dieses Differenzmachen, wird der andere Mensch und seine angeblich eindeutig identifizierbare Kultur auf etwas reduziert, das ihr und ihm nicht gerecht werden kann. Die sich daran anschließende Assimilation in die andere Kultur wird damit gerechtfertigt, dass erkannt wurde, welche Unterschiede Schwierigkeiten bereiten und welche Gemeinsamkeiten eine Integration in eine neue kulturelle Heimat erleichtern. Indem jemand auf Basis einer Reduktion in eine andere Kultur integriert werden soll, wird er schon ausgeschlossen, die Inklusion wird zur Exklusion: „Das *Inklusive* ist also stets zugleich sein Gegenteil – *exklusiv*. Indem es sich zu einem gemeinsamen Inneren zusammenschließt, stößt es aus. Genau das ist das intolerant gewordene Gemeinsame sich einschließender Gesellschaften" (Jullien 2017, S. 17).

Die pädagogischen Inklusionsmaßnahmen der verschiedenen Bundesländer und des Bundes zielen auf diese Differenzanalogie ab: Kulturen werden kategorisiert, Menschen typologisiert und Angebote der Inklusion bzw. Integration danach ausgerichtet. Die Differenz der Ursprungskultur zur neuen Kultur soll minimiert werden. Das diese Angebote jedoch darauf abzielen, lediglich die alte in die neue Kultur zu assimilieren, werden Aspekte wie Sprache, Mentalität, Gewohnheiten auf Aspekte reduziert, die dem anderen Menschen nicht gerecht werden können. Es wird kein Zwischen den Kulturen, was die Inter-Kulturalität ja eigentlich fordert, ermöglicht, sondern eine Differenz hergestellt, die einen Dialog zwischen den Kulturen unmöglich werden lässt. „Wenn der Begriff des ,Inter-Kulturellen' einen Sinn haben soll, kann er nur darin bestehen, dieses *Zwischen*, dieses Zwiegespräch als neue Dimension der Welt und der Kultur zur Entfaltung zu bringen" (ebd., S. 96).

Das traditionelle Differenzdenken führt dazu, Unterschiede zu verstärken, sie zu einem exkludierenden Aspekt zu machen, anstatt sie produktiv zu nutzen. Die Dynamik von Kultur(en) wird dadurch zum Stillstand gebracht und die Möglichkeit der Transformation von Kultur(en) wird unmöglich. Nicht reduzierte Handlungsansätze, sondern gemeinsames Konzentrieren auf das Dazwischen, auf den Dia-log, das Zwischen-Gespräch ist notwendig. Das Dazwischen stellt die Transformation in den Vordergrund: „Die Transformation ist der Ursprung des Kulturellen, und deshalb ist es unmöglich, kulturelle Charakteristiken zu fixieren oder von der Identität einer Kultur zu sprechen" (ebd.,

S. 47). Menschen sind unvorhersehbar, nie eindeutig zu identifizieren, nicht vollständig zu erkennen. Der Mensch besteht aus Inkongruenz, sogar zu sich selbst. Diese anthropologische Uneindeutigkeit korrespondiert mit den menschlichen Prozessen und Wandlungen und mit den Dynamiken von Kultur(en). Deren Transformationspotential ist für ein Dia-log von Kultur(en) notwendig. Die Reduzierung auf kulturelle Identität, auf Heimat leitet fehl: „Es gibt keine kulturelle Identität" (Jullien 2017). Eine Pädagogik, die sich als interkulturell wirksam versteht, muss sich in diesem Zusammenhang vom Differenzdenken lösen und das Zwischen und den Dia-log stärker in den Fokus nehmen.

Die Abstraktheit von Kultur(en) im Zusammenhang von Heimat bzw. kultureller Identität fordert die Pädagogik heraus, sich zu wandeln, andere Perspektiven einzunehmen und diese zu nutzen, um Menschen als Menschen behandeln zu können. Das Dazwischen ist eine Möglichkeit des Umdenkens und des Wandels.

Literatur

Jullien, François (2009): Das Universelle, das Einförmige, das Gemeinsame und der Dialog zwischen den Kulturen. Berlin: Merve.

Jullien, François (2012): Die Affenbrücke. Wien: Passagen.

Jullien, François (2014): Der Weg zum Anderen. Alterität im Zeitalter der Globalisierung. Wien: Passagen.

Mbembe, Achille (2014): Kritik der schwarzen Vernunft. Berlin: Suhrkamp.

Medien, Migration, Multiplizität: Zur Afrikanisierung der Welt

Ivo Ritzer

Dieser Beitrag intendiert, den Konnex von Medien, Migration und Multiplizität zu reflektieren. Dabei wird es den Ausführungen um eine Universalität der Differenz gehen, insofern, als dass die globale Zirkulation von Bildern, Tönen, Narrativen, Finanzen und nicht zuletzt Menschen immer simultan auch in einem partikularen Kontext situiert bleiben, der entsprechend Unterschiede zum universellen Fluss von Kapital und Kultur zwischen den geopolitischen Regionen schafft. Am Beispiel der afrikanischen Produktion *How to Steal 2 Million* und Achille Mbembes einflussreicher Diagnose einer „Afrikanisierung der Welt" ist vorgesehen, einen Begriff des Globalen in basaler Multiplizität zu reflektieren, der eben keine umfassende Realisierung einer putativen Universalität darstellen kann, sondern mit Blick auf jede Region der Erde vielmehr auch eine spezifische und damit stets begrenzte Partikularität aktualisieren muss – gleichwohl aber dennoch immer auf die Totalität des Kapitals verweist.

Abb. 1: *How to Steal 2 Million* (© Indigenous)

1. Der Süden als Vorreiter der Globalisierung

How to Steal 2 Million, der Titel ist Programm: Charlie Vundlas Variation von William Wylers *How to Steal a Million* handelt von der Logik des Kapitals. Dazu folgt das Narrativ Jack Ngubane (Menzi Ngubane), einem alternden Profi-Kriminellen und Ex-Häftling, der nach seiner Haftentlassung eigentlich ein ehrliches Leben im südafrikanischen Johannesburg führen möchte. Sein ehemaliger Partner Julius Twala (Rapulana Seiphemo) jedoch hat andere Pläne mit ihm und hat vor einen millionenschweren Einbruch zu begehen. Ngubane widersetzt sich zunächst, aber als der desolate Arbeitsmarkt der afrikanischen Metropole ihn nicht integrieren kann, fällt er in alte Gewohnheiten zurück. Twalas Vater (John Kani) soll das Opfer des Überfalls werden, den Ngubane zusammen mit der Diebin Olive (Terry Pheto) dann auch durchführt. Es kommt freilich wie es kommen muss, alles geht schnell und alles geht schief. Der Einbruch in das Luxusanwesen läuft aus dem Ruder und fordert Tote um Tote.

Von nichts weniger als einer universellen „Afrikanisierung der Welt" spricht der kamerunische Philosoph Achille Mbembe in seiner Kapitalismusanalyse und Studie zur *Kritik der schwarzen Vernunft* (Mbembe 2014a). Damit reflektiert Mbembe eine globale Ordnung, deren Demarkationslinien nicht mehr zwischen verschiedenen Ethnien verlaufen, sondern sich aus neoliberaler Politik und dem mit ihr korrespondierenden Arm-Reich-Gefälle ergeben. Was *How to Steal 2 Million* eminent deutlich ins Bild rückt, sind die extremen Gegensätze zwischen Wohlhabenden und Besitzlosen. Statt einer rassistischen Apartheid dominiert im heutigen Südafrika nun eine ökonomische Separation der Bevölkerung. Die neoliberale Politik der schwarzen Regierung seit den 1990er Jahren wiederum leistet der neuen gesellschaftlichen Spaltung dadurch Vorschub, dass, wie Mbembe mit Joseph Vogl sagt, „alle Ereignisse und Verhältnisse der Lebenswelt mit einem Marktwert ausgestattet werden könnten" (ebd., S. 15; vgl. auch Vogl 2010, S. 110). Der „Abschaffung der Apartheid" folgt eine „Ägide des Neoliberalismus", durch welche die „Tragödie des Subjekts […], vom Kapital ausgebeutet zu werden" substituiert wird durch die „Tragödie der Vielen, nicht mehr ausgebeutet werden zu können und einer ‚überflüssigen Menschheit' zugewiesen zu werden, die aufgegeben und vom Kapital für sein Funktionieren kaum noch gebraucht wird" (Mbembe 2014a, S. 15 f.). Resultat ist die Desavouierung ganzer Territorien: zu sehen im *downtown* Johannesburg von *How to Steal 2 Million*, das durch den Staat auf keine substantiellen Investitionen mehr hoffen kann.

Abb. 2–5: *How to Steal 2 Million* (© Indigenous)

Die aufgegebenen Bewohner bleiben sich selbst überlassen. Sie sind konfrontiert mit einer durch neoliberale Politik völlig entfesselte Kriminalitätsspirale, die ihnen und der gesamten Nation zur permanenten Todesdrohung wird. Eben jene Begrenzungen der Freiheit, von denen Mbembe mit Blick auf die entlang dem Besitzstand geteilte Weltbevölkerung spricht, werden auf diese Weise besonders nachhaltig apostrophiert. Mbembe spricht hier von einer totalen „Privatisierung der Welt unter der Ägide des Neoliberalismus", d. h. von einer Phase in der Geschichte der Globalisierung, die den Menschen allein an seinem Wert auf dem Markt misst:

> „Der Neoliberalismus ist das Zeitalter, in dem die kurzen Zeiten im Begriff stehen, in die Zeugungskraft der Geldform verwandelt zu werden. Da das Kapital seinen äußersten Fluchtpunkt erreicht hat, kommt es zu einer eskalierenden Entwicklung. [...] Diese Entwicklung ist außerdem gekennzeichnet durch die Produktion von Gleichgültigkeit, die erzwungene Kodierung des sozialen Lebens in Normen, Kategorien und Zahlen sowie durch diverse Abstraktionsoperationen, die den Anspruch erheben, die Welt auf der Basis der Unternehmenslogik zu rationalisieren. Von einem verhängnisvollen Doppelgänger verfolgt, definiert sich das Kapital und insbesondere das Finanzkapital heute als grenzenlos, und zwar sowohl hinsichtlich seiner Zwecke als auch hinsichtlich seiner Mittel" (ebd.).

Dieses Kapital ist durch universale Kommodifizierung und dehumanisierende Indifferenz charakterisiert. Seine Effekte sind radikale Verdinglichung und Handhabbarmachung des Menschen, eine Vermarktung von Leben auf allen Ebenen. „[O]ne of the most brutal effects of neo-liberalism in South Africa has been the generalization and radicalization of a condition of temporariness for the poor", führt Mbembe aus: „For many people, the struggle to be alive has taken the form of a struggle against the constant corrosion of the present, both by change and by uncertainty" (Mbembe 2011, S. 6). Was bleibt, ist häufig nur ein in Gewalt phantasierter Ausweg für die Subalternen:

> „[I]t is as if for many people too much has changed and yet not enough has changed. There is a feeling (especially among the poor) that they are now not merely deprived of wealth and power, but even of life possibilities as such. Throughout the entire society, there is a widely shared belief that in order to further one's claims, it might be better and more efficient to resort to violence rather than to invoke the law. This accelerated turn to an *everyday politics of expediency* rather than a demanding, *disciplined politics of principle* is fueled by the inability to open freedom onto the un-chartered territories of the future" (ebd.).

Die unapologetischen Affektbilder von *How to Steal 2 Million* werden mithin zu einem Medium der Reflexion über den desolaten Zustand der postrassistischen, dafür aber umso stärker fragmentierten Gesellschaft. Der Neoliberalismus mit seiner umfassenden Privatisierung von Ökonomie führt zu einer Politik der radikalen Verschwendung von Leben. Neoliberale Macht degradiert ganze Generation von Menschen zu Abfall des Kapitals, die strukturell vom Wohlstand der Eliten ausgeschlossen werden.

Die beiden Kapstädter Anthropolog*innen Jean und John L. Comaroff treten in ihrer Studie *Der Süden als Vorreiter der Globalisierung: Neue postkoloniale Perspektiven* (2012) mit nichts weniger als dem Anspruch an, die „etablierten Wahrheiten über die gegenwärtigen Verhältnisse durch andere, größtenteils afrikanische Fakten zu erschüttern" (ebd., S. 32). Sie vertreten die nur scheinbar provokative These, dass gegenwärtig der Süden und insbesondere Afrika als antizipierende Kräfte eines deregulierten globalen Marktes fungieren. Für Comaroff und Comaroff steht mithin außer Frage, dass Nationen des Südens heute „nicht etwa am Rande des globalen Kapitalismus, sondern in dessen Zentrum stehen" (ebd., S. 65). Sie argumentieren, dass Staaten des Globalen Südens wie China, Brasilien, Indien, aber auch Nigeria und im Speziellen Südafrika zu den am stärksten durch ökonomische wie kulturelle Dynamiken gekennzeichneten Regionen unserer Zeit zählen. Diese Dynamik fußt zumindest partiell auf eben jenen sozialen Kontradiktionen, die im Zentrum von *How to Steal 2 Million* stehen: eine Welt radikaler Gegensätze, in der hyperkapitalistische Akkumulation auf strukturell exkludiertes Subproletariat trifft, Enklaven des Wohlstands unmittelbar Tür an Tür mit deprivilegierten Subalternen existieren. Es sind beide Welten, die von *How to Steal 2 Million* nachdrücklich zur medialen Anschauung gebracht werden. Die desolate Innenstadt von Johannesburg ist kontrastiert mit den reichen Luxusviertel einer neuen schwarzen Elite, die hinter hohen Mauern residiert und rücksichtslos ihrem Hedonismus frönt. Wie Achille Mbembe zum soziopolitischen Status quo seiner Wahlheimat ausführt:

„The single most important transformation brought about by the end of apartheid was an acceleration in turning South African society from a society of control into a society of consumption. It is the conflation of the form and substance of democracy and citizenship with the rule of consumption that has mistakenly been given the name of a transition to democracy. [...] South Africa has, therefore, entered a new period of its history, one in which processes of accumulation are happening, once again, through dispossession – except that this time round dispossession is conducted by an increasingly predatory black ruling class in alliance with private capital, in the name of custom and tradition" (Mbembe 2014b).

How to Steal 2 Million verbindet mithin den globalen Norden und den globalen Süden in der Geographie von Johannesburg, um jenen Punkt zu machen, auf den auch die Argumentation von Jean und John L. Comaroff hinausläuft: Das unmittelbare Nebeneinander von Wohlstandsenklave und Armutsghetto findet sich nicht nur im „Süden", sondern zusehens auch im „Norden". Vor allem in den USA, wo die aus Kapstadt stammenden Comaroffs heute an der Universität von Harvard lehren, scheint sich der Alltag vieler Menschen mit prekären Teilzeitjobs und anwachsender Verschuldung am Rande der Gesellschaft kaum mehr von den Lebensbedingungen der Bewohner afrikanischer Slums zu unterscheiden. Unweigerlich zwingen diese Bedingungen die Menschen, ihr Leben ohne einen öffentlichen Dienstleistungssektor möglichst kreativ zu organisieren.

Mit den Comaroffs wird die Welt von ihren vermeintlichen Rändern her gedacht, bis sich die Zuschreibungen von Zentrum und Peripherie verkehren. Eine Theorie aus dem Süden, das bedeutet, die afrikanischen Staaten als Avantgarde globaler Entwicklungen zu begreifen: „Die Frage ist nicht mehr die, ob der Westen die ,Zeitgenossenschaft' des Nicht-Westlichen leugnet, ignoriert oder verkennt. [...] Zum großen Teil sind es die Schattenseiten des Westens, seine lumpenproletarischen Seiten, die zuerst im Süden entwickelt werden" (Comaroff/Comaroff 2012, S. 26). Angesichts neoliberaler Maßnahmen der Deregulierung und Öffnung von Grenzen führen nicht zuletzt auch die gewaltsamen Auseinandersetzungen zwischen Staatsmacht und Banlieu-Bewohnern in Frankreich, die Attacken auf Migrant*innen in Großbritannien, den Niederlanden und jüngst auch in Deutschland vor Augen, was für Menschen im Süden lange schon als Alltag gelten muss: „Ein Anschwellen von ethnischen Konflikten, Rassismus und Fremdenfeindlichkeit, von Gewaltverbrechen, sozialer Ausgrenzung und Entfremdung, von schleichender Korruption in Staat und Wirtschaft, von schrumpfenden Arbeitsmärkten, angeschlagenen Mittelschichten, von staatlichem Autoritarismus, Law and Order-Denken" (ebd., S. 30). Das Konzept des homogenen Nationalstaats ist mithin im Norden ebenfalls nicht mehr als eine Fiktion, nachhaltig geschwächt durch „den anschwellenden Strom von Zeichen, Gütern und Menschen, der über seine Grenzen fließt, durch die begrenzte Fähigkeit seines amtlichen Diskurses, durch die begrenzte Fähigkeit seiner Steuerungsinstrumente, die von ihm versprochene Gleichheit seiner Bürger mit den krassen Disparitäten des postkolonialen Lebens in Einklang zu bringen" (ebd., S. 123). Die Polykulturalität der Weltordnung verhindert eine Nivellierung globaler Widersprüche, da an die Stelle staatlicher Souveränität das Primat heterogener Interessen tritt.

Zugespitzt also: Ebenso, wie viel Norden im Süden existiert, so existiert viel Süden im Norden. Für Jean und John L. Comaroff stellt dies eine Analogie asymptotischer Evolution dar, dahingehend, dass sich – so ihre Zukunftsprognose – Süden und Norden immer stärker annähern werden. Wobei es gerade der Norden ist, dem diese Erkenntnis oft noch fehlt, der also „in vieler Hinsicht eine Aufholjagd betreibt" (ebd., S. 26). Den Comaroffs geht es mithin keineswegs darum, wie ein vermeintlich randständiger Süden der globalen Welt zu modernisieren oder zu ‚entwickeln' sein. Gleichfalls erteilen sie aber auch dekolonialen Ansätzen eine Absage, weil jene durch ihr essentialisierendes Proklamat einer genuinen Andersheit südlicher Regionen nicht im Stande sind, die reziproke Komplexität einer globalisierten Moderne zwischen Nord und Süd zu erkennen. Vielmehr treten materielle, kulturelle, politische, soziale und ethische Implikationen der Austauschprozesse in den Fokus des Interesses. Nicht nur, weil alle Teile der globalen Welt bereits ein Netz des modernen Ganzen bilden, sondern auch weil der Süden zentrale Entwicklungen schon hinter sich hat, die nun auch von Europa und den USA bewältigt werden wollen:

„In den letzten Jahrzehnten stieß das Kapital mit seinem Interesse an Flexibilität, Liquidität und Deregulierung immer wieder auf unverhofftes Verständnis in früheren Kolonien, wo postkoloniale Staaten, begierig nach Einkünften und mit einem oft verzweifelten Bedarf an ‚harten' Devisen, Geschäftsleute mit offenen Armen empfingen, Unternehmer zumal, die keine übermäßigen Skrupel haben, die herrschenden Regime zu steuerlichen Anreizen zu drängen, zur Lockerung von Umweltschutzbedingungen, zur Aufhebung von Lohnuntergrenzen, Arbeitnehmerrechten oder Haftungspflichten und zur Unterbindung gewerkschaftlicher Aktivitäten, oder sogar dazu, sie in einem exterritorialen Raum anzusiedeln [...]. Im Endeffekt ist es zunehmend der Süden, [...] in dem die Methoden des Neoliberalismus praktisch erprobt und die äußersten Grenzen seiner Finanzoperationen erkundet wurden – um dann nach Euroamerika exportiert zu werden" (ebd., S. 24 f.).

Aus dieser weitreichenden Diagnose leiten die Comaroffs einen Weckruf ab, der postkoloniale Theorie freilich schon seit jeher beschäftigt hat: Angesichts der konvergenten Entwicklung von Norden und Süden gilt es mehr als je zuvor, jene euroamerikanische Progressionslogik zu dekonstruieren, die bis auf das Denken der europäischen Aufklärung zurückgeht, maßgeblich an den Verbrechen des Kolonialismus mitgewirkt und den Globalen Süden, lange unter dem pejorativen Terminus der sogenannten „Dritten Welt", systematisch ausgebeutet hat. Jean und John L. Comaroff dagegen begreifen den Süden mitnichten als Ort von Tradition, Primitivität und Exotik, vielmehr plädieren sie nachdrücklich dafür, eine eigene Moderne des Südens zu konzipieren. Diese lässt sich gerade nicht als eine bloße verspätete ‚Kopie‘ eines euroamerikanischen ‚Originals‘ fassen, die vermeintlich auf ewig unvollkommen im Warteraum der Geschichte verharrt, um erneut auf jenen Norden zu warten, der seit jeher alle „Rohstoffe – menschliche und materielle, moralische und medizinische, natürliche und künstliche, kulturelle und agrikulturelle – kapitalisierte, indem [er] diese vorgeblich veredelte und mit einem Mehrwert versah" (ebd., S. 9). Stattdessen muss afrikanische Modernität ernsthaft in ihren eigenen Spezifitäten verstanden werden. Es kommt also nicht darauf an, die euroamerikanozentrische Teleologie schlicht umzukehren als vielmehr ihre impliziten Machtstrukturen, Ideologien und Kategorienbildungen in Frage zu stellen. Im Kontrast zum euroamerikanischen Narrativ der Moderne, das auf den Versprechungen der Rationalität ebenso basiert wie auf dem Siegeszügen des Kapitalismus, gleichwohl aber ihr Anderes im Süden als defizitäres Gegenüber stets implizit mitkonzipiert, ist ein theoretischer Eigenwert des Südens zu entwickeln, der ein signifikantes heuristisches Potential besitzt, nämlich zu verstehen, wie „der Süden in der Geschichte der Gegenwart dem Norden vorauseilt, als hyperbolische Präfiguration seiner entstehenden Zukunft" (ebd., S. 31). Es ist genau dieses Moment, das in *How to Steal 2 Million* als Theorie des Südens wiederkehrt. Die Bilder der Produktion präfigurieren in all ihrer Drastik genau jene Afrikanisierung der Welt, die das neoliberale Paradigma auf globaler Ebene durchzusetzen versteht.

Afrikanische Modernität, so Comaroff und Comaroff, ist nicht weniger als ihr euroamerikanisches Komplementärmodell ein Generator neuer Potentiale von Rationalitäten und Lebenswelten, die mit dem Althergebrachten der Vergangenheit brechen. Die Moderne Afrikas ist dabei ebenso wenig auf einen singulären Begriff zu bringen wie das Gegenstück im Norden: Sie war und ist immer „produktiv und destruktiv zugleich in ihrer Missachtung, Nachbildung, Verabscheuung und Umformung europäischer Lebensweisen" (ebd., S. 18). Mithin zeigt sich, wie Süden und Norden eben keineswegs als separate Entitäten verstanden werden können, sondern gerade durch ihre komplexen Interaktionsprozesse definiert sind. Wo klassische Einsichten der postkolonialen Theorie dabei den Fokus darauf richten, wie Identität und Innovation im Norden als direktes Resultat seiner imperialen Kolonisierung des Südens entstanden sind, forcieren Jean und John L. Comaroff diese Perspektive nun noch weiter, wenn sie herausstellen, wie sich in der gegenwärtigen Ära von Neoliberalismus und Kontrollgesellschaft sich die globalen Dynamiken der freien Märkte zuerst im Süden materialisieren. Insbesondere das Afrika von *How to Steal 2 Million* ist es, wo demzufolge neuartige „Assemblagen von Kapital und Arbeit Gestalt annehmen": in einem Südafrika, das mithin „die Zukunft des Nordens präfiguriert" (ebd., S. 23). In der Charakterisierung von Johannesburg als einem Raum – nicht länger rassistischer, umso mehr aber über ethnische Differenzen hinweg wirkender – ökonomischer Apartheid lässt *How to Steal 2 Million* keinen Zweifel daran, wie Gated Communities und Enklaven der Ordnung lediglich deshalb entstehen können, weil sie andere Gebiete ausbeuten und strukturell zu Arealen von Armut, Gewalt wie Exklusion degradieren. Sie vermögen nur zu gedeihen, weil sie simultan systematisch Ungleichheit erzeugen. Dass die Grenzen jedoch nur allzu permeabel sind, demonstriert *How to Steal 2 Million* eindrücklich: Das Villenviertel der City of Johannesburg wird zum Schauplatz der Gewalt.

Abb. 6–7: *How to Steal 2 Million* (© Indigenous)

Dass *How to Steal 2 Million* im Globalen Süden angesiedelt sein muss, ist mit Jean und John L. Comaroffs „Theorie aus dem Süden" mehr als evident: Weil sich nirgendwo sonst, und nirgendwo stärker als in Afrika, die multiplen Konsequenzen der neoliberalen Ordnung so besonders klar zeigen. Afrika, das bis in die 1960er, im südlichen Teil des Kontinents (Zimbabwe/Rhodesien, Namibia, Südafrika) bis in die 1980er und 1990er Jahre hinein von Strukturen kolonialer Ausbeutung bestimmt war und auch in den Folgejahren der formalen Unabhängigkeit auf die Kapitalkonzentration der Kolonialmächte angewiesen blieb, konnte sich bis heute nicht von der Dominanz des Nordens lösen. Überschuldet und in struktureller Unterentwicklung gehalten, kam es in den Postkolonien zu einer kontinuierlichen Ausfuhr von Rohstoffen und unqualifizierter Arbeit. Eigene Industrie hingegen wurde kaum aufgebaut. In Abwesenheit sozialer demokratischer Staaten und deren regulatorischen Marktmechanismen unterblieb eine Abfederung der kapitalistischen Dynamiken, so dass ein ökonomischer Liberalismus ohne Schranken gedeihen konnte. Zusammen mit dem desaströsen Versagen der postkolonialen Eliten auf Basis von Nepotismus, Patronage und Kleptomanie entstand dadurch ein nachgerade idealer Nährboden für einen ausschließlich auf Profitmaximierung ausgerichteten Kapitalismus: mithin „für das Ausschlachten von Unternehmen, die Privatisierung von Gemeingütern, die Plünderung von persönlichem Besitz oder Schmiergeldzahlungen" (ebd., S. 27). Wenn in *How to Steal 2 Million* Politik und Polizei Südafrikas als ineinander verflochtener Filz ökonomischer Interessen charakterisiert werden, führt die Produktion auf paradigmatische Weise vor, was Jean und John L. Comaroff meinen, wenn sie den Süden als Vorreiter der Globalisierung beschreiben und zu erklären versuchen, *how Euro-America is evolving toward Africa*: Südafrika als Ort, an dem sich materialisiert, wie internationales Finanzkapital bei minimalen Kosten maximalen Profit aus der Ausbeutung von Menschen schlägt und unmittelbar in eine direkte „Verfügung über Leben und Tod" (ebd., S. 258) mündet. Die unvermeidlichen Konsequenzen dieses Prozesses: Unsicherheit, Korruption, Instabilität, Wohlstandsgefälle, Exklusion sind heute im Süden wie im Norden gleichsam spürbar. Und *How to Steal 2* Million lässt in seinem Johannesburg der Gegenwart beide Regionen in eins fallen.

2. Politik der Schwarzen Serie

Das Narrativ von *How to Steal 2 Million* ist geprägt von Konventionen der Kriminalfiktion. Insbesondere der frankophone Polar mit seiner spezifischen Noir-Sensibilität prägt den ästhetischen Zugang von *How to Steal 2 Million* (Ritzer 2011). Die Produktion ist stark beeinflusst von der französischen Tradition der Schwarzen Serie (Série Noire), einer anno 1945 vom ehemaligen Surrealisten Marcel Duhamel bei Gallimard initiierten Buchreihe. Zunächst werden in der Schwarzen Serie die *Hardboiled Novels* aus den USA verlegt, d. h. Romane von Raymond Chandler, Dashiell Hammett oder David Goodis. Diese distanzieren sich von psychologischer Introspektion und atmosphärischen

Schilderungen, wie im klassischen Kriminalroman zuvor üblich waren. Stattdessen geht es der Schwarzen Serie um eine Phänomenologie der Aktion. Sie erklärt nicht, sondern sie schildert. Sie schmückt nicht aus, sondern sie legt dar. Sie schweift nicht ab, sondern sie spitzt zu. „Sometimes there is no mystery", hat Duhamel in einem legendären Interview einst konstatiert: „And sometimes not even a detective. So what? ... Then there is action, anxiety, violence" (Duhamel zit. n. Vincendeau 2007, S. 36 f.).

Action, Angst und Gewalt: das ist bereits eine konzise Paraphrase von *How to Steal 2 Million*. Analog zur Schwarzen Serie desavouiert die Produktion eine Tradition narrativer Entwürfe, deren Kriminalgeschichten um gemütvolle Kommissare, prosaische *faits divers* und gewöhnliche Kriminalität unter einfachen Leuten angelegt gewesen sind. Stattdessen stilisiert die Série Noire das Verbrechen und seine Bekämpfung zum Akt heroischer Anstrengung, der heterosexuelle Erotik nicht selten im Agieren einer homosozialen Männergemeinschaft sublimiert. Statt phlegmatischen Protagonisten, die mehr verstehen als strafen wollen und das Einbrechen der Kriminalität in den Alltag konsterniert registrieren, ist der Schwarzen Serie das Verbrechen selbst zum Alltag geworden, wird ebenso brutal exekutiert wie gnadenlos sanktioniert. Polizei und Gangster agieren kompensatorisch: „Wie du mir, so ich dir", damit fasst Gilles Deleuze die Philosophie der Schwarzen Serie zusammen: „Austausch von Gefälligkeiten, nicht minder häufiger Verrat auf beiden Seiten. Immer führt uns alles zur großen Dreieinigkeit der Macht des Falschen zurück: Denunziation-Korruption-Folter" (Deleuze 2003, S. 123).

Bereits in der Literatur zur frankophonen Schwarzen Serie wird darauf verwiesen, wie die Noir-Erzählung auf kosmopolitischen Interdependenzen basiert, die die Schwarze Serie mithin zu einer genuin globalen Produktion machen. Mit *How to Steal 2 Million* ist die Noir-Erzählung keineswegs ein ‚fremder' kultureller Einfluss in Afrika. Die Schwarze Serie fungiert hier als eine mediale Ressource der Multiplizität, die über globale Dissemination flottiert und jeweils wieder partikular assimiliert wird. In diesem Sinne greift *How to Steal 2 Million* auf Traditionen der Série Noire zurück, um das migrierende Medium in einen neuen Kontext zu transformieren. Die Schwarze Serie entwickelt sich mit *How to Steal 2 Million* in ihrer medialen Migration vom Buch zum Bild und von Europa zu Afrika zu einem Signifikanten medienkultureller Differenz; die Ästhetik von *How to Steal 2 Million* markiert einen differentiellen Zwischenraum transnationaler Kultur, in dem partikulare Identität und globale Alterität als Multiplizität neu verhandelt werden (vgl. Ritzer/Schulze 2013).

Dieser Nexus ist als Form eines Äußerungsrechts im globalen Diskurs zu verstehen, das in der ästhetischen Einschreibung von Differenz auch politisches Potential besitzt. Dieses macht Teilhabe an einer kulturellen Multiplizität möglich, wie sie gerade für subalterne Menschen des Global Südens nicht zuletzt symbolisch zu erstreiten ist. Die Möglichkeit des Aussagens verknüpft sich dabei mit einer Form kosmopolitischer Agentur, die ästhetische und diskursive Handlungsräume untrennbar legiert. Hier konstuiert sich eine „multiplicity of the pathways and trajectories of change" (Mbembe/Nuttall 2004, S. 349), die Achille Mbembe reflektiert, wenn er die Bedingungen der Möglichkeit alternativer Handlungsmächte eruiert. Im Kollektiv von partikularen afrikanischen Kräften und globaler medialer Form artikuliert sich mit *How to Steal 2 Million* so eben jene „Geste eines unmotivierten Abstands", die es nach Mbembe für das postkoloniale Afrika im Zeitalter globaler Kräfte zu mobilisieren gilt: „als ein Hin und Her, das die Artikulation eines Denkens der Durchquerung und der Zirkulation erlaubt" (Mbembe 2013). *How to Steal 2 Million* desavouiert im Sinne von Mbembe den kolonialen „Kult der Differenz" zugunsten der Perspektivierung „plurale[r] Chronologien" und dem Postulat „nach einer möglichen Universalität", deren politisches Potential mit Mbembe in einer „Möglichkeit der Zirkulation und des Zusammentreffens von verschiedenen Intelligibilitäten, die das Denken der Welt einfordert" (ebd.), begründet ist.

Das mediale Handlungspotential von *How to Steal 2 Million* liegt dabei in einer Konstitution differentieller Egalität, die über jede Form homogener Macht hinausgeht. *How to Steal 2 Million* gelingt eine reziproke Durchdringung der migrierenden Bilder und der Sprache – besticht *How to Steal 2 Million* doch nicht zuletzt durch ständigen Sprachwechsel, von isiZulu (Bantusprache) zu südafrikanischem Englisch; dieser Film in seiner basalen Multiplizität eine klare Separation von Fremdem und Eigenem unmöglich. Die Vielstimmigkeit von *How to Steal 2 Million* liegt eben darin begründet, dass im transnationalen Dialog unterschiedliche Elemente von Medienkultur miteinander verschmelzen, ohne aber einfach ineinander aufzugehen. Vielmehr ist ein dynamischer Prozess der Begegnung initiiert, an dem bipolare Strukturen zerbrechen müssen. Mit Mbembe wird hier eine neue Form afrikanischer Kultur deutlich, die sich gerade durch ihre Multiplizität definiert und von ihm „Afropolitanismus" genannt wird:

> „Alles in allem hat unsere Art, die Welt zu bewohnen, immer unter dem Zeichen, wenn nicht der kulturellen ‚Hybridisierung', so doch zumindest einer ‚Verfugung' der verschiedenen Welten gestanden – in einem langsamen, manchmal inkohärenten Tanz, dessen Ausformungen wir zwar nicht selbst haben frei wählen können, die wir jedoch mehr recht als schlecht in den Griff bekommen haben und uns dienstbar machen konnten. Das Wissen um diese Verfugung des Hier mit dem Anderswo, das Wissen um die Gegenwart des Anderswo im Hier – und umgekehrt –, diese Relativierung der ursprünglichen Wurzeln und Zugehörigkeiten, diese Art, absichtsvoll das Fremde, den Fremden und das Ferne anzunehmen, diese Fähigkeit, sein eigenes Gesicht in dem des Fremden wiederzuerkennen, die Spuren des Fernen in der nächsten Umgebung zu würdigen, sich Unvertrautes zu Eigen zu machen und mit dem zu arbeiten, was gemeinhin als Gegensatz erscheint – eine derartige

kulturelle, historische und ästhetische Empfindsamkeit ist gemeint, wenn man den Begriff ‚Afropolitanismus' gebraucht" (Mbembe 2015, S. 333 f.).

Anstatt kulturelle Essentialismen zu postulieren, konstituiert *How to Steal 2 Million* in diesem afropolitanen Sinne eine unteilbare Multiplizät disparater Einflüsse, die gerade durch ihre axiomatische Heterogenität eines Hier und Dort besticht.

Abb. 8–9: *How to Steal 2 Million* (© Indigenous)

3. Schluss

How to Steal 2 Million ist ein bemerkenswertes Produkt einer mehrfachen medialen Migration. Im Rekurs auf die Tradition der Schwarzen Serie wird an einem globalen Diskurs partizipiert, der sich nicht länger als nationalspezifisch lokalisieren lässt, gleichwohl er doch simultan fest auf spezifisch afrikanische

Konstellationen bezogen ist. Der differentielle Nexus von Globalität und Partikularität lässt ein multiples Interface entstehen, das die synkretistische Disparität der einzelnen Elemente weniger zu leugnen versucht als vielmehr ostentativ in ihrer Multiplizität ausstellt. Damit konstituiert sich ein synergetisches Amalgam der Kulturen, das in die Zukunft weist: afrikanische Medienkultur zu einem, in jeder Hinsicht, *global player* macht.

Die Medialität von *How to Steal 2 Million* lässt bewusst werden, wie kulturelle Multiplizität stets fragmentierte wie flexible Identitäten impliziert, die miteinander kommunizieren und permanenten Veränderungsprozessen unterworfen sind. *How to Steal 2 Million* verweist damit auf das Potential medienkultureller Globalisierung, wo jede Möglichkeit eines singulären Ursprungs von Kulturen unmöglich wird und sich unentwegt fluide Zwischenräume konstituieren. Identität und Alterität müssen in einer synkretischen Kulturlandschaft dergestalt als untrennbar miteinander verbunden verstanden werden. Auf diese Weise wird letztlich jeder Medientext zu einem transvergenten Moment der Multiplizität, an dem sich Transferprozesse zwischen differenten Medienkulturen ereignen. Sowohl Identitäten als auch Alteritäten erscheinen in diesem Kontext als kulturelle Konstrukte, die sich aus heterogenen Elementen zusammensetzen und einem historischen Wandel unterliegen.

Die Schwarze Serie und *How to Steal 2 Million* kehren aus dieser Perspektive die hegemoniale Ordnung der Dinge um. Sie lassen erkennen, dass es „zum gegenwärtigen Zeitpunkt der Süden ist, der uns am besten erkennen lässt, wie die Welt in ihrer Gesamtheit funktioniert", dass „unser empirisches Erfassen ihrer Wesenszüge und unsere theoretische Arbeit an ihrer Erklärung, zumindest zu einem bedeutenden Teil, aus dem Süden kommt, oder kommen sollte", dass „wir, wenn es um ihre entscheidenden Fragen geht, über den Nord-Süd-Gegensatz hinausgehen könnten, um die allgemeineren dialektischen Prozesse offenzulegen, die diesen Gegensatz hervorgebracht haben und aufrechterhalten" (Comaroff/Comaroff 2012, S. 9). In genau diesem Sinne ist *How to Steal 2 Million* eine ungemein profunde Reflexion über die Verhältnisse unserer Zeit. Eine Theorie aus dem Süden in primär afrikanischer Perspektive, die uns in ihrer medialen Multiplizität dazu anhält, das Bekannte anders zu sehen.

Literatur

Comaroff, Jean/Comaroff, John L. (2012): Der Süden als Vorreiter der Globalisierung: Neue postkoloniale Perspektiven. Frankfurt/M./New York: Campus.

Deleuze, Gilles (2003) Philosophie der ‚Série noire'. In: Ders.: Die einsame Insel: Texte und Gespräche von 1953 bis 1974. Frankfurt/M.: Suhrkamp, S. 120–126.

Mbembe, Achille; Nuttall, Sarah (2004): Writing the World from an African Metropolis. In: Public Culture 16, 3, S. 347–372.

Mbembe, Achille (2011): Democracy as a Community of Life. The Salon 4, S. 1–6.

Mbembe, Achille (2013): Interview mit Achille Mbembe. Online: http://eipcp.net/n/mbembe?lid=mbembe_de (Abruf: 20.11.2017).

Mbembe, Achille (2014a): Kritik der schwarzen Vernunft. Berlin: Suhrkamp.

Mbembe, Achille (2014b): Class, race and the new native. Online: http://mg.co.za/article/2014-09-25-class-race-and-the-new-native (Abruf: 20.11.2017).

Mbembe, Achille (2015): Afropolitanismus. In: Dübgen, Franziska/Skupien, Stefan (Hrsg.): Afrikanische politische Philosophie: Postkoloniale Positionen. Berlin: Suhrkamp, S. 330–337.

Ritzer, Ivo (2011): Polar: Französischer Kriminalfilm. Mainz: Ventil.

Ritzer, Ivo/Schulze, Peter W. (2013): Genre Hybridisation: Global Cinematic Flows. Marburg: Schüren.

Vincendeau, Ginette (2007): French film noir. In: Spicer, Andrew (Hrsg.): European Film Noir. Manchester: Manchester University Press, S. 23–54.

Vogl, Joseph (2010): Das Gespenst des Kapitals. Zürich: Diaphanes.

Migrieren zwischen Heimaten

Afrikanische Künstlerinnen zwischen ‚zeitgenössischer' Kunst und (post-)kolonialer Erfahrung

Gabriele Klein

Künstler*innen sind spätestens seit der Moderne eine Berufsgruppe, die international vernetzt und verortet ist. Sie sind Migrant*innen, Reisende zwischen Städten und Ländern, Nomaden in verschiedenen Kontinenten und Kulturen. Das globale Wandern, die damit verbundene Ortlosigkeit und dauerhafte Flexibilität ist nicht unbedingt freiwillig gewählt. Sie geschieht aus ökonomischen Notwendigkeiten, mitunter ist es auch eine Flucht vor politischer Verfolgung oder vor den Lebensbedingungen in den Herkunftsländern. Ihre „Heimat" und ihre dortigen Lebenserfahrungen übersetzen diese Künstler*innen nicht selten in ihre künstlerischen Arbeiten, die sie allerdings nicht nur als Vorzeigen und Aufführen der „eigenen Kultur" ästhetisch umsetzen, sondern als ein Hybrid zwischen den Traditionen und Gegenwarten ihrer Herkunftsländer verstehen und dem, was in der westlichen Kunst als „zeitgenössisch" bezeichnet wird. Künstler*innen sind kulturelle Übersetzer*innen, das Spannungsfeld von Identität und Differenz ist von daher für sie in besonderer Weise sowohl alltägliche Erfahrung wie künstlerisches Konzept.

Identität und Differenz sind zugleich theoretische Konzepte, die z. B. im Diskurs der *translational* und *postcolonial studies* um kulturelle Übersetzung zentral sind und hier ein Paradox beschreiben: Einerseits soll die Übersetzung dem vermeintlichen Original entsprechen, andererseits zieht der Übersetzungsprozess zwangsläufig Differenz nach sich.

Dieses Paradox zeigt sich insbesondere in der Kunst, weil Übersetzungen hier im Modus des Ästhetischen erfolgen, also nicht auf Eindeutigkeit und sprachliche Genauigkeit angelegt sind. Vor allem wird dies deutlich, wenn es um kulturelle Übersetzungen künstlerischer Praktiken von Tänzer*innen und Choreograf*innen, also von *Körper-Künstler*innen* geht, dies vor allem aus drei Gründen:

1. Die Kulturalität der in spezifischen Techniken ausgebildeten Tanz-Körper sowie die Kulturalität und Sozialität der tänzerischen Sprache und Geste provozieren einerseits die Unmöglichkeit, das Scheitern der Übersetzung. Andererseits forcieren sie zugleich die Produktivität, die genau in diesen Grenzen des Übersetzens liegt und liegen kann.

2. Das den Übersetzungsvorgängen inhärente Paradox von Identität und Differenz hat – neben anderen Strukturkategorien wie Race, Klasse, Ethnizität, Alter – auch einen *genderspezifischen* Aspekt, weil tanzende Körper – als soziale und kulturelle Körper und in bestimmten kulturell verankerten Tanztechniken geschulte Körper – genderspezifische Identitäten und Differenzen produzieren und repräsentieren.

3. Das Paradox von Identität und Differenz wird besonders dort evident, wo es sich auf kulturelle Übersetzungen von Kunst aus ehemals kolonialisierten Ländern bezieht, die auf dem international operierenden westlich geprägten ‚zeitgenössischen‘ Kunstmarkt zirkuliert und hier bestehen muss.

Am Beispiel der künstlerischen Arbeiten der Choreografinnen und Tänzerinnen Germaine Acogny (Senegal) und Mamela Nyamza (Südafrika) konzentriert sich der Text auf die Problematik des Verhältnisses von globaler (Arbeits-)Migration von Künstler*innen und Heimat(-verbundenheit), von hybriden Lebenserfahrungen und künstlerischem Schaffen, von Identitätssuche und Differenzerfahrung. Migrierend zwischen diesen Spannungsfeldern werden von den Künstler*innen Transferleistungen verlangt, die in diesem Text mit dem sozial- und kulturtheoretischen Konzept der Übersetzung gefasst werden sollen. Eingebettet in diesen thematischen Rahmen fragt er nach den kulturellen und ästhetischen Übersetzungen der aus afrikanischen Ländern stammenden Tanz-Kunst auf dem globalen Markt ‚zeitgenössischer‘ performativer Kunst und hier insbesondere nach den Grenzen von Übersetzungsprozessen, nach dem politischen und vor allem dem identitäts- und genderpolitischen Potential, das in der Un/Möglichkeit der tanzkünstlerischen Übersetzung kultureller Erfahrungen in postkolonialen und Postapartheid-Gesellschaften liegt.

Dazu wird im ersten Abschnitt die These entwickelt, dass Heimat auch als ein körpertheoretisches Konzept gelesen werden sollte, besonders dann, wenn der Körper, wie bei Tänzer*innen, auch das Arbeitsinstrument ist. Um deutlich zu machen, welche Rolle „Heimat" und „Herkunft" für das Bestehen auf dem globalen Kunstmarkt spielen, wird im zweiten Abschnitt der für den aktuellen globalen Kunstmarkt zentrale Begriff des „Zeitgenössischen" diskutiert, und dieser vor allem aus einer postkolonialen Perspektive als eine zentrale Verteilungskategorie diskutiert. In einem dritten Abschnitt werden die Lebensläufe, künstlerischen und politischen Positionen von Germaine Acogny und Mamela Nyamza vorgestellt, um dann in einem vierten und letzten Teil die Übersetzungsleistungen ihrer künstlerischen Arbeiten und Lebensformen zur Diskussion zu stellen.

1. „Eine Heimat in dem eigenen Körper haben"

„It is often said that classical ballet is the base. In my opinion, it is African dance that offers the basic precepts, since it respects the body without distorting it" (Acogny, biography.jrank.org/pages/2893/Acogny-Germaine.html).

Dieses Zitat von Germaine Acogny, der sogenannten „Mutter des zeitgenössischen afrikanischen Tanzes", eignet sich, um das Spannungsfeld von Heimat und Migration zu diskutieren und die These zu entfalten, dass Heimat – insbesondere in digitalisierten und Migrationsgesellschaften – weder nur ein topografischer Begriff ist noch ausschließlich ein identitätstheoretisches Konzept, das mit Erinnerungen, Gefühlen, Wissen, Glauben etc. aufgeladen wird. Heimat, so die These, ist eine körpertheoretische Kategorie; das Gefühl von Heimat (Zöller 2015) ist körperlich-leiblich fundiert und habitualisiert. Dies veranschaulicht die Metapher „eine Heimat in dem eigenen Körper haben", die zum Ausdruck bringt, dass es (mitunter) lebenswichtig für Menschen ist, mit ihren Körpern vertraut zu sein, sich wohl und im „eigenen Körper zu Hause" zu fühlen. Insbesondere Menschen erfahren dies, die migrieren und auf der Flucht sind, weil sie oft nicht mehr haben als ihren Körper und der eigene Körper auch das Einzige – zumindest das Wesentliche – ist, worauf sie sich verlassen können und müssen. Neurobiologische Erkenntnisse machen für das körperliche Gefühl von Heimat die synaptische Vernetzung der Engramme verantwortlich, die sie als eine Art Gedächtnisspuren verstehen, die durch positive Reize und Sinneserfahrungen entstanden sind. Bei Menschen, die krank sind und z. B. unter Demenz, Alzheimer oder Schizophrenie leiden, ist dies nicht gegeben (vgl. Mitzscherlich 2010, S. 7–12; 2013, S. 47–67; 2016, S. 4–13).

„Eine Heimat in dem eigenen Körper haben" ist für Tänzer*innen in besonderer Weise wichtig, gehören sie doch zu den Menschen, die ihren Körper zu ihrem beruflichen Instrument gemacht haben und gleichzeitig dieses Instrument nur spielen können, wenn sie in ihrem Körper wohnen. Denn anders beispielsweise als eine Sportler*in, die ebenfalls ihren Körper und dessen Techniken professionalisiert, ist für die Tänzer*in der Körper nicht nur Mittel zum Zweck (der Leistungssteigerung), sondern, wie Giorgio Agamben gezeigt hat, „reine Mittelbarkeit" (Agamben 2001, S. 47–56). Das Plessnersche Theorem der exzentrischen Positionalität von Körper-Haben und Leib-Sein (Plessner 1975) ist für die Tänzer*in deshalb als praktisches Wissen und Können von besonderer Relevanz.

„Eine Heimat in dem eigenen Körper haben", in ihm wohnen, sich darin einzugewöhnen und sich in ihm heimisch, zu Hause zu fühlen, den Körper als

„Habitat" zu erfahren – dieses Gefühl von Sicherheit, Vertrauen und Verlässlichkeit ist nicht an sich gegeben und es ist auch nichts Beständiges. Es ist vielmehr ein Gefühl, das ständig in Bewegung und im Wandel ist. Wäre dies nicht so, dann wäre Heimat, wie Martin Walser 1968, in der Phase eines Modernisierungsschubes, als Heimat noch als Synonym für Provinz stand, schrieb, „sicher der schönste Name für Zurückgebliebenheit" (Walser 1968, S. 40–50).

In der „Flüchtigen Moderne" (Bauman 2003), der „Gesellschaft der Singularitäten" (Reckwitz 2018), in Migrationsgesellschaften, in Zeiten der flexiblen Subjekte, globaler Märkte und entgrenzter, digitalisierter Echtzeit-Kommunikation – wie auch immer man diese Gegenwartsgesellschaften betrachten mag –, meint Heimat weder nur die Haltung der Provinzler noch ist er alleinig präsent als Marketingkonzept (Huber 1999) oder als Kampfbegriff konservativer Politik. Heimat ist auch zu einem nahezu utopischen Begriff geworden, zu einer Sehnsucht, wird doch das Gefühl von Heimat immer wieder irritiert und gebrochen durch Migrationen, neue Be- und Entgrenzungen, durch Brüche und Diskontinuitäten, kulturelle Diversitäten, durch Begegnungen mit dem „Fremden", neue Erfahrungen, neu Erlerntes (s. dazu Apelt/Jesse/Reimers 2017). Für migrierende Künstler*innen ist Heimat überall und nirgends. Dies gilt vor allem für jene Tänzer*innen, die sich auf dem globalen Kunstmarkt bewegen, in unterschiedliche Kontinente reisen und dort arbeiten, verschiedene Körper-Techniken, die immer auch Kultur-Techniken sind, lernen und mit verschiedenen Tanz-Ästhetiken konfrontiert sind. Sie müssen nicht nur ihr Instrument, den Körper, permanent schulen und trainieren und verschiedenen Kulturtechniken zueinander ins Verhältnis setzen und miteinander in Einklang bringen, sondern zugleich die permanent neuen Erfahrungen und Einflüsse verarbeiten. Hinzu kommt, dass Tänzer*innen aus nicht-westlichen Kulturen auf dem sog. globalen Kunstmarkt mit einer Vielzahl von postkolonialen Effekten konfrontiert sind, die ihrem Körper und ihren kulturellen Erfahrungen fremd sind: So ist der sog. globale zeitgenössische Tanzmarkt nach wie vor westlich geprägt und gesteuert und fordert Tänzer*innen aus anderen Kulturen dazu auf, sich an dessen ästhetische Normen, Marktgesetze und institutionelle Strukturen anzupassen.

2. Das „Zeitgenössische" im Tanz.
Eine Kritik aus postkolonialer Perspektive

Im Diskurs um die Kunst afrikanischer Tänzer*innen und Choreograf*innen vollziehen sich seit den 1990er Jahren auf dem internationalen Kunstmarkt verschiedene Veränderungen, die mit der Transformation von moderner Kunst zu zeitgenössischer Kunst korrespondieren. Hatte noch die Avantgarde der (historischen) Moderne zu Beginn des 20. Jahrhunderts die sog. „primitive

Kunst" Afrikas als Inspiration vereinnahmt und angeeignet, so setzte sich mit der Wende zum 21. Jahrhundert eine Kunst durch „mit dem Anspruch auf globale Zeitgenossenschaft ohne Grenzen und Geschichte. Sie setzt sich in Gegensatz zur Moderne und fordert das Recht auf postkoloniale Präsenz" (Belting/Buddensieg 2013, S. 61).

In diesem Sinne sind auch bei der Rezeption der Kunst afrikanischer Tänzer*innen widerstreitende Übersetzungsprozesse in Gang, die den Tanzmarkt global öffnen mit dem Anspruch, allen Tänzer*innen eine Heimat bieten zu wollen, und ihn zugleich schließen, weil die künstlerischen und ökonomischen Gesetze des Marktes nach wie vor hegemoniale westliche Muster aufweisen. Es besteht hier also eine Ambivalenz, nämlich mit der Überschreitung des traditionell westlichen Kunstmarktes und seiner normativen Ästhetik etwas Neues entstehen zu lassen und zugleich – in der Dialektik von Ein- und Ausschluss – althergebrachte kulturelle Hegemonien zu aktualisieren und damit zu konservieren. Wie ist Zeitgenossenschaft in der globalisierten, aber an westlicher Ästhetik orientierten Kunst und im Rahmen eines neoliberalen Kunstmarktes möglich?

Kunst, so sagt man, wirkt über Zeiten hinweg. Choreografien sind hier ein paradoxes Phänomen: Einerseits sind sie in einer bestimmten Zeit entstanden und beziehen sich auf diese Zeit, sie sind als getanzte Form immer nur gegenwärtig. Andererseits sind sie zeitlos und überdauern Zeitalter. Wie Kunstwerke können auch sie zwar kunst- und tanzhistorisch an Relevanz verlieren, ästhetisch aber bleiben sie mit sich identisch: Ein ikonisches Stück wie „Das Frühlingsopfer" von Pina Bausch (1975) beispielsweise bleibt eine Jahrhundertchoreografie, auch wenn es vielleicht irgendwann nicht mehr getanzt werden wird. Sein Wert auf dem zeitgenössischen Markt der Kunst kann also schwanken, die ästhetische Qualität der künstlerischen Arbeit aber bleibt.

Zeitgenössischer Tanz, so lautet eine gängige Definition, ist jener Tanz, der von Zeitgenossen hergestellt und von anderen Zeitgenossen als bedeutend wahrgenommen wird. Das Zeitgenössische am zeitgenössischen Tanz ist also performativ. Es kann nicht nur behauptet, sondern es muss als solches anerkannt werden. Sowohl die Produzent*innen wie die Rezipient*innen müssen deshalb in einem Verhältnis zur gegenwärtigen Zeit stehen.

Das Zeitgenössische, so beschreibt es Henning Ritter, ist „heute keine künstlerische Aussage, sondern eine Eigenschaft des Kunstsystems" (Ritter 2008, S. 35), das auf das Zeitgenössische fixiert sei. Entsprechend bezeichne „zeitgenössische Kunst" unterschiedslos alle Hervorbringungen, die vom Kunstsystem in irgendeiner Form anerkennt und aufgenommen werden.

Einige Autor*innen (vgl. Avanessian/Malik 2016; Netzwerk Kunst+Arbeit 2015; Aranda/Wood/Vidokle 2010; Mackert/Kittlausz/Pauleit 2008), die sich seit Beginn des 21. Jahrhunderts mit dem Begriff zeitgenössisch (bzw. *contemporain* oder *contemporary*) im Kunst-Diskurs befassen, formulieren ihre Kritik am Begriff des Zeitgenössischen ausschließlich orientiert an der westlichen Kunsttradition. Zeitgenössische Kunst ist demnach abzugrenzen von dem westlichen Konzept der modernen Kunst, die noch für sich beanspruchte, durch eine kritische Zeitgenossenschaft eine bloße Zeitgenossenschaft abzuschütteln und eine neue Welt mit den Mitteln des Ästhetischen zu entwerfen. In diesem Sinne moderner Kunstkritik nahmen und nehmen auch viele afrikanische Künstler*innen aus kolonialisierten Ländern kritisch Stellung gegenüber einer gesellschaftlichen und ästhetischen Moderne, von deren kolonialer Geschichte sie unterdrückt und ausgeschlossen wurden. Auf dem nunmehr globalisierten Kunstmarkt finden sie in den (zumeist „weißen") Kurator*innen die vom hegemonialen Markt legitimierte Sprecher*innen vor, die nunmehr die Eintrittskarten in den globalisierten Markt zeitgenössischer Kunst vergeben.

Seit den 1980er Jahren gibt es zudem eine neue weltweite Tänzer*innengeneration, die Zeitgenossenschaft beansprucht und sich von der Moderne und deren hegemonialen Anspruch, der zugleich das „Fremde" markiert, lösen will. Es sind die „Übersetzer*innen", und diese sind nicht primär aus dem Westen kommende „Weiße". Es sind vielmehr Künstler*innen, die wie Germaine Acogny und Mamela Nyzama aus verschiedenen Generationen und verschiedenen Ländern mit unterschiedlichen Kolonialgeschichten stammen und aufgrund ihrer hybriden Lebensläufe und Migrationen auch mit dem Mythos vom „authentischen afrikanischen Künstler" aufräumen und durch ihre eigenen Bildungs- und Künstlerkarrieren und Lebensläufe einem spätkolonialen Paternalismus entgegentreten. Durch ihre Kunst, ihr Leben und ihre Arbeit verändert sich das, was einerseits unter ‚zeitgenössischer Kunst' und andererseits unter ‚afrikanischem Tanz' verstanden und immer als ungleiche Binarität konstruiert wurde. Afrikanischer Tanz gilt seitdem nicht mehr umstandslos, wie noch in der Tanzmoderne, als *objet trouvé*, das durch den westlichen Liebhaber des ‚authentisch Afrikanischen' entdeckt und als Kunst der Anderen mystifiziert oder exotiert wird. Es ist ein Kampf um Anerkennung und Aufmerksamkeit, in dem nach wie vor kolonial geprägte Ein- und Ausgrenzungsmechanismen vorherrschen.

Belting und Buddensieg haben darauf hingewiesen, dass erst im Rahmen dieses Kampfes um Aufmerksamkeit und Anerkennung in der zeitgenössischen Kunst der Begriff der „Übersetzung" relevant geworden sei, da sich die Künstler*innen in ihrer Kunst auf ihre Traditionen beziehen, diese aber vor allem dort zeigen, wo das Verstehen dieser Traditionen an die Grenzen des Übersetzbaren stößt. Ljudmila Belkin bezeichnet deshalb zeitgenössische Kunst als „einen Wertbegriff mit Zulassungsfunktion: Er bestimmt, was Kunst ist und was nicht" (Belkin 2015), mit anderen Worten: Zeitgenössische Kunst ist, um es mit Pierre Bourdieu zu sagen (Bourdieu 2001), ein „Kampfbegriff" im globalisierten Feld der Kunst, mit dem – auch postkoloniale – Politik betrieben wird, und dies erfolgt über den vermeintlichen Ausweis künstlerischer Qualität. Es ist deshalb auch unter Künstler*innen aus aller Welt kein Geheimnis mehr, dass sie erst dann, wenn sie ihre Kunst als „zeitgenössisch" behaupten oder von Anderen als „zeitgenössisch" wahrgenommen werden an dem weltweit operierenden und vom Westen gesteuerten Markt „zeitgenössischer Kunst" teilhaben können. Dass dies über die Figur des Anderen oder über den Nachweis kultureller Hybridität funktioniert, belegt das subtile In- und Exklusionsprinzip dieses Marktes. Der Fremde bleibt ein, um es mit Norbert Elias zu sagen, „etablierter Außenseiter" (Elias/Scotson 1993) und seine Kunst in- und exkludiert zugleich.

Das kann, auch im Tanz, einen hohen Preis haben, bedeutet doch das Label „zeitgenössisch" für die Tänzer*innen sich auf einen Balanceakt einzulassen zwischen den Traditionen der lokalen Kulturen, dem politisch korrekten „Differenz-Anspruch" der Veranstalter und dem Universalismus-Imperativ der Zeitgenossenschaft.

Wie dieser Balance-Akt Germaine Acogny und Mamela Nyamza gelingt, soll im Folgenden veranschaulicht werden. Die Aussagen der Tänzer*innen beruhen auf Interviews, die im Rahmen eines Forschungsprojektes[1] geführt wurden sowie auf Interviews, die bereits publiziert sind.

3. Tanz zwischen den Heimaten

Germaine Acogny: Zwischen Negritude-Bewegung und modernem Ballett

Die senegalesische Choreografin und Tänzerin Germaine Acogny gilt weltweit als „Mutter des zeitgenössischen afrikanischen Tanzes". Im Jahr 1968 eröffnete sie ihr erstes Tanz-Studio in Dakar, wo sie damit begann, Form und Technik dessen zu erforschen, was sie fortan „zeitgenössischen afrikanischen Tanz" nennt. Diesen versteht sie als ein Hybrid unterschiedlicher Tanzformen und Techniken: Sie bestehen einerseits aus Elementen des klassischen Balletts und modernen europäischen Tanzes, den Germaine Acogny seit den 1960er Jahren durch unterschiedliche Tanzausbildungen in Belgien und Frankreich professionalisierte, sowie andererseits aus verschiedenen, vornehmlich (west-)afrikanischen Tänzen, darunter auch animistische Ritualtänze, die sie von ihrer animistischen Großmutter, einer Yoruba-Priesterin in Benin, erlernte. Germaine Acogny wurde im Jahr 1944 in Benin geboren, lebte dort bis zu ihrem sechsten Lebensjahr, dann zog die Familie in den Senegal, wo ihr Vater

---

1 Das Forschungsprojekt war eins der sieben Teilprojekte des von mir geleiteten Forschungsverbundes „Übersetzen und Rahmen. Praktiken medialer Transformationen" (1/2015–12/2017) (s. https://www.bw.uni-hamburg.de/uebersetzen-und-rahmen.html). Die Interviews wurden von mir allein und gemeinsam mit der wissenschaftlichen Mitarbeiterin Claude Jansen geführt.

als Offizier für die französische Kolonialregierung arbeitete. Er bestand darauf, dass seine Tochter in der französischen Kultur und dem französischen Bildungssystem erzogen wurde. 2015 widmet sie ihm und ihrer Kindheitsgeschichte ein mit dem Regisseur Mikaël Serre entwickeltes Stück „Somewhere at the Beginning", in dem sie die Erinnerungen und Aufzeichnungen des Vaters zum Anlass nimmt, um die Dominanz der französischen Kolonialherrschaft in ihrer eigenen Familie, die auch in der Verleugnung seiner eigenen Mutter, einer Yoruba-Priesterin bestand, in Szene zu setzen.

Aber der hochrangige Dienst ihres Vaters in der Kolonialregierung ermöglichte ihr auch das Reisen: Von 1962 bis 1968 studierte sie klassisches Ballett in Frankreich, 1968 kehrte sie zurück nach Dakar. Bis 1977 lebte sie wieder zwischen Paris und Brüssel, wo sie besonders mit Maurice Béjart, einem der wichtigsten Reformer des neoklassizistischen Balletts im 20. Jahrhundert, zusammenarbeitete.

Tanztechnik als Heimat

Im Jahr 1977 ging sie mit Béjart, dessen Vater, der Philosoph Gaston Berger, im Senegal geboren worden war, nach Dakar und begründete gemeinsam mit ihm die Tanzschule „Mudra Afrique", die beide bis zum Jahr 1982 leiteten. Die Schule wurde vom ersten senegalesischen Präsidenten und dem Begründer der Négritude-Bewegung, dem Philosophen und Schriftsteller Léopold Sédar Senghor, initiiert und subventioniert – Senghor sah die „schwarze Frau" und den Tanz als Inbegriff der Négritude an, was er bereits in dem Gedicht „La femme noire", das 1945 erstmals publiziert wurde, niedergelegt hatte.

Während dieser Zeit arbeitete Germaine Acogny an den Grundlagen ihrer Technik, die sie als eine „Modernisierung" des afrikanischen Tanzes und zugleich als eine „Afrikanisierung" des europäischen Ballettkörpers bezeichnet. Bereits 1974 sagt sie:

„Wir müssen eine Ausdrucksform und eine Persönlichkeit erreichen, die unsere eigenen sind, nämlich durch die Arbeit mit dem rhythmischen afrikanischen Tanz. [...] Wir haben versucht, die Tanzformen der Diola, Sereer, Wollof und Mandike zu bearbeiten. Diese Bearbeitungen sind für einige Menschen Grund zur scharfen Kritik gewesen, besonders für die, die sich für die Kunst der Neger (Negre) interessierten. Man hat uns vorgeworfen, daß wir die afrikanischen Tänze kodifizieren wollen und damit einen Stil entwickelt haben, der dem von Katherine Dunham ähnlich ist. Diese Kritik scheint uns nicht richtig. Aber wir haben in unseren Kreationen den Geist und die Seele Afrikas erhalten. [...] Wir wollen den afrikanischen Tanz nicht unterwerfen (assujetir). Wir möchten ihn nur modernisieren und ihm den Platz geben, der ihm zusteht" (die Zitate stammen aus ersten Aufzeichnungen von Germaine Acogny zu ihrer Tanztechnik aus dem Jahr 1974. Aufzeichnung und Übersetzung: Tanzarchiv Köln).

Die Grundlagen ihrer „zeitgenössischen afrikanischen Tanztechnik", wie sie es zunächst nannte und später als „Acogny-Technik" bezeichnete, hat Germaine Acogny in dem Buch *Danse africane / Afrikanischer Tanz / African dance* (Acogny 1980) niedergelegt. Ungewöhnlich war – und ist bis heute – nicht nur, dass Tänzer*innen ein Buch publizieren und sich damit akademisieren, sondern auch, dass dieses Buch dreisprachig erschien, in den Sprachen Französisch, Englisch und Deutsch.

Nachdem die Schule „Mudra Afrique" im Jahr 1982 geschlossen wurde, gingen Béjart und Acogny zurück nach Belgien, wo sie weiterhin zusammenarbeiteten. Hier entwickelte Acogny zudem weitere Kollaborationen mit europäischen Choreograf*innen und arbeitete unter anderem mit dem britischen Musiker Peter Gabriel. Von nun an lehrte und produzierte sie weltweit, bis sie im Jahr 1985 gemeinsam mit ihrem deutschen Ehemann Helmut Vogt eine Tanzschule in Toulouse gründete, um den „zeitgenössischen afrikanischen Tanz" auch in Europa zu lehren. Doch ihre starke Verbindung zum Kontinent ihrer Geburt brachte sie zurück in den Senegal, wo sie sich im Jahr 1988 gemeinsam mit Helmut Vogt eine neue Heimat schuf: die *École des Sables*, ein Zentrum für den „zeitgenössischen afrikanischen Tanz". Dies ist mehr als eine Schule, es ist ein Kunstzentrum und als solches im afrikanischen Kontinent eine Art gelebter Utopie, eine Heterotopie: Der Ort ist ein kleines Dorf, der sowohl Schüler*innen als auch Choreograf*innen, Tänzer*innen und Akademiker*innen aus aller Welt die Möglichkeit bietet, entweder in die Tanztechnik Acognys eingeführt zu werden oder aber eine mehrjährige Ausbildung zu absolvieren und mit einem Diplom abzuschließen. Ebenfalls ist das Zentrum Produktionsstätte für (inter-)kontinentale Kollaborationen sowie Produktions- und Aufführungsort. Mit der dort im Jahr 1998 begründeten Tanz-Companie *Jant-Bi* tourt Germaine Acogny bis heute weltweit.

Die politische Verantwortung der Künstlerin

Im Rahmen ihrer künstlerischen Tätigkeiten war Acogny immer auch eine politische Figur, denn durch die von ihr entwickelte Tanztechnik des „zeitgenössischen afrikanischen Tanzes" etablierte sie eine postkoloniale Position und eine emanzipierte Haltung als afrikanische Tänzerin, Künstlerin und Frau – dies sowohl in ihrem eigenen Land als auch in der internationalen Tanzszene. Ihr Selbstverständnis als politische Künstlerin wird beispielsweise anschaulich an dem 2007 mit dem renommierten New Yorker Bessie-Award als bestes Tanzstück ausgezeichneten Stück „Fagaala" (Genocide), das sie zehn Jahre nach dem Völkermord in Ruanda entwickelt hat.

> „When the genocide took place, it was during the World Cup Soccer games. Africans weren't even aware that the genocide was happening. Not even me, not even

Boris (Boubacar Diop) were. Only (Nelson) Mandela spoke out. Africa was silent. And so, I decided, as a woman, to raise my voice, to scream without screaming, to speak without speaking. And here, I am proud to be an African woman, and to speak about this" (Théâtre de la Ville 2014).

Mit ihrem Anspruch, dem afrikanischen Tanz eine internationale Anerkennung und Gleichstellung zu verschaffen, übersetzte sie begriffliche Dualismen, die in der nordatlantischen Kunst- und Tanztheorie etabliert waren: ‚klassisch' und ‚zeitgenössisch', ‚traditionell' und ‚modern' in eine neue Bühnenästhetik. Diese Adaption hat ihr Kritik eingebracht, etwa von afrikanischen Puristen oder von der afrikanischen Diaspora, die eine Idee vom originalen, authentischen, traditionellen und rituellen afrikanischen Tanz aufrechterhalten wollten und sich gegen eine „Modernisierung" aussprachen. Acogny hingegen hatte die Idee, eine hegemoniale europäische Kunstpraxis umzukehren:

> „Ich habe klassischen Tanz gelernt und habe mit meinem Körper eine Verbindung zu afrikanischen Tänzen geschaffen, ich habe Schritte des klassischen Tanzes in meine Technik integriert, genauso wie die Europäer. [...] Picasso gab aber nicht zu, dass seine ‚Demoiselles d'Avignon' total afrikanisch sind. Oft wollen die Europäer nicht zugeben, was sie von den Afrikanern aufgenommen haben. Sie sagen viel lieber, was sie von den Asiaten abgeschaut haben, von den Indern, den Hindus, aber sie sagen nicht leicht, was sie von Afrika aufgenommen haben. Und das ist verletzend und beleidigend. Ich sage, ich bin aus dem Benin, ich habe einen Instinkt aus dem Benin und senegalesische Gesten, also habe ich das Glück, diese beiden Kulturen und auch eine französische Kultur vereinen zu können und ich habe dabei meine verschiedenen Identitäten nicht verleugnet. Ich habe versucht, alles zusammenzubringen. Durch meine Technik habe ich geschafft, das zu machen" (Acogny 2016).

Die Habitualisierung von kulturellen Disparatheiten erfolgte hier über das Erlernen und Habitualisieren von verschiedenen Körper- und Tanztechniken. Aber wie konnte Germaine Acogny als die „Andere", die sie aus verschiedenen Perspektiven war und ist – als Frau, als Schwarze, als Afrikanerin, als Künstlerin, als Tänzerin – wie konnte sie mit diesen vielfältigen, sich miteinander multiplizierenden Marginalisierungen eine Heimat in sich und ihrem Körper finden?

Diese Frage stellt sich umso mehr, wenn man die Biografie von Mamela Nyamza anschaut. Mamela Nyamza ist eine schwarze Südafrikanerin, eine Frau, alleinerziehende Mutter, in einer lesbischen Beziehung, Tänzerin. Sie ist 32 Jahre jünger als Germaine Acogny und gehört der zweiten Generation von Tänzer*innen aus afrikanischen Ländern an, die auf dem globalen Tanzmarkt bekannt wurden.

Mamela Nyamza: The DE-APART-HATE DANCER

Mamela Nyamza wurde 1976 im Township Gugulethu 15 Kilometer südlich von Kapstadt geboren. Gugulethu wurde in der Zeit der Apartheid in den 1960er Jahren erbaut, also in der historischen Phase der staatlich festgelegten und organisierten so genannten „Rassentrennung" in Südafrika, die vor allem durch die autoritäre, selbsterklärte Vorherrschaft der „weißen", europäisch-stämmigen Bevölkerungsgruppe über alle Anderen gekennzeichnet war. Diese begann bereits Anfang des 20. Jahrhunderts, erlebte ihre Hochphase zwischen den 1940er bis zu den 1980er Jahren und endete 1994 nach einer Phase der Verständigung mit einem demokratischen Regierungswechsel, bei dem schließlich Nelson Mandela bekanntlich der erste schwarze Präsident des Landes wurde.

Viele schwarze Bewohner Kapstadts, vor allem aus dem District Six, wurden seit den 1960er Jahren nach Gugulethu umgesiedelt. 2011 hatte der Stadtteil 98.468 Einwohner (im Vergleich: Das erste Township, das zwölf Kilometer südöstlich von Kapstadt gelegene Langa, war ursprünglich für 850 Personen errichtet worden). Die meisten Einwohner*innen Gugulethus gehören – wie Mamela Nyamza – dem Volk der Xhosa an; die mit 89 % in Gugulethu vorherrschende Sprache ist daher iXhosa, eine der elf offiziellen Landessprachen Südafrikas. Der Name Gugulethu entstammt der Sprache der Xhosa und ist eine Zusammenziehung der Wörter *igugu lethu*, die so viel wie „unser Stolz" bedeuten.

Heimat als Familie

In Gugulethu verbrachte Mamela Nyamza die ersten 18 Lebensjahre in der südafrikanischen Apartheid und die folgenden Jahre in der sog. ‚Post-Apartheid'. Wie Germaine wuchs Mamela vornehmlich bei ihrer Großmutter auf, aber in einer völlig anderen, weniger privilegierten sozialen und familiären Situation: Der Vater war unbekannt, ihre Mutter war früh drogenabhängig und wurde das Opfer mehrerer Gewalttaten, bis sie schließlich letztmalig vergewaltigt und anschließend ermordet wurde. „[My mother] was a willful woman who was ahead of her time. Her tragic death upset my life from top to bottom; she declared and urged me to question gender stereotypes in the South African society" (Nyamza 2014).

Im Jahr 1999 wurde Mamela Nyamza selbst Mutter eines Sohnes. Der Sohn lebt bei ihr und ihrer Lebenspartnerin, denn seit 10 Jahren lebt Mamela in einer Beziehung mit einer Frau, die sie heiraten will. Homosexualität weist in Südafrika eine vielfältige Geschichte auf, da traditionelle südafrikanische Sitten, westlicher Imperialismus, Apartheid und die Menschenrechtsbewegung jeweils verschiedene Auswirkungen hatten – die in der gesetzlichen Stellung von Homosexualität sichtbar werden. Während zu Zeiten der Apartheid homosexuelle Handlungen mit bis zu sieben Jahren Haft bestraft wurden, war die Verfassung des demokratischen Südafrikas die erste Verfassung der Welt, die eine Diskriminierung aufgrund der sexuellen Ausrichtung verbot. Am 1. Dezember 2006 schrieb das Land Geschichte, indem es als fünftes Land der Welt und erstes Land in Afrika die Ehe für gleichgeschlechtliche Partner öffnete.

> „We are having a very liberal law in South Africa. When Nelson Mandela came into power in 1994 he had the goal to create the best and most liberal, human and social law all over the world. But the gap between law and social reality is insurmountable. Imagine in South Africa a same gender marriage is legal, but homophobia is everywhere on the road. I think men, especially Xhosa men, lost their dignity during apartheid. Imagine our men were killed, oppressed, humiliated [...], they were called 'boy' during apartheid; they worked as gardeners, housekeepers, mineworkers... that does not work for a society, in which a man is supposed to be strong and proud. So it is no surprise that many men in our society are so violent. In fact I guess that's one of the reasons why quite a lot of black women in our country are homosexual. Most of us have experienced violence in our families. And their life is pretty much in danger. Homosexual women are often raped, hurt, blackmailed or even killed. Our marriage is not only for our personal reasons, it is a political statement" (Nyamza 2016).

Die gesellschaftliche Realität einer heteronormativen Geschlechterordnung hat mit der fortschrittlichen Gesetzgebung nicht Schritt gehalten. Mamela Nyamza interpretiert das Lesbisch-Sein als eine Flucht, als Rettungsanker gegen die (gewaltsame) Bemächtigung des Frauenkörpers durch den Mann. Aber der lesbische Körper bleibt eine Angriffsfläche männlicher Macht. Und vielleicht ist das internationale Feld der Kunst einer der wenigen gesellschaftlichen Orte, wo sie sich sicherer fühlt und wo die Zuschreibungen „lesbisch", „schwarz", „Tänzerin" nicht auf eine mehrfache Diskriminierung hinauslaufen.

Körper als Heimat: Tanz-Ausbildung

„Nobody told me that it was so difficult for a black woman to become a dancer" (Nyamza 2014). Mamela Nyamza erhielt ihren ersten Ballettunterricht im Gemeindezentrum der Kirchengemeinde Gugulethu im Alter von sechs Jahren, also 1982, im Jahr, bevor die Reform der südafrikanischen Verfassung beschlossen wurde, die der weißen Bevölkerungsminderheit die Alleinherrschaft im Land sicherte und ihre Privilegien verfestigte. Ihre Ballettlehrerin war Ms. Westergaard, eine weiße Südafrikanerin, die in dem Township noch vor dem Ende der Apartheid Kindern der schwarzen Bevölkerung *den* Tanz der europäischen Kolonialherren beibrachte, ihnen aber zugleich damit einen Weg in eine andere Zukunft eröffnete. „One shall not forget that we were nothing and we had nothing. Even if we are the same now. [...] I mean by law, we are still different. Many people at my age have no proper school education. This creates a lot of complexes in our society" (Nyamza 2016). Ms. Westergaard begleitete Mamela dann auch bis zu ihrer akademischen Tanz-Ausbildung.

1988 erwarb Mamela Nyamza ein Diplom im klassischen Tanz nach dem Studium an der Arts Faculty der Tshwane University of Technology in Pretoria, darauf folgte ein einjähriges Stipendium bei dem Alvin Ailey American Dance Theater in New York. Von 1990 bis 1995 nahm sie an diversen Workshops und kurzzeitigen Ausbildungseinheiten teil, die bei europäischen Tanz-Akademien und Festivals durchgeführt wurden. Im Rahmen dieser erweiterten Ausbildungsprogramme erlernte sie zusätzliche Techniken wie Release, Modern, Jazz, Gumboot, Butoh und Mime. Sie eignete sich also wie Germaine Acogny verschiedene westliche und östliche Tanztechniken an, suchte aber anders als diese nicht nach der Entwicklung einer eigenen, auf ihren Körper zugeschriebenen Tanztechnik. Vielmehr entwickelte sie ihre Karriere als eine der ersten schwarzen Balletttänzerinnen in Südafrika und fühlte sich dabei gefangen in den spannungsgeladenen Empfindungen zwischen Besonderssein und Anderssein, zwischen Erhöhung und Erniedrigung.

„I started as a raw and naïve dance student at Zama Dance School and at Tshwane University of Technology (formally known as Pretoria Technikon), thinking that the foundation and principle of ballet dancing I got from Ms. Westergaard would be enhanced and further nurtured at the university level. My body, physique and my weight were rebuked as not suitable for ballet' and I was always cast as an 'understudy' – thus never made it as a fully fleshed ballerina (even though I passed the diploma). Even though I beat all the other supposedly 'good bodied' ballerinas when I passed the audition and was awarded to go study at the Alvin Ailey School of Dance in New York. – I was the first 'black' dancer at university in 'Post Apartheid' SA – I even taught there – a class with only white people. You always feel that they don't take you serious. You work on yourself to get better and better always feeling that you are never good enough to be fully accepted" (Nyamza 2016).

Künstlerische Position: Das Politische im Künstlerischen

Mamela Nyamzas erste professionelle Tätigkeiten waren Nebenrollen in Musicals wie *Lion King* und *We Will Rock You*. Gefangen in dem widersprüchlichen Spannungsfeldern, die ihr eigenes Leben als Tänzerin in der Postapartheid-Gesellschaft mit sich bringen, setzte sie sich in ihren eigenen, autobiografisch geprägten Arbeiten mit ihrem Status als Andere, als schwarze, lesbische (Ballett-)Tänzerin auseinander sowie mit politischen und sozialen Themen, die ihre Heimat Südafrika betreffen.

„I would introduce myself a 'DE-APART-HATE DANCER' (trademarked concept) who continuously defies the normative of dance; and intends to define a dancer like me as a performing artist that refuses to be confined in a box, yet allows people to critique my body movement as per their confinement. I regard my performances both as conceptual and physical art that convey topical meaning rather than mere entertainment. The body movement becomes the vocal cord without uttering a word. I use simple body/physical techniques to create sound. To the critics who claim I don't dance, they must know that I define my existence as a dancer on the phenomenal words of Martha Graham (a famed choreographer) who once said: 'Dance is the hidden language of the soul.' This means, dance goes beyond the extremes of physically demanding activities such as training, rehearsals and performances, to education on concepts and ideas to initiate change for the better" (Nyamza 2016b).

Ausgangspunkt ihrer künstlerischen Arbeit ist der Rassismus und Sexismus, der aus ihrer Sicht in der Figur der schwarzen Ballerina seinen markanten Ausdruck findet:

„There can never be any leveling of playing field, for black women choreographers in particular, if this field is not rectified at tertiary levels at academies and institutions of dance. Take South Africa for instance, not a single Black woman is a LEAD BALLERINA in these formal institutions of dance; black men are always preferred and cast as lead dancers instead of their female counterparts. If black women do not get such exposure, how would they be able to create? And, with those who are at these institutions of dance, they get misled and misguided and are not properly nurtured and groomed steadily from being a solid dancer to a substantial creator of dance pieces. Black women dancers are always put at mediocre levels of dance performances, even at institutions. We need strong women to educate the next generation in order to have strong female choreographers, but when we are denied access to these institutions how are we going to at least groom the next generation of women artists? The classical pessimists must do away with institutional racism in the art form. Rank and race must be done away with in ballet in particular and in dance in general. A professional career as a dancer must become a choice for black dancers and not something that is a long shot for them. We must fight for quality access to quality opportunities for quality product, and not for a number" (Nyamza 2014).

Anders als Germaine Acogny versteht sich Mamela Nyamza als politische Aktivistin und engagiert sich in im Rahmen von *community work* in den Bereichen Frauenrecht und Rassismus. „My work is rooted in my life of South African Black woman, divorced unmarried mother, I work on human rights, racism, discrimination and all damages that children or women can face" (Nyamza 2014). Ihre Kunst versteht sie dabei als Mittel, Grenzen zu überschreiten, Neues zu suchen und als Medium, das dazu beitragen kann, Wunden, die sich in den

Körper eingeschrieben haben, zu heilen. „Art has developed me and opened a totally different book for me to explore the impossible which is now possible. Giving back to the community is helping those that come from where I come from, and showing them that this art [...] it can heal" (Nyamza 2016a).

4. Zwischen Heimat und Migration: Ästhetische Übersetzungen bei Germaine Acogny und Mamela Nyamza

Es sollte deutlich geworden sein, dass Germaine Acogny und Mamela Nyamza das Spannungsverhältnis von Heimat und Migration umsetzen, indem sie das Paradox von Identität und Differenz zu einem zentralen Topos ihrer künstlerischen Arbeit machen und – in Bezug auf Techniken, Ästhetiken und Narrative – Übersetzungsarbeit leisten: Germaine Acogny entwickelt bereits in den 1970er Jahren eine eigene Tanztechnik, die auf der einen Seite an dem System des akademischen Balletts orientiert war und eine Anzahl von festgelegten Figuren, Schritten und Grundbewegungen umfasst. Auf der anderen Seite stammen diese Figuren, Schritte und Grundbewegungen aus traditionellen afrikanischen Tänzen sowie aus Alltagsbewegungen und -handlungen im Kontext einer afrikanischen Dorfgemeinschaft. Das Motiv, eine eigene Tanztechnik zu entwickeln, entstand dadurch, dass sie selbst erfahren musste, dass, wie sie sagt, ihr „afrikanischer Körper", d. h. ihre Körpergröße, ihre langen Arme, ihr Becken, ihr Po und ihre platten Füße, nicht geeignet waren für den europäischen Spitzentanz und ihr Körper beim Balletttanzen schmerzte.

Diese Erfahrung des „anderen Körpers" als undefinierten Gegenpart zum globalisierten und hegemonialen Ballettkörper beschreibt auch Mamela Nyamza, die bis heute klassisches Ballett tanzt. Ballett ist der mittlerweile globalisierte Tanz der europäischen Feudalgesellschaft und der weißen Kolonialherren. Nyamzas Fokus der Kritik am Ballett liegt aber nicht in der feudalen und kolonialen Geschichte des Balletts an sich, sondern bezieht sich speziell auf das Paradox der gleichzeitigen Erhöhung und Erniedrigung einer schwarzen Balletttänzerin. So beispielsweise, wenn sie beschreibt, wie „cool" sie es als Mädchen und Jugendliche gegenüber ihren Altersgenossen und Nachbarn in dem Township fand, von einer weißen Ballettlehrerin Ballett zu lernen, aber auch, wie beschämt sie war über die Blicke, die sie von dem weißen Publikum erntete, wenn sie als Mitglied des Corps de Ballet mit ihrem schwarzen Körper, bekleidet mit einem weißen knappen und durchsichtigen Tutu, vor ihnen tanzen musste.

„Eine Heimat in dem eigenen Körper haben", bedeutet für beide Tänzer*-innen, sowohl verschiedene Kulturen über selbst entwickelte hybride Tanztechniken zu verbinden, als auch einen Standpunkt zu finden, einen künstlerischen, aber auch einen Lebens-Ort, von dem aus man spricht. Und beide sprechen aus der Position einer „Afrikanerin", nicht einer Südafrikanerin oder Sengalesin. Ihre Standpunkte sind allerdings sehr unterschiedlich: Germaine Acogny verortet ihre Stärke nicht in einem emanzipatorischen Denken im westlichen Sinne. Hier befindet sie sich im Einklang mit dem afrikanischen Gender-Diskurs, der den westlichen Feminismus ablehnt, der aus dieser Sicht nur an der Klasse der weißen westlichen Frauen in individualisierten Gesellschaften orientiert sei (Oyěwùmí 2005, 2015; Nzegwu 2015). Ihm wurden mittlerweile vor allem zwei auf die afrikanischen Gesellschaften sowie auf die afroamerikanischen Kulturen zugeschnittene Alternativkonzepte entgegenstellt: der maßgeblich von der afroamerikanischen Schriftstellerin Alice Walker und der Nigerianerin Chikwenye Okonjo Ogunyemi entwickelte „Womanism" (Ogunyemi 1985/86, S. 63–80), der als eine „schwarze Entwicklung aus dem Feminismus" verstanden wird und den Kampf für die Unabhängigkeit der Frau von den spezifischen Bedingungen afrikanischer Kulturen abhängig machen will, sowie den von der Nigerianerin Molara Ogundipe-Leslie (2015) entwickelten „Stiwanismus", das ein Akronym für *Social Transformation Including Women* ist, der die Geschlechterfrage bei allen gesellschaftlichen Umstrukturierungen berücksichtigt wissen will, da Geschlechterverhältnisse nur im Kontext gesamtgesellschaftlicher Transformationen verändert werden könnten (Arndt 2000).

Acogny versteht sich, so die Analyse unserer gemeinsamen Interviews, als eine Frau und Künstlerin, die die Stärken einer weiblichen afrikanischen Kulturtradition vor dem Kolonialismus – in ihrem Fall in der Tradition ihrer Großmutter, einer Yoruba-Priesterin – verdankt, in der matriarchale Kulturen für einen gesicherten Status der Frauen sorgten, bis die Kolonialisierung das westliche ‚moderne' Patriarchat einführte. Diese starke kulturelle Bindung vereint sie mit den Stärken einer global agierenden, migrierenden und arbeitenden Künstlerin. Acogny ist eine Frau, eine Schwarze, eine Afrikanerin, eine Künstlerin, eine Tänzerin. Sie könnte also mehrfach diskriminiert und ausgegrenzt sein. Aber vor allem in den 1960er Jahren, den Jahren des Aufbruchs in der westlichen (Post-)Moderne, sammelte sie wesentliche Erfahrungen: Es war die Zeit, in der sie – eng verbunden mit den neuen Eliten im Senegal – miterlebte, dass einerseits der Senegal von der Kolonialherrschaft Frankreichs unabhängig und eines der ersten und wenigen demokratischen Länder Afrikas wurde, das zudem unter der Präsidentschaft eines senegalischen Philosophen und Literaten, Léopold Sédar Senghor stand. Andererseits erlebte sie in Europa die vielen Aufbrüche in der westlichen Kunst und auch im Tanz der 1960er Jahre, in der sie auch die Studierendenbewegung vor allem in Frankreich und die Anfänge der westlichen Frauenbewegung mitbekam. Zu dieser Zeit migrierte sie mehrfach zwischen dem Senegal, Paris und Brüssel und arbeitete vor allem mit zwei Männern zusammen, die in diesen Bewegungen wegweisend waren – einerseits mit Senghor und andererseits mit Maurice Béjart. Aber beiden, die auf ihre Art die Frau idealisierten und sie mit ihren jeweiligen künstlerischen Mitteln, der

Literatur und dem Tanz zu einer Idealfigur erhoben, war sie keineswegs Muse. Vielmehr öffnete sie beiden Männern den Blick dafür, was afrikanischer Tanz bedeuten kann, einerseits für die Négritude-Bewegung und andererseits für die moderne Ballettgeschichte.

Indem Germaine Acogny ihren Tanz nicht einfach „contemporary dance", sondern „contemporary African dance" nennt, thematisiert sie die Ambivalenz der Zuschreibungsprozesse: Einerseits Teil des weltweiten „contemporary dance" zu sein, zugleich aber sich als das „Andere" zu positionieren. Diese Markierung des „Anderen" forciert eine Marginalisierung auf dem global agierenden westlichen Kunstmarkt, sorgt aber zugleich für eine politische und ästhetische Identität dessen, was afrikanischer Bühnentanz ist und sein kann.

Mamela Nyamza verbrachte ihre Jugend und ihre Tanzausbildung zu einer Zeit, als das Apartheitsregime auf seinem Höhepunkt war, aber auch auf sein Ende zulief. Sie ist – anders als Germaine in einem schwarzafrikanischen Land – in einem Land groß geworden, das tief durch den immer noch bestehenden Rassenkonflikt zwischen Schwarzen und Weißen geprägt war. Das „Schwarze" als Kritik an der weißen, aufklärerischen Vernunft – von Léopold Senghor, Frantz Fanon bis hin zu Achilles Mbembe – hat sie, anders als Germaine Acogny, nur kurz, in den Regierungszeiten Nelson Mandelas, als Waffe gegen Unterdrückung erlebt (Daymond 1996). Eines ihrer Vorbilder ist eine Weiße, eine globale Ikone des Tanzes: Pina Bausch. Wenn Pina Bauschs Stücke ein Archiv der Gefühle sind und Alltagswelten aufzeigen, thematisiert Nyamza in ihren tanztheatralen Stücken die aktuellen Lebenssituationen von Schwarzen, von Frauen, von Homosexuellen.

Heimat ist für beide eng mit sozialer, personaler und körperlicher Identität verbunden. Heimat ist ihnen Gemeinschaft, Tradition und Sicherheit, es ist Lebensmöglichkeit, soziale Zuordnung und kulturelle Zugehörigkeit, es meint vor allem das für Tänzer*innen insgesamt so elementar wichtige Beheimatetsein im Körper. Heimat ist nicht nur, wie bei Germaine Acognys École de Sables, ein realer Ort, der selbst eine Heterotopie ist, ein Künstlerdorf am Meer, sondern auch ein imaginärer Ort, wo der Körper sich eingewöhnt hat, ein Ort des Ästhetischen. Es ist ein Ort, den sich beide in künstlerischen Prozessen immer wieder aneignen, ihn immer wieder neu schaffen, ihn immer wieder neu bewohnen. Heimat ist für beide vor allem auch eine Utopie, ein u-topos (kein Ort), ein „Nicht-Ort", das Noch-Nicht-Erreichte: ein Gefühl, eine Hoffnung, eine Sehnsucht, die sich immer dann einstellt, wenn es keinen Ort gibt, der sicher und verlässlich ist.

Ernst Bloch beschreibt Heimat in seinem Buch *Das Prinzip Hoffnung* als Utopie und als Aufgabe: „Die vergesellschaftete Menschheit im Bund mit einer ihr vermittelten Natur ist der Umbau der Welt zur Heimat" (Bloch 1985, S. 334). Dies versuchen beide Tänzer*innen über ihre Körper, ihre Tanztechniken und ihre Stücke und deren Narrative hervorzubringen.

Literatur

Acogny, Germaine (1980): Danse africane / Afrikanischer Tanz / African dance. Frankfurt/M.: Dieter Fricke.

Acogny, Germaine: „Germaine Acogny Biography – Selected works". Online: biography. jrank.org/pages/2893/Acogny-Germaine.html (Abruf: 23.08.2017).

Agamben, Giorgio (2001): Noten zur Geste. In: Ders.: Mittel ohne Zweck. Noten zur Politik. Zürich/Berlin: Diaphanes, S. 47–56.

Apelt, Andreas H./Jesse, Eckhard/Reimers, Dirk (Hrsg.) (2017): Was ist Heimat? Saale: Mitteldeutscher Verlag.

Aranda, Julieta/Wood, Brian Kuan/Vidokle, Anton (Hrsg.) (2010): e-flux journal: What is Contemporary Art? Berlin: Sternberg Press.

Arndt, Susan (2000): Feminismus im Widerstreit. Afrikanischer Feminismus in Gesellschaft und Literatur. Münster: Unrast.

Avanessian, Armen/Malik, Suhail (Hrsg.) (2016): Der Zeitkomplex Postcontemporary. Berlin: Merve.

Bauman, Zygmunt (2003): Flüchtige Moderne. Frankfurt/M.: Suhrkamp.

Belkin, Ljudmila (2015): „Fremde Zeitgenossenschaften". Online: faustkultur.de/2294-0-Belkin-Fremde-Zeitgenossenschaften.html#.VhuV6qKFfm3 (Abruf: 12.10.2015).

Belting, Hans/Buddensieg, Andrea (2013): Zeitgenossenschaft als Axiom von Kunst im Zeitalter der Globalisierung, in: Kunstforum International 220, S. 60–69.

Bloch, Ernst (1985): Das Prinzip Hoffnung. Werkausgabe: Band 5. Frankfurt/M.: Suhrkamp.

Bourdieu, Pierre (2001): Die Regeln der Kunst. Genese und Struktur des literarischen Feldes. Übers. von Achim Russer und Bernd Schwibs. 6. Aufl. Frankfurt/M.: Suhrkamp.

Daymond, J. M. (Ed.) (1996): South African Feminismus. Writing, Theory, and Criticism, 1990–1994. New York/London: Garland Publishing.

Elias, Norbert/Scotson, John L. (1993): Etablierte und Außenseiter. Übers. von Michael Schröter. Frankfurt/M.: Suhrkamp.

Huber, Andreas (1999): Heimat in der Postmoderne. Zürich: Seismo.

Mackert, Gabriele/Kittlausz, Viktor/Pauleit, Winfried (Hrsg.) (2008): Blind Date. Zeitgenossenschaft als Herausforderung. Nürnberg: Verlag für moderne Kunst.

Mitzscherlich, Beate (2013): Heimat – kein Ort Nirgends. In: Klose, Joachim (Hrsg.): Heimatschichten. Anthropologische Grundlegung eines Weltverhältnisses. Wiesbaden: Springer VS, S. 47–67.

Mitzscherlich, Beate (2010): Was ist Heimat heute? Eine psychologische Perspektive auf die Möglichkeit von Beheimatung in einer globalisierten Welt. In: Heimat im 21. Jahrhundert – Moderne, Mobilität, Missbrauch und Utopie. Evangelische Akademie zu Berlin. 7.-9.5.2010, S. 7–12.

Mitzscherlich, Beate (2016): Heimatverlust und Wiedergewinn. Psychologische Grundlagen. In: Leidfaden. Fachmagazin für Krisen, Leid, Trauer 3, S. 4–13.

Netzwerk Kunst+Arbeit (2015) (Hrsg.): art works. Ästhetik des Postfordismus. Berlin: B_books.

Nyamza, Mamela (2014): „South African Choreographer Worldwide known!" Online: www.africatopsuccess.com/en/2014/03/11/mamela-nyamza-south-african-choreographer-worldwide-known/ (Abruf: 24.08.2017).

Nyamza, Mamela (2016a): „MAMELA NYAMZA". Online: www.cargocollective.com/playanexhibition/MAMELA-NYAMZA (Abruf: 10.09.2017).

Nyamza, Mamela (2016b): „Mamela Nyamza's constant reinvention." Online: www.10and5. com/2016/09/16/mamela-nyamzas-constant-reinvention/ (Abruf: 16.9.2016).

Nzegwu, Nkiru (2015): Feminismus und Afrika: Auswirkungen und Grenzen einer Metaphysik der Geschlechterverhältnisse. In: Dübgen, Franziska/Skupien, Stefan (Hrsg.): Afrikanische politische Philosophie. Berlin: Suhrkamp, S. 201–217.

Ogundipe-Leslie, Molara (2015): Stiwanismus: Feminismus im afrikanischen Kontext. In: Dübgen, Franziska/Skupien, Stefan (Hrsg.): Afrikanische politische Philosophie. Postkoloniale Positionen. Frankfurt/M.: Suhrkamp, S. 260–294.

Ogunyemi, Chikwenye Okonjo (1985/86): Womanism: The Dynamics of the Contemporary Black Female Novel in English. In: Signs: Journal of Women in Culture and Society 11, S. 63–80.

Oyěwùmí, Oyèrónkẹ́ (Ed.) (2005): African Gender Studies. A Reader. New York: Palgrave Macmillan.

Oyěwùmí, Oyèrónkẹ́ (2015): Kolonialisierte Körper und Köpfe. Gender und Kolonialismus. In: Dübgen, Franziska/Skupien, Stefan (Hrsg.): Afrikanische politische Philosophie. Berlin: Suhrkamp, S. 218–259.

Plessner, Helmuth (1975): Die Stufen des Organischen und der Mensch. Berlin/New York: de Gruyter.

Reckwitz, Andreas (2018): Die Gesellschaft der Singularitäten. Zum Strukturwandel der Moderne. Berlin: Suhrkamp.

Ritter, Henning (2008): Der Imperativ der Zeitgenossenschaft. In: Gesellschaft für aktuelle Kunst Bremen (Hrsg.): Blind Date, Zeitgenossenschaft als Herausforderung. Nürnberg: Verlag für moderne Kunst, S. 34–43.

Théâtre de la Ville (2014): École de Sables. Filmdokumentation. Paris: Daphnie Production.

Walser, Martin (1968): Heimatkunde, 40. In: Ders.: Heimatkunde. Aufsätze und Reden. Frankfurt/M.: Suhrkamp, S. 40–50.

Zöller, Renate (2015): Heimat. Annäherungen an ein Gefühl. Bonn: Christoph Links.

155

Heimat hören?

Grundbegriffe einer transkulturell orientierten Musikpädagogik und ihre Anwendbarkeit auf Kinder und Jugendliche mit Migrationshintergrund

Eva-Maria v. Adam-Schmidmeier

Der „Klang der Heimat"

Immer wieder trägt es sich zu, dass man im In- oder Ausland einen Sprechenden als Zugehörigen zur eigenen Sprachgemeinschaft identifizieren kann. Dabei lässt sich nicht nur eine nationale sprachliche Identität verorten, sondern sogar eine regionale Zugehörigkeit. Unabhängig vom Inhalt des Gesprochenen und von spezifisch regionalem Vokabular ist es oft alleine die dialektale Färbung oder der Klang einzelner Vokale, die eine Lokalisierung erlauben.

Anders als beim sprachlichen „Klang der Herkunft" lässt sich in der Musik nur eingeschränkt eine Aussage über den Ort ihrer Entstehung treffen und noch viel weniger über die Herkunft des Musikhörenden. Denn einerseits nutzt die global agierende Musikindustrie für die Produktion von Musik weltweit vermarktbare musikalische Elemente, während – andererseits – diese Musik zu jeder Zeit an beinahe jedem Ort der Welt medial konsumierbar ist. Anders formuliert: Durch die Musik, die ein Mensch macht oder hört, lässt sich, anders als bei den Sprachen die er spricht, keine geografische Herkunft des musizierenden oder hörenden Menschen lokalisieren. Der „Klang der Heimat" ist also ein sehr indifferenter, da Musik als global verfügbares Gut nur sehr eingeschränkt Rückschlüsse auf eine geografische Herkunft des musizierenden oder Musik konsumierenden Menschen zulässt, genauso wie eine „Heimat-Verortung" des klanglichen Artefakts (bei Vokalmusik ohne Berücksichtigung der Sprache) heute kaum mehr möglich ist.

Für die Entwicklung eines musikpädagogischen Konzepts zur Vermittlung von Musik für Kinder und Jugendliche mit Migrationshintergrund muss außerdem die Tatsache berücksichtigt werden, dass diese Kinder und Jugendlichen, die oft schon in zweiter oder dritter Generation in Deutschland leben, nicht zwangsläufig mit der Musikkultur ihres Herkunftslandes bzw. des Herkunftslandes ihrer Eltern und Großeltern vertraut sind. Selbst wenn sie das sein sollten, kann man nicht davon ausgehen, dass die Musik des Herkunftslandes bei ihnen automatisch positive Gefühle hervorruft.

Im Zuge der „Ausländerpädagogik" in der Bundesrepublik Deutschland in den 1970er Jahren wurde noch ganz bewusst die Musik des Herkunftslandes für pädagogische Zwecke eingesetzt. Der Musikunterricht bzw. der Unterricht in den „musisch-technischen Fächern" schien besonders geeignet für die Einbeziehung der Migrantenkinder, da „das Unterrichtsgeschehen in diesen Fächern weniger stark von der Sprache getragen und beeinflusst wird und ihr Anteil vergleichsweise niedrig liegt" (Friberg 1976, S. 187). Ein erstes Konzept zur so genannten „Interkulturellen Musikpädagogik" formulierte Irmgard Merkt 1983 mit dem „Schnittstellenansatz", bei dem es nicht mehr nur um die Einbeziehung der Migrantenkinder in den Unterricht geht, sondern um die Betrachtung der unterschiedlichen Musikkulturen der Schüler. Verkürzt lässt sich dieses Konzept so beschreiben, dass sich aus dem Vergleich der Musikkulturen und im Auffinden von Gemeinsamkeiten („Schnittstelle") das Musikhören und das eigene Musikmachen der Schüler entwickelt und schließlich zur Reflexion und zum „interkulturellen Vergleich" führt (Merkt 1983).

Merkts „Schnittstellenansatz" ist stark auf die soziopolitische Situation der 1980er Jahre des vergangenen Jahrhunderts in der Bundesrepublik Deutschland – und hier speziell auf die pädagogische Arbeit mit türkischstämmigen Kindern und Jugendlichen – zugeschnitten. Ein derartiges Konzept, das den „Klang der Heimat" zum Ausgangspunkt nimmt, ist in einer pluralistischen, von Migration geprägten Gesellschaft 21. Jahrhunderts kaum mehr praktikabel – zumal der „Klang der Heimat", wie oben ausgeführt, ein nicht belastbares pädagogisches Konstrukt darstellt. Dennoch knüpft die „Transkulturelle Musikpädagogik" in einem zentralen Punkt, nämlich in der Suche nach Gemeinsamkeiten zwischen verschiedenen Musikkulturen, an Merkts „Schnittstellenansatz" an. Auch die Zielrichtung ist die gleiche, nämlich die Auseinandersetzung mit und die Aneignung von Werken anderer Musikkulturen, jedoch will eine transkulturell orientierte Musikpädagogik darüber hinaus auch immer den musizierenden Menschen in den Blick nehmen, Strategien zum Umgang mit dem Unbekannten vermitteln und in zwar zunächst nur kleinen, überschaubaren Kreisen, etwa dem Mikrokosmos einer Schulklasse, ein Klima von Offenheit und Neugierde gegenüber dem Andersartigen schaffen. Für eine von Migration bestimmte Gesellschaft wie der unsrigen im Deutschland des 21. Jahrhunderts, der aber noch das Selbstverständnis als Einwanderungsgesellschaft fehlt, sind dies essentielle Werte.

Wo kann also eine transkulturell orientierte Musikpädagogik bei der pädagogischen Arbeit mit Kindern und Jugendlichen mit Migrationshintergrund ansetzen und welche Zielsetzungen sind dabei sinnvoll und realistisch?

Im Sinne des Verdiktes des Philosophen Johann Gottlieb Fichte, der 1811 in seiner Antrittsrede an der Berliner Universität (heute Humboldt-Universität zu Berlin) von den „Studierenden" sprach und dabei sich selbst miteinschloss, gehen die folgenden Ausführungen wesentlich auf die besondere Ausgangssituation zurück, die sich als Dynamik in einer spezifischen Gruppe von Lernenden und lernwilligen Lehrenden ergibt. Gerade in Bezug auf Kultur(en) und auf transkulturelle Prozesse, die zunehmend unseren Alltag in einer sich rasant wandelnden und durch Migration geprägten Gesellschaft bestimmen, sind wir letztendlich alle Studierende, wenn wir das Ziel verfolgen, Musik als kulturelles Manifest zu vermitteln.

Diese Haltung impliziert, dass der hier zugrundeliegende methodische Zugang, sei es im anthropologischen Feld, in universitären Seminaren, oder in Schulklassen, stets ein auf empirisch erhobenen Informationen und Erfahrungen gestützter ist. Das heißt, zur Vermittlung von Musik als kulturellem Phänomen werden im Rahmen einer transkulturell begründeten Musikpädagogik wesentliche Erkenntnisse aus dem praktischen Tun und aus gelebten Erfahrungen generiert. Notwendige methodische und epistemologische Reflektionen, die zu unserer Wissenschaft gehören, werden sich immer wieder auf jene empirisch erarbeiteten Daten beziehen. Dieser Zugriff deckt sich schließlich mit den *Transcultural Music Studies*, die als anwendungsorientierte Musikwissenschaft begriffen werden möchten. Eine Transkulturelle Musikpädagogik ergänzt nicht nur die transkulturell ausgerichtete Musikwissenschaft, sondern sie agiert als wesentlicher Kooperationspartner im Netzwerk von Forschungseinrichtungen, die den Transkulturellen Musikstudien gewidmet sind. Eine weitere inhaltliche Nähe der Erziehungswissenschaften ganz allgemein zu den Transcultural Music Studies ergibt sich aus der Expertise, die diese neuerdings der UNESCO Konvention von 2003 (Konvention zum Schutz und zum Erhalt des immateriellen kulturellen Erbes) leisten. Kulturerbe fußt auf generationsübergreifender Vermittlung (*intergenerational transmission*), ist also – im wahrsten Sinne des Wortes – pädagogisch verankert. Forschung, Lehre und internationale Kooperationen dem Mandat der UNESCO zu unterstellen, verfolgt grundsätzlich die Zielsetzung, die sich auch die Transkulturelle Musikpädagogik zu eigen machen möchte, nämlich durch wissenschaftliche Arbeit nicht nur dem zu vermittelnden Objekt und den „Studierenden" gerecht zu werden, sondern darüber hinaus auch zu nachhaltiger Entwicklung und Frieden beizutragen.

Transkulturell orientiertes Lehren eignet sich in besonderem Maße dafür, der Verpflichtung als Pädagoge nachzukommen, ein pluralistisches Weltbild (in unserem Falle: ein vielfältiges musikalisches Weltbild) und eine prinzipielle Offenheit dafür zu fördern. Schließlich wird durch musikalische Transkulturation ganz unmittelbar ein demokratisch-pluralistisches Weltbild hörbar, das prinzipiell jedweder Form „fundamentalistischer Unisoni" entgegensteht.

Vor diesem allgemeinen Hintergrund verstehen sich die Überlegungen der folgenden Seiten als dem Dialog mit dieser musikwissenschaftlichen Arbeitsweise besonders verpflichtet. Erkenntnisse aus dieser werden in eine inhaltlich-methodische Beziehung zu den Desiderata einer aktuellen, den durch Flucht und Migration zugespitzten drängenden sozialen Fragen unserer Zeit und in unserem Land verpflichteten politischen und humanistischen Haltung gesetzt.

Warum transkulturelles Lehren und Lernen?

Eine normative Orientierung besteht in der Annahme, dass jede Form von Musik gewinnbringend pädagogisch eingesetzt werden kann. Die so genannte „abendländische Kunstmusik", die nach wie vor die europäischen Lehrpläne – und nicht nur diese – für Musikunterricht dominiert, wird in einer transkulturell orientierten Musikpädagogik um Musiken bzw. musikalische Phänomene aus aller Welt ergänzt. Es ist nicht erklärtes Ziel, die abendländische Musik im Musikunterricht zu minimieren oder zu verwässern, sondern es geht darum, den eigenen musik-kulturellen Hintergrund und den der Gesellschaft, in der wir leben, vermittels dieses Ansatzes besser einordnen und verstehen zu lernen.

Doch spätestens hier drängt sich die von Musikpädagog*innen immer wieder verlautbarte Frage auf: Von welcher „Kultur" sprechen wir? Transkulturelle Phänomene bestimmen zunehmend unsere gesellschaftliche Realität. Sie über einen eng gefassten Kultur-Begriff zu definieren, erweist sich immer mehr als irreführend, da sie sich einem derartigen Zugriff entziehen. In den vergangenen Jahrzehnten wurde auch in der deutschsprachigen Musikpädagogik der Kultur-Begriff umfassend diskutiert. Die Bewältigung des musikpädagogischen Alltags ist dadurch nicht einfacher geworden – im Gegenteil, die Komplexität unterschiedlichster Weltbilder, die vor allem durch Migration in unserer Gesellschaft aufeinander treffen und zugleich in einem permanenten, weltweiten Austausch stehen, lassen uns allzu oft vor kulturellen Zuschreibungen in und durch Musik dem Gegenstand Musik nicht wirklich näher kommen. Die Tatsache, dass Informationen zu einer Musik-Kultur bzw. zu einem Werk daraus nicht eindeutig (z. B. ethnisch) festzulegen sind, dass sich vielmehr Musik in ihrer Zusammensetzung und in ihren Funktionen und Kontexten stets anderen Kultur-Modellen einpasst, wenn es denn um die Suche nach einem solchen geht, lähmt eine Vermittlung, gerade weil eine auf Kulturtheorien basierende Methodik über die Maße an Oberhand gewinnt. Kulturbegriffe und Kultur-Modelle sind mittlerweile so zahlreich, zugleich komplex, ineinander verschränkt und vieldimensional geworden, dass sich die proklamierte kulturelle Lebenswelt eines Lernenden beliebig auslegen lässt. Bindestrich-Konstruktionen (etwa eine „deutsch-türkische Kultur"), die gerade bei Menschen mit Migrationshintergrund genutzt werden, sind noch das geringere Übel, jedoch ebenso wenig brauchbar für eine wissenschaftliche Annäherung an musikalische Praktiken, wenn es um ihre Vielfalt und um ihr lebendig gehaltenes Erbe geht.

Abhilfe scheinen Konstrukte wie eine *Interkultur* (Terkessidis 2010) oder *Hybridkultur* (Spielmann 2010) zu geben, was die vielschichtige Gestalt kultureller Ausdrucksformen betrifft; bisher hat sich jedoch für musikalische Lernprozesse, die eine Form kulturellen Lernens darstellen, durch diese Kultur-Definitionen keine suffiziente Strategie und auch keine stringente Epistemologie für den Untersuchungsgegenstand einer Transkulturellen Musikpädagogik ableiten lassen.

Für musikpädagogische Zwecke bedient man sich besser eines dehnbaren Kulturbegriffs, da sich transkulturelle Vermittlungsprozesse schwerlich auf ein statisches Modell rückbeziehen lassen. Daher könnte der Begriff einer *flexible culture*, wie er schon von Hans-Rudolf Wicker eingesetzt wurde (Wicker 1996, S. 7–29), besser passen. Bei Wicker wird allerdings nicht eine „Flexible Kultur" definiert, da es ihm vielmehr durch die Vermengung von Kultur und Identität um die Flexibilität von Identität geht. Anders umschreibt James Reason eine *flexible Culture* für das Personalmanagement (vgl. Weick/Sutcliffe 2007, S. 133 f.), indem er vorrangig eine flexible Unternehmens-Kultur meint, die einer Organisation schnelle Anpassungen, Neustrukturierungen und Fehlervermeidung ermöglichen soll. Weder Wickers noch Reasons begrifflicher Einsatz einer „flexiblen Kultur" scheinen geeignet für einen möglichen Brückenschlag zur Erziehungswissenschaft und zur Pädagogik. Dagegen eignet sich als Referenz für eine transkulturell orientierte Musikpädagogik James Lulls Definition einer *Superkultur*:

> „Wie der Name impliziert, geht die Superkultur über traditionelle Kategorien von Kultur und die kulturelle Analyse hinaus. Sie reflektiert weiterhin Kultur als Gemeinschaft und nimmt auch auf globaler Ebene Gestalt an, basiert jedoch primär auf der Vorstellung von Kultur als persönlicher Orientierung und Erfahrung und auf der Dynamik, dass sinntragende soziale Interaktion, Aktivitäten und Identitäten von Menschen mithilfe gegenwärtiger Bräuche, Codes und Prozesse der menschlichen Kommunikation konstruiert werden" (Lull 2002, S. 750).

Daraus lässt sich schließen, dass Globalisierung nicht eine universelle Superkultur darstellt, sondern vorrangig als größter Umschlagplatz für unterschiedliche Kulturen fungiert, in welchem mehr oder minder vorhersehbare, unterschiedlich gewichtete und stets wieder neu geordnete affine Momente zwischen kulturellen Ausdrucksformen entstehen, und nicht vordergründig die Fabrikation von in sich geschlossenen Kulturen. Letztere verlieren mehr und mehr an Bedeutung, denn gestalterisch wirkend sind – besonders durch Migration hervorgebrachte – Kulturtransfers, aus denen sich einerseits Differenz, auf der anderen Seite aber kulturelle Affinitäten erzeugen lassen. Entwickelt man den Gedanken von James Lulls Superkultur weiter, nämlich von der Definition der Kultur hin zum *Umgang* mit einer derartigen „superabundanten" Kultur, so lässt sich ein begriffliches Netzwerk aufspannen, in dem eine Transkulturelle Musikpädagogik verortet und angewendet werden kann.

Kultur „on demand"

Jedes Individuum legt sich eine eigene, exklusiv für sich Gültigkeit beanspruchende Kultur zurecht. Schon 1988 hat Gerhard Kubik in einer Arbeit über afro-amerikanische Musikkulturen angemerkt, dass jedes Individuum einer Gesellschaft, und sei diese noch so geschlossen, stets über ein eigenes „kulturelles Profil" verfügt. Interpersonell können sich da unterschiedlichste Gemeinsamkeiten, aber auch Gegensätze ergeben (vgl. Kubik 1994, S. 17–46).

Die öffentliche Debatte über Kultur ist mittlerweile überhitzt; Schlagwörter wie „Leitkultur", Elite oder Exklusion zeigen, wie stark die Diskussion, gerade auch, wenn sie über die Kulturen von Migranten geführt werden, politisiert und mit Machtdenken durchsetzt ist. Erst durch die Lösung von den pluralen Kultur-Definitionen und ihren impliziten politischen Konnotationen gewinnt die Thematik Relevanz für eine (musik-)pädagogische Diskussion. Nicht die *Kultur* eines Individuums, und schon gar nicht einer Gruppe, taugt folglich noch als Grundlage für transkulturelle Vermittlungs- und Verstehenskonzepte, sondern der *Umgang* jedes Einzelnen mit Kultur ist es, den es in einer Transkulturellen Musikpädagogik zu erforschen gilt, um daraus praxistaugliche Konzepte und pädagogisch anwendbare Materialien zu entwickeln.

Dafür kann man den Begriff der „Flexi-Kultur" wieder aufgreifen, jedoch nicht im Sinne von Wicker oder Reason. Die Erkenntnis, dass jeder Einzelne in einer Lerngruppe, unabhängig von einem möglichen Migrationshintergrund, sich flexibel an mehreren Kultur-Modellen bedient, seinen Umgang mit diesen Modellen auch jederzeit verändern kann, bedeutet für die Pädagogik, dass sich das bisher bemühte Gegensatzpaar „Eigenes und Fremdes" nicht nur relativiert, sondern schlussendlich nivelliert. Es sei in diesem Zusammenhang ein Vergleich mit Esskulturen erlaubt: Der Umgang mit Musikkultur(en) ist heute ähnlich flexibel, wie das populäre Modell des Flexitariers, bei dem sich der Einzelne zwar an einer Haupt-Kultur – dem Vegetarismus – orientiert, diese aber immer wieder situativ neu für sich definiert und sich entsprechend flexibel verhält. Die Haupt-Kultur stellt für „flexi-kulti"-Nutzer*innen kein exklusives Konzept dar; sie kann um diverse Teil-Kulturen, Sub-Kulturen und sogar Gegen-Kulturen erweitert werden oder auch von diesen ersetzt werden. Anwendungsorientiert bedeutet das also, dass jeder Einzelne ein Konglomerat von

Kulturen benutzt: eine Kultur, die der ethnischen Zugehörigkeit (bzw. dem „Migrationshintergrund") entspricht, eine Kultur der Peergroup, eine andere, die einer bestimmten Altersgruppe entspricht, vielleicht auch eine genderspezifische Teilkultur, eine weitere, die den Kultur-Teilhabenden als Zugehörigen zum urbanen oder ruralen Milieu kennzeichnet, eine Gegenkultur zur Eltern-Kultur usw.

Kulturelle Artefakte werden heute auf vielfältige Weise medial zur Verfügung gestellt, um vom Verbraucher dann auf Abruf – „on demand" – genutzt werden zu können. So gibt es neben Büchern auch Videos, Musik bzw. jede Art von Audiofiles, natürlich auch Bilder und sogar Theater auf Abruf. Der/die „flexi-kulturelle" Nutzer*in stellt sich aus dem ihn umgebenden Angebot seine ureigenste Kultur „on demand" zusammen. Für Vermittlungsprozesse bedeutet dieser Sachverhalt, dass ein nur begrenzt kalkulierbares Reservoir an musikalischen Erfahrungen beim Lernenden vorhanden ist. Eine transkulturell orientierte Musikpädagogik setzt daher methodisch beim Lernenden selbst an, um möglichst viele Facetten und Elemente seiner Musikkulturen kennenzulernen. Erst das Wissen um die Musiken, die dem Lernenden vertraut sind, ermöglicht, ihm über affine musikalische Elemente andere Musiken nahezubringen.

Weg vom Kulturbegriff

Die Vorstellung von *Kultur*, die einer Transkulturellen Musikpädagogik zugrunde liegt, geht folglich vom Menschen aus, nicht von einer bestimmten oder überhaupt bestimmbaren Kultur – und schon gar nicht von einem möglicherweise vorhandenen Migrationshintergrund. Sie geht, orientiert an der Musik als zu vermittelndem Gegenstand, vom musizierenden Menschen aus (vgl. Orff 1932, S. 668; Khittel 2007), dessen Tun auf *Erfahrungen* und Lernvorgängen basiert, indem dieses Tun als konkrete musikalische Aktion den eigenen Erfahrungshorizont aufspannt und erweitert. Als kollektive Handlung ist Musik zugleich Erfahrung und Erkenntnis – für den Einzelnen, wie für die Gruppe. Die am musikalischen Artefakt erworbenen ästhetischen (und damit auch speziell musikalischen) Erfahrungen und ihre Interpretationen sind zugleich transkulturelle Erfahrungen, sobald der musizierende Mensch das ihm vorher unbekannte Artefakt nicht nur duldet oder aushält, sondern in seinem Eigensinn anerkennt (Ott 2012a, S. 111–138; Ott 2012b, S. 4–10). Transkulturelle Musikpädagogik kann daher in letzter Konsequenz sogar auf den Terminus *Kultur* im engeren Sinne verzichten, denn der Fokus richtet sich auf musikalische *Erfahrungen* und *Eindrücke*, auf das Lernen daraus und auf den sozialen Umgang, der sich daraus speist. *Eindrücke* werden hier im Sinne David Humes (1711–1776) verstanden, der sie als „lebhafte Zustände, wenn wir hören oder sehen oder fühlen" beschreibt. Ein Mensch mit Migrationshintergrund wird losgelöst von der Kultur seines Herkunftslandes betrachtet, während seine Erfahrungen, die er auch durch Migration gemacht haben kann, in den Vermittlungsprozess einfließen, diesen mitgestalten und strukturieren.

Affinitäten als Grundlage

Doch auf welche Weise lassen sich transkulturelle musikalische Erfahrungen und Eindrücke generieren? Eine Antwort darauf kann man in den Nachbarwissenschaften finden. So hat z. B. der Politikwissenschaftler Kurt Weyland (1996, S. 3–31) die Entdeckung gemacht, dass es überraschende Konvergenzen von populistischen und wirtschaftsliberalen Maßnahmen der politischen Ökonomie in Lateinamerika geben kann. Unerwartete Übereinstimmungen musikalischer Phänomene lassen sich auch in Musiken aus ursprünglich entfernten Kontexten beobachten, die aufgrund historischer, migrationsgebundener oder sozialer Entwicklungen in Berührung kommen. Die dabei entstehenden unerwarteten *Affinitäten* des musikalischen Miteinanders bieten im Besonderen der Musikpädagogik und der Musikwissenschaft, aber auch der Kulturwissenschaft im Allgemeinen interessante Beispiele eines „kultursozialen Labors", in welchem die innovative Gestaltung kultureller Strukturen beobachtet werden können. Für die Musikpädagogik lassen sich hieraus Muster für die Vermittlung von Musik entnehmen, die dem heutigen Desiderat einer transkulturell fokussierten Didaktik neue Wege aufzeigen. Diese bewegen sich wesentlich jenseits der verbrauchten dichotomen Gegenüberstellung von „das Eigene und das Fremde" und bleiben von der Vorstellung unberührt, man müsse im Klassenzimmer die Musik der anwesenden Migranten-Kinder herstellen.

Didaktik und Methodik in der Vermittlung von Musik kann in ihrer praktischen Variante Prinzipien des Musizierens aufzeigen, bei denen *Affinitäten* eine wesentliche Rolle spielen. Der Vorteil dieses Ansatzes ist, dass sowohl Offenheit im kreativen Musikmachen als auch prinzipielle Neugier für das musikalisch Unerwartete gefördert werden. Beides relativiert kulturelle Besitzansprüche und hinterfragt kritisch die Annahme, dass Alterität ein Standpunkt sei, der Differenzen erzeugen möchte. Wird jedoch das Andersartige positiv gewendet und genutzt, um ein eigenes kulturelles Wieder-finden und auch Neu-finden zu konfigurieren, steht dieser Bildungsprozess folglich der Logik der Exklusion entgegen.

Die Theorie einer Transkulturellen Musikpädagogik zielt darauf, universelle Parameter, Strukturen, Konzepte oder Elemente in den zu vermittelnden Musiken zu finden, die übergeordneten Prinzipien entsprechen. Diese Prinzipien bedürfen jedoch der Hermeneutik, denn *Affinitäten* sind auslegungsbedürftig. So können sich etwa musikalische Strukturen (Harmoniefolgen, Rhythmusmodelle, Instrumentation, …) in verschiedenen Musiken affin zueinander verhalten, es können aber auch performative Aspekte (Anlass der Aufführung, Einbettung in ein Ritual, …) oder der gesellschaftliche Kontext (wer macht diese Musik zu welchem Zweck?, welche Vorbereitungen müssen vorausgehen?, …) Affinitäten darstellen. Affinitäten können gegebenenfalls nur einseitig erkannt werden, jedoch machen entsprechende Reaktionen darauf bzw. deren kreative Auslegung eine einvernehmliche Empfindung möglich.

Bleibt man bei der Annahme, dass sich jeder Einzelne – unabhängig von Migration bzw. einem möglichen Migrationshintergrund – seine eigene Kultur erschafft, so ist das Aufspüren von Gemeinsamkeiten ein individueller Prozess in Abhängigkeit zum *Erfahrungshorizont* des Einzelnen. Musikimmanente Affinitäten werden hierbei am wenigsten mit den individuellen Erfahrungen des Lernenden assoziiert (da sie sich in den musikalischen Objekten befinden), gesellschaftliche und besonders performative Aspekte jedoch sehr wohl.

Eine Systematik jener musikimmanenten Universalia, der *Affinitäten*, kann schließlich verdeutlichen, dass trotz unterschiedlicher Ausprägungen viele Musiken konstitutive Gemeinsamkeiten besitzen. Pädagogisches Ziel ist hier nicht nur die Vermittlung von musikalischem Wissen (auch im praktischen Sinne), sondern auch die Befähigung zum Denken über Musik und die Einordnung des eigenen kulturellen Denkens, das schließlich – musikalisch ausgedrückt – als Variation oder Improvisation über kulturübergreifende Affinitäten wahrgenommen wird. Transkulturelles Lernen ermöglicht folglich zugleich die Erfahrung von spezifischen, zu einer Kultur gehörenden, und von universellen, mehreren Kulturen zugehörigen Merkmalen.

Nicht nur in der Ethnologie sondern auch in der Philosophie ist eine derartige Grundannahme von kulturellen Universalien ein Paradigma mit langer Tradition. Der Schweizer Philosoph Elmar Holenstein (*1937) definiert etwa Phänomenbereiche mit denselben Gesetzmäßigkeiten als „Brückenkopf" zur Erschließung einer anderen Kultur: „Über Sprachgrenzen hinweg sind in verschiedenen Kulturen Phänomenbereiche auszumachen, in denen dieselben Gesetzmäßigkeiten zum Zuge kommen. Solche Gesetzmäßigkeiten bilden einen Brückenkopf, von dem aus eine fremde Kultur erschließbar ist" (Holenstein 1998, S. 272).

Einer der Phänomenbereiche „über Sprachgrenzen hinweg" – und daher besonders relevant für Menschen mit Migrationshintergrund – ist die Musik; musikalische Affinitäten können als „Brückenköpfe" zum Austausch und zum Verständnis einer anderen Kultur fungieren. Mit kulturellen Gemeinsamkeiten setzte sich in der Musikpädagogik der bereits erwähnte „Schnittstellenansatz" von Irmgard Merkt auseinander, ebenso der „Erweiterte Schnittstellenansatz" von Wolfgang Martin Stroh (vgl. Merkt 1993, S. 4–7; Stroh 2009). In diesen beiden Konzeptionen sind für das Verstehen musikalischer Begegnungen nicht nur Strukturähnlichkeit (die „Schnittstelle") ein wichtiges Kriterium, sondern auch Differenz und Alterität, die man schließlich verstehbar machen will. Affinitäten stecken nämlich auch in der Differenz, können sogar Teil davon sein und keine eigene Einheit, keinen Gegenpol dazu bilden. Sie verhalten sich wie „inhärente Muster" (wie sie namentlich auch afrikanischen Musiksystemen innewohnen); sie sind also in den Werken bereits angelegt, können erkannt, ausgelegt oder aber übersehen werden.

Erwartetes und Unerwartetes

Das Aufspüren von *Affinitäten* im musikalischen Kontext bedarf der Nachbarwissenschaften, etwa der Musikwissenschaft, Anthropologie, Erziehungswissenschaft, Kunstgeschichte, Sozialwissenschaft, Kulturwissenschaft oder Geschichtswissenschaft. Die Analyse wird Affinitäten hervorbringen, die zu erwarten waren (*Expected Affinities*), es werden aber auch unerwartete Gemeinsamkeiten zu Tage treten (*Unexpected Affinities*). Bei den *Unexpected Affinities* entsteht eine besondere Dynamik im kulturellen Transferprozess. Sie treten dann in Erscheinung, wenn die neue Kombination keine a priori Übereinstimmungen aufweist; sie können aber auch gezielt aufgespürt oder im transkulturellen Austausch regelrecht konstruiert werden. Tatsächlich sind sie erst dort wirklich vorhanden, wo die „Reaktion" aus dem eigentlichen Zusammentreffen erfolgt (nicht zufällig bezeichnet auch die Chemie das Bestreben, eine Bindung einzugehen, als *Affinität*).

Dagegen zielen *Expected Affinities* auf bereits vorhandene Strukturen oder Gegebenheiten; die Richtung des Transferprozeses ist somit vorgegeben. Gleiches gilt für *Expected Non-Affinities*: Sie lassen kulturellen Transfer – erwartungsgemäß – erst gar nicht aufkommen. *Unexpected Non-Affinities* unterbrechen laufende Transferprozesse.

Transkulturelles Lernen findet jedoch in jedem Falle statt, unabhängig davon, ob der Lernende mit Affinitäten rechnet oder diese ihn überraschen bzw. ob das Lernen sich über affine oder nicht-affine Momente ereignet. Paradigmatisch lassen sich transkulturelle Lernmethoden auf folgenden Nenner bringen: Je mehr Affinitäten zwischen den zu vermittelnden Musiken zu finden sind, umso geringer ist der Wissenszuwachs in Bezug auf die zu erschließenden Lernobjekte (von absoluter Gleichheit – ein reines Konstrukt – kann man nicht lernen). Und je mehr Erwartetes der Lernende vorfindet (seien es Gemeinsamkeiten oder Differenzen), umso geringer ist für ihn die Möglichkeit, Alterität anzuerkennen und damit seine kulturelle Identität, sein kulturelles Denken und sein inklusives Verhalten zu profilieren.

Fehlen Affinitäten – erwartete oder unerwartete – gänzlich, ist ebenfalls kein Lernen möglich. Allerdings sind Musikwerke ohne jegliche Affinitäten ebenfalls ein theoretisches Konstrukt. Alleine durch die Tatsache, dass die vorliegenden

Werke Musik-Werke sind, setzen – selbst in einer sehr weit gefassten Definition von „Musik" – mindestens eine Affinität voraus.

Sinnvolle Vermittlung kann jedoch erst dann erfolgen, wenn die aufzuspürenden Affinitäten Relevanz für den Lernenden besitzen. Durch die musikalische Prädisposition (*Erfahrungshorizont*) des Lernenden bzw. der Lerngruppe lässt sich Relevanz von Affinitäten bis zu einem gewissen Grad voraussehen; sie kann sich aber auch erst im Vermittlungsprozess entwickeln bzw. verstärken.

Die Berücksichtigung kultureller Affinitäten, von denen es zahlreiche, v. a. auch unerwartete gibt, ist in einer Zeit, in der selbsternannte Kulturexpert*innen die öffentliche Meinung zum Thema Migration beeinflussen, geradezu eine zivilgesellschaftliche Notwendigkeit geworden. In der Wissenschaft können Affinitäten zukunftsfähige Kulturkonzepte begründen, in der Kreativwirtschaft fördern sie tragfähige Innovationen, in den musischen Schulfächern bereichern sie didaktische Herangehensweisen.

Transferprozesse zwischen Affinitäten

Zur Inklusion von Migrant*innen und von Menschen mit Migrationshintergrund lassen sich gezielt kulturelle Transferprozesse einsetzen. Für ein sinnvolles Gelingen benötigt kultureller Transfer Bezugspunkte („Brückenköpfe"), von denen aus durch affine Momente in unterschiedliche Richtungen Brücken geschlagen werden können. Erst dann, wenn Bezugspunkte bereits Verbindungen ermöglicht haben, können „Kontaktprodukte" – also musikalische Transferleistungen – entstehen.

Affinität können gleichzeitig für eine Seite unerwartet, für eine andere jedoch vorhersehbar sein. Kreative Prozesse werden allerdings vor allem dort ausgelöst, wo sich beide Seiten mit unerwarteten Momenten konfrontiert sehen. Ein/eine Künstler*in rechnet mit einer Vielzahl affiner Momente, die sein/ihr Werk erzeugt, ohne sie genau vorausplanen zu können, da er nicht die Voraussetzungen der Rezipient*innen kennt und nicht weiß, was sein Werk bei ihnen auslöst. Denn Affinitäten werden nicht kreiert; sie sind vorhanden und werden ausgelöst wie eine chemische Reaktion, bei der unterschiedliche, zuvor getrennte Substanzen in Berührung kommen. Es ergibt sich eine erwartete oder unerwartete Reaktion. Kultureller Transfer wird daher stets etwas Neues erzeugen, das nicht vollständig vorhersehbar ist. Dieses „Neue", das von allen Beteiligten – Migrant*innen und Nicht-Migrant*innen – gemeinsam geschaffen wird, bildet die Basis für Inklusionsprozesse.

- Transkulturelle Musikpädagogik (TMP) sucht nicht *das Eigene*, schon gar nicht *das Fremde*; es geht ihr um *das Eigentliche*, das kulturelle Manifest an und für sich; Ausgangsbasis ist ein kosmopolitisches kulturelles Denken. Nicht *das Fremde*, das das Gegenüber mitbringt, wird thematisiert, sondern die im Medium Musik und im Menschen gemeinsamen Bezugspunkte, die Kommunikations- und Verstehensprozesse ermöglichen.
- TMP ist lokal nicht zu verorten, d. h. sie orientiert sich nicht an einer einzigen lokalen Denkweise oder Schule, sondern sie erhält stets neue Impulse von unterschiedlichen Denker*innen oder auch aus den Nachbarwissenschaften. Die Frage „Wo ist das Zentrum?" (vgl. Oliveira/Adam-Schmidmeier 2012, S. 56–61) stellt sich folglich nicht nur für die zu vermittelnden Objekte, sondern in gleicher Weise auch für die im Prozess befindliche transkulturell orientierte Forschung. TMP ist daher grundsätzlich demokratisch und nicht eurozentrisch organisiert. Migration und die dadurch entstehende kulturelle Vielfalt wird als Bereicherung wertgeschätzt.
- TMP nutzt gleichzeitig eine ästhetische und eine hermeneutische Herangehensweise; die ästhetische erklärt sich durch den zu vermittelnden Gegenstand Musik per se, während der hermeneutische Zugang die eigene Identität durch das Erkennen und Auslegen des Anders-Seins erzeugt und affirmiert, gleichzeitig aber auch seine Bedeutung nicht nur erkennt, sondern anerkennt.
- TMP folgt daher der Logik der Inklusion. Sie will allen am Lernprozess Beteiligten – unabhängig von Herkunft, Geschlecht, Alter oder besonderen Bedürfnissen – musikalische Erfahrungen und Eindrücke vermitteln.
- Die Methodik der TMP ist nicht romantisierend („das Exotische" suchend), da sonst die Gefahr besteht, durch einen emotionsgeleiteten Ansatz in die Nähe des Dilettantismus und Amateurhaften gerückt zu werden (beide Begriffe tragen das romantisch-gefühlsbetonte „gernhaben" bzw. „lieben" im Wort).
- TMP betrachtet Musik nicht nur als uni-versale Ausdrucksweise, die es ermöglicht, *Affinitäten* aufzuspüren, sondern auch als multi-versale kulturelle Äußerung, die neben allen affinen Momenten auch non-affine Elemente kennt. Deren Wechselspiel lässt sich kreativ für pädagogische Zwecke nutzen.
- TMP begreift sich methodisch fundiert in Irmgard Merkts „Schnittstellenansatz" bzw. Wolfgang Martin Strohs „Erweitertem Schnittstellenansatz", außerdem fließen Aspekte der „Erfahrungserschließenden Musikerziehung" von Rudolf Nykrin (1978) ein. Denn TMP stützt sich nicht mehr auf einen (oder mehrere) definierte(n) Kulturbegriff(e), sondern operiert auf der Basis

von musikalischen *Erfahrungen*. Neben der Erfahrung wird auch der *Eindruck* von einem musikalischen Werk zum Lernziel.

Der Eindruck von Differenz, Alterität oder aber auch der Eindruck, den musikalische Affinitäten hinterlassen, können be-eindrucken und der eigenen Identität, dem Selbst-Sein dazu verhelfen, sich zum Ausdruck zu bringen. Im Lernprozess werden kulturelle Erfahrungen und Eindrücke zu den vorhandenen addiert, ohne dass notwendigerweise schon erworbene Erfahrungen und Eindrücke revidiert oder aufgegeben werden müssen.

- Der Umgang mit den musikalischen Parametern in TMP ist ein umfassender: Affinitäten betreffen unterschiedliche musikalische Gattungen als auch *Lebenserfahrungen* musikalischer Akteure im Austausch.
- TMP ist idealerweise im Handeln des Lernenden fundiert. Dem Konzept Nykrins folgend, ereignen sich im Handeln *Erfahrungen*. Im Umgang mit Musiken anderer Kulturen kann sich nicht in jedem Fall handelnd konkretisieren, da beispielsweise nicht immer mit dem nötigen Instrumentarium gearbeitet werden kann, spezifische Techniken vom Lehrenden nicht beherrscht werden, usw. Statt Erfahrungen lassen sich aber *Eindrücke* vermitteln, indem sich der Lehrende zusammen mit den Lernenden Eindrücke vom Lerngegenstand verschaffen.

TMP erfordert daher mehr als in den meisten anderen musikpädagogischen Konzeptionen, dass der Lehrende sich im Sinne Fichtes als „Studierender" begreift.

Literatur

Adam-Schmidmeier, Eva-Maria von (2012): Berlin ist überall. Peter Fox' Album „Stadtaffe" aus transkultureller Perspektive. In: Musik und Unterricht 109, S. 41–47.

Barth, Dorothee (2008): Ethnie, Bildung oder Bedeutung? Zum Kulturbegriff in der interkulturell orientierten Musikpädagogik. Augsburg: Wißner.

Friberg, Detlef (1976): Gemeinsamer Unterricht. In: Hohmann, Manfred (Hrsg.): Unterricht mit ausländischen Kindern. Düsseldorf: Schwann Verlag, S. 185–208.

Holenstein, Elmar (1998): Intra- und interkulturelle Hermeneutik. In: Ders. (Hrsg.): Kulturphilosophische Perspektiven: Schulbeispiel Schweiz – Europäische Identität – Globale Verständigungsmöglichkeiten. Frankfurt/M.: Suhrkamp, S. 257–287.

Khittel, Christoph (2007): „Die Musik fängt im Menschen an". Anthropologische Musikdidaktik: theoretisch – praktisch. Bern: Peter Lang.

Kubik, Gerhard (1994): Ethnicity, Cultural Identity, and the Psychology of Culture Contact. In: Gerard Béhague (Hrsg.): Music and Black Ethnicity: The Caribbean and South America, New Brunswick (USA) u. a.: Transaction Publishers, S. 17–46.

Lull, James (2002): Superkultur. In: Hepp, Andreas/Löffelholz, Martin (Hrsg.): Grundlagentexte zur transkulturellen Kommunikation. Konstanz: UVK, S. 750–773.

Merkt, Irmgard (1983): Deutsch-türkische Musikpädagogik in der Bundesrepublik: Ein Situationsbericht. Berlin: Express Edition.

Merkt, Irmgard (1993): Interkulturelle Musikerziehung. In: Musik und Unterricht 22 (1993), S. 4–7.

Nykrin, Rudolf (1978): Erfahrungserschließende Musikerziehung: Konzept, Argumente, Bilder, Regensburg: Bosse.

de Oliveira Pinto/von Adam-Schmidmeier, Eva-Maria (2012): Wo ist das Zentrum? Transkulturelle Musikpädagogik: Ein Dialog mit den Transcultural Music Studies. In: Musik und Unterricht 109, Handorf, S. 56–61.

Orff, Carl (1932): Gedanken über Musik mit Kindern und Laien. In: Die Musik. Monatsschrift, hrsg. v. Bernhard Schuster. Berlin 1932, S. 668–673

Ortiz, Fernando (1995): Cuban Counterpoint. Tobacco and Sugar (translated from the Spanish by Harriet de Onís). Durham/London, S. LVII–LXIV.

Ott, Thomas (2012a): Konzeptionelle Überlegungen zum interkulturellen Musikunterricht. In: Niessen, Anne/Lehmann-Wermser, Andreas (Hrsg.): Aspekte interkultureller Musikpädagogik. Ein Studienbuch. Augsburg: Wißner, S. 111–138.

Ott, Thomas (2012b): Heterogenität und Dialog. Lernen am und vom Anderen als wechselseitiges Zuerkennen von Eigensinn. In: Diskussion Musikpädagogik 55, S. 4–10.

Spielmann, Yvonne (2010): Hybridkultur. Berlin: Suhrkamp.

Stroh, Wolfgang Martin (2011): Der erweiterte Schnittstellenansatz. In: http://www.interkulturelle-musikerziehung.de/texte/stroh2009.pdf (Abruf: 26.08.2016).

Suppan, Wolfgang (1984): Der musizierende Mensch. Eine Anthropologie der Musik. Mainz u. a.: Schott.

Terkessidis, Mark (2010): Interkultur. Berlin: Suhrkamp.

Weick, Karl E./Sutcliffe, Kathleen M. (2007): Managing the Unexpected: Resilient Performance in an Age of Uncertainty. 2nd Ed. San Francisco.

Weyland, Kurt (1996): Neopopulism and Neoliberalism in Latin America: Unexpected Affinities. In: Studies in Comparative International Development. Vol. 31, 3, S. 3–31.

Wicker, Hans-Rudolf (1996): Flexible Cultures, Hybrid Identities and Reflexive Capital. In: Anthropological Journal on European Cultures, Vol. 5, 1, S. 7–29.

Jüdische Emigranten in Shanghai

Narrative Konstruktionen von Beheimatung

Wiebke Lohfeld

*„We were refugees. Faceless, nameless, stateless,
and that's a terrible situation to be in."*
Alfred Federer, Interview 1997, Name anonymisiert

Einleitung

Das in der Überschrift angeführte Zitat entstammt einer von 120 Lebensgeschichten, die im Rahmen eines *Oral History Projects* des amerikanischen His-
torikers Steve Hochstadt zur jüdischen Emigration nach Shanghai (1939–1949)
erhoben wurden. Nahezu 15 Jahre hat Hochstadt Gespräche mit sogenannten
,Shanghailändern' aufgenommen und transkribiert[1]. Während sein Interesse
den Einzelheiten der Fluchtgeschichten galt – beispielsweise welche Dokumente
benötigt und wie sie beschafft wurden –, hat sich meine Forschung mit der
Rekonstruktion der Lebensverläufe unter erziehungswissenschaftlicher Perspektive befasst (vgl. Lohfeld 2004, 2005. Projektankündigung). Mir geht es
darum, die Biografien der Shanghai-Exilanten[2] als Grundlage für Fragen der
Entwicklung, dem Einsatz von persönlichen Ressourcen, der Reflexion biografi-
scher Muster, Handlungsstrategien und Bearbeitungsschemata im Rahmen der
existenziellen Erfahrungen von Flucht, Flüchtlingsdasein und Weiteremigration
zu verstehen. Die Betrachtung von Lebensläufen und -geschichten von Exilbio-
grafien führt mich mitten hinein in ein zentrales Gegenstandsfeld der erziehungswissenschaftlichen Biografieforschung, der Frage nach Entwicklungsbe-
dingungen und -bedürfnissen und der Frage nach den Möglichkeiten der Autonomie im Kontext von Heteronomie. Wie der Mensch unter den besonderen
Bedingungen seines Lebens zu dem wird, was er ist – bzw. in einer narrativen
Konstruktion davon mitteilt, kann anhand von Biografien nachvollzogen und

---

1   *Shanghai Jewish Community Oral History Project.* Vgl. Hochstadt 2012; Hochstadt/Lohfeld
2006.
2   Für die bessere Lesbarkeit verwende ich ausschließlich die männliche Form.

beschrieben und mit unterschiedlichen Konzepten und Theorien in Verbindung gebracht werden (vgl. Garz/Zizek 2014).

Die besonderen historischen Umstände der Emigration nach Shanghai bilden meiner Ansicht nach eine Rahmung für Biografien, die einen spannenden Ausgangspunkt für diese Fragen darstellt. So kann man an den Biografien der Shanghai-Exilanten Verläufe überwältigender Heteronomieerfahrungen rekonstruieren, die den Menschen in besonderer Weise ihre Entwicklung zu Autonomie und Unabhängigkeit katalysierten (vgl. Lohfeld 2005). Eine Begründung hierfür liefert in großem Umfang der historische Kontext, den ich hier kurz aufgreife.

Aufgrund von Verfolgungen im Nationalsozialismus waren jüdische Deutsche und Österreicher zur Emigration gezwungen. Ein Interview-Zitat von Oswald Schierenberg mag das Grundgefühl einer Emigrationsentscheidung verdeutlichen: „Just the feeling, the awareness [...] that basically somebody could go and kill me in the street and nobody would lift a finger. There wasn't any defense or any resources to draw on. So: that had gotten deep into me, this feeling at one point" (Oswald Schierenberg, Interview 1990, Name anonymisiert). Shanghai war dann Ende der 1930er Jahre einer der letzten Orte, an den Juden noch fliehen konnten. Sie flohen mit wenigen Mitteln oft erst, als sie von den Pogromen am 9. und 10. November 1938, Verhaftungen und Enteignungen direkt betroffen waren. Die späte Flucht kennzeichnet die nahezu 17.000 deutschsprachigen Emigranten, die in Shanghai eine Zuflucht fanden. Darunter waren Menschen verschiedener Herkunft und Altersgruppen, Familien, allein reisende junge Männer, junge Paare. Entsprechend weisen Erzählungen über die Exilzeit in Shanghai sehr unterschiedliche Konnotationen und Gewichtungen auf. So erlebten beispielsweise Kinder das Exil ganz anders als Erwachsene, die aus ihrer Lebensmitte heraus zur Flucht gezwungen waren.

Das Shanghaier Exil[3] war mit ausgesprochen großem Exotenstatus behaftet. Die in Shanghai eintreffenden Emigranten sahen sich mit einer großes Befremden hervorrufenden Welt konfrontiert, die zwangsläufig neue und durchaus schwierige Überlebensstrategien notwendig machte, die unter Umständen konträr zu bisherigen Normen- und Wertvorstellungen sowie Lebensroutinen und -praxen standen. Für die meisten sollte Shanghai lediglich eine Durchgangsstation bis zur Weiterreise nach Australien oder Amerika sein. Aufgrund des Kriegsausbruchs hielt das Exil in Shanghai allerdings für die meisten bis 1948/49 an (vgl. Freyeisen 2000, S. 400). Infolge des sino-japanischen Krieges standen Teile von Shanghai unter japanischer Okkupation (vgl. Kranzler 1976) und nahezu eine Million chinesischer Flüchtlinge befanden sich zusätzlich in

---

3 http://www.exil-archiv.de/grafik/themen/exilstationen/flucht-shanghai.pdf (Abruf am: 04.04.2018)

der Stadt. Mit einer Verordnung im Jahr 1943 wurden darüber hinaus alle jüdischen Flüchtlinge, die nach 1937 in Shanghai angekommen waren, gezwungen, in den abgeschlossenen und armen Stadtteil Hongkew umzusiedeln und dort in einer bewachten Zone – dem *Ghetto* – zu leben. Die Beschneidungen der persönlichen Lebensgestaltung wurden hier nochmals zwangsweise für die Exilanten bedrohlich. David Kranzler – ein Pionier der Forschung über das Shanghaier Exil – verweist in seiner Studie von 1976 darauf, dass das Shanghaier Exil in Abgrenzung zu anderen Exilorten ganz besondere Herausforderungen für die Emigranten bereit stellte:

> „Living in Shanghai meant adjusting to a radically different environment, including climate, sanitary and health conditions, culture, and a shrinking economy. For mostly middle-class and middle-aged refugees, this was quite painful. Most traumatic was the fact that they were thrown out of their highly civilized Germany or Austria, where their families had lived for centuries and had found a comfortable, even prestigious niche, into a totally unfamiliar environment 8.000 miles away, where they were unknown and dependent upon relief for their existence. Their former world was now shattered, and their faith in their *Vaterland* was in shambles" (Kranzler 1995, S. 132).

Die unterschiedlichsten Anknüpfungspunkte für erziehungswissenschaftliche Fragestellungen wie sie mich interessieren, sind mit dem historischen Zugriff auf die Shanghai-Biografien hiermit ansatzweise umrissen worden.

Im Rahmen meiner bisherigen Arbeit erwies sich das Konzept der *Aberkennung* als besonders fruchtbar zur theoretischen Orientierung, vor allem wenn man die biografischen Verläufe unter dem Aspekt der verlorenen und verweigerten Anerkennung der jüdischen Deutschen durch den nationalsozialistischen Staat sowie dessen Vertretern betrachtet, wie z. B. auf der Ebene physischer Integrität in dem Zitatausschnitt angedeutet wurde. In vielen Fällen hat die subjektive Sicht der erzählenden Personen darauf verwiesen, dass Anerkennung und Aberkennung einhergehend mit einem Erleben der Widerfahrnis (vgl. Straub 2005) entscheidende Ausrichtungen für die erzählerische Konstruktion der eigenen Lebensgeschichte der als jüdisch Verfolgten des Nationalsozialismus bilden (vgl. Lohfeld 2005, 2007a, 2007b, 2013; Garz 2003, 2006). Ausgehend von diesen bereits vorliegenden Arbeiten soll in diesem Beitrag ausgelotet werden, inwieweit narrative Konstruktionen subjektive Repräsentationen von Prozessen der Beheimatung aufweisen und damit einen Hinweis darauf geben können, welche Beziehung geflüchtete Menschen retrospektiv im Erzählen zu einem Konzept der Heimat entfalten. Wohlwissend, dass der Diskurs über den Begriff „Heimat" hier nur ansatzweise aufgegriffen werden kann, können meines Erachtens die Emigrantenbiografien in Verbindung mit einem „Assoziationsraum von Heimat" – so ein Begriff des Kultursoziologen Karl-

Siegbert Rehberg (2013) – im Hinblick auf deren narrativ hergestellten und damit auch erfahrungsbasierten Bezug zu „Heimat" befragt werden. Dabei soll ein besonderes Augenmerk darauf gerichtet werden, welche Aspekte von Beheimatung sich empirisch finden lassen. Allerdings ist gleich vorwegzunehmen, dass ich keinen Anspruch auf Vollständigkeit verfolge, sondern meine eigenen Arbeiten hier mit einem ersten Schritt lediglich weitertreiben möchte. Als anthropologischer Ausgangspunkt dient das vielfach festgestellte „Heimat-Bedürfnis" des Menschen (ebd., S. 166). Im Folgenden wird dies in Anlehnung an anerkennungstheoretische Grundlagen aufgegriffen. Das Grundbedürfnis nach Geborgenheit, Vertrautheit und einem Leben mit lebensweltlichen Selbstverständlichkeiten, wie Rehberg es formuliert, mag schon auf den ersten Blick bei Biografien, die Fluchterfahrungen und Emigration zum Thema haben, gebrochen sein. Deshalb ist ebenfalls umrissen worden, wie die Emigration nach Shanghai jene jüdisch-deutschen Biografien rahmt, von denen hier Auszüge herangezogen werden. In einem kurzen abschließenden Exkurs werden einige Überlegungen zur Erzählung als Medium der Beheimatung (vgl. Lobensommer 2010) vorgenommen, was auch thesenhaft den Abschluss meines Beitrages darstellen wird.

An- und Aberkennung – Heimat

„Und da fing ich an zu denken. Ich meine,
tat mir weh, ja, nicht mehr dazuzugehören."
Horst Ehrenheim, Interview 1991, Name anonymisiert

Ein direkter Zusammenhang zu einer in meinen bisherigen Arbeiten sich zeigenden Bedeutung anerkennungstheoretischer Aspekte für die Analyse der Shanghai-Interviews in Bezug auf Heimat ergibt sich vor allem dadurch, dass, wie Beate Mitscherlich es formuliert, „eine Entscheidung des Individuums, sich einer Heimat zugehörig zu fühlen" nicht allein ausreiche, sondern dass „diese Heimat […] ihn auch als Ihrigen, Zugehörigen anerkennen [muss]" (Mitscherlich 2013, S. 51). So kann der Ausschluss, den die als Juden Verfolgten unter den Nationalsozialisten erlebten, als eine Aktualisierung einer basalen Anerkennungsthematik verstanden werden, da Anerkennung stets beidseitig Heimat konstituiert, wie Mitscherlich es zentral benennt.[4] Es hilft dem Menschen nicht allein, wenn er sich selbst Anerkennung zuspricht. Er bedarf der Anerkennung

---

4 Zur Anerkennungstheorie ist vielfältig publiziert worden. Es soll hier ausreichen, auf das Hauptwerk von Axel Honneth (1994), das insbesondere auch in den Erziehungswissenschaften den Diskurs angestoßen hat, zu verweisen.

Anderer, was meist in einer „asymmetrischen Beziehung zwischen dem Handelnden, der die Anerkennung gibt und dem passiven Empfänger, der sie erhält" (Todorov 1998, S. 102) geschieht. Beidseitig wird sich so Anerkennung zugesprochen, denn auch derjenige, der in dieser Beziehung der aktive Teil ist, fühlt sich dadurch, dass er sich als ‚gebraucht' empfindet, anerkannt. Todorov bescheinigt dem aktiven Part sogar eine größere Intensität. Ob nun in der gebenden oder der empfangenden Position, wenn die Wechselseitigkeit aufgehoben wird, ist die Gemeinsamkeit sozialen Handelns verloren. Die Wahl einer Heimat, die dadurch sozial und kulturell konstituiert wird, dass sie ein- und ausschließt, ist in diesem Sinne auf beidseitige Anerkennung angewiesen. Derjenige, der hier aberkannt wird, wird in höchstem Maße existenziell betroffen. Mitscherlichs Ausführungen in ihrem Beitrag „Heimat. Kein Ort. Nirgends" (2013) verdeutlichen dies: „Die Tragödie der deutschen Juden bestand auch darin, dass sie sich seit Jahrhunderten als Einheimische, als Zugehörige verstanden hatten, der deutschen Kultur, Sprache, also ihrer Heimat verbunden waren und häufig zu spät erkannten, dass Heimat nicht mehr sein kann, wo einem die Heimat abgesprochen wird" (ebd., S. 51).

Auch der Kulturanthropologe Andreas Schmidt greift in seinen Überlegungen zu „Heimweh und Heimkehr" auf die anthropologische Dimension anerkennungstheoretischer Begründungen für die Konstruktion der Bedeutung des Heimatverlustes – der Heim*weh* konstituiert – zurück. Für ihn führt die „Herabsetzung der Lebensweisen von Personen oder Gruppen" (Schmidt 2003, S. 44) zum Verlust der persönlichen Wertschätzung, was – im Sinne der Honnethschen Anerkennungstheorie – das Erleben der Missachtung einer Person oder Gruppe auf der sogenannten dritten Ebene der Wertgemeinschaft (Solidarität) entspräche. Interessanterweise verbindet er im Weiteren das Erleben von Entwürdigung „mit den Funktionen von Raum […], in [dem] die Interaktionen zur Verhandlung der sozialen Anerkennung stattfinden" (ebd., S. 44). Seiner Auffassung nach wäre damit ein Hinweis auf das Modell von Ina-Maria Greverus in: *Der territoriale Mensch* (1972) gegeben, das „die territoriale Satisfaktion jedes Einzelnen aus der Erfahrung von Identität, Sicherheit und stimulierender Aktivität im soziokulturellen Raum zu gewinnen sei" (ebd., S. 44). Schlussfolgernd würde jeder Fremdraum die Entwürdigung als potenzielle Erlebensmöglichkeit derjenigen, die in diesen Raum eintreten, in sich tragen.

Gleich auf welchen Ebenen (die der Liebe, des Rechts oder der Solidarität – vgl. Honneth 1994) die Aberkennung beziehungsweise Missachtung je biografisch in den herangezogenen Lebensgeschichten der Shanghai-Emigranten eine Bedeutung entfaltet, lässt sich konstatieren, dass sich im Ausschluss und der Verfolgung sowie der Flucht, des Exils und der Weiteremigration, Anlässe finden, die Biografien in Bezug auf den Verlust der Heimat und dem Erleben des Fremden im Exil zu reflektieren. Das Fremde wird hier augenscheinlich deshalb hervorgehoben, weil das Shanghaier Exil als vollkommen exotisch und anders und damit im Schmidtschen Sinne als *Fremdraum* gekennzeichnet werden kann. Das Eintreten in diesen fremden Raum – einhergehend mit dem Erleben fremder Kultur und klimatischer sowie atmosphärischer Andersheit – verweist, so Schmidt, stets immer wieder zurück auf den Basisraum, den er mit „Heimat" kennzeichnet. Denn dort – in dem Heimatraum – erfüre jeder die notwendige Anerkennung, ohne die er nicht existieren könne. Bezogen auf moderne Gesellschaften, die angesichts sich fortsetzender Globalisierung immer weiteren Öffnungsnotwendigkeiten unterliegen, vermutet Schmidt, dass eine gleichzeitige Modellierung des Heimatraumes voranschreitet. Seine These lautet daher, „dass das Selbstvertrauen, das im Heimatraum gewonnen wird, das Bestehen in der Fremde stützt, bis dort ein neuer Heimatraum aufgebaut worden ist" (ebd., S. 44).

Wolfgang Schmidtbauer stimmt dieser Deutung aus Sicht der Psychologie zu, wenn er konstatiert, dass die Qualitäten, „welche ein Erleben von *Selbstgefühl* stabilisieren auch einen großen Teil der positiven Qualitäten von Heimat aus[machen]" (Schmidtbauer 1996, S. 308). Allerdings bleibt bei ihm offen, ob er dies ortsgebunden versteht oder ob das Erleben dieser ‚Heimatqualitäten' auch primär an andere Sachverhalte gebunden sein kann, wie beispielsweise Kontakte, Töne, Bilder etc. Im Verständnis einer anerkennungstheoretischen Einordnung entsteht Selbstgefühl bzw. Selbstvertrauen maßgeblich in Primärbeziehungen über Liebe und Freundschaft, weshalb man Schmidt in dieser Hinsicht erweitern muss und die erste Ebene der Anerkennungsformen ebenfalls für eine Konstitution von Heimat respektive *der Sehnsucht nach ihrer Herstellung im Heimweh* heranzuziehen ist (vgl. Honneth 1994, S. 211). Denn durch das Sprechen über den Ort, an dem und wodurch Selbstvertrauen entsteht, wird auch jene Sicherheit und Vertrautheit retrospektiv erinnert, die mit einem Gefühl von Heimat verbunden ist (Klose 2013, S. 24). Eine Aberkennung der mit diesem Gefühl verbundenen Zugehörigkeit (z. B. Volk, Region, Gruppe) trifft daher in die Tiefe der menschlichen Existenz, was nicht nur Todorov, sondern auch Charles Taylor in seinen Ausführungen in *The Politics of Recognition* (1994) thematisiert:

> „The thesis is that our identity is partly shaped by recognition or its absence, often by the misrecognition of others, and so a person or group of people can suffer real damage, real distortion, if the people or society around them mirror back to them a confining or demeaning or contemptible picture of themselves. Nonrecognition or misrecognition can inflict harm, can be a form of oppression, imprisoning someone in a false, distorted, and reduced mode of being" (ebd., S. 25).

Entsprechend ist die Sehnsucht nach Heimat auch zu verstehen als eine Sehnsucht nach einem Zustand, der von wechselseitiger Anerkennung und Teilhabe getragen und von Erfahrungen der Aberkennung oder *misrecognition* entweder

‚geheilt' oder gar nicht erst betroffen ist. Das Sprechen über Heimat als einer „Utopie" (vgl. Schlink 1999) wäre hier beispielhaft als Gegenentwurf zu nennen: als „Prinzip Hoffnung", das von Ernst Bloch beschrieben wird, woran anknüpfend auch Beate Mitscherlich ihr Verständnis von Beheimatung beschreibt – eben jenen Prozess, der den Aberkennungserfahrungen evtl. etwas entgegenzusetzen hätte, wenn diese Heimat entzogen haben.

> „Als Utopie ist Heimat kein Ort, sondern eine Bewegung zur Heimat hin. Sie ist begründet durch die Hoffnung auf eine bessere Welt und die Arbeit an der Verbesserung der Welt. Beheimatung setzt damit nicht nur Handeln und Reflexion, Sich-Verbinden und das Eigene entäußern, sondern auch die Fähigkeit zur Utopie voraus, sich ein besseres Leben und eine bessere Welt vorzustellen und sich auf den Weg dorthin zu machen" (Mitscherlich 2013, S. 67).

Wie dieses Beheimaten aussehen und wie darüber gesprochen werden kann, steht im Zusammenhang von Emigrationsgeschichten stets zur Diskussion und ist insbesondere bei einem Exil an einen Ort wie Shanghai eine relevante Frage.

Würde man den lebensgeschichtlichen Beschreibungen der Erfahrung von Flucht und Exil des österreichischen Schriftstellers Jean Améry folgen, so könne nach der Erfahrung von Folter niemand mehr heimisch werden in der Welt. Er schreibt:

> „Die Schmach der Vernichtung lässt sich nicht austilgen. Das zum Teil schon mit dem ersten Schlag, in vollem Umfang aber schließlich in der Tortur eingestürzte Weltvertrauen wird nicht wiedergewonnen. Dass der Mitmensch als Gegenmensch erfahren wurde, bleibt als gestauter Schrecken im Gefolterten liegen: darüber blickt keiner hinaus in die Welt, in der das Prinzip Hoffnung herrscht" (Amery 1977/2015, S. 81).

Améry spricht hier von der existenziellen Bedrohung durch Andere, die in der Beschädigung der körperlichen Unversehrtheit den Kern des Vertrauens in die Welt zerstören, im Sinne einer Aberkennung bzw. Missachtung physischer Integrität (vgl. Honneth 1994, S. 211). Damit ist demjenigen, dem dieses widerfährt die Grundlage wechselseitiger Anerkennungserfahrungen geraubt – besonders, wenn diese in einer neuerlichen Beheimatung nicht wieder einholbar sind, wie Améry es aus seiner Erfahrung heraus beschreibt. Joachim Klose weist darauf hin, dass die Voraussetzung für das neuerliche „Überschreiten und Verlassen einer Heimatschicht […] das Vertrauen in die nächste Schicht [darstellt]" (Klose 2013, S. 40). Für ihn bildet der Leib die innerste Heimatschicht („Im Leib ist der Mensch bei sich selbst zu Hause", ebd., S. 28), um die sich in unterschiedlichen Distanzen räumliche Schichten inklusive des darin verhandelten Sozialem und Kulturellem legen. Er fragt anschließend danach, was es denn bedarf, um das Vertrauen zu halten bzw. wieder herzustellen und skizziert den Wert der Utopie, zu der die verlassene Heimat gerinnt, um in der Fremde, einem Exilland oder einem Migrationsort, in Abgrenzung dazu zu leben.

Für die Lebensgeschichten, die mit der Emigration nach Shanghai mit sehr unterschiedlichen Erfahrungen von Degradierung, Missachtung und Aberkennung verbunden sind, zeigt sich in der Bearbeitung, dass die Beschädigung der physischen Integrität und damit die Chance auf jegliche neuerliche Beheimatung im Sinne Amérys eher selten anzutreffen ist, da viele der Personen, mit deren Biografien ich im Kontext meiner Forschung gearbeitet habe, zum Zeitpunkt der Emigration Jugendliche, Kinder oder junge Erwachsene waren, die selbst keine Hafterfahrungen hatten. Dennoch sind die Biografien gekennzeichnet von Erlebnissen, die auch darauf Bezug nehmen, da beispielsweise der Ehemann, der Vater oder Bruder von der Gestapo verhört oder im Konzentrationslager inhaftiert wurde. Ewald Croller, ein jüdischer Emigrant, berichtet beispielsweise im Interview von der Inhaftierung seines Vaters während der Reichspogromnacht und dem Erleben als neunjähriges Kind, ihn nach seiner Entlassung in Tränen zu sehen:

„My father was in jail, you know, with […] everybody else was in a big large dormitory type room. He was in a room by himself. […] Solitary confinement is horrible, have nobody to talk to, nothing to do. And when he finally was released – was one of the few times in my life that I saw my father crying. [he sighs] It was horrible to see my father cry, to try to understand what was going on" (Ewald Croller, Interview 1997, Name anonymisiert).

Die Geschichte von Ewald Croller zeigt nicht nur im Hinblick auf diese Sequenz, dass der Verlust von Sicherheit und Vertrautheit im familiären Umfeld sein Leben maßgeblich beeinflusste, weil ihn das Erleben der Zerstörung der physischen Integrität durch die Nationalsozialisten als Höhepunkt einer Vielzahl von zuvor erlittenen Missachtungserfahrungen des Vaters schon als Kind berührte. Auch in weiteren Sequenzen seines Interviews weist er darauf hin, dass der gebrochene Vater in der Konstruktion seiner lebensgeschichtlichen Reflexion Bedeutung hat: „My memory of my father in Shanghai is seeing him seated in a chair, mouth half open most of the day. So terribly depressed that he could not support his family. All his dreams collapsed one right after the other, and he couldn't cope with it. Other people were able to cope with it, but he couldn't or he didn't, I don't know". Zurückgehend auf die Ausführungen zuvor lässt sich annehmen, dass in einem Fall wie Croller ihn schildert, Missachtung und Aberkennung, Bedrohung der Existenz, wie Améry es andeutet, über die *mitleidende* Betroffenheit – hier des Kindes – Heimat entzogen und Beheimatung in späteren Jahren, an anderen Orten und in neuen Beziehungen fast unmöglich wird.

Mit dem Kulturwissenschaftler Hermann Bausinger sei hier eine weitere Perspektive herangezogen. Seine auf die räumliche Dimension von Heimat bezogene Position formuliert eine notwendige „Übereinstimmung zwischen sozialen und kulturalen Tatbeständen" (Bausinger 1986, S. 113), die dann besonders groß ist, wenn ein Mensch sich in einer Lebensphase geringer Mobilität befindet. Flucht bewegt diese Übereinstimmung räumlich; Erlebnisse der Aberkennung, so kann man sagen, thematisieren dieselbe eventuell *vor* der räumlichen Veränderung, sind dann der Flucht vorgängig zu verstehen. Aberkennung thematisiert vor allem Erlebnisse, die Zugehörigkeit und soziale Wertschätzung infrage stellen (vgl. Garz 2000). Das geschieht vor der Flucht ebenso wie im Exilort. Während in der Heimat den jüdischen Deutschen und Österreichern durch systematisch schwindende Solidarität auf vielen Ebenen das Vertraute fremd werden konnte, sogar musste, so war der Exilort Shanghai den Ankommenden zunächst fremd, sie waren zu Flüchtlingen mit prekärem Status geworden. Die Aufgabe, eine Übereinstimmung von sozialen und territorialen „Tatbeständen" (Bausinger) herzustellen, hat demnach im Zuge der Emigration eine besondere Bedeutung. Das Auseinanderfallen eben dieser Tatbestände nahm vor der Emigration seinen Lauf: auf der Reise, bei der Ankunft in Shanghai und während des Exils. Dabei kann man von einem längeren Zeitraum ausgehen, der natürlich auch immer wieder Anknüpfungspunkte für Beheimatung oder zur verlorenen Heimat öffnete.

Schon im Vorhinein der Flucht, so der Historiker Joachim Schlör, wurden „kognitive Landkarten" des anstehenden Migrationsprozesses entworfen. „Der Globus wird neu auf seine Tauglichkeit geprüft, eine künftige Heimat anzubieten, die Erwachsenen machen sich mit Landkarten und Reiserouten vertraut, […] die Zeitungen enthalten Anzeigen der Schifffahrtsgesellschaften" (Schlör 2014, S. 6). So war die deutsch-jüdische Emigration in seiner Sicht auch eine kulturelle Praxis, deren genauere Untersuchung bezogen auf ihren transnationalen Charakter gerade erst begonnen hätte. Schlör betont dabei auch, dass die traditionelle Exilforschung zu schnell auf Prozesse der Integration in der aufnehmenden Gesellschaft fokussiert gewesen sei und der durchaus in Lebensgeschichten lebendig erinnerte Prozess der Transition wenig Berücksichtigung gefunden habe. Dabei könne diese durchaus als befreiendes Erlebnis erinnert werden, „weil das Schiff sie eben aus dem Bereich der Not und Bedrängung in eine – meistens unbekannte – Freiheit hinausführt" (ebd., S. 4).

In Bezug auf die Überfahrt nach Shanghai trifft diese Position durchaus zu. Viele jüdische Emigranten verfügten über Bordgeld, das ihnen von jüdischen Hilfsorganisationen gezahlt wurde oder hatten ein Ticket der 1. Klasse, weil es nur noch solche zu erwerben gab, als sie sich überstürzt für die Emigration bereit machten. Sie erlebten auf dem Schiff noch einen Schutzraum: der Verfolgung entkommen und noch nicht in der Fremde angekommen. So berichtet zum Beispiel Alfred Federer, der als 10jähriger die Überfahrt erlebte:

„I had a good time on board, it was over, more than a three-week trip, and I had a real good time, I was excited. Great big adventure. And I must say so did my parents. My mother had a great time playing bridge with all kinds of interesting people and we had, you know, balls every other day, there was parties and people. So there was dancing on the top of the Vesuvius, you know, it was the last hurrah for people. And they were conscious of it. I know my father was very conscious: ‚Let's do it up properly because once we land, we don't know what's going to happen.' You know, as long as we were on the ship, we had money, we were paid up, we had a home. Once we landed it was, couldn't even, people couldn't even fantasize what it would be like because nobody knew, it was absolutely unknown territory" (Alfred Federer, Interview 1997, Name anonymisiert).

Solche Berichte finden sich mehrfach in den Interviews. Es gibt allerdings auch andere Beispiele von Emigranten in der dritten Klasse, die in dunklen Kabinen mit mehreren Personen untergebracht waren. Für alle war die Reise noch eine Phase des Moratoriums, das zunächst keine in die Zukunft gerichtete Handlung von ihnen verlangte: Man konnte nur so gut es eben ging die Zeit verbringen.

In aktuellen Diskursen wird Heimat darüber hinaus als ein erfahrungsbezogener Begriff konturiert, der in der Praxis immer wieder hergestellt wird (vgl. Klose 2013). Prozesse dieser Praxis kennzeichnen das Beheimaten, das stets mit dem Grundbedürfnis nach Anerkennung und Teilhabe einhergeht. „So gehört die Bewältigung und Überwindung von Entfremdung, Ausgrenzung und Isolation, und die umfassende Teilhabe an sozialem Leben unmittelbar zur Beheimatung" (ebd., S. 28). Dass aktuelle Debatten freilich auf die Zunahme der Mobilität in postmodernen Gesellschaften rekurrieren und aktuelle Migrations- und Fluchtbewegungen im Fokus haben, soll nicht daran hindern, diese hier heranzuziehen. Systematisch scheinen doch Ähnlichkeiten da zu sein und sich in lebensgeschichtlicher Perspektive durchaus zu bestätigen.

Unhintergehbar sind derweil kulturanthropologisch bestimmte Basisbedürfnisse nach „Sicherheit, Stimulation und Identität" (Seifert 2010, zit. n. Klose 2013, S. 24) oder nach Anerkennung und körperlicher Unversehrtheit (vgl. Todorov 1998; Honneth 2010). Gleichwohl sind jene Lebensgeschichten von jüdischen Emigranten gerade davon betroffen, dass diese Grundbedürfnisse in existenzieller Weise angegriffen waren. Heimat, als „Ort der Vertrautheit und Sicherheit" der „einem das Gefühl von Geborgenheit und Annahme" (Klose 2013, S. 24) vermittelt, wurde geraubt und entzogen, wie Klose in Bezug auf den Nationalsozialismus anführt.

Eine Wiedergewinnung – in Form von Beheimaten – von einem stabilen Selbstgefühl (vgl. Schmidbauer 1996) steht als offene Aufgabe der Lebensbewältigung zur Disposition. Dem kann sich nur angenähert werden.

Die Heimat verlassen müssen – einige Anknüpfungspunkte

„Everybody was leaving. It was very natural. And so were my friends.
It wasn't a question – ‚Oh, I got to leave!' –
It was ‚Well, when are you going to leave?' […]
What I remember about it. […] And I am not sure
I can remember my feelings at the time, you know, really.
But it seemed exciting. It seemed interesting, it seemed very hopeful."
Lutz Kipersheim, Interview 1997, Name anonymisiert

Die individuellen, von einzelnen Personen erlebten und in verschiedenen Zusammenhängen festgehaltenen Erfahrungen über die Flucht, die Zeit des Exils, die Weiteremigration und einhergehenden Konsequenzen für ihre Lebensentwürfe, Lebenshaltungen, Fragen von Heimat, Verlust und Neuanfang, sind in keiner Weise umfassend greifbar[5]. Dennoch haben die historischen und politischen Entwicklungen für die Lebensgeschichten der Shanghai-Emigranten Bedingungen gesetzt, die sehr unterschiedlich gedeutet und in ihre Lebenspraxis Eingang gefunden haben. Ihre Lebensgeschichten fordern dazu heraus, nach den Bewältigungsmöglichkeiten und -strategien zu fragen, die sie unter der Einwirkung von Flucht, dem Verlassen der Heimat, der Erfahrung von existenzieller Lebensbedrohung sowie der Exilsituation für sich wahrnahmen und entwickelten. Ferner schließt sich die Frage an, *wie die Menschen sich selbst dazu ins Verhältnis* setzen, dass sie diesen Lebensweg gegangen sind. Mit einem Beispiel aus einem Interview soll an dieser Stelle verdeutlicht werden, wie eine erzählerische Repräsentation eines zentralen Aberkennungskonflikts, den die jüdischen Bürgerinnen und Bürger, die nach Shanghai kamen, mit Flucht und Exil zu bewältigen hatten, aussehen kann (vgl. Lohfeld 2007; Garz 2007)[6]: „Jetzt müssen wir ein neues Leben führen! […] ich bin doch deutsch, ich war so stolz, dass ich Deutsche war. Und dann plötzlich kriegst du einen auf den Kopf und

---

5   Die Liste der autobiografischen Berichte, die mittlerweile publiziert sind, ist lang. Dagegen finden sich vergleichsweise wenig wissenschaftliche Veröffentlichungen, die in den meisten Fällen im Bereich der Geschichtswissenschaft oder Publizistik zu finden sind und sich neben umfangreichen Archivrecherchen oft ebenfalls auf autobiografische Berichte stützen. Ich verzichte hier auf eine umfangreiche Auflistung. Stellvertretend sei auf die Literaturliste verwiesen.

6   Im Zuge der Arbeiten mit verschiedenen autobiografischen Quellen von jüdischen Emigranten wurde im Arbeitszusammenhang von Detlef Garz an der Universität Mainz eine Theorie der Aberkennung in Anlehnung an jene der Anerkennung, wie sie von Axel Honneth zentral in seinem Werk *Kampf um Anerkennung* (1994) vorgelegt wurde, entwickelt. Was bei als jüdisch Verfolgten im Nationalsozialismus besonders hervorgetreten ist, ist die Aberkennung der Staatsangehörigkeit, die sie in einen rechtlosen Raum entließ. Wie in dem Zitat deutlich wird: nicht mehr „Deutsche" zu sein, hatte einen vielschichtigen Bedeutungsgehalt, den Garz und andere vielfach beschrieben haben.

sagst: ‚Du bist Jude und bist gar nischt, ein Dreck' " (Iris Kuritz im Interview mit Steve Hochstadt 1994).

Die von Iris Kuritz geschilderte Aberkennung ist angesichts einer im Nationalsozialismus umgreifenden und ein Konzept der „Heimat als Vaterland" Vorschub leistenden Boden- und Wurzelmetaphorik propagierten Ideologie, wie sie von dem Volkskundler Konrad Köstlin in seinem Beitrag zur „Heimat als Identitätsfabrik" hervorgehoben wurde, besonders tragisch (Köstlin 1996, S. 333). Menschen, die mit nationalsozialistischen Gegenentwürfen zu ihren Konzepten von Zugehörigkeit und Heimat den grundlegenden Schutz verloren, den ein jeder bedarf, waren gezwungen, diesen ‚Schlag' oder auch die sich schleichend einstellende Erkenntnis vom Verlust der bis dahin zumindest in der Rechtssicherheit als Staatsangehörige versprochenen Zugehörigkeit zu realisieren und entsprechend zu handeln. Freilich liegen die individuellen Antworten auf die Geschehnisse nicht alle auf einer Linie und Deutungen von den Ereignissen variieren mitunter radikal, aber es lässt sich doch sagen, dass eine gemeinsame Antwort von denjenigen, die das Deutsche Reich in Richtung Shanghai verlassen haben, darin bestand, dass sie ihr Leben mit einer Flucht retteten – ohne zu wissen, was mit zurückbleibenden Verwandten oder auch ihnen selbst geschehen würde. Der Grad der Erschütterung, persönlichen Bedrohung, Desillusionierung oder der Grad der Bewältigungsressourcen, der jeweils zur Verfügung stand, kann nicht verallgemeinert werden. Zu unterschiedlich waren die jeweiligen Verhältnisse. Grundsätzlich aber zeichnet sich ab, dass noch während ihrer Zeit in Deutschland die Erfahrungen von Aberkennung, Bedrohung und Fremdwerden in der gewohnten Umgebung zunahmen. Damit muss nicht unbedingt eine radikale Infragestellung der Zugehörigkeit als Deutsche, wie es Iris Kuritz so deutlich formulierte, verbunden gewesen sein. Die Realisierung, Bewertung und die individuellen Empfindungen dessen, was unter den Nationalsozialisten mit der jüdischen Bevölkerung geschah, konnten sehr unterschiedlich sein. So schildert beispielsweise Steve Hochstadt in seinem Buch *Exodus to Shanghai. Stories of Escape from the Third Reich* sehr eindringlich Berichte von Shanghai-Emigranten, die zeigen, dass viele im Rahmen der ihnen gebliebenen – vor allem rechtlichen – Möglichkeiten versuchten, ihr Leben unter den Nationalsozialisten aufrecht zu erhalten und nicht unbedingt in den ersten Jahren nach der Machtergreifung Hitlers an Flucht dachten (vgl. Hochstadt 2012).

Die Frage also, ab wann und unter welchen Voraussetzungen ein Zugehörigkeitsgefühl, eine als fraglos empfundene Sicherheit und die je individuelle Zuordnung zu einem Staat, einer Kultur, einer Region, einem Ort – eben der *Heimat* – aufgegeben wird und zu einer Flucht führt, kann nicht für alle gleich beantwortet werden.

Vielmehr handelt es sich um einen Vorgang der je individuellen Selbstvergewisserung bzw. -verortung, gebunden an spezifische Lebenserfahrungen und gelernte sowie übernommene Werte- und Normensysteme. Die einschneidende Erkenntnis, dass die bis dahin für Sicherheit sorgende Umgebung, der Staat, die Mitbürgerinnen und -bürger, die Nachbarn usw. einen aus der Gemeinschaft ausschließen und verfolgen, zu dem Entschluss führt, die Heimat zu verlassen – oder nicht – hat stets individuelle Gründe und Zusammenhänge. Dabei kann Heimat als ein Lebens*ort* verstanden werden, dessen Verlassen in besonderer Weise thematisch ist. Ebenso lässt sich festhalten, dass das Verlassen des Ortes schon in einer Abwendung vorbereitet und sich die Emigration über innere Prozesse der Ablösung z. B. von Werten abzeichnet. Iris Kuritz findet beispielsweise eine stabilisierende Beziehung, als sie sich verliebt und sich damit einhergehend auch neue Sozialbeziehungen, insbesondere in jüdischen Kreisen, für sie ergeben. Obwohl sie erlebte, dass ihr Lehrvertrag gekündigt wurde, weil sie Jüdin war, und auch ihre Familie unter den Repressalien durch die Nationalsozialisten zu leiden hatte, sticht in ihrer lebensgeschichtlichen Erzählung hervor, dass sie die Jahre von 1935 bis 1937/38 als besonders positiv in Erinnerung hat: „Und da hatte ich aber meinen Freund schon, den Friedrich Meyer, kennengelernt und wollt natürlich nicht weg von Frankfurt am Main. Und dort war ich in einem jüdischen Sportverein. […] Handball gespielt und mein Mann Fußball gespielt. Und dort sind wir dann immer am Wochenende unterwegs gewesen nach Wiesbaden und so. Und das war meine schönste Zeit" (Iris Kuritz, Interview 1995, Namen anonymisiert). Erst als ihr Mann, den sie mit 19 Jahren 1938 heiratete, in Haft genommen und im Konzentrationslager in Dachau inhaftiert wurde, hat sie alles daran gesetzt, ihn zu retten und die Ausreise nach Shanghai in die Wege geleitet.

Man kann an ihrem Fall gut nachvollziehen, wie im Erzählen der Lebensgeschichte die unterschiedlichen Dimensionen des Lebens – und der An- und Aberkennung – miteinander ins Spiel geraten und sich die biografischen Bewertungen für die eigene Handlungspraxis wandeln. Auf die Frage, was sie denn über Shanghai als Emigrationsort dachte, antwortete Iris Kuritz: „Da hab ich mir überhaupt keine Gedanken gemacht, Hauptsache weg, weg, weg!". In ihrer retrospektiven Darstellung im Interview wird mehr als deutlich, dass sie den Wert der gefundenen Liebe auf der Ebene von Zugehörigkeit und der sozial-wechselseitigen Anerkennung den Aberkennungserfahrungen auf der Ebene der gesellschaftlichen Akzeptanz – den Missachtungen durch das nationalsozialistische System – höher bewertete. Solange sie sich in ihrem konkreten Lebensraum noch heimisch und damit sicher und geborgen fühlen konnte, war die Missachtungserfahrung nicht handlungsrelevant für ein Verlassen der deutschen Heimat. Der hereinbrechenden Bedrohung durch die Willkür des Staates, der nichts entgegenzusetzen war außer Flucht, folgte die schlagartige Erkenntnis, dass sie nicht mehr sicher und geborgen – nicht mehr heimisch – war.

Das Erleben von Iris Kuritz ist hier stellvertretend für viele der Berichte, mit denen ich arbeite. Andere waren in ähnlicher Weise späte Entscheider für die

Flucht. Sie ließen oft Familienangehörige zurück: z. B. die Eltern und Großeltern, die sich nicht mehr auf eine lange Reise begeben wollten und hofften unter den Nationalsozialisten zu überleben. Es gab allerdings auch jene, die schon längst ihre Ausreise in ein anderes Land vorbereiteten, jedoch am Ende nicht erfolgreich waren und dann eine Passage nach Shanghai kauften. Der Historiker Joachim Schlör hat darauf hingewiesen, dass, obgleich die Emigration erzwungen und unter hohem Druck die Menschen zum Verlassen der Heimat brachte, es durchaus eine „Praxis des Auswanderns" zu bemerken gebe (Schlör 2014, S. 5). Es gab Menschen, die mit der Planung der Auswanderung den Aufbau eines internationalen Netzwerkes vorantrieben, während andere über keine Kontakte und Mittel für solche Aktivitäten verfügten. Man kann an dieser Stelle versuchen, die unterschiedlichen Herangehensweisen der Shanghai-Emigranten als eine *Praxis der Beheimatung* und diese Praxis der Beheimatung, als eine Form der *Bewältigung erlebter Aberkennung* (auf den verschiedenen gezeigten Ebenen) zu verstehen.

Die Erfahrung von „Entheimatung" (Binder 2008, S. 12) hat zumindest die unterschiedlichsten Praxen der Auswanderung aber auch des Bleibens hervorgebracht. In den lebensgeschichtlichen Erzählungen kommen diesbezüglich verschiedene Modi der narrativen Repräsentation zum Vorschein.

Es stellt sich natürlich die Frage, *wie* sie nach diesem Vertrauensverlust weiterlebten, ob dieser Verlust in irgendeiner Weise wieder aufzuholen war, sich eine neue Heimat finden ließ oder die Flucht sie zu Heimatlosen machte (vgl. Améry 1977/2015). Oder mit Beate Binder (2008) gefragt: „Wie richten sich Menschen ein, an und zwischen Orten? Wie stellen sie ein Gefühl des Zuhause-Seins her und wie entstehen Gefühle der Zugehörigkeit und Loyalität auch dort, wo man nicht ein Leben lang bleiben wird?" (ebd., S. 12).

Auf diese Fragen kann man mit ganz konkreten Lebenspraktiken antworten. Lebenspraxis offenbart, wie Menschen ihre Ressourcen einsetzen und welche Entscheidungen getroffen werden. Allerdings verbleibt dabei die je spezifische biografische Begründung im Dunkeln, so lange sie sich nicht reflexiv äußert – z. B. in Interviews oder Tagebüchern. Anhand von Iris Kuritz möchte ich im nächsten Abschnitt nur einen kurzen Anhaltspunkt geben, wohin dieses Argument steuert, um dann in einem letzten Abschnitt die These zu untersuchen, dass die Narration ein Medium der Beheimatung darstellen kann – neben vielfältigen Handlungspraxen, die „homing desires" (Binder 2008, S. 12) erfüllen.

In der Fremde – Beheimatung

„Man bildete ein kleines Theater in den, in den Heimen.
Da waren Aufführungen, also alles um das Leben
für diese vielen Menschen heimatlicher und,

und, und lebenswerter zu machen."
Horst Ehrenheim, Interview 1991, Name anonymisiert

Im Shanghaier Exil entwickelten sich die unterschiedlichsten Geschäftsideen, um ein Leben unabhängig von Hilfsorganisationen führen zu können. So entstanden Wiener Cafés, Bäckereien, Schneiderwerkstätten und vieles mehr. Es war ein spärliches Leben, für das oftmals die Frauen die Verantwortung übernahmen (Freieysen 2000, S. 406). Es entstanden Zeitungen, Radiowerkstätten, Sportvereine, ein kleiner nicht unwesentlicher Kulturbetrieb mit Theater und Kabarett.[7] Nicht allen gelang es, sich wirtschaftlich auf eigene Füße zu stellen. Ein Teil der Emigranten blieb bis zur Weiterreise von Hilfsorganisationen abhängig. Während Hochstadt für diese Entwicklung maßgeblich die von den Emigranten mitgebrachten Mittel verantwortlich zeichnet und charakterliche Ausprägungen für nachrangig hält (vgl. ebd., FN 84, S. 406), ist meines Erachtens ein nicht zu unterschlagender Punkt die Haltung der Emigranten, die sie entwickelten. An dem Fall Iris Kuritz kann dies verkürzt, aber einleuchtend verdeutlicht werden.[8]

Als stabilisierende und beheimatende Dimension findet sich durchgängig das Motiv der Liebe in ihrer Biografie. So beschreibt sie, wie sie erst in Shanghai realisierte, dass es für sie kein Zurück mehr geben würde, was sie biografisch mit der Einstellung, dass sie ein neues Leben zu führen habe, welches mit dem alten nichts mehr zu tun habe, bearbeitete. Das Leben in Shanghai wurde von ihr mit einem Sinnhorizont belegt, der sich ausschließlich auf die Familie bezog – sie hatte in Shanghai kurz nach ihrer Ankunft eine Tochter geboren. Trotz der, wie sie im gesamten Interview immer wieder hervorhebt, *entsetzlichen* Lebensverhältnisse in Shanghai hat sie durchgehalten. Die Bearbeitung der *Ent*heimatung durch Flucht und Exil erfolgt bei ihr idealistisch-pragmatisch, wie in dem folgenden Ausschnitt:

> „Also, dann [...] vor allen Dingen: die große Liebe war das wirklich! Also was Schöneres gibt es ja gar nicht, ja. Und, und Morle hin und Morle her und Mäuschen und [...] Zärtlichkeiten den ganzen Tag und Nacht, ja. Ist wirklich wahr, also ich muss sagen, wir haben sehr zusammengehangen. Und wir haben gesagt: ‚Irgendwie wird es schon mal werden, dass wir hier rauskommen.' Nun, wir haben durchgehalten" (Kuritz 1995).

---

7   Man sprach auch von dem Stadtteil Hongkew als *Little Vienna* und *Little Berlin*.
8   In meinem Projekt wurden die biografischen Interviews mit dem narrations-strukturellen Verfahren (Schütze) in Verbindung mit extensiver Textanalyse mit der Objektiven Hermeneutik (Oevermann) vorgenommen. Zusätzlich wurde in Anlehnung an Fischer-Rosenthal/ Rosenthal (2000) zwischen „erlebter" und „erzählter" Lebensgeschichte unterschieden.

Beate Binder (2008) spricht sich in ihrer Arbeit zum Heimatbegriff dafür aus, einen Begriff von *sozialer Heimat* einzuführen. Diesen formuliert sie vor allem als Kategorie für transnationale Bewegungen, die dazu führen, „die Vorstellung von der einen, an einen Ort fixierten Heimat" aufzugeben, „um Lebensentwürfe, Sinnstiftungen und Handlungsweisen als nicht zwischen Orten oder Heimaten, sondern als eigenständige Formen der Beheimatung zu verstehen" (ebd., S. 12). Iris Kuritz hat das nationalstaatliche Konzept von Heimat hinter sich gelassen und infolge ihrer erfahrenen Aberkennung – Degradierung, Missachtung und Entwurzelung – eine Art beheimatendes Leitmotiv der *Liebe* sinnstiftend für die Bewältigung ihrer Lebenssituation entwickelt: Liebe, Freundschaft, Solidarität, Gesundheit sind in der Folge Werte, die sich im Interview durchgängig finden und die sie ins Feld führt, wenn sie von den *schwierigen* und *entsetzlichen* Verhältnissen im Exil und auch danach in der Zeit der Rückkehr in die DDR erzählt.[9] Beheimatung findet also in der Erzählung vor allem dadurch statt, dass die idealisierten Werte pragmatisch die Größe der nationalen (deutschen) Zugehörigkeit ersetzen und als eigenständiges Konzept und wirksame Selbstvergewisserung einen Begründungszusammenhang für sie bieten, dass sie *durchhalten* konnte, trotz der erlebten Verluste in ihrem Leben.[10] Der letzte Abschnitt soll ergänzend verstehen lassen, weshalb die Erzählung in diesem Punkt so entscheidend ist.

Sprechen über sich selbst – Beheimatung?

„And when you are young you still have hope,
you still have hope that you can start a new life."
Karl Baecker, Interview 1990, Name anonymisiert

Lebensgeschichten zu befragen, sie als subjektive Konstruktionen der Konstitution des Subjekts über die erzählte Biografie zu verstehen, ist in der erziehungswissenschaftlichen Forschung unter vielfältigen Perspektiven, Fragestellungen, historischen und aktuellen Diskursen relevant (Müller 2014, S. 539). Im Zentrum steht dabei die Erzählung, die im Kontext von forschungsbezogenen narrativen Interviews, von autobiographischen Protokollen oder auch als *Oral Histories* vorliegen. Die Erzählung, so die Annahme, ist dabei jene Form der subjektiven Selbstbezogenheit, in der sich die lebensgeschichtlichen Erfahrun-

---

9   Iris Kuritz gehört zu den wenigen Shanghai-Emigranten, die nach der Exilzeit nach Deutschland zurückgekehrt sind.

10 Sie hat mit ihrer Flucht nach Shanghai ihre Familie zurücklassen müssen. Die Eltern und ein Bruder sind im Holocaust umgekommen, ein älterer Bruder überlebte in Brasilien.

gen aufschichten und sich reflexiv als Konstruktionen gelebter Lebensgeschichte einem realen oder imaginierten Adressaten erklären. Dieter Thomä spricht davon, dass der Erzähler als eine Instanz auftritt, „die über die eigenen Handlungen bestimmen *kann*" (Thomä 2007, S. 166), womit er nicht nur mit *sich selbst* reflexiv zu tun habe, sondern ebenso der Erkenntnis Rechnung zu tragen habe, dass sich ihm Teile seines Lebens der eigenen Bestimmung entzögen (ebd., S. 168). So ist der Bezug auf sich selbst in der Erzählung von einem Selbst-Entzug geprägt, vor allem auch deswegen, weil sich eine Erzählung nie im Ganzen erschöpft, sondern stets von Auslassung und aktueller Relevanzsetzung (z. B. in einem Interview) betroffen ist. In seinem Entwurf einer „Ethik des Erzählens" (2007) schreibt Thomä der Selbstliebe hier die zentrale Bedeutung zu: Sie ist das Motiv zur Zuwendung zum eigenen Leben, sich auch mit dem Schmerzhaften der Vergangenheit und der Geschichte, in die man verwickelt ist, vorbehaltlos zu befassen. Bei Thomä kommt der lebensgeschichtlichen Erzählung – insbesondere der biografischen Perspektive – eine besondere Funktion zu. Die bei Thomä mit Selbstliebe gekennzeichnete Hinwendung zu einem selbst (in der Erzählung), die die Bewährung des eigenen Lebens unter sozialen, kulturellen und ökonomischen Bedingungen reflexiv erzählt, kann mit einer Form der „mitlaufenden Reflexivität" wie sie bei Helmuth Plessner zu finden ist beschrieben werden. Ohne hier nun in die Tiefe der Anthropologie Plessners vorzudringen, sei doch zumindest erwähnt, dass sie in dieser Perspektive die Voraussetzung erklärt, durch die auch in einer Erzählung das Individuum „Subjekt seines Erlebens, seiner Wahrnehmung und seiner Aktionen" (Plessner 2009, S. 11) ist. Das Angewiesen-Sein auf die *Herstellung* des „Bei-sich-Seins" (Rehberg 2014, S. 178) führt uns direkt hinein in die existenzielle Bedeutung der Erzählung, die hier eine wesentliche Funktion für das Individuum in der sozialen Welt – man denke daran, dass sie den Adressaten als soziales Gegenüber braucht – übernimmt.

Dem Adressaten einer Lebensgeschichte und dem Produzenten derselben offenbart sich stets die Biographie als ein kohärentes System „a more global cultural device for structuring experiences into socially sharable narrative" (Linde 1993, S. 163). Der Erzählung über die eigene Lebensgeschichte ist entsprechend immer die Perspektive auf den Anderen inbegriffen, weil sie sich im Sozialen vermittelt und ein Erzähler darin verstanden werden will. Anthropologisch liegt dem zugrunde, dass „das in jedem Individuum wirkende Bedürfnis nach Selbstvergewisserung [...], was das Individuum geworden ist, was es ist und was es werden will" unhintergehbar auf Andere verweist (Wulf, 2004, S. 49): in Selbstthematisierungen, Selbstkonstruktionen und Selbstreflexionen, wie sie beispielsweise in den hier bearbeiteten Interviews mit Shanghai-Emigranten vorliegen. Jürgen Straub spricht in diesem Zusammenhang auch von sogenannten Selbst-Geschichten, die die Eigenschaft haben, eine Einheit herzustellen, ohne gleichsam „die innere Differentialität und Heterogenität eines prinzipiell von Kontingenz durchzogenen Lebens in Abrede zu stellen" (Straub 2005, S. 179). Damit bezieht er sich auf die grundsätzliche Voraussetzung des Lebens als offenen und von Unwägbarkeiten sozialer und historischer Kontexte beeinflussten Prozess, der sich in eben dieser kontingenten Existenz in der widersprüchlichen Einheit der Erzählung je neu bildet. Dabei werden die thematischen Auswahlen einer Erzählung so strukturiert, dass die Erzählung in sich schlüssig vermittelbar ist und gleichzeitig Aspekte des Eigenen und des Anderen so aufnehmen, dass Kontingenz gebunden wird. Für einen kurzen Moment – im Prozess der Erzählung – stellt sich für den Erzähler eine faktische Einheit her, in der das Selbstverhältnis kommunikativ hergestellt wird (ebd., S. 180) und den Erzähler so zu sich selbst zurückführt. Das können beispielsweise Formen des Resümierens sein, eine Bilanzierung, die den Erzähler unmittelbar eine erzählerische Konstitution integrierter Welt- und Selbstdeutung erleben lassen. Dabei – und da ist die mit Selbstliebe betriebene Zuwendung zum Selbst durch und im Erzählen relevant – geht es nicht um abschließend positive Evaluationen, sondern auch um schmerzliche Erkenntnisse, die z. B. durch ein Differenzerleben forciert werden. Dabei werden mitunter gehegte Sehnsüchte weder retrospektiv noch prospektive einholbar (Thomä 2007, S. 261).

Ein Beispiel aus den Shanghai-Interviews mag dies verdeutlichen. Ewald Croller durchzieht seine Erzählung mit bilanzierenden Bemerkungen, die die Erzählung immer wieder unterbrechen, weil er sich erklärend dazu äußert, in dem er den Kontext dazu erzählt. Die Bilanz, die er aufstellt, fällt in die aktuelle Erzählzeit und fängt den kontingenten Prozess der Entwicklung auf: Weder kann er die Vergangenheit anders deuten, noch kann er daraus für die Zukunft etwas entwickeln. In dieser Situation, in der sich die Erzählung in der Bilanz verdichtet, ist er ‚bei sich‘, die Geschichte hat sich ihm gegenübergestellt. So sagt er an einer Stelle: „Now I feel a certain way. I feel like I was cheated." Er erklärt dies dahingehend, dass Andere etwas aus ihrem Leben machen konnten, er aber keine Möglichkeiten hatte, etwas anderes aus seinem Leben zu machen, als das, auf das er in der Erzählung nun zurückblickt und was darauf aufbauend in Zukunft noch möglich ist. Er wurde betrogen, wie er in einem weiteren Teil noch erläutert: „So I feel that I lost a lot. I mean, obviously if the Nazis would't have taken over in Germany, being the son of a physician, I would have gone to college and I would have been a professional" (Croller 1997). Diese Form der Selbstbestimmung ist von einem überwältigenden Erleben der Fremdbestimmung getragen, in der Ewald Croller aus seiner Sicht keine Chance auf, aber die Sehnsucht nach einem anderen Leben benennt.

Im Sinne einer Beheimatung kann man hier erkennen, dass es auf der erzählerischen Ebene nicht dazu kommt eine „Stimmigkeit" (Rehberg 2013) herzustellen, d. h. er sehnt sich weiterhin nach etwas, das er aus seiner Sicht nicht haben konnte – man kann sagen, er ist von Heimweh getrieben. Kennzeichnend für Heim*weh* ist in Andreas Schmidts (2003) Perspektive der Verlust des

Heimatraumes, der woanders nicht wieder aufgebaut werden kann und infolge dessen zu einem Gefühl des Nicht-Dazugehörens führt. Wer Heim*weh* hat, fühlt sich nicht anerkannt in dem Raum (territorial und sozial gesehen), in dem er lebt. Für Ewald Croller hat sich abgezeichnet, dass er über das Erleben der Flucht, seinen Heimatraum der Kindheit verlor (er emigrierte als 10jähriger) und diesen nicht wieder aufbauen und erleben konnte: und zwar, weil ihm die Basis dafür fehlte. Für Klose, daran darf ich erinnern, bestand ja eine Einholbarkeit der Entheimatung, respektive Aberkennung, in der Herstellung von Vertrauen in die nächste ‚Heimatschicht'. Schmidt konstatiert: „Wer also zu sehr am alten Heimatraum hängt, wird an Selbstvertrauen einbüßen, infolgedessen an Anerkennung und schließlich das Vertrauen in die Gesellschaft verlieren" (Schmidt 2003, S. 44).

Hier mag etwas Typisches für die Shanghai-Emigranten vorliegen oder auch lediglich ein Einzelfall: In welcher Weise nun der Verlust der Heimat in einer kulturellen Praxis der Beheimatung von einzelnen biografisch bearbeitet werden kann, ist letztlich eine empirische Frage. Mit dieser Arbeit stehe ich noch am Anfang. Die theoretischen und empirischen Streifzüge, die ich hier vornehmen konnte, deuten jedenfalls an, dass die Erzählung über das eigene Leben durchaus Zugänge zu persönlichen Konstruktionen von Heimat ermöglicht, die vor allem unter der Perspektive einer orts*un*gebundenen Begriffsbestimmung Sinn machen. Dafür spricht auch der Fakt, dass es nach wie vor und schon seit langem einen aktiven Zusammenhalt der Shanghailänder über Kontinente gibt und sie sich in regelmäßigen Abständen zu Re-Unions treffen. Transnationalität wurde für viele selbstverständlich, weil sich familiäre Bezüge und die Freundschaften der Exilzeit über Amerika, Deutschland und Australien erstreckten. So erzählt Ruth Oster beispielsweise, wie sie sich selbst nach wie vor verbunden fühlt: „Ich fühle mich dieser Gemeinschaft eigentlich sehr verbunden durch die Shanghaier Zeit durch das, ja, durch das Leid, […] wie soll ich sagen, kein Mitleid, aber ein Gemeinschafts- trotzdem ein Verbundenheitsgefühl, ohne dass ich also religiös mich dazugehörig fühle in dem Sinne. […] Ich fühle mich wie gesagt durch die Shanghaier Zeit mit dieser Gemeinschaft verbunden" (Ruth Oster, Interview 1995, Name anonymisiert); und Sabine Münstermann sagt: „Toleranz für andere Menschen. So, und das denke ich, ich habe mich immer so ein bisschen als Internationalist bezeichnet" (Sabine Münstermann, Interview 1995, Name anonymisiert).

Wisko Schlax findet in seinem Interview eine Selbstbestimmung, die ebenfalls daran anschließt, dass auf die lebenslange Sicht der Bund unter den Shanghailändern selbst eine Heimat darstellte, die für viele aufgrund der hier dargelegten Zusammenhänge von Anerkennung/Aberkennung und Heimat retrospektiv kaum zugänglich blieb. Gleichzeitig findet sich in seiner Erzählung durchgängig die Suchbewegung erzählerisch einen Punkt zu setzen: „Ich bin ein, ein, ein, ein, ich bin ein, ein, eine schwimmende Insel mit lauter Shanghai-ern, immer" (Wisko Schlax, Interview 1995, Name anonymisiert).

Anknüpfend an die Ausführungen, die Karl-Siegbert Rehberg in seinem Beitrag „Heimat mit Haut und Haaren" (2013) über die anthropologische Notwendigkeit zur Beheimatung im Anschluss an Plessner formuliert, kann man hier darauf verweisen, dass diese Bündelung der Selbstbestimmung in einem Moment der Erzählung eine Form der leibgebundenen Beheimatung darstellt.

Für Plessner, der den Menschen in einer konstitutiven Heimatlosigkeit sieht, ist dieser darauf angewiesen – als exzentrisches Wesen wohlgemerkt – aus sich selbst heraus etwas zu werden. Dies kann er nur, wenn er etwas außerhalb von sich schafft, das sich von ihm gelöst hat. Die Heimat-Losigkeit wird daher erst dann bewältigt, wenn eine Beheimatung des Eigenen außerhalb von sich selbst zu ihm zurückführt. In der Erzählung kann sich ein solcher Prozess der Beheimatung entwickeln.

Literatur

Amery, Jean (2015/1977): Jenseits von Schuld und Sühne. Bewältigungsversuche eines Überwältigten. Stuttgart: Klett-Cotta.

Armbrüster, Georg/Kohlstruck, Michael/Mühlberger, Sonja (Hrsg.) (2000): Exil Shanghai 1938–1947. Berlin: Hentrich und Hentrich.

Binder, Beate (2008): Heimat als Begriff der Gegenwartsanalyse? Gefühle der Zugehörigkeit und soziale Imaginationen in der Auseinandersetzung mit Einwanderung. In: Zeitschrift für Volkskunde 104, 1, S. 1–18.

Fischer-Rosenthal, Wolfram/Rosenthal, Gabriele (2000): Analyse narrativ-biographischer Interviews. In: Flick, Uwe/Kardorff von, Ernst/Steinke, Ines (Hrsg.): Qualitative Forschung. Ein Handbuch. Reinbeck bei Hamburg: Rowohlt, S. 456–467.

Freyeisen, Astrid (2000): Shanghai und die Politik des Dritten Reiches. Würzburg: Königshausen & Neumann.

Garz, Detlef (2000): Biographische Erziehungswissenschaft. Opladen: Leske & Budrich.

Garz, Detlef (2003): Aberkennung – ein neues, empirisch gestütztes Konzept biographischer Forschung? In: Blömer, Ursula (Hrsg.): „Im übrigen wurde es still um mich." Aberkennungsprozesse im nationalsozialistischen Deutschland. Oldenburg: Universitätsverlag, S. 11–18.

Garz, Detlef (2006): Weder Solidarität noch Recht noch Liebe – Grundzüge einer Moral der Aberkennung. Aberkennungstrilogie, Teil 1. In: Drerup, Heiner/Fölling, Werner (Hrsg.): Gleichheit und Gerechtigkeit. Pädagogische Revisionen. Dresden: TUD press, S. 51–69.

Garz, Detlef (2007): Wenn guten Menschen Böses widerfährt. Über einen Extremfall von Aberkennung. In: Bucher, Anton (Hrsg.): Moral, Religion, Politik: Psychologisch-pädagogische Zugänge. Münster: Lit, S. 209–225.

Garz, Detlef/Zizek, Boris (Hrsg.) (2014): Wie wir zu dem werden was wir sind. Sozialisations-, biographie- und bildungstheoretische Aspekte. Wiesbaden: Springer.

Greverus, Ina-Maria (1972): Der territoriale Mensch. Ein literaturanthropologischer Versuch zum Heimatphänomen. Frankfurt/M.: Athenäum

Hochstadt, Steve (2012): Exodus to Shanghai. Stories of Escape from the Third Reich. New York: Palgrave Macmillan.

Honneth, Axel (1994): Kampf um Anerkennung. Frankfurt/M.: Suhrkamp.

Honneth, Axel (2010): Das Ich im Wir. Berlin: Suhrkamp.

Klose, Joachim (2013): Einleitung – Heimatschichten. In: Klose, Joachim (Hrsg.): Heimatschichten. Wiesbaden: Springer VS, S. 20–46.

Klose, Joachim (Hrsg.) (2013): Heimatschichten. Wiesbaden: Springer VS.

Köstlin, Konrad (1996): Heimat als Identitätsfabrik. In: Österreichische Zeitschrift für Volkskunde 99, S. 321–338.

Kranzler, David (1976): Japanese, Nazis and Jews. The Jewish Refugee Community of Shanghai, 1938–1945. New York: Yeshiva University Press.

Kranzler, David (1995): Women in the Shanghai Refugee Community. In: Quack, Sybille (Ed.): Between Sorrow and Strength. Women Refugees of the Nazi Period. Cambridge: Cambridge University Press, S. 129–138.

Linde, Charlotte (1993): Life Stories. The Creation of Coherence. New York: Oxford University Press.

Lobensommer, Andrea (2013): Heimat erzählen. In: Klose, Joachim (Hrsg.): Heimatschichten. Wiesbaden: Springer VS, S. 487–508.

Lohfeld, Wiebke (1998): Es waren die dunkelsten Tage in meinem Leben. Krisenprozesse und moralische Entwicklung. Eine Biographieanalyse. Frankfurt/M.: Peter Lang.

Lohfeld, Wiebke (2003): Im Dazwischen. Porträt der deutschen und jüdischen Ärztin Paula Tobias (1886–1970). Opladen: Leske & Budrich.

Lohfeld, Wiebke (2004): Aberkennung als Kategorie sozio-historischer Forschung. (Über)Lebensstrategien jüdischer Emigranten in Shanghai. Eine qualitative Biografiestudie. Projektmitteilung. In: Zeitschrift für Biographieforschung, Oral History und Lebenslaufanalysen 17, 1, S. 280–284.

Lohfeld, Wiebke (2005): Du bist kein Teil Deutschlands mehr. Einzelfallstudie aus einem DFG-Projekt. Zeitschrift für Biographieforschung, Oral History und Lebenslaufanalysen 18, 2, S. 264–286.

Lohfeld, Wiebke (2005): Fight for Recognition. The Portrait of the German Physician Paula Tobias (1886–1970). A Reconstructive Biographical Analysis [68 paragraphs]. Forum Qualitative Sozialforschung [On-line Journal] 6, 3, Art. 22. In: http://www.qualitative-research.net/fqs-texte/3-05/05-3-22-e.htm (Abruf: 04.04.2018).

Lohfeld, Wiebke/Hochstadt, Steve (2006): Die Emigration jüdischer Deutscher und Österreicher nach Shanghai als Verfolgte im Nationalsozialismus. In: http://www.exil-archiv.de/html/themen/exilstationen/exilstationen.htm (Abruf: 04.04.2018).

Lohfeld, Wiebke (2007): Aberkennung und historisches Bewusstsein. ZQF-Heft 8, 2, S. 225–248.

Lohfeld, Wiebke (2007): Mutter und Tochter: „Wenn wir das geschafft haben, schaffen wir alles weitere auch!" Autobiographische Geschichten der Flucht nach Shanghai (1939) und dem Leben im Exil. In: Hansen-Schaberg, Inge/Kublitz-Kramer, Maria/Niethammer, Ortrun/Wall, Renate (Hrsg.): „Das Politische wird persönlich". Familiengeschichte(n). Erfahrungen und Verarbeitung von Exil und Verfolgung im Leben der Töchter (II). Wuppertal: Arco Wissenschaft, S. 125–141.

Lohfeld, Wiebke (2013): Lily (Suzanne) Krug Alberts: Vom bürgerlichen Mädchen zur Weltreisenden und Poetin. In: Bartmann, Sylke (Hrsg.): „Wie ein Schatten ging ich meinen Weg zu Ende" – Emigrantinnen aus Wissenschaft und Kunst. Autobiographische Rückblenden aus dem Jahre 1940. Opladen/Berlin/Toronto: Budrich Uni Press, S. 121–142.

Mitscherlich, Beate (2013): Heimat. Kein Ort. Nirgends. In: Klose, Joachim (Hrsg.): Heimatschichten. Wiesbaden: Springer VS, S. 47–68.

Müller, Hans-Rüdiger (2014): Biographie. In: Wulf, Christoph/Zirfas, Jörg (Hrsg.): Handbuch Pädagogische Anthropologie. Wiesbaden: Springer VS, S. 537–548.

Neumeyer, Michael (1992): Heimat. Zu Geschichte und Phänomen eines Begriffs. Kiel: Geographisches Institut.

Oevermann, Ulrich (2000): Die Methode der Fallrekonstruktion in der Grundlagenforschung sowie der klinischen und pädagogischen Praxis. In: Kraimer, Klaus/Garz, Detlef (Hrsg.): Die Fallrekonstruktion. Sinnverstehen in der sozialwissenschaftlichen Forschung. Frankfurt/M.: Suhrkamp, S. 58–156.

Plessner, Helmuth (2009): Mit anderen Augen. Aspekte einer philosophischen Anthropologie. Stuttgart: Reclam.

Rehberg, Karl-Siegbert (2013): „Heimat mit Haut und Haaren?" Ein Sehnsuchtsbegriff gegen die Heimatlosigkeit der Moderne. In: Klose, Joachim (Hrsg.): Heimatschichten. Wiesbaden: Springer VS, S. 165–180.

Reynders Ristaino, Marcia (2001): Port of last Resort. The Diaspora Communities of Shanghai. Stanford: Stanford University Press.

Ross, James R. (2009): Juden in Shanghai. Schicksal und Ende einer jüdischen Gemeinde in China. Klagenfurt/Wien: kitab.

Schlör, Joachim (2014). „Solange wir auf dem Schiff waren, hatten wir ein Zuhause". Reisen als kulturelle Praxis im Migrationsprozess jüdischer Auswanderer. In: Voyage. Jahrbuch für Reise- und Tourismusforschung 10, S. 226–246.

Schmidt, Andreas (2003): Heimweh und Heimkehr. Zur Gefühlskultur in einer komplexen Welt. In: Göttsch, Silke/ Köhle-Hezinger, Christel (Hrsg.): Komplexe Welt. Kulturelle Ordnungssysteme als Orientierung. 33. Kongreß der Deutschen Gesellschaft für Volkskunde in Jena 2001. Münster u. a.: Waxmann, S. 37–48.

Schmidtbauer, Wolfgang (1996): Das Leiden an der Ungeborgenheit und das Bedürfnis nach Illusion. Psychoanalytische Überlegungen zum Heimatbegriff. In: Österreichische Zeitschrift für Volkskunde 99, S. 305–320.

Schütz, Alfred (2016): Der sinnhafte Aufbau der sozialen Welt. 7. Aufl. Frankfurt/M.: Suhrkamp.

Tauschek, Markus (2005): Zur Relevanz des Begriffs Heimat in einer mobilen Gesellschaft. In: Kieler Blätter zur Volkskunde 37, S. 63–85.

Taylor, Charles (1994): Multiculturalism. Examining the Politics of Recognition. Princeton: Princeton University Press.

Thomä, Dieter (2007): Erzähle dich selbst. Lebensgeschichte als philosophisches Problem. Frankfurt/M.: Suhrkamp.

Todorov, Tzvetan (1998): Abenteuer des Zusammenlebens. Versuch einer allgemeinen Anthropologie. Berlin: Fischer.

Treinen, Heiner (1965): Symbolische Ortsbezogenheit. Eine soziologische Untersuchung zum Heimatproblem. In: Kölner Zeitschrift für Soziologie und Sozialpsychologie 17, S. 254–297.

Wulf, Christoph (2004): Pädagogische Anthropologie. In: Benner, Dietrich/Oelkers, Jürgen (Hrsg.): Historisches Wörterbuch der Pädagogik. Weinheim/Basel: Beltz, S. 33–57.

Post-Colonial Homelessness

The Loss of Local Identity

Paula Wolton

This is not an academic paper rather a resume of my talk given at the conference "Flucht und Heimat" the commission of Educational Anthropology in October 2016 in Lüneburg.

Thank you for inviting me to explain how our project OneHutFull acts as a catalyst around the sensitive subject of 'belonging' or homeland. How once strong thriving communities are now at risk due to the flight of their young people and an influx of 'incomers' creating tensions between two apparently different groups of people. How by using story and sound, art, making and crafting we are able to instigate change and harmony in a non-invasive way.

By way of introduction my name is Paula Wolton and I have been a farmer in Devon for four decades. I have always tried to farm in the most sustainable and organic way possible in the circumstances I've found myself in. The welfare of my stock, the environment and land are of paramount importance to me.

But I was not always a farmer as you will find out further on.

Connection Reconnection Collaboration

One of the points I want to highlight is connection or disconnection – and how we can re-establish connections if lost. How we connect to each other. How we connect to our communities. To strangers and to the world in general.

As populations become more urban they have become noticeably removed from how their food is produced. So how do we reconnect people to their food? Where it comes from? The soils it's grown in? The people who produce it? Our earth?

Many of us have also lost the connection to the processes that make our clothes. Not just to the fibre and yarn but to the huge manufacturing industry that drives it.

We are becoming a disconnected world in many ways even though it appears we are far more worldly, indeed cosmopolitan. And to become more connected we need to collaborate, to work with each other. More importantly we should learn and grow from each other

Personal Background

Before I continue I shall briefly outline my own and my family's colonial upbringing to give you an understanding of why I was asked to attend your conference.

19th Century Shanghai – my grandmother's family

My maternal grandmother and her siblings were born in Shanghai at the end of the Victorian era. Their father was eye surgeon. My grandmother was sent back to the UK as a young girl by steamer (in charge of her sister) to be educated at an appropriate girls' boarding school. Both she and her sister were farmed out to relatives, or suitable acquaintances of the family, during holidays.

My father

He was born in Egypt, the son of a Scottish banker and Irish mother. He could speak Egyptian before he spoke English. He too was sent back by boat, to Scotland, as a small boy of seven to be educated at a dour and strict Scottish boarding school.

My mother

She was quintessentially English – an English rose – born in London and English through and through. She too was sent to board at a boarding school even though the school was situated a few miles from her home!

After the Second World War my father returned to his banking career with the then very small merchant bank – The Hong Kong and Shanghai Banking Corporation (now known as HSBC), based in Hong Kong, where I was born. I travelled extensively around South East Asia with my family and was sent back to school in England when I was nine seeing my parents once a year. I felt alien in my 'home' country.

I detested boarding school and the forced separation from my parents. I found it hard to enjoy school holidays in England spent with grandparents and friends knowing my parents were the other side of the world.

Wanting to be a vet but having no desire to endure more time at school I gained a scholarship to a well-known art college in London. After completing college, I worked as a designer in London, moving to a design business in Kent a few years later.

From art to farm

Why did I switch from a career in art to one in farming? How did it happen?

I went to buy a table and … came back with a goat.

I progressed quickly from smallholder to small farmer becoming a businesswoman, innovator, entrepreneur.

Believing passionately in animal welfare and sustainable farming I developed a keen interest to know more about the soils we farmed, the impact farming had on the environment, the diversity of nature and how one could manage a livestock farm without damage to the habitats occupied. This was in the 1970 when many environmental issues – climate change, sustainable farming and questionable practice – were not on the agenda.

Also in 1970 Devon there were few women in frontline farming and those of us who were often looked upon with suspicion. I would not compromise the welfare of my stock, the health of my land or the quality of my product. So, I had to become innovative and entrepreneurial, to create a captivating business for the farm products.

Returning back to my opening statement, I had to connect – with farmers and small communities, businesses and potential customers, unusual and diverse markets. I could now combine my training in creative processes with my passion for animals and the environment.

From the 1970s to 21st Century

Beginning my farming career in a traditional conservative location I was forced to encounter and work within very close-knit communities who never questioned a sense of belonging, a place of home and heritage.

At the time I envied this right of belonging – something quite alien to me and my colonial wanderings. I was different, foreign (this was a time before the migration of wealthier people from progressive cities and urban environments). I was a woman, I didn't look like a farmer, I didn't act like a farmer, but my most heinous crime was to farm differently.

Through time and my work I came to the conclusion that heritage wasn't everything – the people living in these small closed communities are also inclined to inherit negative constraints and ideas. These ties to the past appear to prevent them from moving forward in a fast-changing world.

There seems an almost destructive resistance to change and a reluctance to accept any different points of view be they small or large – such as globalization, economies of scale and economic pressure.

For these people and communities the very essence of their beliefs is being turned upside down. What was important is no longer important. Communities and a way of life become unstable and foundations are shaken.

Take Dartmoor for example – extremely ancient. Not just its landscape, granite and soils, but also the people. Dartmoor has been farmed for well over five thousand years. The livestock and the communities are seemingly timeless, unshakable and permanent. Yet these very communities and their way of life are now at risk ... endangered. Wool, once their main income, is no longer important. Livelihoods are in jeopardy. Communities are failing and the environment is suffering.

One driver of this is modern consumer demand: More! Cheaper! Faster! Now! We have become a greedy and wasteful society that impacts on all levels of modern existence.

OneHutFull – a pathway to change

Several years ago I was the vice-chair of The Whiteface Dartmoor Sheep Breeders' Association (WFDSBA) and was asked to suggest how we could commemorate the Association's 60th anniversary. My initial thought was to collect and compile an oral history but I rejected this as oral histories are generally archived and only accessed for research projects.

There was a bigger more important story here – one that needed to be heard. I began to devise a project. It needed to be something that went out to the people, to the consumer. It had to have a positive message: modern, appealing and accessible to people of all ages, from all walks of life and all ethnicities. A project that grabbed the future with both hands and would reconnect and connect people in all communities with each other and to where their food and fibre came from.

The concept

Ideas are easy but how do we get from A to B? How does one make a project work? How do we realise our thoughts into reality?

Firstly one needs a clear idea of what the project should accomplish. We believed we should take the project to the public. It should convey our heritage.

More importantly – it must embrace our present and our future as well as the past. The project had to be modern, not backward looking. It had to inspire, to tell a compelling story. Captivate people and engage with them.

Focusing on Dartmoor and the endangered Whiteface Dartmoor sheep gives the project more power, as an exemplar of so much that is happening in the world today.

Colour and design were vital. What colour palette resonated with the tones of Dartmoor but also captured the future and vibrantly so? It had to be something edgy, cool and modern, something that would stop people in their tracks. The project needed to be mobile, authentic and to have a 'wow' factor.

What we are attempting is to use this project to make connections between the past and the future. We cannot go back in time. But we can take the best of the past move it through the present and into the future, combining it with modern technology, and to make those things we want and need in the twenty first century.

Development

So how do we use art, sound, making and crafting to connect with people, both near and far, to instigate change? In essence, we use innovative physical structures and interpretation as channels for our own energy, to inspire and enthuse others. The physical structures combine the old and the new in unexpected ways.

First we commissioned a shepherd's hut to be built, to represent history and tradition. In the 19th and early 20th centuries, the shepherd's life was often solitary and harsh, particularly during lambing time, when he or she would have to attend closely to their flock day and night during the cold months of winter and early spring.

The shepherd's hut was introduced so that they could live in the pasture for extended periods of time and was a haven of warmth and comfort. Such huts were widely used throughout England and Wales and followed a similar basic design with a curved corrugated iron roof and stable door, small, high windows and cast-iron wheels. The interior was usually simply furnished and was warmed by a small cast iron stove. Most huts were built by small agricultural engineering firms. Some huts were constructed on the farm out of locally sourced materials, but all were built using blacksmith-made forged components such as chains, axles and drawbars.

To build our shepherd's hut we commissioned Dorset craftsman and blacksmith Eddie Butterfield, whose family has been involved in making and restoring huts and wagons for 150 years. Eddie continues to employ these same traditional methods, even using some of his grandfather's tools. The locally grown wood used is sawn on his 1890's rack-saw bench, driven by a steam engine. All the iron fittings are created in-house, including the forged wheels and axle fittings. The drawbar bolts; roof-bars, small hooks, latches and brackets are hand-made.

The interior of the hut is, however, as far from traditional as one can imagine. The unexpecting visitor is faced with three Perspex screens upon which a cleverly interweaving video is back projected, together with all-around sound. The immersive installation shows the past and present of sheep farming on Dartmoor, not as a documentary but to provoke thought. The visitor leaves rejoicing in the past and beauty of the moor but realizing times are changing. Hopefully they start to seek solutions that will allow both farming and landscape to evolve in way that brings the past through into the future, seamlessly, without loss of local identity, and sustainably.

Next we purchased two ultra-modern inflatable domes as working spaces. Here craftsmen and women demonstrate their skills with wool, providing the right ambience for visitors, fresh from the hut, to explore the future through dialogue and making.

Both domes and hut are made in eye-catching orange – deliberately vibrant both to catch the eye and induce energy. We have toured the country with them, even into the centre of London itself.

Through these dynamic and thought-provoking components we engaged our visitors' sensory faculties. Sight and sound from experiencing the hut and its installation. Touch and smell from handling and experimenting with wool. This in turn had a positive effect on individuals enabling them to retain and act on the project's messages and suggestions.

We build on these initial 'small changes' and thought processes through images, stories and conversations on social media encouraging our followers to continue their journey alongside ours. We have now launched #OneChange: a campaign where we ask the public to make one small change once a year.

Conclusion

Our many visitors, and the feedback we have received, demonstrate that the unconventional juxtaposition between traditional structure, form and colour we have used are highly successful in engaging and inspiring others – in particular to change the way they think and act.

I have been particularly pleased by the way we have been able to engage positively with local farmers and close-knit rural communities, as well as with urban people. There was a risk that we might alienate them – be seen as just another bunch of do-gooder outsiders without any real understanding.

I like to think that it is my background both in creative arts and as a farmer, together the way I have been forced to integrate with other cultures to survive successfully both personally and financially, that has been instrumental to the project's success.

But none of it could happen without the dedication of the many volunteers and makers who have joined me. To them I owe a great debt of gratitude. Together we can connect people for the better and change the world!

Kapitel III
Flucht, Entheimatung und Heimatlosigkeit

Zum Zusammenhang von Emanzipation und Heimat

Simon Obenhuber

Überblick

Folgender Beitrag hat das Ziel, den Zusammenhang von Emanzipation und Heimat in einer pädagogisch-anthropologischen Diskussion zu thematisieren. Die Überlegungen bewegen sich im Kontext meiner gegenwärtigen Forschungsarbeit zur „biografischen Tiefenwirkung von ästhetischen Erfahrungen". Die explorative und teilweise essayistische Form der vorliegenden Gedanken belässt dem Leser und der Leserin die Option auf eigene Folgerungen und verweist auf übergeordnete Dimensionen meines Forschungsanliegens.

Die Orientierungslosigkeit der gegenwärtigen Gesellschaft verweist die Erziehungswissenschaft mit Nachdruck auf die Begründung ihrer Normen und ihres Handelns. In dem steigenden Interesse an der Formulierung von Glück oder eines „gelungenen Lebens" spiegeln sich all jene Entwicklungen, die unter dem *Individualisierungstheorem* zusammengefasst werden können.[1] Die „Orientierungsfunktion des Habitus" wird hierbei zunehmend brüchig, so die zeitdiagnostische Ausgangsthese: Selbst wenn der Mensch wollte, auf die habitualisierte Heimat als gültiger „Resonanzraum" (Rosa) ist kein Verlass (mehr). Verbindlichkeiten, wie bspw. die „Berufsvererbung", fehlen weitgehend. Spä-

---

[1] „In den Sozialwissenschaften finden wir heute eine Vielzahl an postmodernen bzw. poststrukturalistischen Varianten des Individualisierungstheorems, die sozialen Wandel – vor allem in den Bereichen Familie, Medien, Arbeit, National- und Sozialstaat – als eine De- und Neuregulierung sozialer Ordnung thematisieren, welche Akteure zu Reflexionsprozessen anreizt. In diesem Sinne ist etwa die Rede von ‚Bastel-Existenz' (Hitzler/Honer 1994), der ‚Zerbrechlichkeit sozialer Lagen und Biographien' (Beck 1996, S. 21), von ‚Patchwork-Identität' (Keupp et al. 1999, S. 74) oder von Subjektivität [...] als eine ‚nomadische Gestalt' (Winter 2008, S. 308) und ‚endlessly fragmented subjectivities' (Hall 1995, S. 68) wie auch ‚hybrid identities' (Denzin 2010, S. 23). Bei allen Unterschieden [...] beziehen sich diese Positionen doch gleichermaßen auf Formen der Erosion tradierter sozialer Organisationsprinzipien und also auf die ‚Freisetzung der Individuen aus sozialen Bindungen [...], die den Akteuren die Möglichkeit und Notwendigkeit einer neuen Reflexivität auferlegt' (Reckwitz 2009, S. 170)" (Geimer 2013, S. 99).

testens der aus der Erziehungsphase entlassene Mensch wird gezwungen, sich erneut zu beheimaten, eine gelungene Selektion zu entwerfen.

Mein Vorschlag wird nun sein, Beheimatung als sozialen Prozess zu verstehen, als inkorporierte Praxis im Erwachsenenalter – insofern ließen sich hier auch reflexive Bedingungen für die Erziehung ableiten. Emanzipation, Loslösung von (habitueller) Fremdbestimmung, Ausübung von Freiheit, also *kritische Subjektivierung*, kann hierbei als Maßstab einer „gelungenen Beheimatung" des Menschen betrachtet werden.

Die Frage nach der menschlichen Heimat scheint eng verbunden mit einer Grundproblematik der pädagogischen Anthropologie: Der Begriff steht in der „anthropologischen Klammer der Vervollkommnungsfähigkeit" (Zirfas 2004, S. 9). Heimat verweist den individuellen Menschen an seine Grenzen, an seine Unvollkommenheit, die er prinzipiell zu überwinden versucht. Die erste Beheimatung vollzieht sich im besten Sinne unbewusst-mimetisch: Schon das frühe Eltern-Kind-Verhältnis erinnert an diese „Ungleichheit", welche die „mimetischen Fähigkeiten des Kindes anregt" (Wulf 2001, S. 151). Die Überlieferungen der „Wolfskinder" Kamala und Amala machen exemplarisch darauf aufmerksam, was aus dem Menschen *ohne* Bildungseinwirkung wird, warum also dieses „Andere" zur Potentialentfaltung unhintergehbar scheint. Ungebildet zeigt sich der Mensch wie ein primitives „Tier": wild, gewalttätig, ohne Impulskontrolle oder Selbstreflexion. Ein egoistisches „Tier", kaum fähig alleine zu überleben. Die indischen Wolfskinder waren ihrer natürlichen Umwelt ausgeliefert. Sie hatten keine Chance ihre „Sonderstellung" auszuspielen. Für die „Heraus-Bildung", die Emanzipation von der ‚tierischen' Natur, müssten *kulturelle Strukturen zur Assimilation verfügbar sein*, um die verborgenen Potenziale als „zivilisiertes Tier" zu entfalten. Die Sonderstellung des „Mängelwesen Mensch" (Gehlen) liegt genau hierin, dass er keine *natürliche* Heimat hat. Heimat kann als Ergebnis des Abstraktionszwanges des Menschen verstanden werden. Heimat ist Imaginäres, ähnlich dem Habitus. Aber diese Lüge, die der Mensch in der Erziehungsphase aufnimmt, „stiftet ein Modell der Erfahrung", das für ein gelungenes Leben in der kultivierten Welt notwendig wird.[2] Denn

---

2 An einer Stelle der *Negativen Dialektik* (1966/2015, S. 366) bezieht sich Adorno auf die metaphysische (lebendige, geistige, ungegängelte, unreglementierte) Erfahrung: „Was metaphysische Erfahrung sei, wird, wer es verschmäht, diese auf angebliche religiöse Urerlebnisse abzuziehen, am ehesten wie Proust sich vergegenwärtigen, an dem Glück etwa, das Namen von Dörfern verheißen wie Otterbach, Watterbach, Reuenthal, Monbrunn. Man glaubt, wenn man hingeht, so wäre man in dem Erfüllten, als ob es wäre. Ist man wirklich dort, so weicht das Versprochene zurück wie der Regenbogen. Dennoch ist man nicht enttäuscht; eher fühlt man, nun wäre man zu nah, und darum sähe man es nicht. Dabei ist der Unterschied zwischen Landschaften und Gegenden, welche über die Bilderwelt einer Kindheit entscheiden, vermutlich gar nicht so groß. […] Aber damit dies Allgemeine, das Authentische an Prousts Darstellung, sich bildet, muß man hingerissen sein an dem einen Ort, ohne

Heimat verweist uns auf die ästhetische Sphäre, die Menschen durch mimetische Bezugnahme in die symbolische Form retten. Beide, die „ästhetische" und die „symbolische" Sphäre, haben ihre eigene Daseinsberechtigung im momentanen Lauf des Zivilisationsprozesses. Hierbei versteht man unter der ästhetischen Erfahrung im Allgemeinen „die Wahrnehmung von Objekten um deren selbst willen und weniger aufgrund ihrer Funktion oder Bedeutung für etwas" (Tenorth/Tippelt 2012, S. 40). Diese sind unerschöpflich, verweigern sich der vollständigen Theoriebildung, enthalten immer auch rationale Anteile.

Es gibt hierbei keinen erreichbaren „vortheoretischen Zustand" oder ein totales Außerhalb der Zivilisation. Beides wäre auch keine realisierbare Lebensweise, weder Anarchie noch unreflektierte Hingabe. Horkheimer und Adorno (1944/1969) rezipierten diese hier skizzierte anthropologische Grundstruktur auf sehr originelle Weise. Zum Ende seiner *Ästhetischen Theorie* (1970) fasst Adorno zusammen: „Die tödliche Trennung von beiden ist geworden und unwiderruflich. Ratio ohne Mimesis negiert sich selbst" (Adorno, zit. n. Tiedemann 2003, S. 4536). Der „fatalen Tendenz, die aus dem Herrschaftsprinzip als Naturbeherrschung hervorgeht, begegnen Adorno und Horkheimer mit dem Entwurf eines mimetischen Denkens, das versucht, den herrschenden Trend umzukehren, indem es sich selbst dem Andersartigen angleicht" (Zima 2010, S. 153).

Der Habitus als „innere Steuerungsinstanz des kulturellen Handelns" (Gebauer 2017, S. 28) ist im Folgenden vor allem körperlich zu verstehen: „Im Habitus greifen subjektive und soziale Strukturen ineinander. Sie sind jedoch nicht kausal miteinander verbunden. Die entscheidende Instanz, die diese Vermittlung zustande bringt, ist der Körper" (ebd.). Der Körper als *explizites Thema der Wissenschaft* entwickelte sich Mitte des 20. Jahrhunderts. Individueller Widerstand gegen Unterdrückung war immer schon eine Art *praktischer Sinn für das Leiden an der Disziplinierung des Körpers*, dort nahm Subversion ihren Ausgangspunkt. Die Verbindung einer neuartigen Körperlichkeit mit einer schlagkräftigen Emanzipationsbewegung ist längst überfällig. Emanzipation ist zwar ein real (notwendiges) Phänomen, nur waren die Hoffnungen zutiefst illusionär – eine „alltägliche Form" lässt sich nur durch eine Art gültige Koppelung der symbolischen Versprachlichung an die „authentischen Ausgangspunkte" des menschlichen Körpers verstehen.

---

aufs Allgemeine zu schielen. Dem Kind ist selbstverständlich, daß, was es an seinem Lieblingsstädtchen entzückt, nur dort, ganz allein und nirgends sonst zu finden sei; es irrt, aber sein Irrtum stiftet das Modell der Erfahrung, eines Begriffs, welcher endlich der der Sache selbst wäre, nicht das Armselige von den Sachen Abgezogene."

Heimat markiert beides: Einen etwaigen Ort der erhöhten Resonanz, jedoch auch – als unreflektierte Hingabe – den Ausgang von Unterdrückung, welche die Entfaltung des Menschen blockiert. Die gesellschaftlichen Verhältnisse, derer man sich immer wieder als „von Menschen gemacht" und wiederum „die Menschen machend" bewusst werden muss, sind es somit auch, die dem Subjekt den gefährlichen Glauben vermitteln, es wäre irgendein Ich, es hätte in Wirklichkeit eine feste Identität, es wäre genau das, was Gesellschaft aus ihm machte, es hätte eine „feste Heimat". „Denn weil menschliches Verhalten mangels instinktiver Steuerung auf soziale Regeln angewiesen ist und weil soziale Regeln unser Verhalten nur soweit zuverlässig steuern, wie wir sie nicht fortwährend in Zweifel ziehen, neigen wir alle dazu, die geltenden Normen als richtig anzuerkennen, gerade dann, wenn wir an ihrer Festsetzung [Habitualisierung, S.O.] beteiligt waren" (Lempert 1973, S. 223).

Der unreflektierte Mensch dient somit *automatisch* dieser Kultur, in die er hineinwächst, und das *instrumentell*, als fungibler Teil (Horkheimer/Adorno). Er stellt diese Unterordnung nicht aus einer Natürlichkeit in Frage, sein (durch gesellschaftliche Dominanz) geformter Habitus scheint ihm naturgegeben zu sein (Bourdieu: Doxa). Es geht bei der Bildung dieser „zweiten Natur" etwas verloren, was im Erwachsenenalter zur mimetischen Spürroute wird. Denn die Menschen selbst werden in diesem Selektions-, Entfremdungs- und Aufklärungsprozess zu etwas wie „identischem" Material, um in der Gesellschaft zu bestehen. Die nicht-identische Sphäre, oft körperlicher Dimension, wird in der Gesellschaft penibel ausgegrenzt: „Was dem Maß von Berechenbarkeit und Nützlichkeit sich nicht fügen will, gilt der Aufklärung für verdächtig" (Adorno/ Horkheimer 1969, S. 12). Dieses regressive Moment in der zivilisatorischen wie auch der einzelmenschlichen Entwicklung verdeutlicht die Lesart einer „Dialektik der Aufklärung" – welche heute „zu den einflussreichsten Zeitdiagnosen der Moderne" gehört (Hindrichs 2017, S. 1). Die fortschreitende Aufklärung schlägt, so die These von Horkheimer und Adorno (unter dem damaligen Eindruck des Faschismus), in ihr Gegenteil um („Barbarei"), da die abstumpfende Identitätsbildung der Menschen genau jenem Anliegen entgegensteht, für welches Aufklärung antrat: Befreiung von Unterdrückung und Glück des individuellen Menschen. Die Aufklärung stagniert, wird selbst zur Herrschaft; das Subjekt verstrickt sich im Laufe seiner Entwicklung in eine komplexe Dynamik von Selbst- und notwendiger Fremdbestimmung.

Der Habitus (Bourdieu) schaltet sich als diese „Notwendigkeit des kulturellen Zusammenlebens" zwischen die Gespaltenheit des Menschen – zwischen Subjekt und Objekt. Dieser ist Vermittler, eine „zweite Natur" als Generator der (notwendigen) kulturellen Praxen. Der Mensch kann sich in diesem neuen Machtgefüge erneut emanzipieren. Der Loslösung von der Animalität folgt somit die Emanzipation von der praktizierten Kultur selbst. Die „Emanzipation von der Emanzipation" muss womöglich zum Ausgang zurück: Zum menschlichen Körper, zu dem, was noch „gültig" scheint. In diesen Räumen jenseits von gesellschaftlicher Disziplinierung erfährt der Mensch das Glück einer „anderen Welt", in der eine Art „körperlich-ästhetische Erfahrung" noch möglich scheint.

Durch die *Bewusstwerdung* jener Mechanismen der Subjektwerdung, auch in Beheimatungsprozessen, ist ein eigengesetzliches Leben erst möglich – welches sich nicht „blind in Kollektive einordnet" und sich damit zu „etwas wie Material" machen würde, sich „als selbstbestimmtes Wesen auslöscht" (Adorno, zit. n. Tiedemann 2003, S. 8531). Letztere Gefahr besteht, indem die Menschen so tun, als seien sie genau jenes übriggebliebene „habituelle Residuum", das die Gesellschaft aus ihnen machte, um ihr fügig zu sein. Der Widerstand gegen diesen *Zwang zur Anpassung* ist in jeder Kindheit ganz offensichtlich zu beobachten, mit wissendem Blick auch im erwachsenen Leben.

Neue Perspektiven auf Emanzipation

Auch in der Erziehungswissenschaft sind wir in besonderem Maße von der zunehmenden Subjektivierung, der „Krise des Subjekts" (Lenzen) irritiert. Die Erziehungsphase soll die Zukunft der Edukanden sichern, kann aber selbst nicht auf gesichertes Wissen zurückgreifen. Erziehung wird somit verstärkt zu einer *paradoxen Praxis.* Das kritische Subjekt ist gezwungen, sich zunehmend selbst zu konstituieren, ohne auf eine scheinbar verbindliche Grundlage zurückgreifen zu können. Die Subjekte müssen ihrem „Bewusstsein selbst die adäquate Form geben, um mit der Welt zurechtzukommen" (Kamper).[3] Um in der zunehmenden Subjektivierung dennoch Verhaltensstabilität zu sichern, ist der kultivierte Mensch gezwungen, *gültige Schnittpunkte mit der Außenwelt* zu finden.

Dazu passen die Überlegungen von Jörg Ruhloff zum Emanzipations-Begriff: „Bis etwa 1965 blieb ‚Emanzipation' in der deutschen Pädagogik ein seltener und marginaler Begriff" (Ruhloff 2004, S. 279). Nachdem er den Begriff in seinem mehrseitigen Aufsatz bis in die Antike nachweist, erscheint es ihm

„kaum verständlich, dass das emphatisch aufgeladene Schlagwort ‚Emanzipation' im Verein mit ‚Kritik' und ‚Demokratisierung' erst seit dem Ende der 1960er-Jahre eine eruptionsartige Verbreitung fand, für gut ein Jahrzehnt in der west-deutschen

---

3   Dietmar Kamper im Interview mit May Ament (2001), Transkription S.O. (http:// kamper.cultd.net).

Pädagogik diskursbündelnde Funktionen übernahm und trotz seines schnellen Verschleißes als Sprachmode heute vielfach im Sinne einer legitimen pädagogischen Kategorie verwendet wird" (ebd., S. 283).

Diese „Begriffskarriere" führt er auf die „mit einem Modernisierungsschub verbundene Restaurationsphase nach dem Zweiten Weltkrieg" (ebd.) zurück. Zum Ende folgert Ruhloff:

> „Die von der Emanzipationspädagogik transportierte Anthropologie mit ihren selbstverständlichen Voraussetzungen von Identität und autonomer Subjektivität als Erziehungs- und Bildungsaufgaben ist problematisch geworden. Das muss jedoch nicht Verzicht auf den Begriff nach sich ziehen. Angesichts der unentrinnbaren Mehrdeutigkeiten der menschlichen Existenz kann auch die Freisetzung von ‚neuzeitlichen Subjektivierungspraktiken' als Emanzipation verstanden werden. Sie verweist statt auf die ‚Identitätsfindung' auf die ‚Not' einer vorbildlosen und konflikthaften Lebensformung unter historischen, gesellschaftlichen und auch naturgegebenen Bedingungen" (ebd., S. 287).

Diese Analyse folgt der Haltung einer körperfokussierten Anthropologie, welche von der Idee getragen ist, dass „anthropologische Erkenntnis lediglich in der Lage ist, die Menschen perspektivisch und damit unvollständig zu begreifen" (Wulf 2009, S. 11). Emanzipation sollte unter gegenwärtigen gesellschaftlichen Verhältnissen als „sozialer Prozess" verstanden werden, als immer unerfüllte Ambition und gelebter Widerspruch des kritischen Subjekts. Der Mensch kann sich im sozialen Raum nicht *endgültig* emanzipieren. Möglich scheint die Einübung in einen mündigen Gestus – unter der vorläufigen Abhängigkeit einer gelungenen Erziehungsphase, der der junge Mensch weitgehend ausgeliefert ist. Menschen können um Bewegungen der Autonomie (Eigengesetzlichkeit) wissen und diese assimilieren. Ihnen ist es möglich, sich in dieser begrenzten Bewegung zu emanzipieren. Denn die entstandene alltägliche Wirklichkeit, das menschliche Zusammenleben, ist ohne ein Verhältnis zum herrschenden Zwang, dem der reduzierenden *Ratio*, nicht vorstellbar. Menschen können lediglich einzelne und riskante Entscheidungen treffen, die in ein weitgehend autonomes Leben führen könnten. Der emanzipierte Mensch hat Ambitionen, weil er um das Gefängnis weiß, in das er eingesperrt ist (vgl. Tiedemann 2003, S. 4322). Er kann aber nicht „über der sozialen Struktur schweben" – diese Einbildung würde lediglich für die Besonderheit seiner ganz persönlichen Art der *Entfremdung* stehen. Adorno schreibt dazu in der *Minima Moralia*: „Wie die Rettenden wären, läßt sich nicht prophezeien, ohne ihr Bild mit dem Falschen zu versetzen. Zu erkennen aber ist, wie sie nicht sein werden: weder Persönlichkeiten noch Reflexbündel, am letzten aber eine Synthese aus beidem, hartgesottene Praktiker mit Sinn fürs Höhere" (Adorno, zit. n. ebd., S. 2174).

Der Mensch könnte in dieser Mischform, im Anliegen der Emanzipation, eine „subversive Anpassung" leben, die, irgendwann, ein *gelungenes Altern* (Baltes) ermöglicht: In jungen Jahren scheint diese Explikation für den Menschen unnötig, da die Intensität der Erfahrung in den meisten Fällen darüber hinwegtäuscht. Doch im Laufe des Lebens wird es zunehmend schwieriger, die Welt noch einmal „frei" selektieren zu können. Diese Bedrohung einer „Verspätung" muss in einer gelungenen Entwicklungsstrategie bedacht werden. In diesem Sinne erscheint eine Erziehung sinnvoll die jungen Menschen zu einer ästhetischen Bildung verhilft, „ästhetisch anmutende Momente" wahrzunehmen und zu *vergleichen* – und letztlich in Sprache zu überführen, die zumindest *orientierungsstiftende Dimensionen der Biografie* zulassen; hierbei einen Gestus zu pflegen, welcher diese „Fremdheitserfahrung" versprachlicht, aber auch in der Zukunft „empirisch wahrscheinlicher" macht. Es geht um die Fähigkeit, die eigenen Potenziale in der Biografie zu artikulieren und somit selbst ein Leben zu führen, das das Spielfeld der Gesellschaft mit einem kritischen Selbstentwurf *verändert*. Denn, „praktisches Handeln in einer sozialen Situation ist keineswegs nur reaktiv, sondern wirkt auch verändernd auf die Praxis ein" (Gebauer 2017, S. 29). Emanzipation ist also immer auch politisch, weil sie, wenn gelungen, die Handlungsmotive eines Lebens rekonstruiert und verändert, welcher Vorgang wiederum kreislaufförmig das „Spielfeld" des Lebens strukturiert. Weitläufig müsste bedacht werden, dass Emanzipation stark an eine „historische Chance", an ein Projekt, gekoppelt zu sein scheint. Christoph Wulf schreibt 1977:

> „Emanzipationschancen können nur in Bezug auf die jeweils vorhandenen Emanzipationspotenziale bestimmt werden, die in den industrialisierten Gesellschaften des Westens im Sinne ‚menschlicher' Emanzipation noch nicht ausgeschöpft sind. Denn der unter den gegebenen gesellschaftlichen Bedingungen erfolgende Sozialisationsprozess ist für viele Menschen noch immer mit einem hohem Maß an *Repression und fehlenden Möglichkeiten zur Selbstverwirklichung* verbunden. Im Verlauf des Sozialisationsprozesses wird das Individuum durch die *Einübung sozialer Rollen* in seinen Fähigkeiten und Bedürfnissen (mittels selektiver Förderung) so geprägt, daß – schichtenspezifisch unterschiedlich – einige Fähigkeiten entwickelt werden können, andere verdrängt werden müssen" (Wulf 1977/1983, S. 165).

Die gegenwärtige Chance liegt darin, dass der Habitus seine Orientierungsfunktion nicht mehr „mit Gültigkeit" übernehmen kann. Dieser historische Moment, der neue Freiraum, beinhaltet vielleicht Chancen in zwei extreme Richtungen: Entweder schaffen Menschen die „Wendung zum Subjekt" (Adorno), also die Gestaltung einer Gesellschaft, welche Diversitäten aushält, oder sie geben sich leichtfertig der Sehnsucht nach Einheit hin: „Es wird in

Zukunft darauf ankommen, daß man sich bei den vielen Versuchen, partielle Menschenbilder herzustellen, auf gemeinsame Entwürfe von Gesellschaft einigt" (Gebauer 1998, S. 21).

Rückblick und Ausblick

Die kritischen Subjekte benötigen neue habituelle Produktionsprinzipien, die in einer *alltäglichen Praxis der Emanzipation* verankert sind. Durch ein Wissen um die Modifikationsmöglichkeiten des Habitus wird dieses Handlungsprinzip soweit störbar, dass die Fremdbestimmung zumindest selbstbestimmbar(er) wird: Ganz im Sinne einer „Historischen Anthropologie", denn dieser „Terminus" ist „auf all jene Versuche gemünzt, die eine Kritik an der Abstraktheit des Menschen unternehmen, ohne das intendierte Ziel einer Abschaffung von Zwängen aus den Augen zu verlieren" (Kamper/Wulf 1994, S. 9). Die (Post-)Moderne ruft den gravierenden Verlust der Orientierungsfunktion des Habitus (Bourdieu) hervor, womit die Menschen zur Selbstthematisierung und -bestimmung gewissermaßen gezwungen sind. Zum ersten Mal wird Transformation statt Reproduktion der Machtverhältnisse (Bourdieu: der sozialen Ungleichheit) in bedrohendem und gleichzeitig rettendem Maße möglich: Die Subjekte könnten sich darin einüben, die „authentischen" Augenblicke nicht blind an sich vorbeiziehen zu lassen, sondern aus jenen Startpunkten einen autonomen Selbstentwurf zu erfinden. Ein autonomer Mensch wäre sich bewusst, dass Gesellschaft etwas aus ihm gemacht hat und dass er auf die (erste) Natur zurückblicken muss, „um den Abstand zu ermessen, den er zwischen sich und seinen Ursprung gelegt hat" (Gebauer 1998, S. 1). Bourdieu baut mit seiner Konzeption menschlichen Handelns erst die Brücke zu einer „empirischen Kritischen Theorie", welche diese verfehlten Entwicklungen im Zivilisationsprozess und im Handeln des Einzelnen denken lässt. Es zeichnet sich vorerst kein Ende der Möglichkeit auf Emanzipation ab – diese könnte heute, als Massenphänomen, erst ihre Wirkung im alltäglichen Leben entfalten.

Der hier skizzierte Gestus, der im Augenblick seinen Ausgang nimmt, ist auch einer, der immer wieder in *mimetischen Erfahrungen* den Menschen daran erinnert, dass er selbst Teil des dynamischen Prozesses des menschlichen Lebens ist; dass es *die Möglichkeit auf* Selbstverwirklichung gibt, dass es dazu aber das eigene Zutun benötigt. Der Mensch muss über jeden dieser Augenblicke erneut nach-denken. Das ist der eigentliche *Gestus der Demokratie*, der alles Bisherige in Frage stellt und für neue Vergleiche offen ist, da er das anthropologische Wissen impliziert, dass menschliches Leben immer wieder neu beginnt. Anthropologie wird zu einer zentralen Disziplin der Vermittlung in der unübersichtlichen und globalisierten Welt. Emanzipation, also Gang von der Selbstreflexion hin zum selbstbestimmten Lebenstext – wird zum notwendigen

Korrektiv eines gelungenen Lebens, das Heimat erlernen und neu finden will. Möglicherweise könnten wir so wirksam über schillernde Begriffe wie Glück, Heimat, ja vielleicht auch Freiheit, wiederholt nachdenken: als Fragmente, die den Menschen auf seine eigene Beschränktheit verweisen.

Literatur

Adorno, Theodor W.: (1966/2015): Negative Dialektik. Frankfurt/M.: Suhrkamp.

Gebauer, Gunter (1998): Anthropologie. Leipzig: Reclam.

Gebauer, Gunter (2017): Habitus. In: Gugutzer, Robert/Klein, Gabriele/Meuser, Michael (Hrsg.): Handbuch Körpersoziologie. Band 1: Grundbegriffe und theoretische Perspektiven. Wiesbaden: Springer VS, S. 27–32.

Geimer, Alexander (2013): Diskursive Subjektfiguren und ideologische Fantasie. In: Langer, Phil C./Kühner, Angela/Schweder, Panja (Hrsg.): Reflexive Wissensproduktion. Anregungen zu einem kritischen Methodenverständnis in qualitativer Forschung. Wiesbaden: Springer VS, S. 99–111.

Hindrichs, Gunnar (Hrsg.) (2017): Max Horkheimer/Theodor W. Adorno: Dialektik der Aufklärung. Berlin/Boston: de Gruyter.

Horkheimer, Max/Adorno, Theodor W. (1944/1969): Dialektik der Aufklärung. Philosophische Fragmente. Frankfurt/M.: Fischer.

Kamper, Dietmar (1973): Geschichte und menschliche Natur. Die Tragweite gegenwärtiger Anthropologie-Kritik. München: Carl Hanser.

Kamper, Dietmar/Wulf, Christoph (Hrsg.) (1994): Anthropologie nach dem Tode des Menschen. Vervollkommnung und Unverbesserlichkeit. Frankfurt/M.: Suhrkamp.

Lempert, Wolfgang (1973): Zum Begriff der Emanzipation. In: Greiffenhagen, Martin (Hrsg.): Emanzipation. Hamburg: Hoffmann & Campe, S. 216–226.

Rosa, Hartmut (2016): Resonanz. Eine Soziologie der Weltbeziehung. Berlin: Suhrkamp.

Ruhloff, Jörg (2004): Emanzipation. In: Benner, Dietrich/Oelkers, Jürgen (Hrsg.): Historisches Wörterbuch der Pädagogik. Weinheim/Basel: Beltz, S. 279–287.

Tenorth, Heinz-Elmar/Tippelt, Rudolf (2012): Lexikon Pädagogik. Weinheim/Basel: Beltz.

Tiedemann, Rolf (2003): Theodor W. Adorno. Gesammelte Schriften. Digitale Bibliothek Band 97. Berlin: Directmedia.

Wulf, Christoph (1977/1983): Theorien und Konzepte der Erziehungswissenschaft. München: Juventa.

Wulf, Christoph (2001): Einführung in die Anthropologie der Erziehung. Weinheim/Basel: Beltz.

Wulf, Christoph (2009): Anthropologie. Geschichte – Kultur – Philosophie. Köln: Anaconda.

Zima, Peter V. (2010): Theorie des Subjekts. Subjektivität und Identität zwischen Moderne und Postmoderne. Tübingen/Basel: Francke.

Zirfas, Jörg (2004): Pädagogik und Anthropologie. Eine Einführung. Stuttgart: Kohlhammer.

Heimat und die Erfordernisse der Integration

Minkyung Kim

1. Einleitung

Der Heimatbegriff gilt in Deutschland als ein politisch und historisch vorbelasteter Begriff, welcher als veraltet und unangemessen für die Diskurse zum gegenwärtigen politischen Geschehen erscheint. Interessanterweise findet er trotz dieser vorbelasteten Geschichte nicht nur in der alltäglichen Lebenswelt, sondern auch im kulturellen und wissenschaftlichen Bereich derzeit eine unerwartete Konjunktur. Das Bedürfnis nach der Beschäftigung mit dem Thema Heimat resultiert sowohl aus der individuellen als auch aus der gesellschaftlichen Ebene. Exemplarisch lässt sich das gestiegene Interesse am Thema vor allem auf die erhöhte Mobilität von Menschen durch die Industrialisierung und Globalisierung – „Lebten im Jahr 1910 etwa 33 Millionen Migranten außerhalb ihrer Heimatländer, so waren es im Jahr 2000 bereits 175 Millionen. Im Jahr 2005 waren es nach jüngsten Schätzungen rund 191 Millionen Migranten" (Benhabib 2008, S. 17) – sowie auf die neuen gesellschaftlichen Herausforderungen für soziale Integration und Frieden zurückführen (vgl. Hüppauf 2007, S. 132).

Es geht bei der Diskussion um den Heimatbegriff vornehmlich um das Bedürfnis vieler Menschen nach einem vertrauten Zuhause. Als Neuankömmlinge in einer fremden Stadt, einer Region oder in einem neuen Land versucht man einen neuen Wohnort als Heimat für sich zu gewinnen. So ist von der „Wahlheimat" oder „neuen Heimat" die Rede. Zugleich versuchen die Einheimischen oftmals den Zugezogenen dabei zu helfen, sich in dem neuen Ort heimisch zu fühlen und ein neues Zuhause zu finden. Die Gesellschaft versucht dadurch die Integration der Zugezogenen und somit den sozialen Frieden zu fördern. Dies lässt sich insbesondere durch die Flüchtlingszüge in Deutschland in den letzten Jahren beobachten. So gewinnen die Begriffe wie „neue Heimat", „Wahlheimat" nicht nur für die Migranten, sondern auch für die Einheimischen und für ein friedliches Zusammenleben in der Migrationsgesellschaft vermehrt an Bedeutung.

Während der Heimatbegriff in den letzten Jahrzehnten gerade durch den Missbrauch des Nationalsozialismus mit dem Vaterland bzw. dem Geburtsland gleichgesetzt wurde, werde ich in diesem Aufsatz dafür plädieren, dass der Heimatbegriff wesentlich vielgestaltiger ist. So kann Heimat nicht nur durch einen Ort, sondern auch durch Gegenstände, bestimmte Personen: z. B. Freunde, Familie, Sprache, Essen, Landschaft, aber auch bestimmte Gerüche oder Geschmäcke repräsentiert werden. Diese Dinge rufen ein bestimmtes Gefühl hervor, welches sich als spezifisches Merkmal der Heimat bezeichnen lässt. Zudem ist die Zuschreibung der Heimat beim Einzelnen nicht mehr statisch, sondern eine Person kann eine neue Heimat finden und zwei oder mehrere Heimaten haben.

Da der Heimatbegriff in der modernen Welt sehr vielfältige Bedeutungen besitzt und von jedem Individuum unterschiedlich assoziiert und wahrgenommen wird, müssen zunächst die unterschiedlichen Komponenten des Heimatbegriffs analysiert werden. Hierzu versuche ich eine Phänomenologie des Heimatbegriffs zu entwickeln und zwar aus einer pädagogisch-anthropologischen Betrachtungsweise. So werden Menschen und deren Vorstellung von der Heimat im Hinblick auf deren Sozialisationsprozesse betrachtet (vgl. Wulf/Zirfas 2014, S. 9, 20 f.). Durch diese genauere Untersuchung des Heimatbegriffs sollen zugleich dessen problematischen Eigenschaften herausgearbeitet werden. Dafür werde ich Interviews aus dem dokumentarischen Heimatfilm von Sung-Hyung Cho *Endstation der Sehnsüchte* und Erzählungen aus einigen Romanen und Sachbüchern berücksichtigen.

Im zweiten Teil meines Beitrags werde ich aufzeigen, in welcher Beziehung Heimat und soziale Integration miteinander stehen und welche normativen Implikationen sich aus dem Heimatbegriff für die Pädagogik ergeben. Es geht dabei um die Frage, ob wir auf den Heimatbegriff aufgrund des politischen Missbrauchs verzichten sollten und welche pädagogischen Herausforderungen für soziale Integration sich aus einen revidierten Verständnis von Heimat ergeben.

2. Eine Phänomenologie der Heimat

Damit wir die zentralen Komponenten des Heimatbegriffs verstehen können, erweisen sich insbesondere die Erzählungen der Menschen, die sich durch ihre persönlichen Migrations- oder Fluchterfahrungen mit dem Begriff der Heimat beschäftigen, als sehr hilfreich. Hierdurch wird ein Zugang zu dem Heimatbegriff ermöglicht, welcher von der Lebenswelt der Betroffenen ausgeht. In dieser Hinsicht werde ich mich vor allem auf einen Dokumentarfilm und einen autobiographischen Essay von Vilém Flusser beziehen.

2.1. Heimat als Ort der Enkulturation

In dem Heimatfilm *Endstation der Sehnsüchte* von der Regisseurin Sung-Hyung Cho werden drei koreanisch-deutsche Ehepaare interviewt, welche nach ihrer Pensionierung von Deutschland nach Südkorea ausgewandert sind. Die Biographien der Koreanerinnen weisen dabei viele Überschneidungen auf: Sie sind in den 1960er Jahren zur Arbeit als Krankenschwester, also als Gastarbeiterinnen nach Deutschland gekommen, haben später einen deutschen Mann geheiratet und über 30 Jahre in Deutschland gut integriert gelebt. Gleichwohl haben sie sich nach der Pensionierung mit ihren Ehemännern für die Rückkehr nach Korea und somit für ein Leben in der *alten Heimat* entschieden. Dieser Dokumentarfilm ist deshalb besonders interessant zur Analyse der Strukturmerkmale des Heimatbegriffs, weil die Protagonisten selbst ihr Verständnis von Heimat in Interviews kritisch reflektieren. Zudem kann man auch im Film beobachten, welche Hindernisse die Neu- oder Wiederankömmlinge in einem anderen Land erleben und welche Faktoren mit dem Einstellen eines Heimatgefühls zusammenhängen.

Eine koreanische Frau, die Chun-Ja heißt, berichtet beispielsweise in einem Interview, dass sie jeden Abend nach der Arbeit in Deutschland geweint hat, als sie in Deutschland ankam, da sie fortwährend Heimweh nach Korea hatte. Sie schildert, dass nicht nur sie, sondern alle anderen koreanischen Frauen auch unter demselben Heimweh gelitten und daher kollektiv abends oft geweint haben. Sie erzählt weiterhin, dass sie sich die ganze Lebenszeit in Deutschland nach ihrem Heimatland Korea gesehnt hat und immer den Wunsch hatte, irgendwann ins Heimatland zurückzukehren (vgl. Cho 2009, TC: 01:04:30– 01:05:12). Hierbei fällt auf, dass der Entzug der eigenen Heimat ein schmerzhaftes Gefühl hervorruft.

Vilém Flusser, der als gebürtiger Prager und als Jude mit 20 Jahren vor den Nazis nach London fliehen musste und kurze Zeit darauf nach Brasilien ausgewandert ist und im späteren Leben lange Zeit als Redner die ganze Welt bereist hat, beschreibt in diesem Sinne das Verlassen der eigenen Heimat als einen Prozess des Leidens:

> „Die Heimat ist zwar kein ewiger Wert, sondern eine Funktion einer spezifischen Technik, aber wer sie verliert, der leidet. Er ist nämlich mit vielen Fasern an seine Heimat gebunden, und die meisten dieser Fasern sind geheim, jenseits seines wachen Bewußtseins. Wenn die Fasern zerreißen oder zerrissen werden, dann erlebt er dies als einen schmerzhaften chirurgischen Eingriff in sein Intimstes. Als ich aus Prag vertrieben wurde (oder den Mut aufbrachte zu fliehen), durchlebte ich dies als einen Zusammenbruch des Universums; [...] Es sind zumeist geheime Fasern, die den Beheimateten an die Menschen und Dinge der Heimat fesseln. Sie reichen über das Bewusstsein des Erwachsenen hinaus in kindliche, infantile, wahrscheinlich sogar in fötale und transindividuelle Regionen; ins nicht gut artikulierte, kaum

artikulierte und unartikulierte Gedächtnis. Ein prosaisches Beispiel: Das tschechi-
sche Gericht svickova (Lendenbraten) erweckt in mir schwer zu analysierende Gefühle, denen das deutsche Wort ,Heimweh' gerecht wird" (Flusser 2007, S. 17 f.).

Die Metapher der Fasern veranschaulicht, wie stark die Heimat im Sinne einer
Enkulturation das Subjekt prägt, wobei diese Tatsache einem erst nach dem
Verlassen bzw. Verlust der Heimat bewusst wird. Die Heimat ist also erst in der
Fremde erkennbar. So berichten Kosmonauten von der besonderen emotiona-
len Betroffenheit, wenn sie gerade über der Erde schweben. Der Grund hierfür
ist mitunter, dass sie dann nicht ein Land oder einen spezifischen Ort auf der
Erde, sondern die Erde als ihre vergrößerte Heimat betrachten. So beschreibt
der Biologiedidaktiker Bernhard Verbeek, dass Heimat eben etwas individuell
Besonderes und besonders wirksam in der Fremde ist (Verbeek 2014, S. 21).
Die Begriffe wie „Wahlheimat", „alte und neue Heimat" oder „zweite Heimat"
sind vor allem im Alltag in der modernen Welt oft zu hören, da viele Menschen
durch die Migrations- oder Fluchterfahrungen mehrere Heimaten in sich tragen. So vergrößert sich in der modernen Welt die Dimension der Heimat, welche individuell und unterschiedlich verstanden wird. „Zunehmende Mobilität
erweitert den Horizont" (ebd.). Hierdurch zeigt sich, dass der Heimatbegriff
nicht wie in vielen politischen und historischen Kontexten auf das Vaterland
oder den Geburtsort reduziert werden kann. Eine solche Reduktion ist eine systematisch fehlgeleitete Verkürzung, welche aus einer ideologischen Motivation
heraus erfolgt.

Zwar beinhaltet Heimatbegriff durchaus Komponenten wie die Verwurzelung des Einzelnen in einem bestimmten Kulturkreis, welche anthropologisch
durchaus bedeutsam sind. Allerdings lässt sich aus anthropologischen Gesichtspunkten ebenso erklären, welche Gefahren sich aus dem Heimastbegriff
für ein friedliches Zusammenleben ergeben: Während die lokale Verwurzelung
und der Zusammenhalt in der Gruppe historisch als überlebensnotwendig
galten, führten dieselben Mechanismen zur Ablehnung solcher Personen, die
zur Outgroup gehören (ebd., S. 28 ff.). Jedoch sind die Menschen in der modernen Zeit durch die erhöhte Mobilität und erweiterte Erfahrungen in der
Lage, einen solchen engen Heimatbegriff kritisch zu betrachten. So erleben viele
Menschen, die in ein neues Land immigrieren, eine Art der zweiten Sozialisation durch den längerfristigen Aufenthalt und finden dort eine zweite oder
neue Heimat, in der sie sich wohl fühlen.

Die Koreanerin Chun-Ja, die im Film von einem länger andauernden
Heimweh spricht, erzählt anschließend von unerwarteten Emotionen, welche
sich bei Ihrer Rückkehr nach Korea eingestellt haben. Seitdem sie mit ihrem
Mann nach Korea zurückging, registrierte sie, dass sie plötzlich sehr oft an
Deutschland denkt und das Leben dort vermisst. Dieses Gefühl nahm zu, je
länger sie in Korea lebt und sie erkennt, dass Deutschland ihre Heimat war. So

äußert sie mit einer etwas traurigen Stimme, dass sie heimatlos ist und ihre Heimatlosigkeit die Tragik ihres Lebens wäre. Sie spricht von einem Gefühl von Leere (Cho 2009, TC: 01:05:13–01:05:30).

Diese negativ empfundene Heimatlosigkeit lässt wiederum vermuten, dass man tendenziell an fremden Orten dazu neigt, den Herkunftsort als Ort des Vertrauens und der Geborgenheit zu idealisieren. Neben dieser Idealisierungstendenz findet in der Ferne eine verstärkte Beschäftigung mit der Herkunft statt und ein Gefühl der Sehnsucht stellt sich ein. Als die Protagonistin mehrere Jahrzehnte in Deutschland gut integriert gelebt hat, wurde ihr gar nicht bewusst, wie sehr sie ihre zweite Heimat vermissen wird, da ihre Sehnsucht nach ihrer ersten Heimat, also dem Ort der ersten Enkulturation so stark war. Die spätere Erkenntnis dieser Frau, dass nicht nur Korea, sondern auch Deutschland ihre Heimat war, stellt das konventionelle Verständnis der Heimat in Frage, dass eine Person nur eine Heimat haben kann und diese bereits durch das zufällige Hineingeborensein in einen Ort und die erste Sozialisation bestimmt ist. Aus ihrer Schilderung einer mit Trauer besetzten Heimatlosigkeit lässt sich vermuten, dass ihre Sehnsucht nach der Heimat trotz der Rückkehr an ihren Herkunftsort nicht gestillt wird. Die Heimat bleibt für sie eine Endstation der Sehnsucht.

Das Gefühl der Heimatlosigkeit beschreibt auch Vilém Flusser:

> „Ich bin gebürtiger Prager, und meine Ahnen scheinen seit über tausend Jahren in der Goldenen Stadt gewohnt zu haben. Ich bin Jude, und der Satz ‚Nächstes Jahr in Jerusalem‘ hat mich seit meiner Kindheit begleitet. Ich war jahrzehntelang an dem Versuch, eine brasilianische Kultur aus dem Gemisch von west- und osteuropäischen, afrikanischen, ostasiatischen und indianischen Kulturemen zu synthetisieren, beteiligt. Ich wohne in einem provenzalischen Dorf und bin ins Gewebe dieser zeitlosen Siedlung einverleibt worden. Ich bin in der deutschen Kultur erzogen worden und beteilige mich an ihr seit einigen Jahren. Kurz, ich bin heimatlos, weil zu zahlreiche Heimaten in mir lagern" (Flusser 2007, S. 15).

Anders als die koreanische Frau im Film ist die Heimatlosigkeit für Flusser nicht negativ, sondern eher positiv konnotiert. Ihm ist bewusst, dass Migration Leiden mit sich trägt, aber gleichzeitig auch Kreativität hervorruft. Durch die Migration gewinnt man eine Freiheit, welche mit der Kreativität eng verwoben ist, weil man sich durch die Begegnung mit dem Fremden von der Blindheit der unbewussten Gewohnheiten, etwa eingefahrener Denkmuster, befreien kann (ebd., S. 19 ff.).

An dieser Stelle lässt sich ein kurzes Zwischenfazit formulieren. Die Heimat stellt im Sinne der Enkulturation für den Menschen als erziehungs- und lernbedürftiges Wesen eine anthropologische Grundlage dar. In diesem Sinne ist die Heimat konstitutiv für die Bildung unserer Denk- und Ordnungsschemata.

Daneben zeichnet sich die Heimat auch durch eine affektive Dimension aus, da der empfundene Verlust von Heimat mit negativen Gefühlen korreliert. Gleichzeitig kann der Verlust von Heimat aber auch zu einem Ausbruch aus der geistigen Enge begriffen werden, insbesondere, da Personen sich jenseits der Heimat verstärkt mit Identitätsfragen auseinandersetzen.

2.2. Heimat als Gefühl der Zugehörigkeit

Wenn man in dem Dokumentarfilm wiederum die deutschen Ehemänner und deren Leben in einem neuen Land beobachtet, werden viele Komponenten veranschaulicht, welche zur Heimat bzw. zum Heimatgefühl beitragen. Ein deutscher Mann, der Armin heißt, zeigt in seinem Garten sehr stolz auf seine Betonmaschine, die in Deutschland 28 Jahre alt geworden ist, und erzählt, dass er sie aus Deutschland nach Korea hat transportieren lassen (Cho 2009, TC: 00:12:50–00:13:34). Der Ort, an dem die drei Ehepaare leben, unterscheidet sich äußerlich nicht stark von Deutschland, da dieses Wohnviertel, offiziell als „German Village" bezeichnet, für die Rückkehr von koreanischen Gastarbeiter-Innen vom koreanischen Staat als ein Zeichen der Dankbarkeit eingerichtet wurde. So leben sie in Häusern mit roten Dachziegeln und haben Gartenzwerge in ihren Gärten. Armin und seine Frau backen zuhause selbst Brote, frühstücken wie bislang über 30 Jahre in Deutschland und singen gemeinsam deutsche Lieder. Armin erzählt, dass Korea für ihn nun eine zweite Heimat und für seine Frau eine alte Heimat ist und er sein restliches Leben in Korea verbringen will, genauso wie seine Frau 37 Jahre in Deutschland gelebt hat (ebd., TC: 00:17:51–00:18:18). Bei diesem Paar fällt auf, dass sie in ihrem neuen Wohnort mit ihren Ritualen und Dingen wie z. B. kulinarischen Gepflogenheiten oder freizeitlichen Beschäftigungen weiterleben wie zuvor. Hierdurch lässt sich feststellen, dass solche gewohnten Gegenstände oder Gepflogenheiten dem Menschen ein Gefühl der Heimat, also ein Gefühl der Geborgenheit und der Vertrautheit vermitteln.

Ein anderes koreanisch-deutsches Ehepaar lebt etwas anders als das zuvor beschriebene Ehepaar. Dieses Paar tanzt in einem regionalen Fest traditionelle koreanische Tänze gemeinsam mit anderen Einheimischen. Willi versucht zudem, an landeseigenen Festen teilzunehmen und mit den koreanischen Nachbarn essen zu gehen. Weiterhin bemüht er sich darum, trotz seiner mangelhaften Sprachkenntnisse, sich beim Sparziergang mit den Einheimischen zu unterhalten und in Kontakt zu treten. Er sitzt am Strand, betrachtet das Meer und die Berge und erzählt davon, dass das Leben hier für ihn wie im Urlaub ist, da er hier ein Haus mit Garten hat, umgeben vom Meer und den Bergen, und die schöne Landschaft genießt, anstatt in Deutschland vom Fenster einer 2- oder 3-Zimmerwohnung aus einfach auf die Straße herunterzuschauen. Zudem gefällt ihm die zugängliche Mentalität von den Einheimischen. So äußert er, dass er sich in dem neuen Land wohl fühlt, obwohl hier nicht im eigentlichen Sinne seine Heimat ist (ebd., TC: 00:47:42–00:48:38). Das koreanische Dorf ist zwar weiterhin keine Heimat für ihn im eigentlichen Sinne, allerdings lässt sich feststellen, dass seine positive Einstellung zum kulturell fremden Ort einen großen Einfluss auf sein Wohlbefinden hat und dazu führt, dass er sich dennoch im neuen Umfeld heimisch fühlt. Das Gefühl, sich in einem Ort heimisch zu fühlen, resultiert also nicht nur aus den Tätigkeiten aus der sozialen Umgebung, sondern auch stark aus der eigenen Einstellung zu dem jeweiligen Ort. Die Haltung, sich trotz der sprachlichen Barriere gegenüber den Einheimischen zu öffnen, trägt zur Beheimatung des fremden Umfelds bei.

Unter Heimat ist allerdings nicht immer ein geographischer Ort vorzustellen. Dies betont die Schriftstellerin Juli Zeh in einem Zeitmagazin:

> „Als ich noch bei meinen Eltern wohnte, hing an meiner Zimmertür ein Poster: ‚Nicht da ist man daheim, wo man seinen Wohnsitz hat, sondern wo man verstanden wird.‘ Ich konnte mit dem Begriff Heimat damals nichts anfangen. Ich bin in Bonn geboren und aufgewachsen, aber ich mochte Bonn nicht, ich wollte immer da weg. Wie soll man positiv von Heimat reden, wenn man die Stadt, aus der man kommt, nicht gut findet? Schreiben war für mich wie ein Ausflug zu den äußersten Rändern der Galaxie. Ich hatte das Gefühl, alles, was ich zum Leben brauche, am Leib zu tragen. Ich baute mir im Kopf ein Haus, das ich überallhin tragen konnte" (Online Zeitmagazin 2016, S. 2).

Unabhängig von einem Kulturkreis und von einem Ort lässt sich Heimat als ein innerliches Zuhause verstehen. So kann die Heimat überall dort sein, wo man sich durch eine bestimmte Tätigkeit wie z. B. Schreiben wie bei Juli Zeh ‚heimisch‘ und ‚verstanden‘ fühlt. Dieses Gefühl lässt sich mit dem „Identitätsgefühl" vergleichen, welches Rousseau als „das Gefühl eines unmittelbaren selbstbezogenen Daseinsgefühls beschreibt, das sich ausschließlich auf die Gegenwart konzentriert" (Zirfas 2014, S. 571).

Anzumerken ist bei ihrer Beschreibung, dass sie sich in ihrem Geburtsort, also in ihrer Heimat im klassischen Sinne nie heimisch gefühlt und sogar eine gewisse Abneigung gegenüber der Stadt entwickelt hat. Dies widerlegt die Illusion, dass das Leben am Ort der ersten Sozialisierung immer eine Form von Sicherheit und Wohlbefinden garantiert. So begeben sich viele Menschen auf die Suche nach ihrer Heimat und verlassen ihren Herkunftsort, weil sie sich in ihrer Familie oder ihrem Freundeskreis nicht heimisch fühlen.

Die eigene Heimat kann also ein Ort sein, wo man herkommt, aber sie ist vielmehr auch ein Ort, wo man bleiben will. So definiert Juli Zeh ihre Heimat:

> „Aus Berlin raus- und aufs Land zu ziehen, das war gar keine so wahnsinnig bewusste Entscheidung. Aber inzwischen ist das der Ort, an dem ich sein und bleiben will. Ich habe jetzt das Gefühl, zum ersten Mal eine Heimat zu haben. Auch wenn

mir schon klar ist, dass es für mich noch immer nicht denselben Status hat und auch nie haben wird wie für die Leute, die hier geboren sind. Das Wort Heimat kann man gar nicht so weit dehnen, dass es das, was ich meine, und das, was die meinen, gleichzeitig umfasst" (Online Zeitmagazin 2016, S. 2).

Für die Flüchtlinge, die ihre Heimat verlassen mussten, bedeutet sie wiederum „Zukunft, es ist ein Versprechen, dass sich ihr Leben zum Guten wenden wird. Sie wollen nicht dorthin zurück, woher sie gekommen sind. Noch haben sie keine neue Heimat gefunden, sie leben in der Luft, die Gegenwart hat für sie keinen Boden" (Rathgeb 2016, S. 47). Einen sicheren Boden, d. h. eigene Heimat zu suchen, ist ein grundlegendes Bedürfnis für den Menschen.

Man fühlt sich dort heimisch, wenn man so akzeptiert wird, wie man ist und wenn man sich dort nicht als Fremder fühlt. Eine Frau aus Hamburg, deren Großmutter als Gastarbeiterin aus der Türkei kam, erzählt, was für sie Heimat ist:

„Im Studium in Münster wurde ich manchmal gefragt, ob ich für Deutschland oder die Türkei bin, wenn die beiden Nationalmannschaften gegeneinander spielen. Spot an, alle Scheinwerfer auf Esra: Wer bist du? Auf welcher Seite stehst du? Erst in Frankreich ist es einfacher geworden. ‚Je suis allemande', hab ich da gesagt, und alles war klar. Keine skeptischen Blicke. Ich habe das damals sehr genossen. Heute würde ich sagen, Heimat ist dort, wo meine Zugehörigkeit außer Frage steht" (Online Zeitmagazin 2016, S. 4).

Wie bei ihrer Aussage zu erkennen ist, bedeutet Heimat ein Gefühl der Zugehörigkeit und des Involviert-Seins. Wenn man innerhalb einer Gesellschaft, eines sozialen Umfelds von den Mitmenschen oft als Fremde, d. h. als Nicht-Zugehörige wahrgenommen wird oder bisweilen exkludiert wird, fühlt man sich dort nicht heimisch. Heimat schließt somit ein Gefühl der Nähe zu den Anderen mit ein. Dieses Gefühl ist besonders wichtig für die Entwicklung einer sozialen Identität des Individuums, welche aus einer pädagogischen Perspektive auf Interaktionen im Vordergrund steht (Brumlik 2014, S. 218).

Eine Chinesin, die in Frankfurt am Main als Mitarbeiterin einer Investmentbank arbeitet, veranschaulicht dies auch mit dem folgenden Zitat:

„Ich bin in Peking geboren, […]. Heimat, das ist für mich ein anderes Wort für Beisammensein. Und deswegen habe ich manchmal Heimweh. Vor allem Ende Januar, Anfang Februar, wenn zu Hause das chinesische Neujahrsfest gefeiert wird, da ist es besonders schwer. Alle kommen zusammen, meine ganze Familie, und wenn meine Eltern mir dann Bilder mailen, dann sehe ich sie alle, und nur eine fehlt – ich. Das sind so Momente. Ich habe Heimweh, obwohl Peking jedes Mal ein wenig anders aussieht, wenn ich dort bin. Ich fliege einmal im Jahr nach Hause, und dann sehe ich neue Häuser, und andere sind verschwunden. Es ist seltsam:

Meine Heimatstadt verändert sich, aber meine Heimat bleibt" (Online Zeitmagazin 2016, S. 4).

Ihr letzter Satz zeigt deutlich, dass Heimat auch ihr vertraute Menschen, mit denen sie sich identifizieren kann, eine große Familie und gemeinsame geteilte Erfahrungen, aber auch ihr vertraute Rituale, Gerüche, Geschmacksrichtungene, sowie ihre Muttersprache beinhalten kann und dass das Gefühl der Geborgenheit mit diesen verschiedenen Komponenten eng zusammenhängt.

Nun lässt sich konstatieren, dass der Gehalt des Heimatbegriffs bei jedem Einzelnen unterschiedlich definiert werden kann, aber dennoch kristallisieren sich bestimmte strukturelle Überschneidungen heraus, nämlich, dass Menschen ein Bedürfnis und sogar eine starke Sehnsucht haben, eine Heimat zu haben und zu finden, d. h. irgendwo anzukommen, sich akzeptiert und verstanden, ergo: sich *heimisch* zu fühlen. Ob die eigene Heimat ein fiktives Haus in Gedanken ist oder ein Ort der Kindheit und der Jugend oder ein aktueller Wohnort oder ein zukünftiger Ort, welchen man sucht, oder ob sie etwas ist, womit man sich besonders stark identifizieren kann – es ist eine anthropologische Konstante, dass Menschen die Sehnsucht innewohnt, sich zugehörig oder geborgen zu fühlen.

3. Die Relevanz des Heimatbegriffs für die Integrationsdebatte

Bisher habe ich versucht, eine Phänomenologie des Heimatbegriffs zu entwickeln. Aber welche normativen Implikationen ergeben sich hieraus für die Pädagogik – sowohl im Hinblick auf die pädagogische Theoriebildung als auch für die Praxis? Meines Erachtens zeigt sich der Wert des Heimatbegriffs am deutlichsten, wenn man ihn mit der aktuellen Integrations- oder Flüchtlingsdebatte verbindet.

Bei der Integrationsdebatte (vgl. Cassee/Goppel 2012) geht es auch um die Frage, ob Deutschland für die Neuankömmlinge eine neue Heimat werden kann. Diese Frage enthält zweifelsohne zahlreiche normative Komponenten, aus denen sich wiederum ein pädagogischer Anspruch ergibt. Die bisherige Analyse des Heimatbegriffs hat verdeutlicht, dass die Suche nach Heimat eng mit der Identität und mit dem Wohlbefinden des Individuums zusammenhängt. Für die Heimatfindung und für das Gefühl der Geborgenheit ist vor allem die soziale Interaktion mit den Mitmenschen im alltäglichen Lebensumfeld bedeutsam. Wenn jemand in vielen sozialen Kontexten wie z. B. im Beruf, in der Freizeit oder in der Nachbarschaft mit Anderen/Einheimischen kompetent interagiert, kann man ihn nach David Miller als sozial integriert bezeichnen (Miller 2016, S. 132). Unter der sozialen Integration versteht man also das Ausmaß und die Qualität der sozialen Interaktion mit den Anderen im alltäglichen Leben. Insofern gehören noch mehr Aspekte zur sozialen Integration: Kooperation, Unbefangenheit, Zustimmung, Vertrauen oder Zugehörigkeit. Eine solche Art der Interaktion stellt nach Elizabeth Anderson die höchste Stufe der Integration dar, wobei diese von ihr als informelle soziale Integration bezeichnet wird. Der Grund hierfür ist, dass sie die informelle soziale Integration von der formellen sozialen Interaktion unterscheidet. Die letztgenannte stellt eine Vorstufe der erstgenannten dar (Anderson 2010, S. 116). Dabei gilt für die informelle soziale Interaktion jedoch auch, dass nicht nur die Struktur bzw. das Muster der sozialen Interaktion, sondern auch eine Interaktion von der richtigen Art, inklusive freundlicher respektvoller Beziehung zwischen den Gleichgestellten, für sie erforderlich ist (Miller 2016, S. 132).

Nun dürfte meine bisherige Betrachtung hoffentlich deutlich gemacht haben, dass zwischen dem Heimatgefühl und der informellen sozialen Integration eine enge Verbindung besteht. Entscheidend für eine gelingende informelle soziale Integration ist die Art des Umgangs zwischen den Einheimischen und Zugezogenen, welche konstitutiv für das Gefühl des Vertrauens und der Zugehörigkeit bei den Zugezogenen ist.

Aber das Konzept der Heimat kann für soziale Integration auch hinderlich sein, etwa wenn sich eine Person unter Heimat einen besonders idyllischen Ort vorstellt, welcher stark mit ihrer Herkunft verknüpft ist, wo Sicherheit und Vertrautheit herrschen und wo es keine Fremdheit, keinen Wandel und keine Gefahren gibt. In diesem Fall kann diese Vorstellung der Heimat für die Person, die in einen neuen Ort immigriert, bei der formellen und informellen sozialen Integration sich zum Hemmnis entwickeln. Eine Idealisierung der eigenen Heimat führt bei den Migranten dazu, unrealistisch hohe Anforderungen an die neue Gesellschaft zu stellen. Eine verzerrte Wahrnehmung und Verschlossenheit sind die Folge. So entstehen weniger soziale Interaktionen und kaum eine Art der Beziehung, die Gefühle der Zustimmung, des Vertrauens und der Zugehörigkeit hervorrufen. Somit gelingt es den Zugezogenen nicht, dass ein neuer Ort eine zweite bzw. neue Heimat wird.

Eine weitere Gefahr des Konzepts der Heimat besteht dann, wenn Heimat mit Nationalität, Ethnie oder Hautfarbe gleichgesetzt wird. In diesem Fall entwickelt man ggf. eine ablehnende und vorurteilsbehaftete Haltung gegenüber den „Anderen", die nicht zu eigener Gruppe gehören. Anders ausgedrückt: Ein enges Verständnis von Heimat kann dazu beitragen, dass zwischen einer Ingroup und einer Outgroup unterschieden wird, wobei Mitglieder der Outgroup diskriminiert oder ausgeschlossen werden. Somit wird das Konzept der Heimat gegen Zuwanderung und Einschließung von „Fremden" verwendet, welche nicht im Besitz von bestimmten Eigenschaften sind, die in Bezug auf das Verständnis von Heimat relevant sind.

Aus der Darstellung zeigt sich, dass das individuelle oder kulturelle Verständnis von der Heimat die Art des Umgangs miteinander prägt und somit einen wichtigen Beitrag für soziale Integration von Migranten leistet, aber ebenso ein großes Hemmnis darstellen kann. Daher gilt es als Erfordernis, dass der Heimatbegriff sowohl bei den Zugezogenen als auch bei den Einheimischen kritisch reflektiert werden muss. Gleichermaßen sollte erkennbar sein, dass auf den Heimatbegriff sowohl in der theoretischen Debatte zur Zuwanderung als auch in der Praxis schwerlich verzichtet werden kann, denn das jeweilige Verständnis von Heimat ist eng mit den Fragen verwoben, wo Menschen herkommen und wer sie sein möchten.

Eine pädagogische Herausforderung besteht folglich darin, vor allem Heranwachsenden Freiräume und Möglichkeiten zu geben, über den Heimatbegriff und ihre Beziehung zur Heimat zu reflektieren. So kann etwa die anthropologische Bedeutung der Heimat herausgearbeitet werden. Zudem gilt es, die herkömmliche, einseitige Betrachtungsweise des Heimatbegriffs und dessen Missbrauch im politischen Diskurs zu analysieren. Exemplarische Fragen diesbezüglich sind etwa: Weist der Heimatbegriff eine inhärente Idealisierungstendenz auf? Ist er nur ein topographischer Begriff oder umfasst er mehr (z. B. soziale Komponenten)? Kann man mehrere Heimaten haben? Gibt es eine alte und neue Heimat? Was bedeutet Heimat für die Entwicklung des Menschen? Auf diese Weise lässt sich ein revidiertes Verständnis von Heimat entwickeln, welches das Konzept der Heimat für den pädagogischen und politischen Diskurs revitalisiert, das sich gleichzeitig aber auch gegen bestimmte Formen der politischen Vereinnahmung wehrt.

4. Zusammenfassung

Durch die genauere Betrachtung des Heimatbegriffs mithilfe von Erfahrungsberichten wurde die Ambivalenz des Heimatbegriffs verdeutlicht. Der Heimatbegriff weist universalistische Züge auf, hinsichtlich seines konkreten Gehalts ist er jedoch pluralistisch. Aus anthropologischer Perspektive steht die Heimat für ein Gefühl der Sicherheit und Geborgenheit. Gleichzeitig ist die Vorstellung von Heimat individuell sehr unterschiedlich. Gerade das Gefühl der Heimatlosigkeit im Sinne von einer Distanzierung von der eigenen kulturellen Prägung ist wiederum Bedingung für die kritische Auseinandersetzung mit der eigenen Herkunft. Die pädagogische Herausforderung für soziale Integration besteht insbesondere darin, die Menschen zu einer kritischen Auseinandersetzung mit der eigenen Vorstellung oder vorherrschenden kulturellen Deutungsmustern von der Heimat zu veranlassen, wodurch eine vertrauensvolle und ebenbürtige Beziehung zwischen Einheimischen und Zugezogenen entstehen kann.

Literatur

Anderson, Elizabeth (2010): The Imperative of Integration. Princeton/Oxford: Princeton University Press.

Benhabib, Seyla (2008): Die Rechte der Anderen, Ausländer, Migranten, Bürger. Frankfurt/M.: Suhrkamp.

Brumlik, Micha (2014): Interaktion und Kommunikation. In: Wulf, Christoph/Zirfas, Jörg (Hrsg.): Handbuch Pädagogische Anthropologie. Wiesbaden: Springer VS, S. 215–225.

Cassee, Andreas/Goppel, Anna (Hrsg.) (2012): Migration und Ethik. Münster: Mentis.

Cho, Sung-Hyung Cho (2009): Endstation der Sehnsüchte. DVD. Deutschland: Zorro Medien GmbH.

Flusser, Vilém (2007): Von der Freiheit des Migranten. Einsprüche gegen den Nationalismus. Berlin/Wien: EVA.

Hüppauf, Bernd (2007): Heimat – die Wiederkehr eines verpönten Wortes. Ein Populärmythos im Zeitalter der Globalisierung. In: Gebhard, Gunther/Geisler, Oliver/Schröter, Steffen (Hrsg.): Heimat. Konturen und Konjunkturen eines umstrittenen Konzepts. Bielefeld: transcript, S. 109–140.

Miller, David (2016): Strangers in Our Midst. The Political Philosophy of Immigration. Harvard University Press.

Rathgeb, Eberhard (2016): Am Anfang war Heimat. Auf den Spuren eines deutschen Gefühls. München: Karl Blessing.

Verbeek, Bernhard (2013): Heimat. Naturwissenschaftliche Analyse eines (irrationalen) Gefühls. In: Molitor, Heike/Jung, Norbert/Schilling, Astrid (Hrsg.): Vom Sinn der Heimat. Bindung, Wandel, Verlust, Gestaltung – Hintergründe für die Bildungsarbeit. Opladen, Berlin/Toronto: Budrich UniPress, S. 19–34.

Wulf, Christoph/Zirfas, Jörg (2014): Homo educandus. Eine Einleitung in die Pädagogische Anthropologie. In: Wulf, Christoph/Zirfas, Jörg (Hrsg.): Handbuch Pädagogische Anthropologie. Wiesbaden: Springer VS, S. 9–26.

Zirfas, Jörg (2014): Identität. In: Wulf, Christoph/Zirfas, Jörg (Hrsg.): Handbuch Pädagogische Anthropologie. Wiesbaden: Springer VS, S. 567–577.

Online-Veröffentlichung

Heimat. Der Sehnsuchtsort (2016). In: Zeitmagazin Nr. 41/2016 vom 19.10.2016. www.zeit.de/zeit-magazin/2016/41/heimat-sehnsucht-herkunft-kindheit-fs (Abruf: 17.07.2017).

Flucht und Heimat in postsowjetischen Romanen

Nino Popiashvili

Nach dem Zerfall der Sowjetunion ist eine neue kulturelle Umgebung entstanden. Die unabhängigen Republiken haben sich seitdem auf die Suche nach Selbsterkenntnis begeben und sind um die Aufspürung der eigenen kulturellen Identität bemüht. Hierbei sollte die Betonung auf jene Unterschiede gelegt werden, die zwischen den ehemaligen Sowjetrepubliken existierten und existieren. Einen jeweils einzigartigen Beitrag für die kulturelle Identität lieferten die Geschichte, die Religion, die nationale Literatur und die kulturelle Mannigfaltigkeit der jeweiligen Völker.

So meint Lotman, dass nach „der kulturellen Explosion" das Plateau einer allmählichen Entwicklung folgt (Lotman 2010). In der neuesten postsowjetischen Literatur nach „der Explosion" und der gleichmäßigen Entwicklung habe eine Kompression – eine Verdichtung „der Technologie" stattgefunden: Die Möglichkeiten der Postmoderne wurden nicht voll ausgeschöpft, ebenso wenig die Möglichkeiten bestimmter Autor*innen in dieser Richtung. Dieser Prozess lässt sich insgesamt als eine Verkürzung kennzeichnen. In ihrer Entwicklung stand die Menschheit immer vor der Wahl einer Orientierung: zwischen der Ökologie und der Ökonomie, der Moral oder der Sittenlosigkeit und schließlich Traditionalismus und dem Liberalismus. Jetzt, in der Epoche der Globalisierung, hat die postsowjetische Gesellschaft erneut zu wählen: sich vollständig den Globalisierungsprozessen zu unterzuwerfen, die fremden Werte zu übernehmen, oder ethischer zu handeln, zumal während der informativen Etappe der Globalisierung das Problem der Erhaltung der nationalen Identität zunehmend in den Vordergrund tritt.

Die sowjetische Massenkultur wurde ebenso wie Philosophie, Geschichte und die anderen geisteswissenschaftlichen Fächer sehr von der sowjetischen Ideologie geprägt. Es gab nur ein einziges, für alle 15 Sowjetrepubliken gemeinsames Heimatland; und jede Art der Kunst, der Massenkultur, hatte für dieses gemeinsame brüderliche Zusammenleben eine gewisse Rolle zu spielen. Musik, Film, Theater, alles war der Propaganda untergeordnet und sollte zeigen, wie schön man im „Sowjet" lebt. Wie Theodor W. Adorno und Max Horkheimer erklärt haben, manipulierte die Massenkultur auch den Westen in ähnlicher Art und Weise (Adorno/Horkheimer 1998, S. 134), doch in der totalitären Sowjetunion war alles und jede*r immer stark und streng zensiert. Die literarischen Texte, das Theater und die Musik dienten einer pompösen Schönheit, einem schönen Schein, und sollten ein schönes, brüderliches Zusammenleben zeigen, keinerlei soziale Probleme ansprechen, sondern bloß verdeutlichen, wie schrecklich es vor den Kommunisten gewesen war und wie gut es jetzt jedem einzelnen in der Sowjetunion ginge. Hunderte Autor*innen schrieben Romane, Gedichte und Erzählungen darüber.

Literaturkritiker der frühen UDSSR haben versucht, viele verehrte, ja, geliebte, vor der Sowjetzeit lebende Autor*innen, als Regimekritiker*innen des Zarismus und als Vorreiter der kommunistischen Ideologie darzustellen, denen das Glück in der Sowjetunion zu leben, wo ihre Träume und Wünsche wahr geworden seien, leider verwehrt blieb. Der sowjetische Film befaßte sich meist mit drei Genres: dem Kampf gegen Feinde (vor dem 2. Weltkrieg gegen den Zarismus, Adlige, „die Weißen", politische Gegner; nach dem 2. Weltkrieg war der „große, vaterländische Krieg" das beliebteste Thema, natürlich auch der ideologische Kampf gegen den kapitalistischen Westen), Komödien und lyrischen Filmen über Liebe. Diese Filme spielte man in der ganzen Sowjetunion; in Dörfern, in denen es kein Kulturhaus gab, wurden die Filme nachts unter freiem Himmel auf weißen Stoff projiziert. Diese Filme sollten alle Altersgruppe sehen. Bis in die 60-er Jahre des 20. Jahrhunderts brauchte man in den sowjetischen Dörfern auch nichts dafür zu bezahlen, doch war jedermann dazu verpflichtet, an der Filmschau teilzunehmen. Parteifunktionäre hatten die Aufgabe, Massenschauen zu organisieren. Ganz selten konnte man Filme über die historische, vorsowjetische Vergangenheit drehen. Offenbar sollte die vorkommunistische Zeit von den jüngeren Generationen ganz vergessen werden. Man sollte darüber nichts wissen und sich möglichst an nichts davon erinnern (Berdjaev 1990, S. 8).

Bei alldem war natürlich die Existenz von sowjetischen Helden wichtig. In jeder sowjetischen Hauptstadt und in anderen Großstädten trugen zentrale Straßen die Namen von sowjetischen Helden, z. B. Leninplatz, Leninstraße, Marx Prospekt usw. Sogar in der sowjetischen Geschichte nicht so bedeutende Figuren haben noch zu ihren Lebzeiten die Ehre erfahren, dass manche Städte ihren Nahmen trugen. Verschiedene Städte hießen: Orjonikidse, Tsulukidse, Macharadse, Jdanov. Dabei kam es vor, dass diese Parteifunktionäre, deren Namen die Städte erhielten, selbst niemals diese Stadt besucht haben.

Der Kampf für den Sozialismus erforderte die Schaffung neuer Elemente des Sozialismus im Proletariat selbst, in den zwischenmenschlichen Beziehungen und in den Lebensbedingungen: Die Entwicklung einer sozialistischen proletarischen Kultur. Die so genannte „proletarische Kultur" betraf auch die Denkmäler.

Helden der georgischen, slawischen, griechischen Mythologie sollten eine ebenso wichtige Rolle für den ideologischen Glauben des sozialistischen Menschen spielen, wie die Kommunisten. In verschiedenen Dörfern kann man bis jetzt noch Denkmäler von Märchenfiguren oder mythologischen Helden sehen, die stark, gesund, athletisch und kultiviert aussehen und bereit und im Begriff sind, auf dem Feld und in der Industrie zu arbeiten – wie die Menschen des Kollektivs.

Der Identitätsbegriff unterliegt allerdings einer historischen Wandlung und ist eng mit der Kultur verbunden. Zentral ist in diesem Kontext die Verknüpfung des Begriffs der kulturellen Identität mit der Öffentlichkeit der Tradition, etwa auch der Literatur-, Film- und Fernsehproduzenten selbst. „Es gibt keine Identität in der Isolierung. Die Gestalt des Selbstbewusstseins der Bevölkerung und des einzelnen hängt von dem Ausdrucksvermögen der Öffentlichkeit ab" (Kluge 1985, S. 55). Der Gedanke der „Identität" basiert jedoch auf dem modernitätstheoretischen Diskurs der Vorstellung von der „Autonomie" des Subjekts und seiner rationalen Konstitution, hervorgerufen durch die gesellschaftliche Differenzierung.

Kulturelle Identität entdeckten die sowjetischen Länder erst nach der „Perestroika"; und um 1991, als die Sowjetunion zerfiel, war jedes Land „gewissermaßen über Nacht" selbständig geworden. Kultur sollte eine große Rolle zum ethischen Aufbau jedes Landes spielen. Die Straßen, U-Bahn- und Bushaltestellen, genauso wie Kinohäuser, Theater und Universitäten wurden, je nachdem, umbenannt.

Nach dem Zerfall der Sowjetunion hat sich das kulturelle Bild gänzlich verändert. 15 selbständige Länder haben durch die Hervorhebung von kulturellen Eigenschaften versucht, eine eigene neue Identität zu gründen. „Alle kulturellen Identitäten sind nicht einfach gegeben. Sie sind ein kollektives Konstrukt auf der Basis von Erfahrung, Gedächtnis, Tradition (die ihrerseits ebenfalls konstruiert und erfunden sein kann) und einer ungeheuren Vielfalt von kulturellen, politischen und sozialen Praktiken und Formen" (Said 2001, S. 41). Jedes postsowjetische Land wollte sich und der ganzen Welt zeigen, dass es etwas Eigenes, Altes, Besonderes habe und sei, das allein auf seiner Selbständigkeit beruht. Die eigene Kultur war genau das, was in dieser Frage als Hauptgrund galt, weil die Kultur immer historisch, immer an einem bestimmten Ort, in einer bestimmten Zeit und in einer bestimmten Gesellschaft verankert ist. Die politisch motivierte Massenkultur hat das, was vorher nicht antastbar war, hervorgerufen und die ethnische Kunst, Geschichte, Folklore, die nationale Literatur, das patriotische Pathos sind nun zu Hauptmotiven geworden. Die postsowjetischen Republiken haben mehr über die eigene Identität, die Verschiedenheiten in Kultur und Mentalität zwischen sich nachgedacht. Immer mehr und mehr Identitätsstiftendes und Eigenes fand jedes unabhängig gewordene Land. So koppelten sich die Ukraine und Weißrussland ganz von Russland und der gemeinsamen Kultur und auch teilweise von der gemeinsamen Geschichte ab.

Einen bedeutenden Stellenwert hat hierbei die Religion gewonnen. Für viele postsowjetische Menschen sind Religion und Glaube zu einem Hauptinteresse geworden. Das, was zu kommunistischen Zeiten verboten war, war nun besonders anziehend. Dabei haben in den 90-er Jahren des vergangenen Jahrhunderts religiöse Themen auch die Kultur zunehmend beeinflusst. Oft wurden verschiedene religiöse Symbole in der Kunst benutzt als ein gewisses Indiz für die Neuentdeckung des Alten. Dabei sollte aber erwähnt werden, dass des Öfteren ein falscher oder doch sehr oberflächlicher Gebrauch von religiösen Themen stattfand.

Die kulturelle Revolution in den Ländern der GUS geschah weder mit großem Aufwand, noch mit viel Aufheben. Die Völker erinnerten sich sehr schnell an all das, was die kommunistische Ideologie vergessen zu machen versucht hat. Alles, was damals nicht verfügbar war: freie Religionsausübung und Glaube, historische Namen, literarische Texte, beliebte und bekannte Autoren, religiöse, folkloristische oder historische Helden. Die neue postsowjetische Kunst wurde sehr stark von der vorkommunistischen Geschichte und Literatur beeinflusst. National Eigenes, das, was nur dieses Land hat, zu zeigen, ist seitdem für die Künstler*innen wichtiger geworden, als Gemeinsamkeiten aufzuzeigen. Dies war gewiss auch eine Gegenreaktion auf die sozialistischen Zeiten und eine Abrechnung damit. Die neue Kultur der postsowjetischen Länder verfolgte eine doppelte Absicht: Einerseits konnte jedes Land sich selbst zeigen, dass es ein souveränes und besonderes Land ist, mit eigener Kultur und Geschichte und so seine Eigenständigkeit betonen, und andererseits konnten sie auch der Welt eben dies zeigen, erklären und beweisen.

Dabei wurden viele kulturelle Fragen aufgeworfen, etwa: Zu welcher Kulturwelt gehörte die sowjetische Kultur und zu welcher Kultur gehört die postsowjetische? Diese Frage wurde nicht nur in Europa, sondern auch in den postsowjetischen Ländern gestellt. Europa wollte sich orientieren: Sind die postkommunistischen Länder nach dem Zerfall der UDSSR zu einer Gefahr, zu einer chaotischen Größe geworden, oder würden sie sich stabil und demokratisch entwickeln können? Wer sind wir?, das fragten sich hingegen die postsowjetischen Länder. Zu welcher Kultur gehören wir? Manche, nun unabhängige Länder der GUS, die historisch mehr Gemeinsamkeiten mit Europa hatten, haben dies auch dokumentarisch bewiesen. Fast jedes postsowjetische Land, auch Russland selbst, hat versucht, in sich, in der eigenen Kultur, etwas Europäisches zu finden. „Die GUS ist in der postkommunistischen Welt ein eigener, besonderer Bereich, aber als solcher historisch gewachsen und nur so verstehbar und erklärbar. Dieser östliche Teil Europas hat sich seit Jahrhunderten vom übrigen Europa abgesondert und sich auch als etwas Eigenes gesehen und empfunden" (Pollok 1999, S. 16) – eine These, mit der auch eine gewisse Vorsichtigkeit einhergeht. Die politische Instabilität in den postsowjetischen Ländern war auch ein zusätzlicher Grund dafür, in der eigenen Kultur oder in der vorkommunistischen Geschichte noch mehr Eigenes und auch Europäisches aufzusuchen und zu zeigen. Dabei tauchte auch folgende kulturelle Frage auf: Sind postsowjetische Länder postmodern? Assen Ignatow hat in seinem Buch *Ist Osteuropa postmodern?* versucht, diese Frage zu beantworten. Seine Antwort ist eher als radikal zu charakterisieren: „Die postmoderne Vermischung von allem kommt in einem Phänomen zum Ausdruck, das die Beobachter der osteuropäischen Szene oft sprachlos macht: die Vermischung der Grenzen von Politik und Kunst. Die politischen Vorgänge erhalten eine ästhetische Dimension. Der Unterschied zu den traditionellen politischen Phänomenen wird so groß, dass man sich z. B. fragt, ob man einer Parlamentssitzung oder eher einem Spektakel beiwohnt" (Ignatow 2004, S. 7).

Postmodernes Denken war der sowjetischen Bevölkerung kaum bekannt, aber manchen kulturellen Kreisen wiederum auch nicht sehr fremd. Daher ist es auch nicht leicht zu behaupten, dass zumindest die postsowjetische Kultur keine postmoderne Kultur sei oder sein könnte. Einerseits kann man bemerken, dass nach dem Zerfall der UdSSR und der GUS immer mehr und mehr kulturelle Kontakte zu Europa gepflegt wurden. Das, was in sowjetischen Zeiten fast unvorstellbar war, ist nach der Unabhängigkeit von 15 Ländern Realität geworden. Gemeinsame Projekte, westliches und vor allem europäisches Interesse, kultureller Austausch, Übersetzungen, auch die Übernahme von europäischen Erfahrungen, haben natürlich eine Rolle für die Identitätsethik der postsowjetischen Länder gespielt. Auf der anderen Seite hat dieser Kontakt den Wunsch, die eigene Kultur und Tradition zu zeigen und aufzudecken, noch mehr beflügelt und nochmals verstärkt.

Für die GUS-Länder war und bleibt es jetzt wichtig, in sich mehr Europäisches zu entdecken, dabei aber auch Eigenes, Spezifisches und Autonomes zu zeigen, wofür sich die eigene Kultur verbürgt. Selbst im postsowjetischen Russland ist das Kulturbild bunt. Doch bis jetzt tragen die Straßen immer noch die Namen von Lenin, Marx und anderen Sowjethelden, und obwohl derjenige, der bei Kommunisten „unser Vater" hieß – Lenin – seine Funktion längst verloren hat. Bei der postsowjetischen Transformation tritt erstmals die vielschichtige Überlagerung neuester Formen des Kapitalismus mit den Elementen all seiner Stadien und vorkapitalistischen archaischen Strukturen stärker ins Bild, was, nach Mayer und Küttler, für die „erste" und die insgesamt sehr wenig berücksichtigte „dritte" Welt nur marginal Beachtung findet (Mayer/Küttler 2007, S. 707).

Dieses unterschiedliche Bild von der Geschichte und der Kultur des gegenwärtigen Russlands zeigt dessen Identitätskrise. In manchen kleineren Orten der postsowjetischen Länder sind bis heute die kommunistischen Helden so kultiviert worden und so beliebt, dass jetzt noch die Denkmäler von Stalin,

Lenin oder anderen großen Kommunisten existieren. Ebenso werden in den Großstädten, als auch in der jeweiligen Hauptstadt zentrale Orte nicht mehr umbenannt. Das zeigt auch, dass Russland noch keine andere Geschichte hat und oder keine andere Vergangenheit erinnert und dass es auch das, was das vorkommunistische Russland gewesen war, entweder vergessen hat, oder die kommunistische Vergangenheit diese Geschichte bis jetzt so stark und mächtig überlagert, dass man sie nicht so leicht analysieren oder gar reformieren kann. In diesem Fall könnte man sagen, dass Russlands Politik diese Identitätskrise widerspiegelt. Dass Russland nicht so leicht seine kommunistische Vergangenheit vergessen kann, zeigt sich, wie in der Kultur, so auch in der Politik. „Im Lande selbst wird mit großem Nachdruck und beinahe einstimmig die Überzeugung vertreten, dass Russland in der Vergangenheit einen eigenständigen Weg gegangen sei und deshalb auch einen besonderen Weg in die Zukunft finden müsse, dass die Übernahme westlicher Modelle und die Angleichung an westliche Verhältnisse weder möglich noch wünschbar sind" (Gerhard 1998, S. 25). Alle postsowjetischen Länder werden noch einige Jahre oder Jahrzehnte dieses „postkommunistische" oder „postsowjetische" Kulturzeichen tragen. „Vaterlosigkeit" oder auch ein kulturelles Identitätsgefühl und eine ethische Lösung des Kulturkampfes beschäftigen fast jeden postsowjetischen Menschen auf die ein oder andere Weise.

„Was bedeutet Heimat? Steh auf und sag mal, was bedeutet Heimat für dich?", – hörte man oft in sowjetischen Schulen fragen. Doch kann man erklären, was „Heimat" bedeutet? Kann man es definieren? Natürlich nicht. Man kann wahrscheinlich erzählen, welche Eindrücke, Gedanken und Empfindungen es über die Heimat geben kann. Besonders im Exil.

Der deutschsprachige Schriftsteller Giwi Margwelaschili wuchs als Sohn georgischer Emigranten im Berlin auf, wurde aber vom sowjetischen KGB entführt und nach Georgien, in seine historische Heimat verbracht. Für ihn ist „Heimat" bis heute ein abstrakter Begriff. Auch nach dem Zerfall der Sowjetunion, als Margwelaschwili nach Deutschland umgezogen war, fiel es ihm unglaublich schwer, erneut ein Gefühl von Heimat zu empfinden.

Die deutschsprachige Schriftstellerin Nino Haratischwili wurde in Georgien geboren und ist in Deutschland aufgewachsen. Man vergleicht Margwelaschwili und Haratischwili oft miteinander. Es gibt auch vieles Gemeinsames, doch die Epochen bergen natürlich viele Verschiedenheiten. Giwi Margwelaschwilis und Nino Haratischwilis Familien zogen und flüchteten zu verschiedenen Zeiten aus der UDSSR: Margwelaschwili zu Beginn des kommunistischen Sozialismus, direkt nach der Okkupation der ersten georgischen Republik durch die Sowjetunion (Margwelaschwilis Vater, Tite Margwelaschwili, war Deputierter des georgischen Parlaments 1918–1921). Nono Haratischwilis Familie zog aus den Ruinen der Sowjetunion, vom neuen Georgien, in den ersten Jahren aus dessen bürgerkriegsgeprägter Unabhängigkeit (1995–1997) nach Deutschland.

Giwi Margwelaschwili wurde in Deutschland geboren und ist dort aufgewachsen, ihm war und blieb Deutsch die Muttersprache. Von 1946 bis 1991 lebte Margwelaschwili im sowjetischen Georgien und schrieb seine deutschen Romane, die aber erst nach dem Zerfall der Sowjetunion, in Deutschland ab 1991, veröffentlicht wurden.

> „Als ich mich 1983 zu einer Reise nach Georgien anschickte, empfahlen mir Elke Erb und Adolf Endler, doch den seltsamen Dissidenten Giwi Margwelaschwili zu besuchen, einen Schriftsteller, der dort auf deutsch schreibe. Giwi empfing mich auf seiner ‚Wartburg' in Tbilissi mit Swing von Benny Goodman. Eine ‚Wartburg', das erfuhr ich sogleich bei der Lektüre von Giwis autobiographischem Roman ‚Kapitän Wakusch', ist eine Wohnung mit jedweder Art von Unzulänglichkeiten: wackligen Stühlen, Stromsperren, Rohrbrüchen, KGB-Bewachung usw., in der der ‚Wartbürger' wartet, bis die Zustände in seiner Heimat eine Heimkehr ermöglichen" (Maass 1997, S. 1).

Margwelaschwilis Romane sind autobiographische Texte, in denen das räumliche Modell von Heimat und Flucht immer deutlich dargestellt wird. *Das Leben im Ontotext, Ich bin eine Buchperson, Kapitän Wakusch* und andere zeigen diese Erfahrungen und Leidenschaften. „Als Giwi Margwelaschwili 1990 nach Deutschland reiste, hatte er seine alte Heimat fast ein halbes Jahrhundert nicht mehr gesehen, abgesehen von drei Reisen in die DDR. Er kam mit einem Manuskriptstapel von anderthalb Metern Höhe – die sprichwörtlichen geleerten Schubladen eines Autors, der jahrzehntelang ohne Veröffentlichung produziert hatte" (Geisel 1995, S. 3). Die Rekonstruierung des Raums – Deutschland – Sowjetunion – Deutschland ist das Hauptthema seiner Romane.

> „Heimat das ist für Giwi Margwelaschwili Berlin, wo er 1927 als Sohn georgischer Emigranten geboren wurde, Kindheit, Jugend und leider auch die Hitlerei und den Krieg erlebte. Doch auch in Deutschland hatte Giwi zusammen mit Vater Tite und Schwester Lisa, die Mutter war 1931 an Heimweh erkrankt und freiwillig aus dem Leben geschieden, als staatenloser Emigrant auf einer ‚Wartburg' gelebt, in einer noblen Wohnung in der Günzelstraße in Berlin-Wilmersdorf, aber doch mit den Unzulänglichkeiten der Emigration" (Maass 1997, S. 2).

Leben im Text bedeutet gleichfalls sich im Text zu migrieren, vom Leben im Buch im Exil zu sein. Giwi Margwelaschwilis Romane sind einerseits stark von der Postmoderne und andererseits stark von seinem Migrationshintergrund und seinem Exil beeinflusst.

Nino Haratischwilis Roman *Mein sanfter Zwilling* wurde im Jahr 2011 veröffentlicht und wurde von Literaten und Kritikern sehr beachtet. Er wurde auch als „Klassik der Gegenwart" bezeichnet. Es war der erste Text von Haratischwili, in dem Heimat als Konzept beschrieben wird.

„Ich verdanke diese Zeilen einem Jahrhundert, das alle betrogen und hintergangen hat, alle die, die hofften. Ich verdanke diese Zeilen einem lange andauernden Verrat, der sich wie ein Fluch über meine Familie gelegt hat. [...] Ich verdanke diese Zeilen unendlich vielen vergossenen Tränen, ich verdanke diese Zeilen mir selber, die die Heimat verließ, um sich zu finden, und sich doch zunehmend verlor [...]“ (Haratischwili 2011).

Migration und Exil nehmen im Roman eine bedeutende, eine bestimmende Rolle ein. Haratischwilis Roman *Das achte Leben* erzählt auf 1280 Seiten die Geschichte einer georgischen Familie das 20. Jahrhundert hindurch – und damit vom ewigen Bürgerkrieg des Ostens.

Heimat und Flucht bilden in postsowjetischen Romanen einen eigenen Raum, wobei diese Konzepte eng mit De-Sowjetisierungsprozessen und Dekolonisierungsschwerpunkten verbunden sind. Hier sollte man auch über das Problem der Zeit und des Raums sprechen, in dem sich die binären Gegensatzpaare sowjetisch und postsowjetisch beziehungsweise kapitalistische Zeit und Raum als Heimat respektive als Exil abbilden.

Literatur

Adorno, Theodor W./Horkheimer, Max (1998): Die Dialektik der Aufklärung. Frankfurt/M.: Suhrkamp.

Berdjaev, Nikolai (1990): Die Ursprünge und die Bedeutung des russischen Kommunismus. (Publiziert russ.) Moskau, Reprint von YMCA-PRESS Paris, 1955, 1965.

Geisel, Sieglinde (1999): Auf Fluchtinseln und Wartburgen. In: giwi-margwelaschwili.de/downloads/SieglindeGeisel091099.pdf (Abruf: 27.04.2017).

Haratischwili, Nino (2011): Mein sanfter Zwilling, Frankfurt/M.: Frankfurter Verlagsanstalt.

Ignatow, Assen (2004): Ist Osteuropa „postmodern"? Der Begriff der Postmoderne und die Osteuropaforschung. Bundesinstitut für ostwissenschaftliche und internationale Studien. Köln.

Kluge, Alexander (1985): Die Macht der Bewußtseinsindustrie und das Schicksal der Öffentlichkeit. In: von Bismarck, Klaus et al. (Hrsg.): Industrialisierung des Bewußtseins. Eine kritische Auseinandersetzung mit den „neuen" Medien. München/Zürich: Piper.

Lotman, Juri (2010): Kultur und Explosion. Berlin: Suhrkamp.

Maas, Ekkehard (1997): Der Mensch ist ein Text, und hier kann man ihn lesen. In: giwi-margwelaschwili.de/downloads/Der_Mensch_ist_ein_Text.pdf (Abruf: 27.04.2017).

Mayer, Günter/Küttler Wolfgang (2007) Postsowjetische Marxisten in Russland. In: UTOPIE kreativ, H. 201/202, Juli/August, S. 740–763.

Menzel, Birgit (2000): Was bedeutet populäre Literatur? In: Novoe literaturnoe obozrenie Moskau, S. 391–407.

Pollok, Karl-Heinz (1999): Historischer und kultureller Hintergrund für die heutigen Verhältnisse im nicht mehr sowjetisch regierten Europa. In: Rektor der Universität Passau (Hrsg.): Politik, Kultur und Wirtschaft mit dem Blick nach Osten – eine Zukunft in Stabilität oder Chaos? Passau, S. 12–21.

Said, Edward W. (2001): Kultur, Identität und Geschichte im Buch. In: Schröder, Gerhard/ Breunger, Helga (Hrsg.): Kulturtheorien der Gegenwart, Ansätze und Positionen. Frankfurt/M./New York: Campus, S. 39–59.

Simon, Gerhard (1998): Welchen Raum lässt die Geschichte für die Modernisierung Russlands? Berichte des Bundesinstituts für ostwissenschaftliche und internationale Studien. Nr. 19/1998 Köln.

Flucht, Fremdheit und Geflüchtete in der Psychiatrie

Am Ende der Flucht und kein Weg nirgends – drängende Selbsttötungsimpulse[1]

Antke Tammen

Die Psychiatrie ist von jeher ein Ort, an dem man dem Fremden zu begegnen erwartet.[2] Sie stellt eine Heterotopie dar, einen Möglichkeitsraum, der uns dem begegnen lässt, was an Befremdlichem in uns selbst, in unserem Menschsein, angelegt ist. Wobei wir, hierin dem Psychiater[3] und Psychoanalytiker Jacques Lacan folgend, davon ausgehen, dass die Entfremdung als eine konstitutive Bedingung der Subjektgenese in jedem Subjekt angelegt ist.[4] Der Umgang mit

---

1   Meine Kollegin Diana Bergstaedt und ich berichten hier gemeinsam aus einer Klinik für Psychiatrie und Psychotherapie im Jahre 2016. Behandlungen auf unseren Stationen erfolgen durch das multiprofessionelle Team (Krankenschwestern und Pfleger, Ergotherapeut*innen, Ärzt*innen, Psycholog*innen, Physiotherapeut*innen, einer Kunsttherapeutin usw.) im Sinne der Komplexbehandlung. Deshalb wird in diesem Text, wie in medizinischen Berichten üblich, die ‚Wir-Perspektive‘ in der Darstellung gewählt. Ausgenommen ist eine kurze Sequenz, in der es ausdrücklich um einen Pakt geht, wie er nur zwischen Individuen geschlossen werden kann, d. h. beide Parteien gehen ein persönliches Risiko ein, das durch das Vertrauen in das Versprechen des Gegenübers gedeckt wird (s. u.). An dieser Stelle und in der theoretischen Betrachtung schreibe ich aus der Ich-Perspektive.

2   Dies findet seinen Niederschlag besonders in der französischen Sprache: Im Französischen wird der Begriff *l'aliéné* (der Entfremdete) synonym für den Wahnsinnigen genutzt und in der französischen psychiatrischen Krankheitslehre verstand man die Geisteskrankheit als einen Prozess des Fremdwerdens oder einer Entfremdung (*aliénation*; s.a. Evans 2002, S. 86).

3   Anders als der Neurologe Sigmund Freud ist Jacques Lacan in der Psychiatrie sozialisiert und gut vertraut mit schweren psychiatrischen Erkrankungen wie z. B. Psychosen und paranoiden Zuständen. Seine Erfahrungen und Kenntnisse auf diesem Gebiet finden ihren Niederschlag gerade in seinen frühen Arbeiten, wie z. B. im „Spiegelstadium", das wir für die theoretische Nachbetrachtung im klinischen Kontext der hier vorgestellten Behandlungsverläufe gut anwenden konnten.

4   Die Spaltung ist für Lacan in der der Subjektgenese als unumgänglich angelegt und wird z. B. im Spracherwerb deutlich – es ist immer die Sprache der Andern, die man erlernt. Diese Übernahme der ‚Formen der Anderen‘ bedeutet in unwiderruflicher Konsequenz eine grundsätzliche Übernahme ‚des Fremden‘, um in die Welt der Subjekte eintreten zu können.

230

Fremdsein ist uns in der Psychiatrie vertraut, auch wissen wir einiges über Er-krankungen und Therapien – aber über unser konkretes Gegenüber wissen wir in der Regel nichts.

Menschen, die nach der Flucht zu uns gekommen sind – die scheinbar ‚wirklich' Fremden mit einer anderen Sprache, einer anderen Kultur –, stellen weniger eine Herausforderung ‚des ganz Anderen' oder ‚Unverständlichen' dar, als vielmehr das Erfordernis einer anderen Unterstützung (z. B. durch Dol-metscher) im Prozess der Verständigung. Unsere Haltung bleibt die gleiche. Wir nähern uns einem Menschen, über dessen Leben, seine Gedanken, Wün-sche, Enttäuschungen, Erfahrungen, Hoffnungen wir nichts wissen. So ist es immer, selbst wenn wir vermeintlich einen Patienten schon sehr lange kennen.

1.   Sprechen mit Geflüchteten: Der Ort der Psychiatrie

Die hier Berichtenden, Diana Bergstaedt und ich, arbeiten in unterschiedlichen Funktionen (Sozialpädagogin, Oberärztin) schwerpunktmäßig auf einer sog. psychiatrischen Intensivstation. Hier werden in erster Linie schwer erkrankte Menschen behandelt, die aufgrund einer Krise oder psychiatrischen Erkran-kung an Leib und Leben gefährdet oder gefährlich für Andere sind. Nicht selten sind die Patient*innen gegen ihren Willen untergebracht. Zeitweise ergibt sich ein hohes Aggressionspotential auf der Station, und Menschen müssen fixiert d. h. festgebunden oder aber auch dauerhaft im Einzelkontakt überwacht wer-den. Die Aufenthaltsdauer variiert von wenigen Stunden bis hin zu vielen Mo-naten.

Grundsätzlich ist vorauszuschicken, dass fast alle Menschen, die sich auf den gefährlichen Weg der Flucht gewagt haben, schreckliche Dinge erlebt ha-ben – oft am eigenen Körper, oder als Zeugen des Todes oder der Misshand-lung Anderer. Aber nicht alle Geflüchteten werden davon psychisch krank. In der Tat werden es die allermeisten nicht. In den letzten Monaten bemerken wir Veränderungen: Die Geflüchteten, die in dieser Zeit zu uns kamen, erlebten wir vergleichsweise erschöpfter als die Geflüchteten, die zuvor kamen. Wir haben den Eindruck, dass sie längere und gefährlichere Fluchtwege hatten und oft sind sie zusätzlich durch die Fluchterlebnisse stärker belastet. Aktuell kommen sie aus Unterkünften (Turnhallen und Massenunterkünften mit großer Enge), die durch den Mangel an Privatsphäre zusätzliches Belastungspotential bedeu-ten. Es gibt viele Konflikte untereinander und kaum private Rückzugsmöglich-keiten. Gestiegen ist die Zahl der unbegleiteten Minderjährigen, die zu uns in

---

Lacan verwendet hier den gleichen Begriff: *Aliénation*/Entfremdung, s. Anm. 2. (Lacan 1997, S. 50, 175).

die Erwachsenenpsychiatrie verlegt werden, weil sie aufgrund ihrer besonderen Vulnerabilität, die sich in einem hohen Aggressionspotential äußert, in der Kinder- und Jugendpsychiatrie nicht mehr zu schützen sind. Im Gegensatz zu den länger in Deutschland lebenden Migrant*innen bringen die Geflüchteten oft eine ehrenamtliche Unterstützerin mit oder geben uns den Namen eines Sozialarbeiters aus ihrer Unterkunft. Meistens haben sie einen Menschen (ehrenamtlich oder aus einer unterstützenden Institution), der sich kümmert und sie wieder in Empfang nimmt. Das macht uns die Arbeit im Vergleich mit der Behandlung anderer Patient*innen oft leichter.

Die Sorge, die Klinik könnte im Sinne eines Abschiebehindernisses durch Vortäuschung einer psychiatrischen Erkrankung missbraucht werden, hat sich bisher als unbegründet erwiesen. Natürlich kommt es vor – aber sehr selten. Wenn es geschieht, dann fällt es schnell auf, und die wenigen, die aus diesem Grunde kamen, blieben oft nur wenige Tage, um dann von sich aus wieder zu gehen. Aus unserer Sicht unterscheidet sich die individuelle Behandlung von Geflüchteten kaum von der anderer Menschen. Sie benötigen das Gleiche wie andere Patienten auch, zeitweise vielleicht etwas mehr Zeit (weil die Gespräche gedolmetscht werden) und manchmal sind neue Verknüpfungen in der Vernetzung der Hilfssysteme erforderlich.

Unsere Klinik, ein ehemaliges Landeskrankenhaus in Niedersachsen, ist zuständig für die psychiatrische Versorgung von mehr als 700.000 Einwohnern. Das Krankenhaus besteht aus fünf Kliniken: Allgemeinpsychiatrie, Gerontopsychiatrie, Suchtmedizin, Kinder- und Jugendpsychiatrie und forensische Psychiatrie. In unserer Versorgungsregion leben um die 20% Menschen mit Migrationshintergrund. Nach einer vor kurzem durchgeführten Erhebung (Oestereich 2017) entsprach dies ziemlich genau den 20% Patientinnen und Patienten mit Migrationshintergrund, die sich durchschnittlich in unserer Behandlung befinden. Menschen mit anderer Muttersprache werden in allen fünf Kliniken unseres Krankenhauses behandelt. In der Klinik für Allgemeinpsychiatrie und Psychotherapie, in der wir arbeiten, wurden in den letzten 20 Jahren interkulturelle Behandlungskonzepte entwickelt mit dem Ziel, diesen Anteil von 20% der Patienten (mit Migrationshintergrund) gleichermaßen gut wie die Patienten aus dem einheimischen Kulturraum zu behandeln (Oestereich 2011).

Seit vielen Jahren stützen wir unsere alltägliche Arbeit auf den regelhaften Einbezug von Dolmetschern als Übersetzer und Kultur(ver)mittler. In enger Kooperation mit dem Ethnomedizinischen Institut Hannover steht in der Regel ein Dolmetscher am Tag der Aufnahme oder im Laufe der Woche zur Verfügung. Wir wissen, dass wir uns in dieser Hinsicht privilegiert fühlen dürfen. Eine weitere Basis des Konzepts beruht auf einer Behandlungskultur, die in der Klinik berufsgruppenübergreifend geprägt ist von einer systemischen Grundhaltung, einer Haltung der Neugier (Cecchin 1988)! Seit über 15 Jahren sind neben der Chefärztin alle an der Klinik für Allgemeinpsychiatrie arbeitenden

Oberärzt*innen in die ambulante systemische Therapie von traumatisierten Migrant*innen eingebunden. Es gibt also eine langjährige Erfahrung in Umgang mit erkrankten Menschen, deren Sprache wir nicht sprechen und deren Kultur wir nicht kennen.

Belastbare Statistiken über die Anzahl von Geflüchteten in psychiatrischer Behandlung existieren noch nicht. Eine systematische Erhebung in Niedersachsen ist geplant. Aufgrund der zur Verfügung stehenden Basisdokumentation der Klinik ist es schwer, eine Trennschärfe zwischen Geflüchteten und länger hier lebenden Migrant*innen herzustellen. Ein erster Hinweis ist die Anzahl der Menschen, die nach dem Asylbewerberleistungsgesetz (d. h. sie sind noch nicht regulär krankenversichert[5]) bei uns behandelt wurden. Daraus ergeben sich für die erste Hälfte des Jahres 2015 Zahlen, die einen groben Anhaltspunkt in Bezug auf Geflüchtete darstellen: Für das gesamte Krankenhaus gezählt sind es 74 Menschen, von denen 55 in der Allgemeinpsychiatrie behandelt wurden. Die zahlenmäßig größten Gruppen kamen 2015 aus Syrien, dem Balkan und Nordafrika, gefolgt von Irak und Iran. Erfahrungsgemäß ändert sich die Anzahl bezogen auf die Herkunftsländer häufig. Diagnostiziert wurden depressive Erkrankungen (36%), posttraumatische Belastungsstörungen (43%) und psychotische Krisen (20%; vgl. Oestereich 2017). Bei der insgesamt geringen Fallzahl, einer sich schnell ändernden Gruppengröße aus den jeweiligen Herkunftsländern (je nachdem, wo gerade Krieg herrscht) im Zusammenhang mit einem inhaltlich wenig aussagekräftigen diagnostischen Klassifikationssystem lässt sich den Zahlen nicht viel Wegweisendes entnehmen.

2. Worüber also können wir berichten?

Anstelle von Zahlen und Statistiken können wir über das Singuläre und unsere konkreten Erfahrungen in der individuellen Behandlung von geflüchteten Menschen berichten, denen wir auf der psychiatrischen Intensivstation begegnet sind.[6]

Sehr beschäftigt hat uns ein Phänomen, das wir in der letzten Zeit mehrfach erlebt haben: Menschen, die nach einer an sich gelungenen Fluchtgeschichte (sie haben die Flucht überlebt und sind in Sicherheit) in unsere Klinik gekommen sind und dann über Wochen und Monate versucht haben, sich zu töten. Exemplarisch stellen wir zwei Behandlungsverläufe vor. Sie sind im Duktus des

---

5   Nach dem Asylbewerberleistungsgesetz (AsylbLG) § 4 besteht lediglich Anspruch auf eine Notfallbehandlung.
6   Die Namen der im Folgenden vorgestellten Fallbeispiele wurden anonymisiert.

professionellen Informationsaustausches der in der Psychiatrie Behandelnden wiedergegeben.

2.1. Fallbeispiel I: Frau G.

Frau G. befand sich 8 Monate in diesem Jahr in unserer stationären Behandlung. Sie war von Mitarbeitern der Flüchtlingsunterkunft im Gebüsch liegend vorgefunden worden. Auf Ansprache hatte sie wild um sich geschlagen und sich die Haare ausgerissen. Die Mitarbeiter haben dann die Polizei und den Rettungsdienst informiert. Frau G. musste durch die Helfer überwältigt werden und wurde anschließend in unsere Klinik transportiert. Eine Kontaktaufnahme auf Englisch war nicht möglich. Frau G. spricht arabisch und ein wenig italienisch. In mehreren Dolmetschereinsätzen war zu erfahren, dass der Vater verstorben ist. Die Mutter ist schwer herzkrank. Die Mutter und die Geschwister leben noch im Heimatland. Es gibt noch mehrere Geschwister, zu denen kein Kontakt besteht, dies ist von Fr. G. auch so gewünscht.

Frau Gs. Flucht aus einem nordafrikanischen Land erfolgte, da sie politisch aktiv war. Sie hatte Flyer verteilt. Es folgte ein erster Fluchtteil nach Libyen. Dort hat sie in einer Fabrik mit vielen Frauen zusammengearbeitet. (Arbeit gehört für viele Geflüchtete in den Transitländern zum festen Bestandteil der Flucht, um die weitere Flucht und das Überleben zu sichern.) In weiteren Dolmetschergesprächen berichtete Frau G., dass sie in Libyen überfallen und vergewaltigt wurde, seitdem würden sich ihr Erinnerungen aufdrängen, wenn sie sich auf engem Raum mit arabischen bzw. südländisch aussehenden Männern aufhalten würde. Es sind Zigaretten an ihrem Körper ausgedrückt worden, sie hat Stromschläge bekommen, ihr wurde ins Gesicht geschlagen und ihr wurden die Haare ausgerissen. Frau G. hat multiple Narben am ganzen Körper.

Im weiteren, zweiten Fluchtteil ist Frau G. mit dem Schiff nach Italien geflohen. Sie hat dort ca. ein Jahr gelebt und in einer Gärtnerei gearbeitet. In Italien folgten eine Psychotherapie und die Einstellung mit antidepressiven, sowie angst- und paniklösenden Medikamenten. Frau G. entwickelte eine körperliche Abhängigkeit von den angstlösenden Medikamenten. Es fehlte ihr die weitere Perspektive. Deutsche Urlauber hatten sie in dem Gedanken gestärkt, nach Deutschland zu gehen.

Der nachfolgende dritte Fluchtteil erfolgte dann nach Deutschland. Die Verteilung der Geflüchteten in Niedersachsen und somit auch die der Fr. G., kann als vierter und letzter Fluchtteil benannt werden. Immer wieder beklagte Frau G., dass ihre Ängste stärker geworden seien, seitdem sie sich in den Flüchtlingsunterkünften befand, da es dort sehr viele Leute gebe und es dort laut zugehe. Es wurde durch die Teams der Asylunterkünfte mehrfach versucht, eine angemessene Unterkunft zu organisieren, auch wurde versucht, durch KARGAH (Verein für Interkulturelle Kommunikation Migrations- und

Flüchtlingsarbeit) und dem NTFN (Netzwerk für traumatisierte Flüchtlinge in Niedersachsen) die Aufenthaltsberechtigung zu bekommen und die traumatischen Erlebnisse therapeutisch zu bearbeiten. Frau G. befand sich bereits in der dritten Flüchtlingsunterkunft in unserer Region, als sie zu uns eingewiesen wurde.

Auch bei uns in der Klinik zeigte Frau G. ein ausgeprägtes autoaggressives Verhalten. Sie schlug massiv mit ihrem Kopf gegen die Wand, präparierte wiederholt Kleidungsstücke, um sich zu strangulieren. Aufgrund der massiven Intensität der Selbstverletzung wurde zur Gefahrenabwehr eine mechanische Fixierung (Gurte an Bauch, Beinen und Armen) umgesetzt. Es folgte eine intensive therapeutische Zusammenarbeit mit dem pflegerischen Personal. Um die Retraumatisierungen durch die Fixierungssituationen so gering wie vertretbar zu halten, wurde Frau G. in die ‚1:1 Betreuung' übernommen. Dies bedeutet, dass sie sich nicht alleine auf der Station bewegen kann, auch nicht zur Toilette, es ist immer eine Person an ihrer Seite.

Auf Veränderungen der Therapieinhalte und Mitpatient*innen reagierte sie mit ausgeprägtem Rückzug und Abwehrverhalten. Einzelne Abweichungen von ihrer bisherigen Tagesstruktur mussten ausgiebig thematisiert und geplant werden. Sie fühlte sich schnell überfordert und konnte bestehende Lebensprobleme wie Asylrecht, Wohnperspektive und Finanzen nicht mehr selbstständig bewältigen. Sie berichtete, dass sie keinen Lebensmut mehr habe, da ihr die Perspektive für ein Leben nach der Klinik fehle. Es wurde eine gesetzliche Betreuung mit den Aufgabenkreisen Gesundheitssorge, Rechts-, Antrags- und Behördenangelegenheiten, insbesondere auch Vertretung in asyl- und ausländerrechtlichen Angelegenheiten eingerichtet. Die Betreuung bekam eine Mitarbeiterin aus dem ITB (Institut für transkulturelle Betreuung) zugewiesen.

Bei schwerst-multipel traumatisierten Menschen ist erwiesenermaßen die Kontinuität in der Behandlungsbeziehung, die Herstellung eines Vertrauensverhältnisses, maßgeblich für die weitere Genesung. Im Rahmen psychotherapeutischer Gespräche (kontinuierlich zusammen mit demselben Dolmetscher) wurde ein individuelles Erklärungsmodell erarbeitet. Hier benannte Frau G. für sich mehrere Trigger[7] und Belastungsfaktoren (z. B. unbekannte arabisch sprechende Männer, Verletzung der Nähe-Distanz-Grenze, enge Räume). Es wurden mit ihr Strategien im Umgang mit diesen Triggern erarbeitet, die sie in den Therapiebausteinen praktisch umsetzten sollte. Sie besuchte u. a. die Therapiegruppe „Interkulturelle Begegnungen", in der es z. B. um den Austausch über eigene kulturelle Hintergründe geht. Sie ging in die Integrationsförderung

---

7 „Trigger" bezeichnet in der psychiatrischen Terminologie einen Schlüsselreiz, der sog. Flashbacks auslösen kann.

„Deutsch als Fremdsprache". Sie besuchte die Arbeitstherapie in der Gärtnerei, die sie schon in Italien als hilfreich empfand.

Zu dem Dolmetscher konnte die Patientin im Laufe der Zeit ein tragfähiges Vertrauensverhältnis entwickeln, so dass er bereit war sie bis hin zum Zahnarzttermin zu begleiten. Kleinschrittig verbesserte sich die seelische Befindlichkeit von Frau G. Sie berichtete: „Ruhe tut mir gut", wobei hier nicht die Ruhe im Sinne von räumlicher Stille und leisen Gesprächen und Bewegungen gemeint ist – diese Stille ist auf einer Akutstation so gut wie nie gegeben.

Ihre Einsamkeit wurde deutlich: Sie ist froh, die Flucht überlebt zu haben, fühlt sich aber müde und wünscht sich Freunde, sie kann niemanden anrufen, vermisst ihren Hund, den sie in Italien zurücklassen musste. In dieser Phase lernte Frau G. eine italienisch sprechende Mitpatientin kennen, von der sie erstmals als von einer „Freundin" sprach.

In mehreren Netzwerkgesprächen mit dem Behandlungsteam, der Betreuerin und Frau G. wurde eine neue Wohnperspektive thematisiert. Es wurden von uns therapeutische Wohngruppen vorgeschlagen, obwohl uns bewusst war, dass die Finanzierung dieser therapeutischen Wohngruppen schwierig werden würde, da Asylbewerber keinen Anspruch auf weitergehende Leistungen haben. Ihr gelang es zunehmend, verloren geglaubte Fähigkeiten zu reaktivieren. Sie äußerte schließlich den Wunsch nach einer eigenen Wohnung. Es ist uns gemeinsam (der Betreuerin, dem Team und den Mitarbeitern für Asylangelegenheiten) gelungen, ein Einzelapartment als Zuweisung zu bekommen. Ein tragendes und stützendes ambulantes therapeutisches Netzwerk wurde um Frau G. gestrickt. Sie erhält regelmäßig Termine in unserer PIA (Psychiatrischen Institutsambulanz, die mit einem multiprofessionellen Team besetzt ist). Von ihrer neuen Freundin wissen wir, dass sie sich wohl fühlt und es ihr gut geht. Sie lässt uns grüßen.

2.2. Fallbeispiel II: Herr N.

Herr N., ein junger Mann Anfang dreißig, kam in Polizeibegleitung zu uns. Die Polizisten berichteten, er habe sich töten wollen und sich gegen die Einweisung gewehrt. Herr N. begegnete uns massiv angespannt, misstrauisch, hoffnungslos, verzweifelt, betonte dass er sterben wolle und wir ihn nicht davon abhalten könnten. Er könne für nichts garantieren. Herr N. spricht gut Deutsch, wir kamen aber trotzdem nicht mit ihm in Kontakt, daran änderte auch das zusätzlich organisierte dolmetschergestützte Gespräch nichts.

Um ihn herum entstand ein Klima von Angst, gespeist aus dem sich vermittelnden unbedingten Willen zur Selbsttötung (wir waren unsicher, ob wir ihn daran hindern können würden) und seinen subtil vorgetragenen Drohungen, Andere zu töten, sollten sie ihn angreifen. Er wurde als akut suizidal eingeschätzt, d. h. wir behandelten ihn Tag- und Nacht unter ständiger Beobachtung im Sichtkontakt. Herr N. akzeptierte Medikation, blieb aber über viele Wochen misstrauisch, angespannt, ängstlich, aber auch fordernd und offen provokativ. Es gab viele Auseinandersetzungen mit den Mitarbeiter*innen, denen er schlechte Behandlung vorwarf. Themen der lautstark geführten Anklagen waren oft Gerechtigkeit und Anspruch auf Würde. Er berichtete davon in kreisenden Gedankenschleifen mit hoher emotionaler Beteiligung. Seine Monologe konnten nicht unterbrochen werden, Interventionen des Gegenübers drangen nicht zu ihm durch, er musste immer wieder detailliert über erlittene Traumata sprechen, dabei kam es zu Flashbacks[8] und dissoziativ anmutenden Verhaltensweisen. Wir erfuhren zunächst nur wenig über sein bisheriges Leben. Er sei seit wenigen Jahren in Deutschland und kommt aus einer bürgerlich-akademisch geprägten Familie, die im Heimatland zu einer religiösen Minderheit gehörte. Zuhause hatte er ein anspruchsvolles Studium begonnen, bis er aus Gründen politischer Verfolgung das Land plötzlich verlassen musste. Seine Familie ereilte das gleiche Schicksal kurze Zeit später. Aus der Kernfamilie ist er der einzige, der in Deutschland lebt. Zunächst hatte er auch hier das Studium wieder aufgenommen.

Die Erlebnisse, die ihn seit drei Jahren durch versuchte Selbsttötungsakte in diverse Kliniken führten und über die er im therapeutischen Gespräch in regelrechte Redeexzesse gerät, sind nicht die erlebte Gewalt und Folterungen im Heimatland, auch nicht Ereignisse der Flucht, sondern mehrfach erlebte Angriffe von ausländerfeindlichen Menschen in Deutschland, die er immer schlicht „die Nazis" nannte. Er konnte nicht fassen, was ihm – in Sicherheit – in Deutschland widerfahren war und er konnte sich nicht stoppen, es musste von ihm immer wieder erzählt werden. Über viele Wochen war kein Antisuizidbündnis möglich.[9] Für die Schwestern und Pfleger war es oft schwer mit ihm, besonders nachts. Oft kam es zu lautstarken Auseinandersetzungen, er fühlte sich nicht verstanden, schlecht (ausländerfeindlich) behandelt, erlebte sich gedemütigt und begann einzelne Mitarbeiter*innen paranoid zu verkennen. Er provozierte aggressive Auseinandersetzungen. Zeitweise musste er an Armen und Beinen am Bett festgebunden werden. Irgendwann haben wir begriffen, dass er uns keinesfalls als Einzelpersonen wahrnahm, obwohl er unsere Namen kannte und uns persönlich ansprach – wir *waren* für ihn „Nazi-Deutschland" – egal was wir taten oder sagten. In dieser seiner fixierten Wahrnehmungsschablone waren wir gefangen und konnten uns als Einzelpersönlichkeiten nicht

---

8   „Flashback": plötzliche (oft durch einen Schlüsselreiz hervorgerufene) Nachhallerinnerungen, die mit dem Wiedererleben von Sinneseindrücken oder starkem Gefühlserleben verbunden sein können.

9   „Antisuizidbündnis": Der Patient kann zusichern, für einen bestimmten gemeinsam abgestimmten Zeitraum keine Versuche zu unternehmen, sich zu töten.

deutlich machen. Bei stabil anhaltender Selbsttötungsabsicht gelang es ihm trotz sehr enger Begleitung, Suizidversuche durchzuführen, und wir waren in großer Sorge, dass wir ihn verlieren könnten.

Ein günstiger Moment ergab sich, als er mit großer Dringlichkeit darauf bestand, für einen kurzen Moment die Klinik alleine verlassen zu können. In seinem akut-suizidalen Zustand für uns als Behandler undenkbar! Er benötigte nachvollziehbar einen Gegenstand dringlich, der für ihn von großer Bedeutung war. Er hatte sich an mich gewandt und von mir verlangt, ihm zu glauben, dass er sich jetzt nicht töten werde und wiederkommen werde. Was tun? Ich (A.T.) habe als verantwortliche Oberärztin von ihm verlangt, dass er mich mitnimmt. Vorher haben wir einen Pakt (mit Handschlag und in die Augen sehen) geschlossen. Er hatte mir versprochen, dass ich mich auf sein Wort verlassen könne, er werde nicht weglaufen, um sich zu töten. Unterwegs (ein kurzer Weg) haben wir begonnen zu sprechen. In der Folge waren fragile Absprachen (auch Ausgang) möglich, aber schon kleine Irritationen führten zu Kontaktabbruch und Suizidandrohung; mehrfach mussten wir die Polizei bitten, ihn mit großem Aufgebot zu suchen, weil er nicht zurückgekommen war, uns aber dennoch unmittelbar vor der Suizidhandlung in großer Not über seine Absichten telefonisch informiert hatte. Eine Wende ergab sich nach ca. zehn Wochen: Er war bereit, sich auf eine Genogrammarbeit[10] einzulassen. Damit kam seine für uns bis dahin unsichtbare Familie ins Spiel.

In der Arbeit am Genogramm wurde zum einen das Ausmaß der innerseelischen Erschütterung deutlich. Er konnte sich kaum mehr an Details seiner Kindheit erinnern – aber auch die die zeitliche Anordnung der Geschwisterreihe in dem Familienstammbaum nicht herstellen. Erst mit Hilfe der Familienangehörigen, medial vermittelt über WhatsApp[11], konnte er sich auf der Zeichnung erneut an die richtige (‚seine‘) Stelle in die Geschwisterreihe einordnen: Die medialen Möglichkeiten eines Smartphone ermöglichten es, dass seitens der Familie von Herrn N. Fotos mit den Geburtsjahren geschickt werden konnten. Als Herr N. angesichts des Fotos von Angehörigen spontan zu weinen begann, erfuhren wir, dass er sich ihre Gesichter, besonders das des Vaters, nicht mehr habe vorstellen können. Das habe ihn so verstört und traurig gemacht, dass er darüber nicht habe sprechen wollen.

Die Familie fand unsere Methoden wahrscheinlich befremdlich, aber sie unterstützte die Therapie aktiv, obwohl sie über tausende Kilometer entfernt

---

10 Eine in der systemischen Therapie häufig genutzte piktografische Darstellungsform des familiären Systems (eine Art *Familienstammbaum*) inklusive der Beziehungsqualitäten untereinander.

11 Das soziale Kommunikationsmedium WhatsApp ist für fast ausnahmslos alle Geflüchteten eine extrem wichtige Verbindung mit Angehörigen, Freunden und Menschen, denen sie auf dem Fluchtweg begegnet sind.

war. In der Folge begann auch innerhalb der Familie das Gespräch über eigene seelische Verletzungen, wobei der Patient erstmalig davon hörte, dass auch seine Geschwister durch die Ereignisse ihrer Flucht seelisch erkrankt waren und nun offener untereinander darüber gesprochen werden konnte. Zuerst bemerkten wir eine Veränderung in seinem Sozialverhalten. Herr N. übernahm Verantwortung für andere Patienten und begleitete Mitpatienten in den Ausgang nach draußen. Spürbar wurde ein besseres Verhältnis zu Pflegemitarbeiter*innen und es zeigte sich ein Mensch mit viel Humor. Mit wachsendem Vertrauensverhältnis offenbarte er mehr über sein Krankheitserleben und wir konnten darüber auch die Medikation ändern.

An einem Tag hat er uns im Gespräch mit der Psychologin feierlich mitgeteilt, dass er den Entschluss gefasst habe, zu kämpfen und zu versuchen, am Leben zu bleiben. Er ist mittlerweile entlassen – es ist immer wieder schwierig für ihn (manchmal sehr schwierig), aber er schafft es irgendwie zu überleben. Mit uns ist er verbindlich in Kontakt geblieben.

Wir haben uns gefragt: Was ist mit der kleinen Gruppe von Menschen, die nicht damit aufhören können, sich selbst töten zu wollen? Wir wissen von einigen, die in ihren Herkunftsländern vergewaltigt, gefoltert, fast getötet worden sind, deren Überleben auf dem Fluchtweg wie ein Wunder erscheint; diese Menschen sind erst krank geworden, zeigten „Symptome", nachdem die Flucht zu Ende war und sie eigentlich „angekommen" waren.

3. Annäherung

Beide hier in den Fallgeschichten exemplarisch beschriebenen Patienten mussten in dem über Monate andauernden lebensgefährdenden Zustand auf unserer psychiatrischen Intensivstation durchgängig medikamentös behandelt werden. Wir haben ihre Symptome also zunächst akut-psychiatrisch behandelt, uns jedoch gleichzeitig gefragt, wie wir das Geschehen psychodynamisch verstehen können und an welcher Stelle wir aus welcher Position Interventionsmöglichkeiten haben.

Aus der Behandlung von traumatisierten Menschen kennen wir das Thema der Überlebensschuld[12], die in eine chronische Suizidalität führen kann; aber auch permanente Retraumatisierungen[13], gekoppelt an dissoziative Zustände mit überwältigender Angst sind nicht selten Anlass für schwere Suizidversuche.

---

12 Traumatische Schuldgefühle, die Überlebende extremer Gewalt empfinden, wenn dabei andere Opfer getötet wurden, s.a. Überlebensschuld-Syndrom von William G. Niederland.
13 „Retraumatisierung": unmittelbares Wiedererleben eines traumatischen Ereignisses ausgelöst durch traumaspezifische Konstellationen bzw. Trigger.

Ich möchte im Folgenden einen anderen Zugang zum Verständnis dieser scheinbar paradoxen Situation vorstellen. Er erscheint mir besser geeignet, weil er zum einen die Frage des Zeitpunktes drängender Suizidalität (nach geglückter Flucht) mit der Frage nach der Identität verschränkt und zwar in Form einer dialektischen Bewegung zwischen dem Einzelnen und seinem Gegenüber: Mit der Denkfigur des „Spiegelstadiums", die der französische Psychoanalytiker Jacques Lacan ausgearbeitet hat, ist es leichter zu verstehen, warum Selbsttötungshandlungen erst nach Beendigung der Flucht einsetzten. Dieser Ansatz weist der therapeutischen Position ihren Platz im Gefüge zu und es lässt sich im Nachhinein der Zusammenhang zwischen therapeutischen Interventionen und stattgehabter Veränderung besser erklären.

3.1. Das grundsätzliche Fremdsein im eigenen Ich – Das Spiegelstadium

Aus der psychoanalytischen Lehre Sigmund Freuds haben wir bereits gelernt, dass das Subjekt grundsätzlich ‚etwas' über sich nicht weiß. Freud weist diesem ‚etwas' den Begriff des Unbewussten zu. Der Psychiater und Psychoanalytiker Jacques Lacan arbeitet, sich hierin auf die Lehre Freuds beziehend, in seinem Aufsatz „Das Spiegelstadium als Bildner der Ichfunktion – wie sie uns in der psychoanalytischen Erfahrung erscheint" die strukturelle Bedingtheit (Evans 2002, S. 86 f.) dieses Nicht-Wissens heraus, die in jedem Subjekt angelegt ist (Lacan 1949/1999). Er fasst dies als ein im Alltag verdrängtes Wissen um das ‚Fremde in uns selbst', eine tief sitzende Verunsicherung über das eigene Sein: „Wer bin ich, was sehen die anderen in mir, was ich nicht sehen kann?" Er beschreibt diesen Prozess auch als „Entfremdung" (aliénation)[14], und es wird darüber deutlich, dass jeder Mensch in seiner Identitätsvorstellung unabwendbar etwas Fremdes in sich trägt. Bei Lacan ist das „Spiegelstadium" der zentrale Prozess in der individuellen Entwicklungsgeschichte und er skizziert den Beginn der Ichbildung (des Subjekts) beispielhaft anhand eines in der Entwicklungspsychologie seiner Zeit beschriebenen Phänomens, das in den ersten Lebensmonaten des Säuglings auftritt. Gleichzeitig beschreibt er mit dem Spiegelstadium eine lebenslang auftretende identitätsstiftende Dynamik zwischen Individuum und Umwelt, die in besonderen biographischen Phasen ihre Wirksamkeit erneut massiv entfalten kann.[15]

Bezogen auf die individuelle Entwicklungsgeschichte beschreibt Lacan paradigmatisch eine Phase, in der der Säugling ca. 6–18 Monate alt ist – eine Ent-

---

14 *Aliénation* bedeutet im Französischen auch: Verrücktsein.
15 Prägnante Beispiele hierfür sind Situationen der Identifikation z. B. mit einer Ideologie oder in der Verliebtheit.

wicklungsstufe, in der das Kind existentiell abhängig von versorgenden Erwachsenen ist und sich noch nicht sprachlich verständigen kann. Beschrieben wird die Situation, in der das Kind sich in seinem Spiegelbild erstmalig als „Ich" erkennt und mit einer jubilierenden Reaktion auf diese Erkenntnis reagiert. Bedeutsam ist, dass Menschenkinder zu diesem Zeitpunkt noch kein ausgereiftes Nervensystem besitzen und somit noch keine Kontrolle über ihre Gliedmaßen haben. Sie sind noch nicht zu willentlich gesteuerten Bewegungen ihrer Arme und Beine in der Lage. Dieser Körper des als „Ich" erkannten Bildes im Spiegel, mit dem das Kind sich identifiziert, scheint dagegen darüber zu verfügen. In diesem Moment der Identifikation mit dem Spiegelbild kann der eigene Körper erstmalig als ein Ganzes erkannt werden. Bis dahin war der Körper des Kindes für dieses als nur unzusammenhängend erfahrbar oder wie Lacan es in drastischer Weise bezeichnet: „als zerstückelter Körper".[16] In dieser identifikatorischen Aneignung des Spiegelbildes wird ein Bild, eine Vorstellung in das „Ich" genommen, das sowohl etwas Fremdes bleibt und zugleich zukunftsweisend für die Entwicklung des Individuums ist. In einem weiteren Schritt, so beschreibt es das Beispiel, wendet das Kind den Blick zur Mutter, in der Hoffnung einer Bestätigung der Erkenntnis: „Das da im Spiegel, das bin ich". Die durch eine/n für das Kind bedeutsame/n Erwachsene/n gegebene Bestätigung: „Ja, das was du da siehst, das bist du!" beschließt den Akt der Identifikation sprachlich und damit auf der symbolischen Ebene. Die beschriebene Situation wird von Lacan paradigmatisch zur Verdeutlichung einer jedem Menschen innewohnenden Struktur genutzt: Eine dialektische Bewegung wird in Gang gesetzt, die zwischen Identifikation und Entfremdung oszilliert (Borch-Jacobson 1999; Althans 2010). Das Gefühl der Entfremdung basiert auf dem Faktum, dass das Kind sich mit einem Körper identifiziert, der different ist vom eigenen realen Körper. Damit wird, wie Lacan betont, in den Moment der Subjektbildung eine unaufhebbare Spaltung eingeführt.

Die Funktion des Spiegels wird später im Leben durch den Blick anderer Menschen (als Spiegeläquivalent) ersetzt. Im Vergleich mit der Freud'schen Theorie verschiebt Lacan den Fokus auf ein ‚Dazwischen', indem er den gestaltenden Einfluss des Blickes und dem damit verbundenen Entfremdenden als notwendiges Moment des Menschseins hervortreten lässt (Lacan (1978, S. 221).[17] Der Mensch als Gesellschaftswesen entwickelt sich zu einer Persönlichkeit in Wechselwirkung einer Selbstspiegelung im Blick der für ihn be-

---

16 Streng genommen ist der Begriff eine metaphorische Umschreibung von nicht zusammengefügten Wahrnehmungsinhalten. Der „zerstückelte Körper" wird von Lacan in der Beschreibung der Psychosen wiederaufgenommen und er ist hier zutreffender, weil es zuvor die Wahrnehmung des „ganzen Körpers" gegeben hat (Widmer 2006, S. 27).

17 Der Spracherwerb jedes Kindes erfolgt darüber, dass es die individuelle Babysprache zugunsten der allgemeinen bereits vorfindlichen Sprache der Andern aufgibt.

deutsamen Andern. Diese Spiegelung hat eine die Zukunft bahnende Funktion: Wir nehmen durch den Prozess einer Identifikation den Anteil, den die Andern uns als *ihr* Bild von uns zurückspiegeln in uns als Subjekt auf und bekommen dadurch eine nicht bewusste Orientierung für die Zukunft.[18] Lacan verortet die Dynamik des Spiegelstadiums in der Kategorie des Imaginären (Evans 2002, S. 146), d. h. in der Welt der Vorstellungen, Wünsche und Zuschreibungen. Im gleichen Register der Vorstellungen und Visionen (also der Bilder) von einer besseren Zukunft, im Imaginären, liegt möglicherweise die Quelle der oft nicht vorstellbaren Kraft, die Menschen in ihrem Land und während der Flucht am Leben erhält, bis sie ankommen.

3.2. Der Moment des Ankommens – das Ende der Flucht

In der Konfrontation mit der Wirklichkeit des Ankunftslandes liegt die Bruch- stelle für die visionären Hoffnungen des bis dahin tragenden Imaginären. Am Ende der Flucht beginnt der Versuch einer Rückkehr in das Alltagsleben, die Wiederaufnahme von eigener Lebensplanung begleitet von dem Wunsch nach Anerkennung, Zugehörigkeit und der Suche nach dem neuen sozialen Platz in der wie auch immer gearteten Gemeinschaft. Wenn der lebenserhaltende Glaube an eine vorgestellte bessere Zukunft ins Wanken gerät, muss man davon ausgehen, dass Menschen an dieser Stelle ihres Weges in eine Übergangsphase mit hoher Vulnerabilität (Verletzlichkeit) eintreten. Frau G. und Herr N. be- fanden sich noch in dieser Phase, als sie zu uns kamen – aber warum dieser langanhaltende, überwältigende, nicht zu begrenzende Drang, sich töten zu wollen? Durch die Flucht verlieren Menschen oft das, was ihnen Heimat war oder sein kann (vertraute Menschen, Verwandte, Freunde, Muttersprache, einen Ort, an dem man bekannt ist). Menschen, die ohne Familie auf der Flucht sind, leiden unter der Sprachlosigkeit, dem nicht in ihrer Sprache sprechen können. Man kann sagen, dass sie gewissermaßen aus dem, was Lacan als Re- gister der „symbolischen Ordnung" fasst (vgl. Evans 2002, S. 298 f.), herausge- fallen sind.

Lacan ist in seiner Theoriebildung stark durch den Strukturalismus geprägt und arbeitet durchgängig mit drei sog. ‚Registern/Ordnungen': Das Reale, das Symbolische und das Imaginäre (Evans 2002). In das Register des Symbolischen fallen Regelsysteme wie Sprache, soziale Regeln, Gesetze, Strukturen, Ver- wandtschaftsbeziehungen. Ein beeindruckendes Beispiel für ein ‚aus der sym- bolischen Ordnung fallen' findet sich in der Unfähigkeit von Herrn N. seinen

---

18 Anschauliche Beispiele sind z. B. der liebevoll zuversichtliche Blick der Mutter oder Phäno- mene von Mobbing in der Schule.

Platz auf dem gezeichneten Familienstammbaum in der Genogrammarbeit einzutragen.

Fast alle Geflüchteten sind je nach Fluchtroute in Kontakt mit Gewalt und Tod gekommen; sie sind psychisch vulnerabler (verletzlicher) geworden und haben in unbekannten Umgebungen, fremder Kultur, fremder Sprache eine hohe Aufmerksamkeit für die Rückmeldungen und Signale anderer Menschen entwickelt. Das Erleben von realer Abhängigkeit und oft Hilflosigkeit (z. B. unklarer Aufenthaltsstatus) erzeugt gegenüber der Außenwelt eine sensibilisierte Offenheit, genährt von der überlebenswichtigen Frage: Wer bin ich für die Andern? Als was werden sie mich erkennen? Mit Rekurs auf Lacans Theorem sind die Subjekte erneut und massiv in die Dynamik des Spiegelstadiums Geworfene. Welches Spiegelbild („image spéculaire") wird sich für sie bilden? Vieles hängt vom Zufall ab. Wenn es denn eine Spiegelung gibt! So hören wir auch oft, dass Geflüchtete über einen ‚leeren Spiegel', eine Nichtwahrnehmung – eine Ignoranz berichten.

Herr N. konnte sich von dem Blick einiger Anderer auf ihn nicht mehr lösen und kehrte in seiner Rede immer wieder an die Ausgangssituation zurück. Er konnte nicht aufhören, unablässig zu wiederholen, wie ihn in seinen diversen gewaltsamen Erfahrungen des Überfallen-Werdens seine Angreifer anschrien, bevor sie ihn attackierten. Sie riefen: „Scheiß Ausländer"! Laut monologisierend entwickelte er den Gedanken, er müsse sich töten, weil er ein „Scheiß-Leben" habe. Er sei Scheiße, also sei auch sein Leben Scheiße. Er konnte sich von diesen Sätzen, wie auch von der Szene des Überfalls, nicht lösen. Unsere Versuche, dies zu unterbrechen, nahm er wahr, ohne auf sie reagieren zu können.

Ausführlich hat Herr N. uns immer wieder sein aus seiner Sicht aussichtsloses Leben vorerzählt und uns über viele Stunden in einer redundanten Schleife mit gleichbleibendem Singsang-Ton ausgemalt, wie verwirkt sein Leben in Deutschland sei. Er war überzeugt, dass er dem nur entkommen könne, indem er sich töte. Quälender Teil seines inneren Erlebens war, dass er den in seinen inneren Vorstellungen weiter an ihm haftenden Blick der fremdenfeindlichen Angreifer nicht auszulöschen vermochte, weder durch Umgebungswechsel (in eine andere entfernte Gegend), noch durch den geschützten Rahmen der Klinik. Im täglichen Umgang mit ihm bekamen wir die Botschaft dieses Blicks in einer Umkehr in paranoid-psychotischer Verkennungen von Mitarbeitern zu spüren: Wir, die Klinik und ihre Mitarbeiter*innen, waren stets sofort „Nazi-deutschland".[19] Jedes Missverständnis, jede Ungerechtigkeit erlebte er aufgebracht als eine rassistische Handlung.[20]

3.3. Der Bann des Blicks (Captation)

Freud hat uns in dem Mythos des Narziss (Freud 1914), ein in der abendländischen Kultur vertrautes Bild, das potentiell Gefährdende der Situation der Spiegelung nahegebracht. Narziß, gebannt sein eigenes Spiegelbild anschauend – sterbend, weil er nichts mehr aus dem Außen, auch keine Nahrung, aufnehmen kann. Im Mythos selbst geht es ursprünglich um ein verzückt-verzaubertes Innehalten in einer idealisierenden Spiegelung, die allerdings eine tödliche Selbsterkenntnis beinhaltet.

Lacan hat den Mythos wieder aufnehmend, das Spiegelstadium um eine weitere Dimension erweitert. Im Vordergrund steht hier ein drängendes Begehren: „Das Streben des Subjekts nach Wiederherstellung der verlorenen Einheit seiner selbst nimmt von Anbeginn an die zentrale Stellung im Bewusstsein ein" (Lacan 1966, S. 59).[21]

Das Streben von Geflüchteten, sich selbst wieder als ‚vollständig/als Ganzes‘ wahrnehmen zu können, ist nachvollziehbar. Es kann jedoch manchmal zu einer unablässigen Beschäftigung mit der sozialen Rückspiegelung der neuen Umgebung führen, die in ein paranoides psychosenahes Erleben mündet. Beide Patient*innen haben wir als Gefangene im Imaginären dieser Spiegelungen erlebt.

Die Lacansche Theorie hat für diese tödliche Gefangennahme des Blicks im Spiegelbild den Begriff des Bannes (captation) (Lacan 1948) gefunden. Lacan weist in einer frühen Schrift auf eine Verbindung zwischen Spiegelstadium und Suizidimpulsen hin (Lacan 1966). In späteren Ausarbeitungen verweist er auf die massive aggressive Spannung, die durch die entfremdende Erfahrung in der Spaltung (eine existentielle Erfahrung des eigenen Ungenügens) evoziert wird und in (Auto-)Aggression umschlägt.

---

19 Die paranoide Verkennung übersteigt die Metapher: Wir sind nicht *wie* die Nazis. Wir sind Nazis.

20 In der Klinik erleben wir, dass besonders Menschen, die in ihrem Heimatland einer Minderheit angehörten, das Narrativ der Nazis leicht aufgreifen und sich unbewusst in der Identifikation mit den todgeweihten Opfern wiederfinden. Gleichzeitig gibt es von anderen Geflüchteten einen eher spielerisch-provokativen Umgang in der Verwendung der Beschimpfung „Nazi".

21 Lacan übersetzt Freuds „Wunsch" in „Begehren" und entwickelt ihn inhaltlich wesentlich komplexer weiter (Evans 2002, S. 53).

Die im narzisstischen Bann durch das eigene Spiegelbild angelegte Struktur ist per se selbstdestruktiv/suizidal angelegt, da sie ohne Intervention eines Dritten – der angenommen Person außerhalb des Spiegels – unvermeidbar in den Tod führt. Mit der Person des Dritten eröffnet sich ein Ausgang aus dem Imaginären in die symbolische Ordnung. Im Spiegelstadium des Kindes ist es z. B. die Mutter, die über eine sprachliche Bestätigung der nichtsprachlich vollzogenen Identifizierung des Kindes mit seinem Spiegelbild den Übergang in das Symbolische (durch die Verwendung sprachlicher Symbole) ermöglicht und damit den Riss im Subjekt hilfreich überdeckt.

Lacan verortet diesen Drang als Todestrieb in dem Übergang zwischen dem Register des Imaginären und dem Symbolischen (Lacan 1978, S. 221). In einer Übertragung auf die Lebensgeschichten der beiden Patient*innen sind die über lange Zeit kaum zu beeinflussenden massiven Selbstvernichtungsimpulse im Scheitern an dieser Passstelle zu suchen. Ich meine hier, auf der symbolischen Ebene, können wir uns als Behandelnde positionieren.

Die Ankunftsgeschichten von Frau G. und Herrn N. weisen auf unterschiedliche Weise aber jeweils sich wiederholend ein Scheitern der Versuche in die symbolischen Ordnungen zu gelangen auf, sei es im Spracherwerb, an der Universität, im Anschluss an Freundeskreise oder in der Anerkennung eines Rechtsstatus durch Institutionen. Auch war es beiden wahrscheinlich aufgrund der Schwere ihrer Traumatisierungen nicht gelungen, die Position dessen, der mit der Gabe einer anerkennenden Bestätigung des Subjektes ausgestattet gewesen sein könnte, zu besetzen. Hier gab es kein ausreichendes Vertrauen.

Im Nachhinein sehen wir einen zeitlichen Zusammenhang zwischen der sich positiv verstärkenden Einbindung beider Patienten in sogenannte „symbolische Ordnungen" und der allmählichen Besserung des schweren lebensbedrohlichen Zustandes. An den Verknüpfungen und Anbahnungen in Richtung „symbolische Ordnung" hatte das gesamte Team einen Anteil. Eine Bereitschaft, sich auf Veränderung einzulassen, bemerkten wir bei beiden Patienten jeweils, nachdem wir in Einzelkontakten die geschlossene Station im Vertrauen auf den für kurze begrenzte Zeiträume geschlossenen Antisuizidpakt (also auf eine im Symbolischen geschlossene, weil sprachliche Vereinbarung) gemeinsam verlassen konnten.

Frau G. haben wir in der Klinik den Spracherwerb (s. o.) ermöglicht und eine rechtliche Betreuung angeregt (die Betreuerin vertritt die Interessen der Patientin, die sie selbst nicht vertreten kann). Der Kontakt zu Hilfsorganisationen wurde von uns angebahnt, so dass sie durch einen Anwalt für asylrechtliche Fragen vertreten werden konnte. Frau G. hatte überdies eine Freundin gefunden. Frau G. und Herr N. haben beide begonnen, in der intensiven Genogrammarbeit sich symbolisch und konkret auf dem Papier wieder in ihre Verwandtschaftsordnungen einzutragen. Über die gemeinsame Genogrammarbeit war es uns viel leichter möglich, auf der Ebene des Imaginären einen Anteil ihrer frühen Spiegelungen durch die Beziehungen liebender Angehöriger, die uns sichtbar wurden, mit in unseren Blick auf sie zu nehmen. Maßgeblich förderte die Genogrammarbeit, auch durch unseren bestätigenden Blick aus der Position des symbolischen Dritten die Selbstwahrnehmung, sich als einen Teil einer Familie zu erleben und durch die Anerkennung dessen, was wir erleben, erneut einen Wirklichkeitsstatus zu gewinnen.

Was haben wir getan? Steinchen in den „narzisstischen" Teich geworfen und einen Ausweg aus der Gefangennahme im Imaginären hin auf ein Handeln im Rahmen des Symbolischen – mit uns als Zeugen – angeboten.

Beim Schreiben des letzten Satzes hatte ich sofort eine kleine Szene zeitlich gegen Ende der stationären Behandlung vor Augen: Während ich über die Station laufe, winkt Herr N. mir, fröhlich auf dem Fensterbrett sitzend, zu und lacht geradezu vergnügt. Am Ohr ein Handy ruft er mir strahlend zu: „Hallo Frau Tammen, Athra ist am Telefon." Ich sehe ihn, im Kontakt mit seiner Familie, seiner kleinen Schwester Athra und rufe: „Viele Grüße!", während ich weiterlaufe.

Literatur

Althans, Birgit (2010): Zur anthropologischen Notwendigkeit des Verkennens. Jacques Lacans „Das Spiegelstadium als Bildner der Ichfunktion". In: Jörissen, Benjamin/Zirfas, Jörg (Hrsg.): Schlüsselwerke der Identitätsforschung. Wiesbaden: Springer VS, S. 55–67.

Borch-Jacobson, Mikkel (1999): Lacan. Der absolute Herr und Meister. München: Fink.

Cecchin, Gianfranco (1988): Zum gegenwärtigen Stand von Hypothetisieren, Zirkularität und Neutralität – eine Einladung zur Neugier. In: Familiendynamik 13(3), S. 190–203.

Evans, Dylan (2002): Wörterbuch der Lacanschen Psychoanalyse. Wien: Turia + Kant.

Freud, Sigmund (1914): Zur Einführung des Narzißmus. In: Gesammelte Werke Bd. 10, S. 137–170.

Lacan, Jacques (1966a): L'aggressivité en psychoanalyse. In: Ders.: Écrits I. Paris: Seuil, S. 101–124.

Lacan, Jacques (1966b): Propos su la causalité psychique. In: Ders.: Écrits I. Paris: Seuil, S. 151–194.

Lacan, Jacques (1978): Freuds technische Schriften. In: Ders.: Seminar I. Olten: Walter.

Lacan, Jacques (1980): Die Familie. In: Ders.: Schriften III. Olten: Walter, S. 39–100.

Lacan, Jacques (1991): Das Spiegelstadium als Bildner der Ich-Funktion. In: Ders.: Schriften I. Weinheim/Berlin: Quadriga, S. 61–70.

Lacan, Jacques (1997): Die Psychosen. In: Ders.: Das Seminar III. Weinheim/Berlin: Quadriga.

Oestereich, Cornelia (2011): Trauma und Lebenserzählung: Behandlungsmöglichkeiten in einer ressourcenorientierten kultursensiblen Psychiatrie. In: Kontext – Zeitschrift für Systemische Therapie und Familientherapie 42(3), S. 257–271.

Oestereich, Cornelia/Kirschnick-Tänzer, Sabine (2017): Psychiatrische Behandlung von Geflüchteten in einer Akutklinik. In: Psychisch kranke Flüchtlinge: Neue Herausforderungen. Sozialpsychiatrischer Plan 2017 des sozialpsychiatrischen Verbundes der Region Hannover. Hrsg. Region Hannover, S. 34–38.

Widmer, Peter (2006): Metamorphosen des Signifikanten. Zur Bedeutung des Körperbilds für die Realität des Subjekts. Bielefeld: transcript.

Heimatlosigkeit

Beheimatung als Lernaufgabe

Gabriele Sorgo

Der schmerzhafte Verlust der je konkreten sozialen und kulturellen Einbettung stellt nur ein Segment des Spektrums menschlicher Heimatlosigkeit dar. Der folgende Beitrag zielt auf die Erfassung jener Segmente, die aktuell durch die Fokussierung auf dramatische Migrationsbewegungen aus dem Blick geraten sind. Menschliche Mobilität ist stets mit Lernprozessen verknüpft und reicht über geographische, soziale und kulturelle Beweglichkeit weit hinaus in Dimensionen, wo Lernen auch Loslassen im Sinne von „undoing education" (Butler 2012, S. 18) bedeuten kann. Wenn Heimat nicht als stabil, sondern als Beheimatungsprozess betrachtet wird, dann ist Heimatlosigkeit ein notwendiger Moment in diesem Prozess.

Seit dem Beginn des 19. Jahrhunderts vermehrten sich deutschsprachige Publikationen, die Heimat und Heimatsuche teils im Stile bürgerlicher Empfindsamkeit teils als Ausdruck pietistischer Sehnsucht nach der „ewigen Heimat" thematisierten (Binder 1970, S. 78). Gegen Ende des Jahrhunderts verstetigten sich Diskurse über Heimatkunst und Heimatschutz als antimodernistische Kritik an der Großstadtkultur (vgl. Gebhard/Geisler/Schröter 2007). Hermann Bausinger (1961) interpretierte dieses wachsende Interesse am Heimatlichen als Reaktion auf die durch die Industrialisierung erzwungenen neuen Lebensstile und die damit verbundenen Individualisierungsprozesse. Der Begriff der Heimat diente als Container für die notwendig auftretenden Verlustgefühle, die diese gesellschaftlichen Transformationsprozesse hervorriefen, welche letztlich als Folgen der *Great Transformation* (Polanyi 1943/1990) zu interpretieren sind. Die Sehnsucht nach Heimat und heimatlichem Ambiente blieb im 20. Jahrhundert erhalten. Sie lieferte sowohl der nationalsozialistischen Propaganda als auch der Kulturindustrie der Nachkriegszeit massenwirksame Klischees. Derzeit findet sie in Österreich und Deutschland in der steten Zunahme an Angeboten des Event- und Musikmarktes sowie im regen Zulauf zu fremdenfeindlich argumentierenden politischen Bewegungen ihren Ausdruck. Solche Heimatsucht, die dem Heimatkonsum verfallen ist, und die oft mit ihr einhergehende Fremdenfeindlichkeit, stellen zwei problematische Phänomene des Umgangs mit Heimat dar. Jüngere sozialwissenschaftlichen Analysen stufen

sie als typische Symptome einer misslingenden Heimatkonstruktion von Glo-
balisierungsverlierer*innen ein (Mitzscherlich 2001, S. 99). Denn bewusste
Beheimatung impliziert auch das Wissen um die Konstruktion und die Notwendigkeit der eigenen Anstrengung. Wo Heimat aber zu einem theoretisch
und praktisch geschlossenen System wird, das jegliche Alterität ablehnt, fehlt
dieses Bewusstsein. Beheimatung wird dann zu einem Problem, für das die
„Anderen" schuldig gesprochen werden.

Aufgrund der wachsenden Zahl von Kriegsflüchtlingen ist zurzeit in
Deutschland und Österreich weniger die Heimatlosigkeit als vielmehr die Heimat das zentrale Thema der Politik – und zwar in allen politischen Lagern. Die
Werbeplakate der Bundespräsidentenwahl in Österreich nahmen 2016 in Wort
und Bild starken Bezug auf die Heimat. Die rechtspopulistische Partei der Frei-
heitlichen suggerierte mit dem Satz: „Deine Heimat braucht Dich jetzt", dass
die Wahl eine Art von Verteidigung der Heimat darstellt. Das Plakat für den
Kandidaten Alexander van der Bellen, der einige Jahre der Partei der Grünen
vorgestanden hatte, zeigte ihn vor Kulissen mit Bergen, Wäldern und Holz-
scheunen wie aus alten Heimatfilmen. Die archetypischen Heimatvorstellungen
entstammen auch in der digitalen Epoche noch immer dem vorindustriellen 19.
Jahrhundert und zeigen keinerlei Maschinen, sondern meistens Menschen in
weitgehend unberührten Naturlandschaften mit Tieren und Bauwerken aus
Holz (Mitzscherlich 2001, S. 95). Quer über die idyllische Berglandschaft mit
van der Bellen war mit riesigen Lettern das Wort „Heimat" gedruckt, kleinere
Buchstaben führten den Satz zu Ende, der lautete: „Heimat braucht Zusammenhalt". Das zweite dazu passende Plakat mit ihm war ähnlich gestaltet, aber
statt des Wortes „Heimat" stand in riesigen Buchstaben „Österreich". Der voll-
ständige Spruch war ein Appell: „An Österreich glauben". Ein Kandidat für die
Bundespräsidentenwahl, der sich politisch als Gegner ausländerfeindlicher
Politiker*innen wählen lassen wollte (und auch gewählt wurde), warb also für
sich mit einer bäuerlichen Heimatidylle aus dem 19. Jahrhundert, die als Religi-
onsersatz Zusammenhalt versprach. Dieses Beispiel zeigt, dass politische Wahl-
kämpfe gegenwärtig das Thema der Migration abhandeln müssen, dass dies
aber indirekt über die implizit religiöse Verherrlichung der Heimat geschieht,
wobei trotz Landflucht, Kirchenaustritten und hochtechnologischer Agrarwirt-
schaft die Heimat als vormodernes Landleben inszeniert wird. Der so genannte
Heimatrockmusiker Andreas Gabalier führt zurzeit mit seiner Inszenierung den
Versuch vor Augen, moderne Urbanität mit „uriger Gaudi" zu vereinen. In
Lederhosen und mit einer Haartolle, die an die 1950er Jahre erinnert, spricht er
im deutschen Sprachraum erfolgreich ein Publikum an, das oft schon seit drei
Generationen ein urbanisiertes Leben führt, seine Wurzeln aber gerne in die
„Wiesn" phantasiert. Gabalier konnte im Juli 2016 und 2017 im ausverkauften
Münchner Stadion über 70.000 Fans mit seiner angeblichen Heimatmusik be-
geistern. Sind diese Fans tatsächlich Heimatliebende oder doch eher Heimatsu-

chende oder nicht vielmehr eher Heimatlose? Um diese Fragen anthropologisch zu vertiefen, stelle ich im folgenden Abschnitt zwei Denkansätze einander gegenüber.

1. Die Heimat des „offenen Wesens"

Der Ansatz, dass Menschen grundsätzlich heimatlose Wesen wären, hat prominente Vertreter*innen in Philosophie und Kunst. Die gegenteilige Annahme, dass Menschen aufgrund der globalen Mobilisierung auch in reichen Gesellschaften häufiger den Erfahrungen der Heimatlosigkeit ausgesetzt wären als je zuvor, kann als sozialwissenschaftlicher Standpunkt bezeichnet werden. Der erste Ansatz impliziert, dass die Heimat immer schon eine Utopie gewesen wäre, der zweite beruht auf der Voraussetzung, dass Menschen grundsätzlich in einer geographisch festlegbaren Heimat sesshaft sein müssen, um ein gutes Leben führen zu können.

Zur Klärung, ob diese zwei Perspektiven auf Heimat überhaupt in Widerspruch stehen, gehe ich zuerst von zwei philosophisch-anthropologischen Standpunkten aus, die ich kurz in zwei Sätzen darstelle. Martin Heidegger schrieb in den 1950er Jahren angesichts der Wohnungsnot und der Probleme Kriegsvertriebener schlicht: „*Die* Heimat gibt es nicht auf dieser Erde" (Heidegger 1983, S. 156). Sein Text führt zu der Erkenntnis, dass die Sprache – das dichtende Sagen – als Heimat zu bewerten sei, weil sie als Aufenthalt im irdischen Unterwegs der wohnenden Menschen gelten kann. Damit löst er die Heimat vom Territorium und entwirft Beheimatung als Bildungsprozess (ebd., S. 180). Christoph Wulf und Jörg Zirfas halten 1994 (S. 22–27) in ihrer Abhandlung zur pädagogischen Anthropologie fest: *Den* Menschen gibt es nicht. Negative Anthropologie, wie Zirfas (2004, S. 34) sie definiert hat, besagt, dass das Menschliche das Offene ist, es ist nicht festlegbar. Daraus ergeben sich wichtige Folgerungen für das Verständnis von Heimat.

Die Vorstellung der angeborenen Heimatlosigkeit findet sich seit 1800 bei vielen Literaten und Intellektuellen, von Hölderlin und Novalis bis zu Rainer Maria Rilke und darüber hinaus bis zur Gegenwart. Heimatlosigkeit ist nach Martin Heidegger eine Folge des mangelnden Vermögens, sich bei den Dingen aufhalten zu können (Heidegger 1954, S. 162). Wohnen wäre laut Heidegger die Weise, wie die Sterblichen mit dem Wissen über ihre Endlichkeit auf der Erde ihr Dasein gestalten. Doch sie müssen das Wohnen erst lernen. Die laut Heidegger in seiner Epoche weit verbreitete Unfähigkeit, sich bei den Dingen aufzuhalten, zeigt das Nichtwissen über die vorliegende Heimatlosigkeit an, sie ist unbewusst. Die Lernaufgabe besteht seiner Auffassung nach darin, zu erkennen, dass man den Dingen beiwohnen sollte. Diese Auslegung von Heimat und Heimatlosigkeit geht mit der negativen Anthropologie konform. Denn es sind nicht nur die spätmoderne Mobilisierung und die daraus resultierende Beschleunigung, die Heimatlosigkeit erzeugen. Vielmehr wäre immer von einer sichtbaren und einer verdrängten Heimatlosigkeit auszugehen. Letztere, die verdrängte allgemeinmenschliche Heimatlosigkeit, hätten Flüchtlinge mit ihren sesshaften Gastgebern als menschliche Grundbedingung gemeinsam. Doch genau deshalb werden sie nicht immer willkommen geheißen. Aus Heideggers Überlegungen kann man schließen, dass aus der Verdrängung menschlicher Heimatlosigkeit erst Xenophobie und Heimatkult entstehen können. Auch die Aussagen des Ethnopsychoanalytikers Paul Parin (1996) gehen in diese Richtung. Er vergleicht die Vorstellung von Heimat mit einer Plombe, die ein Loch, d. h. einen Mangel, zudeckt. Im Folgenden gehe ich dieser These nach, um zu sehen, ob sie historisch-anthropologisch untermauert werden kann. Einem Blick auf die Phänomene des 19. und 20. Jahrhunderts stelle ich anthropologische Forschungen zur Territorialität und zu den Praktiken der Beheimatung zu Seite.

2. Moderne Heimatlosigkeit

Friedrich Hölderlin (1951, Bd. II, 2, S. 608) verknüpft zu Beginn des 19. Jahrhunderts in einer späten Variante der Elegie „Brod und Wein" den Geist mit dem Heimatbegriff.

> „nemlich zu Hauß ist der Geist
> Nicht im Anfang nicht an der Quell. Ihn zehret die Heimat.
> Kolonie liebt und tapfer Vergessen der Geist.
> Unsere Blumen erfreuen und die Schatten unserer Wälder
> Den Verschmachteten. Fast wär der Beseeler verbrannt."

Der Geist nährt die Heimat, aber liebt die Kolonie. Das Unheimisch-Sein des Dichters oder des Menschen ganz allgemein ist der Alltagszustand des wachen Geistes (Kuhlmann 2010, S. 129). Dass ihn die Heimat zehrt, legt nicht fest, ob sie am Ursprung oder am Ende zu finden ist. So steht die Heimat nicht positiv da, sondern verursacht einen Mangel. Das Irdische, die Blumen und Wälder retten den Geist vor dem Verschmachten, sie erfreuen ihn. Doch sind sie daher seine Heimat? Eher nicht. Die Weltbejahung, d. h. die Annäherung an das Weltliche, rettet den heimatlosen Geist aber vor der Auszehrung. Somit verortet Hölderlin den Menschen wachen Bewusstseins in einem Widerspruch, dessen Dynamik er weder als Kreislauf noch als Fortschritt darstellt. Doch im Weltlichen lässt sich eine Kolonie bauen, die man als zweite Heimat bezeichnen könnte, welche erfreut und schützt. Heidegger (1951, S. 88) setzt in seiner Interpretation die Heimat mit der Mutter gleich. Aber welche Mutter will ihr

Kind verzehren? Die Stelle ist sehr dunkel. Psychoanalytisch betrachtet steht die Heimat für die an der Mutterbrust empfundenen „ozeanischen Gefühle" (Freud 1970, S. 65–67). Die Heimat ist also nicht die Mutter, die ihr Kind verzehrt, sondern repräsentiert die verzehrende Sehnsucht nach dem einstigen glücklichen Zustand. Die Heimat steht für die Erinnerung an die Lücke, die sie zugleich füllen soll.

Hölderlins Zeitgenosse Novalis lässt seine Romanfigur Heinrich von Ofterdingen fragen: „Wo gehen wir hin?" Die Antwort darauf lautet: „Immer nach Hause" (Novalis 1997, S. 198). Das Menschenleben ist für ihn und viele seiner dichtenden Zeitgenoss*innen eine Heimatsuche (Gebhard/Geisler/Schröter 2007, S. 15 f.). Die Gestaltung dieser Heimkehr ist jedoch eine ästhetische Aufgabe und das Gegenteil von Dableiben: eine Reise. Schon in diesem Sinne verwandelt sich auch das weit ältere deutsche Märchen „Hans im Glück" in die Geschichte eines gelungenen Lebens. Was Psychoanalytiker als Regression einstufen mögen, gerät aus der Perspektive angeborener Heimatlosigkeit im Sinne Hölderlins zu einer Lebenskunst, die den biographischen Verlauf als Werk betrachtet. Der Hans „im Glück" wendet sich von der Bearbeitung und Beherrschung der Materie ab zum beschaulichen Dasein am „Ursprung", der im Märchen von der Mutter verkörpert wird und der zugleich sein Lebensziel ist. Die Sorge ums Dasein fällt von ihm ab, das Nachdenken über Auskommen und Vorsorge kommt zum Ende. Hans als eine Variante des „dummen Hans", wie er in Märchen als Archetyp öfters vorkommt, erscheint als ein zur Ruhe gekommener Geist, der wieder kindlich geworden ist. Dass die Menschen „immer" nach Hause gehen, will solches andeuten. Doch andererseits bleibt festzustellen, dass jemand, der oder die „immer" nach Hause geht, wohl „nie" dort ist.

Tatsächlich wurden die Menschen, die Tiere und die Dinge in Europa ab 1800, an der Schwelle zum Industriezeitalter mobiler. In den folgenden Jahrzehnten waren viele Landbewohner*innen gezwungen, ihre Geburtsorte zu verlassen und Arbeit in den Städten zu suchen. Die ländlichen Sitten und Praktiken erfüllten dort aber keinen Sinn mehr, sie vergemeinschafteten nicht mehr. Die Romantiker*innen thematisierten offensichtlich schon diesen Beziehungsverlust zu Natur, Region, Tradition und zum christlichen Kosmos. Aber die Säkularisierung schritt voran und mag von so manchen bildungsbeflissenen Bürger*innen des 19. Jahrhunderts als eine Vertreibung aus dem Paradies unverschuldeter Unmündigkeit erfahren worden sein. Das Grimmsche Wörterbuch (1877/1991, Bd. 10, Sp. 864–866) gibt an, dass der Heimatbegriff ab dem 15. Jahrhundert zunehmend meist als Gegensatz zu fremden Ländern verwendet wurde, die aufgrund des erstarkenden Weltmarktsystems und der Kolonialisierung nun stärker ins Bewusstsein der Massen traten. Heimatbewusstsein entstand in der Frühen Neuzeit ganz langsam parallel zur Staatenbildung. Es scheint vorerst ein bürgerliches Bewusstsein zu sein, welches aus der Kultivierung der Ansässigkeit in Differenz zur tatsächlichen oder auch nur befürchteten

Erfahrung der Fremdheit erwächst. Denn Heimatpraxis haben alle vor Ort Sozialisierten, etwa die Mitglieder bäuerlicher Gemeinschaften. Aber erst sie zu reflektieren heißt, sich dieser Gestaltungsmacht bewusst zu werden.

Das Heimatbewusstsein ist außerdem eng verknüpft mit der Entstehung des Selbstbewusstseins in Europa. Erst die Individualisierungsprozesse, d. h. die Herauslösung der einzelnen Identitäten aus einer Wir-Identität lassen zu, dass man seine örtliche Bezogenheit aus einer Distanz betrachten kann und sich dann eventuell um diese Einbettung in Heimatliches zu sorgen beginnt. Peter Blickle (2002, S. 65) beschreibt diese Prozesse vor allem im Hinblick auf die Dichter und Denker so: „Heimat is the outwardly projected consolation of an identity's suppressed awareness of an inner anxiety that is conceived in the act of reflexivity itself." Solche Angst wird aber oft verdrängt und verhindert dann echtes Heimatbewusstsein. Denn ein solches hieße ja, sich bei den Dingen aufzuhalten statt distanzlos ins Gewohnte einzutauchen. Wer zu dieser Distanz nicht fähig ist, kann die eigene Kultur nicht als solche denken oder aktiv mitgestalten. Passiv mitmachen kann man allerdings schon.

Das selbstreflexive Individuum löste sich im Verlauf der europäischen Individualisierungsprozesse aus dem unreflektierten Wir-Bewusstsein der „mechanischen Solidarität", wie Emile Durkheim (1893/1988) sie den segmentären Gesellschaften zuordnete. Doch diese Entbettung durch Reflexivität erzeugte nicht nur soziale Mobilität, sondern zunächst einmal Gefühle der Einsamkeit und der Nostalgie.

3. Heimat und Heimatlosigkeit in der kultur- und sozialanthropologischen Forschung

Ina Greverus hat bereits in den 1970er Jahren den Heimatbegriff kulturanthropologisch ausführlich analysiert. Sie definiert Heimat auf der Basis ihrer umfangreichen interdisziplinären Forschungen als Satisfaktionsraum, welcher Verhaltenssicherheit, Nahrung und Schutz bietet (Greverus 1972, S. 17–64). Sie geht davon aus, dass territoriale Ansprüche eine Konsequenz der Bedürfnisse nach Sicherheit – vor allem Verhaltenssicherheit – sowie nach Aktion und Identifikation seien (ebd., S. 52). Desgleichen führt der Verhaltensforscher Irenäus Eibl-Eibesfeldt (1984, S. 795) sechs anthropologisch in allen bekannten Gemeinschaften nachgewiesene Verhaltensweisen des Menschen an, die er allerdings nicht als Determination auffasst. Er nennt Rangstreben, Bereitschaft zu Gefolgsgehorsam, Familialität, Neigung zur Bildung geschlossener Gruppen, Gruppenintoleranz und Territorialität. Territoriales Verhalten kann sich nach Eibl-Eibesfeldt kulturspezifisch sehr unterschiedlich äußern, auch völliger Verzicht ist möglich.

Der Wirtschaftsanthropologe Samuel Bowles, ein Spezialist für soziale Ungleichheit und menschliche Kooperation, spricht auf der Ebene des Verhaltens außerdem vom „parochialen Altruismus" (Bowles 2008). Darunter versteht er die Praxis, dass man nur den Mitgliedern der eigenen Gruppe hilfreich zur Seite steht, Angehörigen anderer Gruppen jedoch weniger Hilfe und Freundlichkeiten entgegenbringt. Dieses Phänomen ist laut Bowles in den meisten untersuchten Kulturen zu finden.

Auch nomadische Kulturen haben, wie Anthropolog*innen seit langem wissen, territoriale Ansprüche (Bastian 1995, S. 53). Die Jäger- und Sammlerinnenkulturen sind großräumig ortsgebunden. Sie kennen die Landschaften ihres weitläufigen Territoriums, das sie durchziehen, sehr genau und neigen dazu, es zu verteidigen. Heimat ist also keine Frage der Sesshaftigkeit, sondern der Beziehung, Bindung und Einbettung. So gesehen ist Beheimatung aber auch ein fortlaufender Transformationsprozess, der den Bedürfnissen nach Sicherheit in einer sich wandelnden Umwelt entspringt.

Die These, dass die Sesshaftwerdung auf eine größere Nahrungssicherheit durch Ackerbau zurückzuführen wäre, ist heute widerlegt. Vielmehr scheinen soziale Bedürfnisse den Ausschlag gegeben zu haben. Die menschliche Clanbildung baute vermutlich auf der Verehrung gemeinsamer Ahnen auf, weil auf diese Weise Gefühle der Gruppenzugehörigkeit gestärkt und dadurch die Überlebenschancen der Gruppen erhöht wurden (Stone/Lurquin 2007, S. 222). In diesem Sinn hat Richard Harrison in seiner philosophischen Anthropologie der Bestattung die These entwickelt, dass die Bindung an die echten oder mythischen Ahnen und an ihre Gräber zur Sesshaftigkeit animierten (vgl. Harrison 2006). Die rituell gepflegten Bindungen an die Toten und ihre letzten Ruhestätten gaben Anlass, sich mit Territorien zu identifizieren. Zudem stellen die Toten und ihre Gräber Verbindungen zu transzendenten Welten her, die in vielen Mythen als Ursprung sozialer Ordnung bezeichnet werden. Religionsanthropologisch spricht viel dafür, dass geteilte religiöse Vorstellungen den Gruppenzusammenhalt stärken (vgl. Norenzayan/Shariff 2008). Deshalb ruft das Wort „Heimat" auch in säkularen Gemeinschaften immer noch religiöse Gefühle wach. Heimat hängt mit den früh im Leben erlernten Routinen und Ritualen zusammen, die – wenn überhaupt explizit besprochen – von vormodernen Gesellschaften meist religiös legitimiert wurden. Auch in modernen Gesellschaften übernehmen Kinder unhinterfragt die Praktiken ihrer Lebenswelt, manche davon verknüpfen sie je nach Entwicklungsstufe und Setting dauerhaft mit Gefühlen des Magischen oder Religiösen.

Dass Migrant*innen sozialen Rückhalt im Rahmen religiöser Praktiken ihres Herkunftslandes suchen, ist ein bekanntes Phänomen, welches für den antiken Mittelmeerraum ebenso gut belegt ist wie für die Gegenwart (Bear/North/Price 1998, S. 294 f.; Mossiere/Meintel 2010). Das gemeinsame Gedenken an die Toten sowie religiös verbrämte Feiern von Geburten und Eheschließungen fern des Herkunftslandes dienen der Stärkung sozialer Bindungen, die wiederum Identitäten absichern. Harrisons These, dass die Sesshaftigkeit und die Entwicklung territorialer Grenzen von der Bezugnahme auf Gräber und heilige Stätten befördert wurden, erscheint im Lichte aktueller Forschungen ziemlich plausibel (Harrison 2006, S. 67). Denn die Anzahl an Kontakten unter nomadischen Gruppierungen in einem bestimmten Territorium konnte durch die gemeinsame Verehrung von Heiligtümern oder Orten, die einen Zugang zu transzendenten Mächten begünstigten, erhöht werden. Je mehr Kontakte Gruppierungen aber untereinander haben, so legen Forschungen nahe, desto komplexer sind ihre Werkzeuge. Kontakte befördern offensichtlich die Entstehung neuer Techniken und innovativer Praktiken und sichern so indirekt das Überleben (Culotta 2010). Dies könnte den Ausschlag für die Entscheidung zur Sesshaftigkeit und zur weiteren Verstärkung von Bindungen an ein zuerst von Kultstätten markiertes Territorium gegeben haben.

4. Historisch-anthropologischer Blick auf Heimatkonstruktionen

Im archaischen und antiken Griechenland erfolgte der Gräber- und Heroenkult entweder an den Rändern des Territoriums einer größeren Siedlung oder in ihrem Zentrum (Sourvinou-Inwood 1993, S. 7). Die Gräber heldenhaft Verstorbener vermittelten zwischen dem Jenseits und dem Diesseits, sie setzten Zeichen (Sourvinou-Inwood 1996, S. 112), die oft zum Zentrum einer Siedlung wurden. So banden sie die Fläche der gesamten Stadt an eine Vertikale, die von der Erde zum Himmel führte, wo man die Wohnung der Götter vermutete. Man siedelte also rund um diese Zeichen, welche die Menschen durch die Errichtung von Gräbern oder Kultstätten selbst setzten. Dieses Zentrum-Setzen stellt, wie Otto Bollnow meint, eine allgemein verbreitete Praxis unter Menschen dar. Er begründet es damit, dass die aufgerichteten Menschen sich als Nullpunkt des Raumes sehen, weil „ihm [dem Menschen] von seinem Leib her die Bestimmungen von oben und von unten, vorn und hinten, rechts und links mitgegeben sind" (Bollnow 1971, S. 55). Dieser Nullpunkt wird auch im Zentrum der Siedlung für die Orientierung der Gemeinschaft gesetzt. Man könnte mit Marc Augé (1992) sagen, dass solche Zentren genuine Gedächtnisorte sind. Archäologische Funde der Mykenischen Kultur legen die Vermutung nahe, dass Kultstätten sogar die Voraussetzung für Staatenbildung darstellen (Wright 1994, S. 58). Richard Harrison interpretiert Grabsteine generell als territoriale Ansprüche einer Sippe (Harrison 2006, S. 49 f.). Rund um diesen Nullpunkt, sagt Bollnow, umfrieden die Menschen ihren Wohnraum, d. h. sie erzeugen durch Grenzsetzung jenen Satisfaktionsraum, wo Gruppen Verhaltenssicherheit, Nahrung und Schutz finden (Bollnow 1971, S. 123–144).

In den meisten altgriechischen Stadtzentren existierte ein Altar der Göttin Hestia eventuell zusätzlich zu einem Heroengrab. Denn auch in allen Häusern war das Zentrum – der Nullpunkt – die Feuerstelle, welche der Hestia gewidmet war (Vernant 1996; Sourvinou-Inwood 1993, S. 9). Weil die Nahrung und die Nahrungsteilung dem Überleben dienen, wurde die Feuerstelle zum Symbol des Ursprungs des Lebens einer Familie, zum *Omphalos* (Nabel), wie es die Griechen nannten (Bollnow 1971, S. 60). Was für die Familien galt, das galt auch für die städtische Gemeinschaft. Heimat wurde durch die Bezogenheit auf den *Omphalos* im Stadtzentrum hergestellt. Feuerstellen und Altäre an Kultstätten und in Tempeln wiederholten diese Setzung. Deshalb hob der Religionsphilosoph Gerd van der Leew (1956, S. 445–457) hervor, dass Haus und Tempel wesentlich eins sind und dass beide heilige Räume sind. Dieser Umstand erklärt einmal mehr den Bezug der Heimat zum Religiösen. Der Wunsch, an einem Ort dauerhaft zu wohnen, mag sich an Kultstätten entzündet haben. Menschen wollten bleiben, weil sie die Beziehungen untereinander vermittelt durch die Bezogenheit auf eine heilige Stätte schätzten. Deshalb bauten sie dauerhafte Häuser. Denn der Akt der Grenzziehung, so stellte Ernst Cassirer schon 1925 fest – und aktuelle Religionsanthropolog*innen stimmen mit ihm überein –, rührt ans Heilige (Cassirer 1994, S. 120–128; vgl. Anttonen 1996). Menschliche Ordnung wurde bis zur Aufklärung auf göttliche Setzung zurückgeführt. Setzung heißt aber noch nicht gefangen zu sein in einer Heimat, sondern nur Orientierung zu haben. Deswegen werden vertriebene Menschen ohne Herd, Haus, ohne Wohnung und ohne territorial festlegbare Heimat nicht zu Treibgut. Wohnen und Heimat ist vielerorts durch Setzung und Orientierung möglich.

Einerseits sind Menschen territorial, insofern sie umweltbezogen sind. Ihre identitätsstiftenden Erfahrungen finden sowohl in materiell-räumlichen Kategorien als auch in Überzeugungen, Motiven und Einstellungen, die oft schon in der frühen Kindheit übernommen werden, ihren Ausdruck (vgl. Winter 1995, S. 89). Andererseits aber hängt das Wohnen-Können mit dem Sich-offen-Halten des Geistes zusammen, wie Heidegger in seiner Auslegung der Elegie „Brod und Wein" (Heidegger 1951, S. 88) ausführt. Denn immer ist das Wohnen, ist Heimatkonstruktion eine Koloniebildung und daher eine menschliche Setzung.

5. Anthropologisch-pädagogischer Blick auf die Heimatlosigkeit

Die genuine menschliche Heimatlosigkeit entspricht dem Menschen als offenem Wesen. Sie ermöglicht es, sich überall auf der Erde eine Heimat zu schaffen, sei sie territorial, kulturell oder imaginär. Menschen binden sich zwar mit „geheimen Fasern", sagt Vilem Flusser, und diese Bindung ist für Menschen grundlegend, aber sie ist nicht durch die Geburt unveränderlich festgelegt. „Heimat ist zwar kein ewiger Wert, sondern eine Funktion einer spezifischen

Technik, aber wer sie verliert, der leidet" (Flusser 1994, S. 17). Für alle Menschen wäre es notwendig, meint er, in der Heimatlosigkeit Wohnung zu beziehen. Dennoch hält er kein Plädoyer für die Migration. Denn dass er von den Nazis aus Prag, wo er sich beheimatet fühlte, vertrieben wurde, war ein Akt traumatischer Entbettung, die Beheimatung in der Folge erschwerte.

Heimatkult oder Patriotismus heiligen jedoch nur die auferlegten Bindungen statt der frei auf sich genommenen. Das jedoch hieße, passiv und ohne etwas zu lernen im Gegebenen zu verharren. Wolfgang Binders (1970, S. 103 f.) Interpretation von Hölderlins Dichtungen zur Heimat als zu verlassende und wieder zu findende stimmen mit Flussers Aussagen überein. Menschen müssen sich freiwillig von den auferlegten Bindungen ihrer Kindheit oder ihrer Region lösen, um Beheimatung zu erlernen.

Einerseits kann der allzu rasch oder gewaltsam herbeigeführte Heimatverlust traumatisieren (vgl. Grinberg/Grinberg 1990), andererseits sind die oft unbewussten Fesseln der Heimat aber laut Flusser keine dialogischen Fesseln. (Nicht traumatisierte) Heimatlose haben den Vorteil, dass sie sich gezwungen sehen, die „infantilen, fötalen und transindividuellen Regionen der Psyche" nüchtern zu analysieren und sodann für neue Bindungen Verantwortung zu übernehmen (Flusser 1994, S. 18). Daher kommt Flusser zu der folgenden Erkenntnis: „Der Einwanderer ist für den Beheimateten noch befremdender, unheimlicher als der Wanderer dort draußen, weil er das dem Beheimateten Heilige als Banales bloßlegt" (ebd., S. 21). Eine statische und geschlossene Heimat ist die Sakralisierung von Banalem, mehr nicht (ebd., S. 26). So gesehen arbeiten „Heimatkünstler", wie zum Beispiel die erfolgreichen Musiker Hansi Hinterseer oder Andreas Gabalier, mit Heimatsound und Wiesengaudi an der Sakralisierung des Banalen.

Weil die Heimat also ein mythischer Ursprung ist, der kein Bleiben erlaubt, und zugleich das Ziel, kann Friedrich Nietzsche sie in der *Geburt der Tragödie* sogar als die Vereinigung des Apollinischen mit dem Dionysischen darstellen – wie das Märchen von Hans im Glück ebenfalls vor Augen führt. Zuerst strebt Hans weg von der Heimat nach Ausbildung und weltlichem Lohn, für den er qualifiziert arbeitet. Dann aber legt er allen materiellen Gewinn, den er daraus gezogen hat – den Batzen Gold – ab, um nur noch die Leichtigkeit des Daseins zu genießen: in vollkommenem Glück. Peter Blickle (2002, S. 45) unterstellt in seiner Metaphernanalyse von Nietzsches *Geburt der Tragödie* dem Philosophen schlicht die Gleichstellung von Heimat und Orgasmus. Allerdings soll damit kein rein dionysches *Blackout* umrissen werden – wie die Konzerte von Hinterseer oder Gabalier es anbieten. Vielmehr beschreibt Nietzsche die Vereinigung des Apollinischen Weges mit dem Dionysischen als Rückkehr zu einer weiblich konnotierten Heimat. Im Werk des reiferen Nietzsche wird Zarathustra erst weise, nachdem er seinen Geburtsort verlassen hat. Der Bildungsweg führt zuerst in die Heimatlosigkeit, bevor er eine Rückkehr zum Sehnsuchtsort wird.

Ina Greverus hat in ihren Studien ebenfalls diese Vereinigung der widersprüchlichen menschlichen Dimensionen in Heimatvorstellungen angesprochen. Sie nimmt aber Bezug auf Helmuth Plessner (Greverus 1972, S. 21). Menschen können im Unterschied zu Tieren ihre Umwelt bewusst gestalten, stellt Plessner fest, dies ist ihnen aufgrund der exzentrischen Positionalität möglich (vgl. Plessner, S. 181–194). Tiere haben nur eine zentrische Positionalität, d. h. sie können nicht über sich selbst reflektieren. Die Distanz zur Umwelt und zum eigenen leiblichen Zustand ermöglicht den Menschen Bewusstsein und die Fähigkeiten zur Planung und Gestaltung sowie den Zugang zu transzendenten imaginären Welten. Allerdings erzeugt die Fähigkeit zur Körperausschaltung auch Gefühle der Unzufriedenheit und der Unvollständigkeit sowie der Selbstentfremdung. Wenn daher zentrische und exzentrische Position sich bei wachem Bewusstsein überlagern, dann entstehen Glücksgefühle, vielleicht Heimatgefühle.

So wird die provokante Vorstellung von Heimat als Orgasmus verständlich. Die Verschmelzung des Exzentrischen mit dem Zentrischen wäre das Erlebnis, bewusst im Dasein bei sich angekommen zu sein und zugleich bei den Dingen zu wohnen.

Literatur

Anttonen, Veikko (1996): Rethinking the Sacred: The Notions of „Human Body" and „Territory" in Conzeptualizing Religion. In: Idinopulos, Thomas/Yonan, Edward A. (Eds.): The Sacred and Its Scholars. Comparative Methodologies for the Study of Primary Religious Data. Leiden/New York: Brill, S. 37–64.

Bastian, Andrea (1995): Der Heimat-Begriff. Eine begriffsgeschichtliche Untersuchung in verschiedenen Funktionsbereichen der deutschen Sprache. Tübingen: Max Niemeyer.

Bausinger, Hermann (1961): Volkskultur in der technischen Welt. Stuttgart: Kohlhammer.

Beard, Mary/North, John/Price, Simon (1998): Religions of Rome. Vol. 1. A History. Cambridge: University Press.

Binder, Wolfgang (1970): Sinn und Gestalt der Heimat in Hölderlins Dichtung. In: Ders.: Hölderlin-Aufsätze. Frankfurt/M.: Insel, S. 76–111.

Blickle, Peter (2002): Heimat. A Critical Theory of the German Idea of Homeland. Rochester NY/Woodbridge: Camden House.

Bollnow, Otto Friedrich (1971): Mensch und Raum. Stuttgart/Berlin/Köln: Kohlhammer.

Bowles, Samuel (2008): Conflict: Altruism's Midwife. In: Nature 456, S. 326–327.

Butler, Judith (2012): Gender and Education. In: Ricken, Norbert/Balzer, Nicole (Hrsg.): Judith Butler: Pädagogische Lektüren. Wiesbaden: VS, S. 15–28.

Cassirer, Ernst (1994): Philosophie der symbolischen Formen. 2. Teil. Das mythische Denken. Darmstadt: WBG.

Culotta, Elisabeth (2010): Did Modern Humans Get Smart Or Just Get Together? In: Science 328, S. 164.

Durkheim, Emile (1893/1988): Über soziale Arbeitsteilung. Frankfurt/M.: Suhrkamp.

Eibl-Eibesfeldt, Irenäus (1984): Die Biologie des menschlichen Verhaltens. Grundriss der Humanethologie. München: Piper.

Freud, Sigmund (1930/1970): Das Unbehagen in der Kultur. Frankfurt/M.: Fischer.

Flusser, Vilém (1994): Wohnung beziehen in der Heimatlosigkeit. In: Ders.: Von der Freiheit des Migranten. Einsprüche gegen den Nationalismus. Köln: Bollmann, S. 15–30.

Gebhard, Gunther/Geisler, Oliver/Schröter, Steffen (2007): Heimatdenken: Konjunkturen und Konturen. Statt einer Einleitung. In: Dies. (Hrsg.): Heimat: Konturen und Konjunkturen eines umstrittenen Konzepts. Bielefeld: transcript, S. 9–56.

Greverus, Ina-Maria (1972): Der territoriale Mensch. Ein literaturanthropologischer Versuch zum Heimatphänomen. Frankfurt/M.: Athenäum.

Grimm, Jacob/Grimm, Wilhelm (1877/1991): Deutsches Wörterbuch. Bd. 10. München: dtv.

Grinberg, León/Grinberg, Rebeca (1990): Psychoanalyse der Migration und des Exils. München: Verlag Internationale Psychoanalyse.

Harris, Robert (2006): Die Herrschaft des Todes. München/Wien: Hanser.

Heidegger, Martin (1951): Erläuterungen zu Hölderlins Dichtung. Frankfurt/M.: Vittorio Klostermann.

Heidegger, Martin (1954): Bauen Wohnen Denken. In: Ders.: Vorträge und Aufsätze. Pfullingen: Günther Neske, S. 145–162.

Heidegger, Martin (1983): Sprache und Heimat. In: Ders.: Aus der Erfahrung des Denkens 1910–1976. Frankfurt/M.: Vittorio Klostermann, S. 155–180.

Hölderlin, Friedrich (1951). Sämtliche Werke. Gedichte nach 1800. Lesarten. Große Stuttgarter Ausgabe. Bd. II,2. Stuttgart: Kohlhammer.

Hölderlin, Friedrich (1826/1951): Der Gang aufs Land. In: Ders.: Sämtliche Werke. Gedichte nach 1800. Große Stuttgarter Ausgabe. Bd. II,1. Stuttgart: Kohlhammer, S. 84–85.

Kuhlmann, Ulrike (2010): Das Dichten denken: Der Bezug von Dichten und Denken als Kernfrage in Martin Heideggers Werk. Münster: Lit.

Mitzscherlich, Beate (2001): Die psychologische Notwendigkeit von Beheimatung. In: Bucher, Anton A./Gutenthaler, Andreas (Hrsg.): Heimat in einer globalisierten Welt. Wien: ÖBV & hpt, S. 94–109.

Mossière, Géraldine/Meintel, Deirdre (2010): Tradition and Transition. Immigrant Religious Communities in Urban Contexts. In: Hecht, Richard D./Biondo, Vincent, F. (Eds.): Religions in the Practice of Daily Life. Westport, CT: Greenwood Press, S. 481–508.

Norenzayan, Ara/Shariff, Azim F. (2008): The Origin and Evolution of Religious Prosociality. In: Science 322, S. 58–62.

Novalis (1802/1997): Heinrich von Ofterdingen. München: dtv.

Parin, Paul (1996): Heimat, eine Plombe. Hamburg: Europäische Verlagsanstalt.

Plessner, Helmut (2002): Elemente der Metaphysik. Eine Vorlesung aus dem Wintersemester 1931/32. Berlin: Akademie Verlag.

Polanyi, Karl (1943/1990): The Great Transformation: Politische und ökonomische Ursprünge von Gesellschaften und Wirtschaftssystemen. Frankfurt/M.: Suhrkamp.

Sourvinou-Inwood, Christiane (1993): Early Sanctuaries, the eighth Century and ritual Space. In: Marinatos, Nanno/Hägg, Robin (Eds.): Greek Santuaries. New Approches. London: Routledge, S. 1–17.

Sourvinou-Inwood, Christiane (1996): „Reading" Greek Death. To the End of the Classical Period. Oxford: Clarendon Press.

Stone, Linda/Lurquin, Paul F. (2007): Genes, Culture and Human Evolution. A Synthesis. Oxford: Blackwell.

Van der Leeuw, Gerardus (1956): Phänomenologie der Religion. Tübingen: Mohr.

Vernant, Jean-Pierre (1996): Hestia – Hermes. In: Ders.: Der maskierte Dionysos. Stadtplanung und Geschlechterrollen in der griechischen Antike. Berlin: Wagenbach, S. 13–54.

Winter, Gerhard (1995): Heimat in ökopsychologischer Sicht. In: Belschner, Wilfried/Grubitzsch, Siegfried/Leszcynski, Christian (Hrsg.): Wem gehört die Heimat? Beiträge der politischen Psychologie zu einem umstrittenen Phänomen. Opladen: Leske & Budrich, S. 87–94.

Wright, James (1994): The Spatial Configuration of Belief: The Archeology of Myenaean Religion. In: Alcock, Susan E./Osborne, Robin (Eds.): Placing the Gods. Sanctuaries and Sacred Space in Ancient Greece. Oxford: Clarendon Press, S. 37–78.

Wulf, Christoph/Zirfas, Jörg (Hrsg.) (1994): Theorien und Konzepte der pädagogischen Anthropologie. Donauwörth: Auer.

Zirfas, Jörg (2004): Pädagogik und Anthropologie. Eine Einführung. Stuttgart: Kohlhammer.

Stachel und Plombe

Ein essayistischer Klärungsversuch unter populistischen Voraussetzungen[1]

Daniel Burghardt

> *„Es ist die Erfahrung, dass viele Leute den*
> *Begriff der Heimat so benutzen, dass*
> *andere zu Fremden gemacht werden."*
> Detlev Claussen, *Wieviel Heimat braucht der Mensch?*

Voraussetzung

Der öffentlich, mediale Diskurs wird seit geraumer Zeit wieder von drei hier zu verhandelnden Begriffen dominiert. Dabei geraten „Flucht" und „Heimat" schnell zu Kampfbegriffen, mit denen gleichzeitig Aufforderungen, Ängste und Wünsche transportiert werden. Der schillernde „Populismus" dagegen wird abwechselnd als Analysekategorie, inzwischen aber auch als Ersatzbegriff für ein neues Zeitalter in Anschlag gebracht.

Dies kann politisch kaum verwundern: Mit der Finanzkrise 2006/2007 manifestierte und beschleunigte sich in der sog. westlichen Welt der Abbau sozialer Netze. Parallel dazu trat ein erneuter Nationalismus auf den Plan: In großen Teilen der westlichen Demokratien regieren wieder autoritäre *Führertypen*, die mit einfachen Formeln, z. B. „Make XY great again", ohne große Strategien, Ideen oder Programme an die Macht gewählt wurden. Die Europäische Union leidet schwer an neuen Separatismus- und Kleinstaatenträumen. In der Bundesrepublik ist mit der AfD eine sogenannte rechtpopulistische Partei in den Bundestag gewählt worden, deren öffentliches Auftreten sich in großen Teilen auf eine Emotionalisierung und Polarisierung der Begriffe Flucht und Heimat beruft. Und schließlich ist auch vielerorts im konkreten Alltagshandeln eine Ero-

---

[1] In diesen Text gehen verschiedene Vorarbeiten zur Thematik von Flucht und Heimat ein. Vgl. dazu Burghardt 2016; Burghardt 2017; Burghardt et al. 2017, S. 134 ff.

261

sion der Affektkontrolle zu beobachten, die auf eine Wiederkehr des nie ver-
schwundenen autoritären Charakters schließen lässt (vgl. Nachtwey 2017).

Vor diesem Hintergrund muss das öffentliche Strapazieren der Begriffe
„Flucht" und „Heimat" als Zeichen gesellschaftlicher Schließungsmechanismen
betrachtet werden.

Die folgenden Überlegungen versuchen sich in einer kritischen Einordnung
der Begriffe. Ohne Anspruch auf eine komplette Erfassung des Diskurses wird
davon ausgegangen, dass die Begriffe *Flucht* und *Heimat* selbst popularisierte
Denkformen wiederspiegeln, die in einer wissenschaftlichen Analyse problematisiert werden müssen.

Wenn im Folgenden also von Flucht und Heimat die Rede sein soll, kann
dies nicht geschehen ohne zuvor die diskursiven Rahmenbedingungen abzuste-
cken. Denn auch dieser Diskurs, so die hier vertretene These, findet bereits im
Fahrwasser des Populismus statt. Daher beginnt dieser einordnende Essay mit
dem Phänomen des aktuellen Populismus.[2]

Zunächst steht dieser Begriff als politischer Terminus im engen Zusammenhang zur Demokratie, zum einen als deren Negation, zum anderen als
deren Radikalisierung. Seine Voraussetzungen hat er jeweils in einer Krise, sei
es eine der Repräsentation oder eine der kapitalistischen Regulation und Akkumulation. Darüber hinaus ist Populismus ein relationaler Begriff, der sich
durch Moralisierung, Emotionalisierung, Polarisierung und Personalisierung
auszeichnet (vgl. Dahrendorf 2007; Priester 2012; Müller 2016).[3]

In zeitgenössischer Abwandlung eines Diktums von Horkheimer bildet der
Populismus die konformistische Protestvariante gegen den Neoliberalismus,
genauso wie der Faschismus nicht ohne den Kapitalismus zu denken ist. Auf
formaler Ebene zeichnet sich der Populismus durch vergleichbare Sprechwei-
sen, Taktiken, Rituale und Feindbilder aus. So sind die inhaltlichen Erschei-
nungsformen bzw. -antagonismen auf mindestens struktureller Ebene vergleichbar: Anstelle der Komplexität tritt die Vereinfachung, der Ratio die

---

2   Dass der Populismus nicht allein ein zeitgenössisches Phänomen ist, sondern so alt wie die
    repräsentative Demokratie selbst, hebt Müller (2016) hervor.
3   Historisch-systematisch wird überdies zwischen einem linken und einem rechten Populis-
    mus unterschieden. In diesen Richtungen ist jeweils ein Umverteilungsprojekt maßgeblich,
    welches beim linken Populismus von oben nach unten und beim rechten vom Fremden auf
    das Eigene verläuft. Historisch kommt dem linken Populismus v.a. in Lateinamerika eine
    tragende und auch emanzipatorische Rolle zu (vgl. Laclau 2007). Gegenüber der Verklärung
    eines linken Populismus sollte mit Dubiel (1986) dagegen ein Widerspruch festgehalten
    werden, nämlich, eine „instrumentelle Einstellung gegenüber den unaufgeklärten Bewusst-
    seinspotentialen beizubehalten und sie lediglich in den Dienst der ‚richtigen Sache' zu stel-
    len. Aber wäre nicht eine um Aufklärung bemühte ‚emanzipatorische' ‚Bild'-Zeitung ein
    Widerspruch in sich?" (ebd., S. 10). – In Europa und Amerika haben wir es aktuell eindeutig
    mit der rechten Spielart zu tun.

Angst, der Nachrichten die „fake News", der öffentlichen Medien die „Lügen-
presse", der zivilisatorischen Umgangsformen die „Anti-PC Kampagne", des
Bürgers die „Wutbürger", der Kommunikation der „Shitstorm", der Klasse das
Volk, der Herrschaft das Establishment, der Kritik die Empörung, der Analyse
die Verschwörung, der Avantgarde die Reaktion, des Pluralismus die Parasiten,
der Gesellschaft die Heimat und der Fremdheit die „Flüchtlingswelle".[4]

Unter populistischen Vorzeichen mobilisiert die Rede von Flucht also
schnell die Furcht vor „Überfremdung", Terroranschlägen und sozialem Ab-
stieg, während die Beschwörung der Heimat die populistische Antwort auf
Unsicherheit, Konkurrenz und Identitätsverlust bildet. Warum aber schwingen
eigentlich mit der Erwähnung von Flucht und Heimat stets die Attribute
„fremd" und „eigen" mit?

Flucht und Fremdheit

Aus abstrakter Perspektive geht der Begriff der Fremdheit dem der Flucht insofern voran, als alle Menschen, die von A nach B meist über lange und ver-
schlungene Routen und Wege flüchten, am Ort B zunächst als Fremde erscheinen. Der sogenannte „Flüchtling" bildet mithin eine Figur des Fremden bzw.
stellt eine seiner Personifikationen dar. Im Blick auf den theoretischen Diskurs
fällt hierbei zunächst auf, dass die Figur des Fremden wechselnde Gestalt annehmen kann. Georg Simmel deutet diesen primär als eine räumlich wan-
dernde Figur, die nicht „heute kommt und morgen geht, sondern als [jeman-
den], der heute kommt und morgen bleibt" (Simmel 1992, S. 764 f.). Für Bernhard Waldenfels und Zygmunt Bauman ist der Fremde immer jemand, der
außerhalb der Ordnung steht und diese dadurch ambivalent stabilisiert. Unter
klinischen Aspekten betrachtet Michel Foucault den Fremden als eine aus dem
Diskurs des Normalen fallenden Menschen, womit Kranke, Verrückte, aber
auch Schüler*innen und Studierende gemeint sein können. Schließlich verdan-
ken wir Sigmund Freud den Hinweis darauf, dass alles Fremde auf ein verdrängtes, eigenes Unbewusstes hinweist.

---

4 So strukturell gleichförmig die Äußerungsformen auch sein mögen, so umstritten geriert
   sich die Ursachenforschung. Diskutiert wird der Populismus demokratietheoretisch als
   Krise der politischen Repräsentation (Müller), materialistisch als Krise des Kapitalismus
   (Žižek) oder der neoliberalen Alternativlosigkeit (Mouffe) (vgl. Müller 2016; Žižek 2017).
   Zudem wird darüber spekuliert, ob dieser für die Demokratie eine Gefahr darstelle oder
   Korrektivfunktion besitze (vgl. Mudde/Kaltwasser 2017). Auch im Hinblick auf die Defi-
   nition wird der Populismus als Ideologie (Mudde/Kaltwasser) oder als Strategie (Zorn 2017)
   vorgestellt.

Gegenwärtig kulminieren und manifestieren sich auf konkreter Ebene Grundbegriffe des Fremden in der Figur des Flüchtlings: Dass diese Figur das schlechthin Fremde personifiziert, die gerade dadurch das Eigene verstört, zeigt sich empirisch v. a. daran, dass Flüchtlinge wie kaum eine andere Gruppe Vorurteilen, Ressentiments, Rassismen aber auch Wünschen und Erwartungshaltungen ausgesetzt sind. Auch der rechtliche Status von Geflüchteten verweist auf deren prekären Anspruch auf Anerkennung. Bezeichnen Fremdes und Eigenes keinen festen Objektbereich und kann somit alles Fremde vertraut und alles Vertraute wieder fremd werden, werden Geflüchteten durch Zentralisierung, Homogenisierung und Ausgrenzung diese fehlenden Objektbereiche gewaltsam zugewiesen. Die Figur des Flüchtlings wird geradewegs in die ausnahmslose Identifikation mit dem Fremden getrieben. Ist das Fremde niemals umstandslos identifizierbar und definierbar, da es ja gerade dadurch zu etwas kategorial Bekanntem würde, scheint „der Flüchtling" als das schlechthin Fremde hinlänglich bekannt. Nach Waldenfels lebt eine „Ordnung im Entstehen […] von dem, was sie draußen läßt" (Waldenfels 1987, S. 169). Und in der Tat werden Geflüchtete durch Ausgrenzung eingesperrt und durch Eingrenzung ausgesperrt.

Parallel zu der populistischen Vorstellung eines unteilbaren Volkswillens, ist auch kaum von *dem* Flüchtling im Singular die Rede. Rassismustheoretisch werden Flucht und Fremdheit daher als gruppenbezogene Fremdheits- und Feindbilder analysiert. Danach wird das Fremde in einer uneinheitlichen Einheitlichkeit einerseits als feindlich, bedrohlich und in seiner Masse als allmächtig erlebt, andererseits als moralisch minderwertig, schwach und hilflos bebzw. verurteilt.

Theoretisch wiederum kann diese praktische Ambivalenz durchaus als Ausdruck einer gesellschaftlichen Dialektik begriffen werden, die sich über Zuschreibungsprozesse von Identität und Differenz, von Ein- und Ausschluss oder von Freund- und Feindschaft vollzieht und die das Fremde als bedrohende Stabilisierung und stabilisierende Bedrohung benötigt.

Auch mit der Psychoanalyse gerät die Figur des Flüchtlings zur ambivalenten Projektions- und Identifikationsfläche für alles imaginierte Fremde bzw. eigene Unbewusste. Im *Vokabular der Psychoanalyse*[5] bildet die Projektion einen psychischen Abwehrmechanismus, der innere Konflikte des Ichs auf die Außenwelt verlagert bzw. überträgt. Sozialpsychologisch funktioniert dieser Mechanismus nicht nur individuell, sondern auch kollektiv. Die Projektion

---

5   Bei Laplanche und Pontalis werden Projektionen als Vorgänge bezeichnet, durch die das Subjekt „Qualitäten, Gefühle, Wünsche, sogar ‚Objekte', die es verkennt oder in sich ablehnt, aus sich ausschließt und in dem Anderen, Person oder Sache, lokalisiert" (Laplanche/Pontalis 1973, S. 400 ff.).

erspart den schmerzhaften Vorgang der Symptombildungen, die sich durch die inneren Widersprüche entwickeln; sie bildet in Freuds Worten einen „psychischen Gewinn". Projektionen machen Bekanntes zu Fremden. Umgekehrt funktioniert die Identifikation als psychisches Pendant zur Projektion darüber, dass Fremdes zu Eigenem gemacht wird, indem man sich diesem empathisch anverwandelt und dadurch sein Selbst vergrößert.

So spaltet die Figur des Flüchtlings die Menschen in sog. Unterstützer*-innen sowie „besorgte Bürger" und „Asylkritiker*innen". Parallel dazu werden auch die Flüchtlinge selbst in gute Kriegs- und schlechte Wirtschaftsflüchtlinge aufgeteilt. Das Fremde als eigenes Unbewusstes zeugt immer schon von der Gewalt und dem freudschen Unbehagen, die dem zugerichteten Eigenen anhaftet (vgl. Helsper/Wenzel 1995, S. 14 ff.). Die Überfremdungsängste müssen also vor dem Hintergrund einer extraterritorialisierten Selbstfremdheit begriffen werden. Der daraus resultierende Nationalismus fungiert als künstliches und anachronistisches Surrogat für „den Schwund der großen Ordnungen" (Waldenfels 1997, S. 158) und bietet zugleich ein wirksames Mittel, um über diese Verluste hinwegzutäuschen.

An dieser Stelle tritt die Frage nach der Heimat und dem Populismus auf den Plan. Denn populistische Empörungsspiralen setzen anstelle der personalen Identität kollektive Statthalter wie Heimat, Nation und Volk. In dieser Steigerungslogik gelangen wir von einem noch recht unverfänglichen positiven Heimatbezug schnell zu den Kategorien von Nation und Volk. Heimat, Nation und Volk bilden gewissermaßen die Trinität des Populismus. Und auch diese wird paradoxerweise erst durch das bedrohliche Fremde stabilisiert bzw. gebildet. Das Fremde ist ein „Stachel" (vgl. Waldenfels 1990), der jedoch negative Bindungskräfte entwickelt. Die Heimat bildet in dieser Logik eine psychische Plombe (vgl. Parin 1996) – wir werden darauf zurückkommen.

Heimat und Identität

Gemeinsam ist allen Geflüchteten, dass sie, wie dargestellt, zunächst als Fremde gelten, und zwar, weil sie etwas verlassen mussten, was im Deutschen gerne mit dem Begriff der „Heimat" bezeichnet wird. Wie das Fremde, ist auch dieser Begriff mehrdeutig. Etymologisch betrachtet gibt es „Heimat" weder im Plural, noch gibt es in anderen Sprachen ein Äquivalent. Die englischen Wörter *home* oder *homeland* oder das französische *pays natal* verfügen nicht über die mystische, ursprüngliche, naturverbundene und vorindustrielle deutsche Konnotation.

Philosophisch bildet Heimat eine „Schwundkategorie" (Claussen 2008, S. 297), die in der Vergangenheit, mithin der Kindheit, begraben liegt oder in der Zukunft erst erkämpft werden muss. Nicht umsonst beendet etwa Ernst

Bloch sein Opus Magnum *Das Prinzip Hoffnung* mit einer Vorstellung von etwas, „das allen in die Kindheit scheint und worin noch niemand war: Heimat" (Bloch 1973, S. 1628). Heimat liegt jenseits der Vorgeschichte und existierte noch niemals real. Die utopische Assoziationskette von Heimat und Kindheit finden sich bei Theodor W. Adorno, für den das ganze Leben den Versuch einer verwandelten Einholung von Kindheit bildet, und bei Walter Benjamin, der mit den Skizzen seiner *Berliner Kindheit* beredt Zeugnis seiner Heimat ablegt. Heimat erscheint nachträglich als Vorschein und gilt doch stets als verloren. Dagegen existiert in Berthold Brechts *Kinderhymne* oder Erich Frieds Gedichten Heimat bloß im Konjunktiv. Nicht zuletzt die verarmten Vaterlandslosen Gesellen des ausgehenden 19. Jahrhunderts wollten für eine sozialistische oder kommunistische Heimat in der Zukunft kämpfen. So wie das Proletariat bei Marx kein Vaterland kannte, kennt der utopische Kommunismus auch keine Grenzen.

Daher schreibt Horkheimer in seiner Silvesterrede aus dem Jahr 1967 konsequent von dem Planeten als „unserer Heimat": denn, so Horkheimer, dem aufgeklärten Bewusstsein liegt sehr wohl daran „[s]ein Leben einzusetzen für eine bessere Zukunft, nicht des eigenen Landes allein, das ohnehin in der veränderten Welt auf andere Länder, ja aufs Ganze angewiesen ist, sondern des Planeten schlechthin" (Horkheimer 1968, S. 323).

Weder die Realpolitik, die mit dem Heimatbegriff immer schon Wahlkampf betrieb, noch der rational reduzierte und emotional aufgeladene Populismus, halten diese Ambivalenzen aus. Vielmehr gerät Heimat zu einem geschlossenen Kampfbegriff, dessen Negativ das Fremde bildet. Heimat zielt so meistens auf Gemeinschaft, Schicksal, Homogenität oder ein intuitives Gefühl. Auch deshalb wusste Jean Améry, gegen den realexistierenden Nationalkonservatismus und linken Aktivismus seiner Zeit gerichtet, das „links" nur dort sein kann, „wo keine Heimat ist".

Kurzum: Heimat ist eine Identitätskategorie. Dies mag wohl auch daran liegen, dass sie, woran Bloch und Adorno erinnern, einen unerfüllten Kindheitswunsch darstellt.

Vor dieser Folie spricht der Sozialpsychologe Paul Parin von der Heimat als „Plombe": In seinem gleichnamigen Vortrag stellt Parin zunächst eine anthropologische Angewiesenheit auf etwas in Rechnung, was gerne mit dem Oberbegriff Heimat paraphrasiert wird: „Gewiß sind Kinder auf eine Heimat, auf Sicherheit und Geborgenheit angewiesen, auf ein Minimum, einen Stall von Bethlehem oder auch nur das Tragetuch einer liebenden Nomadenmutter" (Parin 1996, S. 17). Gleichwohl wird er misstrauisch, wenn es um die Frage nach dem Heimatgefühl der Erwachsenen geht. Denn damit rücken diese in „in bedenkliche Nähe zu den postmodernen Suchern, Vermittlern und Kämpfern um Identität, mit der heute jede nationale, völkische oder sonstwie kollektive Abgrenzung oder Ausgrenzung legitimiert, jeder beliebige Herrschafts- und

Machtanspruch begründet, schließlich jede mitmenschliche Solidarität in Frage gestellt wird" (ebd., S. 17). Heimat ist als Begriff überhaupt nur sinnvoll, wenn damit ein „individuelles Phänomen", ja eine defizitäre Erfahrung bezeichnet wird. Der Heimatbegriff bei Erwachsenen mag also nötig sein, wenn „Kälte, Einsamkeit, Depression, Verlust und Orientierungslosigkeit drohe, wenn das Selbstwertgefühl erschüttert ist und zu zerbrechen droht" (ebd., S. 17 f.).

Und, so schlussfolgert Parin nüchtern, Heimat ist letztlich nicht viel mehr als eine seelische „Plombe", die dazu dient „Lücken auszufüllen, unerträgliche Traumen aufzufangen, seelische Brüche zu überbrücken, die Seele wieder ganz zu machen" (ebd., S. 18). Parins Formel von der Heimat als kollektiver Statthalter des Eigenen setzt unausgesprochen den oben beschriebenen Vorgang der Identifikation voraus. Und so kann er deren Funktion auf den Nenner bringen, der lautet: „Je schlimmer es um einen Menschen bestellt ist, je brüchiger sein Selbstgefühl ist, desto nötiger die Heimatgefühle, die wir darum eine Plombe für das Selbstgefühl nennen" (ebd.).

Der Widerspruch der Heimat besteht demnach darin, dass diese nicht ohne die Spannung zum eigenen Fremden gedacht werden kann, insofern das andere Fremde identisch gemacht, eingeebnet oder integriert werden muss. Heimat und Fremdheit existieren also niemals absolut, sondern nur ineinander vermittelt. Um nochmals die Figur des Flüchtlings zu thematisieren: Dieser markiert die Negation von Heimat. Flüchtlinge mussten die eigene verlassen und sie bedrohen als Fremde die fremde, neue Heimat.

Die gesellschaftlichen Schließmechanismen des Populismus machen nicht nur das Fremde, sondern auch die Heimat identisch. Das Spektrum der Heimatbesorgten möchte diese konservativ und/oder dumpf bewahren oder auch rechtsradikal beschützen. Eine identische Heimat hat keinen Bezug mehr zur Kindheit und weiß nichts von einer utopischen Zukunft.

Vielleicht können wir von Parin lernen und wenigstens beim Einzelnen auf eine Aufklärung eines selbstidentischen Heimatgefühls setzen. Sein Vortrag endet mit folgenden Worten: „Psychoanalytiker haben es leichter als jene, die sich um Heimat in diesem oder jenem Land, in diesem Staat, jener Nation, um Heimat in einer Weltanschauung, Dichtung, Religion oder Sprache kümmern. Wir sagen: Wer ein gutes Selbstgefühl hat, der hat Heimat, wem es daran gebricht, der habe Heimat" (ebd.).

Literatur

Bloch, Ernst (1973): Das Prinzip Hoffnung. Band 3. Frankfurt/M.: Suhrkamp.
Burghardt, Daniel (2016): Kaputtheilen. Heimat als nationaler Zahnersatz. In: Hinterland. Magazin des bayrischen Flüchtlingsrates 33 (2016/17), S. 52–56.

Burghardt, Daniel (2018): Die Figur des Flüchtlings. Ein Essay über die Weltüberflüssigen. In: Pädagogik in Zeiten von Krieg und Terror. Jahrbuch für Pädagogik 2017. Frankfurt/M.: Peter Lang, S. 129–138..

Burghardt, Daniel/Dziabel, Nadine/Höhne, Thomas/Dederich, Markus/Lohwasser, Diana/ Stöhr, Robert/Zirfas, Jörg (2017): Vulnerabilität. Pädagogische Herausforderungen. Stuttgart: Kohlhammer.

Claussen, Detlev (2008): Wieviel Heimat braucht der Mensch? In: Decker, Oliver/Grave, Tobias (Hrsg.): Kritische Theorie zur Zeit. Springe: zu Klampen, S. 296–308.

Dahrendorf, Ralf (2003): Acht Anmerkungen zum Populismus. In: Transit. Europäische Revue H. 25 (2003). Frankfurt/M.: Verlag Neue Kritik, S. 314–321.

Dubiel, Helmut (1986) (Hrsg.): Populismus und Aufklärung. Frankfurt/M.: Suhrkamp.

Helsper, Werner/Wenzel, Hartmut (1995): Einleitung – Reflexionen zum Verhältnis von Pädagogik und Gewalt. In: Dies. (Hrsg.): Pädagogik und Gewalt. Zu den Möglichkeiten und Grenzen pädagogischen Handels in unterschiedlichen Praxisfeldern. Opladen: Leske & Budrich, S. 9–33.

Horkheimer, Max (1968): Der Planet – Unsere Heimat. In: Gesammelte Schriften Band 8. Frankfurt/M.: Fischer, S. 319–323.

Laclau, Ernesto (2007): On Populist Reason. London: Verso.

Laplanche, Jean/Pontalis, Jean-Bertrand (1973): Das Vokabular der Psychoanalyse. Frankfurt/M.: Suhrkamp.

Mudde, Cas/Kaltwasser, Cristóbal Rovira (2017): Populism. A very Short Introduction. Oxford University Press: Oxford.

Müller, Jan-Werner (2016): Was ist Populismus? Ein Essay. Berlin: Suhrkamp.

Nachtwey, Oliver (2017): Entzivilisierung. Über regressive Tendenzen in westlichen Gesellschaften. In: Geiselberger, Heinrich (Hrsg.): Die große Regression. Frankfurt/M.: Suhrkamp, S. 215–231.

Parin, Paul (1996): Heimat, eine Plombe. Rede im November 1994 in Wien. Frankfurt/M.: Europäische Verlagsanstalt.

Priester, Karin (2012): Wesensmerkmale des Populismus. In: Aus Politik und Zeitgeschichte 62, 5/6, S. 3–9.

Simmel, Georg (1992): Soziologie. Untersuchungen über die Formen der Vergesellschaftung. Gesamtausgabe Band 11. Frankfurt/M.: Suhrkamp.

Waldenfels, Bernhard (1987): Ordnungen im Zwielicht. Frankfurt/M.: Suhrkamp.

Waldenfels, Bernhard (1990): Der Stachel des Fremden. Frankfurt/M.: Suhrkamp.

Waldenfels, Bernhard (1997): Topographie des Fremden. Studien zur Phänomenologie des Fremden 1. Frankfurt/M.: Suhrkamp.

Žižek, Slavoj (2017): Die populistische Versuchung. In: Geiselberger, Heinrich (Hrsg.): Die große Regression. Frankfurt/M.: Suhrkamp, S. 293–213.

Zorn, Daniel-Pascal (2017): Logik für Demokraten. Eine Anleitung. Stuttgart: Klett-Cotta.

Die Autorinnen und Autoren

Adam-Schmidmeier, Eva-Maria von, Dr. phil., OStRin, Lehrbeauftragte u. a. am Mozarteum Salzburg und an der Hochschule für Musik Franz Liszt Weimar, war Professorin für Musikpädagogik an der Hochschule für Musik Detmold und ist Mitarbeiterin am UNESCO-Lehrstuhl „Transcultural Music Studies" am musikwissenschaftlichen Institut Weimar-Jena. Sie war Mitherausgeberin der musikpädagogischen Zeitschrift „Musik und Unterricht", ist Herausgeberin der Reihe „sounding heritage" und forscht und schreibt über musikhistorische Themen des 19. und 20. Jahrhunderts und über transkulturell orientierte musikpädagogische Konzepte. Außerdem ist sie in der Lehrerfortbildung tätig.

Althans, Birgit, Prof. Dr. phil., ist Professorin für Empirische Grundschulpädagogik mit dem Schwerpunkt Genderforschung an der Fakultät Bildung, Institut für Bildungswissenschaft der Leuphana Universität Lüneburg.

Brandmayr, Michael, Mag. Ph.D., Projektmitarbeiter am Institut für Erziehungswissenschaften sowie am Institut für Soziologie der Universität Innsbruck. Studium der Erziehungswissenschaft, Abschluss 2017 mit einer Dissertation zur Frage eines aktuellen Leitbildes vom „idealen Lernen" und dabei implizit vermittelten Ideologien in der Schule (erschienen unter dem Titel „Dispositive des Lernens"). Forschungsschwerpunkte: Bildungssoziologie, Lernen, politische Bildung und Diskurstheorie.

Buhl, Mie, Ph.D., Professor in Visual Culture, ICT and Learning Design with focus on Research in Visual Studies and Learning Design in School and University Education at the Department of Communication and Psychology Aalborg University Copenhagen. Director of Research Center Visual studies and Learning Design (ViLD), Head of Knowledge Group Communication, IT and Learning Design, European Coordinator for Asian-Europe Meeting network on e-learning in lifelong learning. Research interests: Digital Visual Learning and Didaktik, Visual culture, Social Aesthetics.

Burghardt, Daniel, Dr. phil., vertritt die Professur für Bildung und Heterogenität an der Universität zu Köln. Arbeitsschwerpunkte: Pädagogische Anthropologie, Bildungsphilosophie, Raumtheorie, Psychoanalyse und Kritische Pädagogik.

Daryan, Nika, Dr. phil., Vertretungsprofessorin für Erziehungswissenschaft mit dem Schwerpunkt soziokulturelle Bedingungen von Erziehung und Bildung an der Martin-Luther-Universität Halle-Wittenberg. Mitglied der Sektion Allgemeine Erziehungswissenschaft (DGfE), der Kommission Pädagogische Anthropologie (DGfE) und der Sektion Interkulturelle und International Vergleichende Erziehungswissenschaft (DGfE), der Kommission Bildung für nachhaltige Entwicklung (DGfE) und der Gesellschaft für Historische Anthropologie an der Freien Universität Berlin. Arbeitsschwerpunkte: Pädagogische und Historische Anthropologie, mediologischer Ansatz zur Bildungsforschung, kulturelle Bildung (besonders Nachhaltigkeit und Gaming).

Hansen, Siv Werner, M.A. in Communication and Nordic Visual studies and Art education (NoVA), Aalborg University Copenhagen. Former Research Assistant at Research Center Visual studies and Learning Design (ViLD). Project Coordinator at ART 2030. Professional interests: Art and UN's 17 Sustainable Development Goals, visual culture, co-creation.

Kim, Minkyung, Dr. phil., Juniorprofessorin für Grundschuldidaktik Philosophieren mit Kindern an der Technischen Universität Chemnitz. Arbeitsschwerpunkte: Anthropologie des Kindes, Didaktik der Ethik und der Philosophie, Interkulturelle Bildung, Philosophie der Bildung, Vergleichende Erziehungswissenschaft.

Klein, Gabriele, ist Professorin für Soziologie von Bewegung, Sport und Tanz und Performance Studies an der Universität Hamburg. Direktorin des Center for Performance Studies und Ko-Direktorin des Research Center for Media and Communication (RCMC), beides an der Universität Hamburg. Sprecherin der Forschergruppe „Übersetzen und Rahmen. Praktiken medialer Transformationen", stellvertretende Sprecherin des Graduiertenkollegs „Lose Verbindungen. Kollektivität im urbanen und digitalen Raum" und Mitglied des künstlerisch-wissenschaftlichen Kollegs „Ästhetik des Virtuellen" an der HfBK Hamburg.

Krinninger, Dominik, Dr. phil., Professor für Erziehungswissenschaft mit dem Schwerpunkt Pädagogische Kindheits- und Familienforschung an der Universität Osnabrück. Mitglied der Kommission Pädagogische Anthropologie (DGfE) und des Center for Early Childhood Development and Education Research (CEDER, Universität Osnabrück). Arbeitsschwerpunkte: Erziehungswissenschaftliche Kindheits- und Familienforschung, Übergangsforschung, Qualitative Forschungsmethoden in der Erziehungswissenschaft, insb. erziehungswissenschaftliche Ethnografie.

Lohfeld, Wiebke, Dr. phil., Dipl.-Päd., Akademische Oberrätin an der Universität Koblenz-Landau am Fachbereich Bildungswissenschaften, Spiel- und Theaterpädagogin, Playing-Artistin und Supervisorin (DGSV-zertifiziert). Arbeits- und Forschungsschwerpunkte: Qualitative Methoden in den Erziehungs- und Sozialwissenschaften, erziehungswissenschaftliche Biografieforschung, Jüdische Emigration, Anerkennung/Aberkennung, Moralforschung, Einzelfallstudien, Kulturanthropologie des Spiels, Ästhetische Bildung, Lebenslauf und Kontingenz, kindliche Bildung und Entwicklung.

Lohwasser, Diana, Dr. phil., Akademische Mitarbeiterin an der Pädagogischen Hochschule Schwäbisch Gmünd. Arbeitsschwerpunkte: Kulturtheorien, Erziehungs- und Bildungsphilosophie und -theorie, Pädagogische und Historische Anthropologie und Kulturpädagogik.

Obenhuber, Simon, M.A., studierte Bildungswissenschaft und qualitative Sozialforschung an der FU Berlin, Arbeitsbereich „Anthropologie und Erziehung"; war Mitarbeiter u. a. am Fraunhofer Institut, beim SPD-Parteivorstand sowie bei Prof. Dr. Grebing; Lehrbeauftragter an der KHSB und der FU Berlin; Doktorand am Fachbereich Erziehungswissenschaft und Psychologie der FU Berlin bei Prof. Dr. Bormann, Graduiertenförderung der Friedrich-Ebert-Stiftung; Promotion zur biografischen Tiefenwirkung ästhetischer Erfahrungen.

Popiashvili, Nino, Dr. phil., wissenschaftliche Mitarbeiterin und Honorarprofessorin an der Ivane Javakhisvili Tbilisi State University. Arbeitsschwerpunkte: Georgische Literatur, allgemeine und vergleichende Literaturwissenschaft, Pädagogische Geschichte und Kulturpädagogik.

Ritzer, Ivo, Prof. Dr., lehrt Medienwissenschaft an der Universität Bayreuth. Koordinator des DFG-Netzwerks „Genres und Medien". Senior Fellow der Bayreuth International Graduate School of African Studies (BIGSAS) im Rahmen der Exzellenzinitiative. Arbeitsschwerpunkte: Medienanthropologie, Medienphilosophie, Medienkulturtechnikforschung. Herausgeber der Schriftenreihen „Neue Perspektiven der Medienästhetik" und „Medienwissenschaft: Einführungen kompakt".

Sauerbrey, Ulf, PD Dr. phil., wissenschaftlicher Mitarbeiter am Institut für Allgemeinmedizin des Universitätsklinikums Jena und Privatdozent am Institut für Bildung und Kultur an der Friedrich-Schiller-Universität Jena. Arbeitsschwerpunkte: Theorien der Erziehung, Schnittstellen zwischen Pädagogik und Medizin, öffentliche und familiale Kleinkindererziehung, qualitative Sozialforschung.

Sorgo, Gabriele, Dr. phil., Privatdozentin für Kulturgeschichte an der Universität Wien, Forschung und Lehre mit dem Schwerpunkt Geschlechterforschung an der Pädagogischen Hochschule Stefan Zweig in Salzburg, Vorstandsmitglied der Kommission Pädagogische Anthropologie (DGfE), Mitglied der Gesellschaft für Historische Anthropologie an der FU Berlin. Arbeitsschwerpunkte: Pädagogische und Historische Anthropologie, Konsumanthropologie, Geschlechterforschung.

Tammen, Antke, Psychiaterin und Psychotherapeutin, viele Jahre Oberärztin in der Akutpsychiatrie, jetzt niedergelassene Psychotherapeutin. Mitglied der Freud-Lacan-Gesellschaft, Berlin und des Ludwik Fleck Kreises, Basel.

Wolton, Paula, Founder, Commissioner and Producer, OneHutFull Project. OneHutFull highlights the rich cultural and environmental heritage of Dartmoor hill farmers and the challenges they currently face as a result of the globalism of production. Its aim is to inspire new, local, enterprises that will secure hill farming a place in the future.

Wulf, Christoph, Professor für Anthropologie und Erziehung, Mitglied des Interdisziplinären Zentrums für Historische Anthropologie, des Graduiertenkollegs „Körperinszenierungen" (1997–2006), des Sonderforschungsbereichs „Kulturen des Performativen" (1999–2010), des Cluster of Excellence „Languages of Emotion" (2007–2014) und des Graduiertenkollegs „InterArts Studies" (2006–2015) an der Freien Universität Berlin; Forschungsschwerpunkte: Historisch-kulturelle Anthropologie, Pädagogische Anthropologie, ästhetische und interkulturelle Bildung, Performativitäts- und Ritualforschung, Emotionsforschung, Mimesis- und Imaginationsforschung. Vizepräsident der Deutschen UNESCO-Kommission.

Zirfas, Jörg, Dr. phil., Professor für Erziehungswissenschaft mit dem Schwerpunkt Pädagogische Anthropologie an der Universität zu Köln. Vorsitzender der Sektion Allgemeine Erziehungswissenschaft (DGfE), der Kommission Pädagogische Anthropologie (DGfE) und der Gesellschaft für Historische Anthropologie an der Freien Universität Berlin; Mitglied des „Interdisziplinären Zentrums Ästhetische Bildung" (IZÄB) der FAU Erlangen-Nürnberg und der Plattform „Humanities for Education Cologne" (HEC). Arbeitsschwerpunkte: Pädagogische und Historische Anthropologie, Bildungsphilosophie und Psychoanalyse, Pädagogische Ethnographie und Kulturpädagogik.

Stefan Müller | Wolfgang Sander (Hrsg.)
Bildung in der postsäkularen Gesellschaft
2018, 264 Seiten, broschiert
ISBN: 978-3-7799-3819-4
Auch als E-BOOK erhältlich

Es schien, als sei die Religion in der modernen Gesellschaft auf dem Rückzug und durch die Säkularisierung auf lange Sicht zum Verschwinden verdammt. Aber auch im aufgeklärten 21. Jahrhundert ist die Religion wirkungsmächtig, mehr noch: Im globalen Maßstab gewinnt sie zunehmend an Bedeutung. Dabei zeichnen sich zugleich erhebliche Konfliktlinien ab.

Der Band diskutiert die Bedeutung von Religion für Bildungsprozesse unter den heutigen Bedingungen der Weltgesellschaft. Mit Beiträgen von: Martin Affolderbach, Dietrich Benner, Helmut Breitmeier, Julia Drubel, Kurt Edler, Christopher Finke, Karl Gabriel, Linus Hauser, Elisa Klapheck, Gudrun Krämer, Ansgar Kreutzer, Frank-Michael Kuhlemann, Volker Ladenthin, Stefan Müller, Wolfgang Sander, Annette Scheunpflug, Rolf Schieder.

www.beltz.de
Beltz Juventa · Werderstraße 10 · 69469 Weinheim